Miloslav Stingl

DAS REICH DER INKA

Miloslav Stingl

DAS REICH DER INKA

Ruhm und Untergang der »Sonnensöhne«

Bechtermünz Verlag

Titel des Originals:
»Sláva a smrt Synů Slunce«
Übersetzung aus dem Tschechischen: Dr. Hans Gaertner
Zeichnungen: Huaman Poma Ayala
Bildnachweis: Sämtliche Schwarzweißfotos hat der Autor
freundlicherweise zur Verfügung gestellt

Genehmigte Lizenzausgabe für
Bechtermünz Verlag im
Weltbild Verlag GmbH, Augsburg 1996

Umschlaggestaltung: Peter Engel, München
Umschlagbild: F. Anton
Gesamtherstellung: Wiener Verlag, Himberg bei Wien
Printed in Austria
ISBN 3-86047-212-7

AMA MANCHA – NOCA INCA

(Fürchte dich nicht – ich bin der Inka)
Altperuanischer Spruch

Inhaltsverzeichnis

ZWEITER TEIL
SÖHNE DER SONNE

DRITTER TEIL
DAS LEBEN IM REICH – DAS LEBEN DES REICHES

PROLOG:
... WIEDER IM GOLDENEN GARTEN

Das alte Peru ist ein Land der Legenden. Eine der unglaublichsten, die wunderbarerweise wahr ist, erzählt von einem Garten, der zur Zeit der Eroberung durch die Spanier die damalige Hauptstadt des Inka-Reiches Cuzco schmückte. Dieser Staat ist der bei weitem mächtigste, größte und zudem noch bevölkerungsreichste gewesen, den die amerikanischen Indianer je zu schaffen vermochten.

Einhellig stimmen die verschiedenen Berichte der Spanier darin überein, daß dieser Garten zu Recht der »goldene« genannt wurde, denn alles, was in ihm wuchs, blühte und ihn belebte, war aus purem Gold – dem Symbol der Inka für ihren himmlischen Vater, das Zeichen der erhabenen Sonne.

Was die Bewohner des Sonnenreiches in ihrer Umgebung beobachten konnten, war in diesem Garten in einer Nachbildung aus Gold zu sehen: die Schollen peruanischer Felder, Mais, dessen unreife Kolben jedoch aus silbernen Drähten geflochten waren, Lamaherden samt ihren Jungen, desgleichen zwei Dutzend indianischer Hirten sowie wohlgestaltete indianische Mädchen, die hier wie einst Eva im Paradies die ebenfalls goldenen

Früchte von goldenen Äpfelbäumen pflückten. Doch gab es hier auch andere goldene Bäume und Sträucher, auf deren Zweigen sich in Gold gearbeitete peruanische Vögel, wie beispielsweise Kolibris, wiegten. Über den Boden krochen goldene Schlangen, deren Augen jedoch aus dunklen Edelsteinen gebildet waren. Auf den Wiesen des Gartens glänzten goldene Blumen mit Blüten aus kostbaren Edelsteinen, auf denen sich, vom Flug ermattet, goldene Falter niederließen oder über die goldene Käfer huschten.

Der goldene Garten von Cuzco war die phantastischste Selbstdarstellung, die sich eine menschliche Kultur je geschaffen hat. Diese einmalige Aussage der Inka über sich selbst fasziniert uns nicht nur aufgrund des ungeheuren Wertes des verarbeiteten Goldes, sondern weitaus mehr wegen in jeder Weise so hervorragenden künstlerischen Meisterschaft seiner Schöpfer.

Zwar ist der goldene Garten die wohl bemerkenswerteste Darstellung des Lebens im Inka-Reich, doch die hier tätigen Goldschmiede waren möglicherweise nicht Angehörige dieses Reiches, sondern - wie man vermuten kann - stammten aus dem von den Inka unterworfenen Küstenreich Chimu. Am längsten und vor allem am erbittertsten leistete dieses Volk Widerstand gegen die übermächtigen »Sonnensöhne«. In den Adern der Künstler dieses herrlichsten Denkmals der Inka floß offensichtlich Chimu-Blut, und in ihrem Werk haben sie dementsprechend ihre eigene Tradition, ihre Kultur noch einmal zum Ausdruck gebracht - gewissermaßen ist daher der goldene Garten von Cuzco das Vermächtnis der Chimu. Unter diesem Aspekt ist wohl auch das Inka-Reich sowie seine Kultur zu betrachten. Vergleichbar diesem Garten von Cuzco ist auch das ganze gewaltige König- oder Kaiserreich, wie der Dichter Pablo Neruda einmal sagte: »Ein Wunder des amerikanischen Südens.«

Keineswegs war das Reich der Inka aus dem Nichts entstanden - sozusagen aus einer Art Selbstinspiration. Mit den Inka - obwohl es manche ihrer Bewunderer bis vor kurzem noch nicht wahrhaben wollten - erreichte nur eine Jahrhunderte währende, überaus komplizierte Entwicklung altperuanischer Kulturen ihren glanzvollen Gipfel und Höhepunkt.

Mit dem Untergang des besiegten Chimu-Reiches hatten schließlich die Inka auch den allerletzten ihrer Rivalen ausgeschaltet – und die einzigen Akteure auf der Bühne des vorkolumbianischen Peru blieben somit sie die Sonnenanbeter, die Sonnensöhne.

ERSTER TEIL
EINFÜHRUNG ZU TAHUANTINSUYU

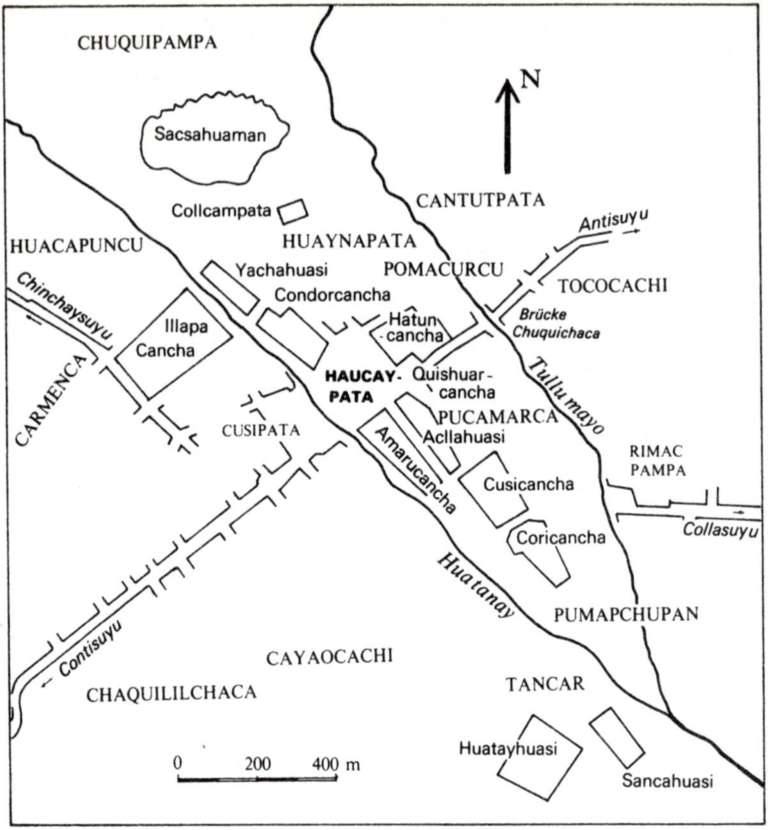

Stadtplan des inkaischen Cusco

I.
EIN BLICK AUF PERU

Die Inka – woher auch immer sie gekommen sein mögen (die Frage nach ihrem wahren Ursprung, der Urheimat der herrschenden Dynastie des späteren Reiches, ist von der Wissenschaft bisher nicht endgültig beantwortet worden) – übernahmen also für lange Zeit die Herrschaft über das heute Peru genannte Land.

Zur Zeit seiner größten Ausdehnung erstreckte sich das Reich über einen Teil Südamerikas, der etwa eine Million Quadratkilometer mißt. Außer dem heutigen Peru gehörten der größte Teil des heutigen Kolumbien, des heutigen Ekuador, fast ganz Bolivien, die nördliche Hälfte der Republik Chile und der Nordwesten Argentiniens zum Inka-Reich. Kernland bildete jedoch eindeutig das Gebiet des heutigen Peru, aus dessen lebenspendendem Boden auch alle Vorgänger dieses Staates, dieser Kultur, die Vor-Inka-Reiche und Vor-Inka-Zivilisationen erwachsen sind.

Das Gebiet Perus (und die angrenzenden Gebiete der südamerikanischen Nachbarstaaten) werden von den Geographen in drei recht unterschiedliche Zonen gegliedert: das westliche

Küstengebiet - spanisch »Costa« genannt -, das zentrale Bergmassiv - die »Sierra« - und die im Osten liegende Urwaldregion, die sogenannte »Montana«.

Die Montana, obwohl sie auch heute über die Hälfte des Gebiets der Republik Peru einnimmt, hat in der Geschichte der peruanischen Hochkulturen - zumindest der, die wir kennen - nie eine wesentliche Rolle gespielt. Diese feuchte Tropenebene ist von endlosem, unzugänglichem Urwald bedeckt. Hier am Amazonas, Ucayali und an anderen gewaltigen Strömen leben die höchst schlichten Indianer vom Stamme der Selva. Für die meisten Bewohner des heutigen Peru ist die Montana eigentlich ein unbekanntes, exotisches, fremdes Land. Und ebenso waren die Montana und ihre Indianer auch für jene eine fremde Welt, von denen in diesem Buch die Rede sein wird - für die Inkas. Im Unterschied zu den endlosen Räumen der Urwald-Montana ist die Costa nur ein schmaler Küstenstreifen, von der einen Seite durch die blauen Wasser des Stillen Ozeans, von der anderen Seite durch die Westhänge der Anden begrenzt.

Die peruanische Costa ist zwar über zweitausend Kilometer lang, jedoch nur etwa hundertzwanzig Kilometer breit. Obwohl an dem größten Meer unseres Planeten gelegen, wird sie laufend von Dürre heimgesucht und von Trockenheit geplagt. Ihr Boden ist überwiegend von toter Wüste und Halbwüste bedeckt. Leben und auch Spuren jener uralten Vor-Inka-Kulturen finden wir nur an Flüssen und Flüßchen, die von den Bergen der Anden zu Tal strömen und sich durch die Wüste schlängeln. In ihren Flußtälern entstanden - oft schon vor Jahrtausenden - grüne Oasen, wahre Blüten in dieser sonst so toten Wüstenlandschaft.

Die Ostgrenze der peruanischen Costa wird durch die Hänge der (südamerikanischen) Kordilleren, auch West-Kordilleren genannt, gebildet, deren höchste, ewig schneebedeckte Gipfel Huascaran (6878 Meter ü. d. M.) und Yerupaja (6632 Meter ü. d. M.) heißen.

Zu dem Kamm der West-Kordilleren gehören auch eine Reihe erloschener oder halberloschener Vulkankegel - darunter auch der wohl schönste Berg Perus -, der sechstausend Meter hohe, von ewigem Schnee bedeckte, längst erloschene Vulkan Misti, der in der Nachbarschaft eines ähnlichen einstigen Vulkans, des Chanchani, über der peruanischen Stadt Arequipa himmelwärts strebt.

Parallel zu den West-Kordilleren dehnt sich – vom Nordwesten zum Südosten Perus – ein zweiter Höhenzug, die Ost- oder Weißen Kordilleren, manchmal auch Mittel- oder Zentrale Kordilleren genannt. Ihre Kämme streben in der Umgebung der alten Hauptstadt der Inka, Cuzco, derart aufeinander zu, daß sie viele lange, enge Hochgebirgstäler bilden. Der größte Teil des Gebiets zwischen den West- und den Mittel-Kordilleren ist eine Puna oder Altiplano genannte Hochebene, fast ohne Waldbestand, nur von dem »Ichu« genannten Berggras bestanden.

Die peruanische Puna-Hochebene ist auch heute noch das Königreich der indianischen Lamahirten. Auf dem am höchsten gelegenen Teil der Puna – der Puna Brava – existiert jedoch fast kein Leben. Selbst Bergherden sind nur sehr selten anzutreffen.

In den Tälern der Sierra aber – aufgrund zahlreicher Flüsse entstanden, die das Wasser zumeist aus den peruanischen Bergen in den Amazonas und damit in den Atlantik führen – bestellen die peruanischen Bauern sorgfältig jedes Stückchen Boden. Hier wird auch tatsächlich eine verhältnismäßig reiche Ernte erzielt.

Als ich zum ersten Mal den Boden der Puna in den peruanischen Bergen – der Sierra – betrat, bedrückte mich die »große Einsamkeit«, die dort oben herrscht. In der baumlosen Landschaft, der unabsehbaren Weite des Altiplano, waren nur das Rauschen des stürmischen Bergwinds und die fernen tristen Töne der Flöte eines indianischen Hirten zu hören. Die äußerst »dünne Luft« in der Sierra, die bei Europäern oft tagelang ein unangenehmes Gefühl hervorruft, quälte mich hier sehr, d.h., ich empfand starken Sauerstoffmangel. Dieser führt bei Menschen mit schwächerem Organismus zu einer schmerzvollen, geradezu unerträglichen »Bergkrankheit«, die von den Peruanern mit dem indianischen Wort »Soroche« bezeichnet wird.

Manch einsamer Wanderer durch die Puna erträgt schwerlich das für die Region typische Klima: die starken Temperaturschwankungen zwischen Tag und Nacht. Während das Thermometer unter den sengenden Strahlen der Höhensonne am Tage extrem hohe Werte erreicht, bricht mit der Nacht plötzlich klirrender Frost herein. Dieser seltsame Ort, an dem Sauerstoffmangel herrscht, fast kein Baum wächst, wo den Fremden Heimweh und Trauer überfallen – ausgerechnet ihn, fast auf dem Dach Südamerikas –, haben die Inka einst zum Mittelpunkt ihres Reiches auserwählt. Hier, in schwindelnder Höhe, dreieinhalbtausend Meter über dem Meer, haben sie ihre Hauptstadt erbaut.

Dieses Experiment der Inka findet in den vergangenen Zivilisationen der Alten Welt nicht seinesgleichen. Weder in Asien, noch in Europa und Afrika ist ja unter derartigen Naturbedingungen solch eine bedeutende Hochkultur entstanden. Die Inka jedoch blieben ihrer Hochgebirgsheimat selbst dann noch treu, als sie schon große, durch günstigere Naturbedingungen sich auszeichnende Gebiete nördlich, westlich, östlich und südlich ihres Kernlandes beherrschten. Hier in der Sierra haben sich Reich und Kultur der Inka in der Tat formiert. Und in ebendiesem Gebiet – in Cajamarca und später in Cuzco – empfingen sie von den spanischen Eroberern auch den Todesstoß. Doch am Anfang allen Lebens, jedes Reiches und jeder Kultur steht die Geburt. Deshalb betrachten wir zuerst einmal die Zeit und die Bedingungen dieser Geburt der Sonnensöhne und erinnern wir uns jener, die Geburt, Leben und Tod des größten Indianerreiches Südamerikas in ihren uralten Chroniken verzeichneten.

II.
AUS ALTEN CHRONIKEN

Bevor wir den Ursprung des Inka-Reichs zu ergründen suchen, wollen wir einen Blick auf die Legenden der Tuko, auf ihre grandiosen Sagen und Mythen werfen; und ehe wir die Überlieferung der ältesten Geschichte der Inka lesen, gilt unser Interesse erst einmal jenen, die diese Geschichte in Kapitel gliederten und zu Chroniken zusammenfügten.

Aufgezeichnet wurden die Chroniken über Peru bald nach der Ankunft der ersten Europäer in Südamerika, und zwar in spanischer Sprache; hatten bzw. kannten die Bewohner des vorkolumbianischen Peru doch keine eigene Schrift. Sofern aber eine kleine Elite sich eine eigene Schrift geschaffen hatte und diese auch benutzte – im Alltag spielte sie auf jeden Fall keine Rolle. Denn Überlieferungen in einer den Indianern eigenen Schrift – seien es Bücher oder aber Zeugnisse über ihr tägliches Leben – sind uns nicht bekannt. Diese Tatsache läßt einen gravierenden Unterschied erkennen zwischen den beiden fundamentalen Lebensbereichen der Hochkulturen der Neuen Welt: einerseits das sogenannte Mesoamerika (d.h. Mexiko und die angrenzenden Länder), andererseits das Andengebiet mit der

Inka-Kultur. Erwiesenermaßen hatten die Indianer Mesoamerikas schon vor der Ankunft des Kolumbus eine eigene Schrift, in der sie – wie auch die Maya – Bücher verfaßten oder wie die Mixteken von Oaxaca auch Kodizes voller historischer Berichte und sogenannter Bilderchroniken.

Auch nach der Eroberung Mesoamerikas gab es unvergleichlich mehr Informationen über dessen Kultur und Geschichte, als je die Chronisten während der ersten Zeit der spanischen Herrschaft über das Inka-Reich in Peru zusammengetragen haben.

Dagegen hat der große Bernardino de Sahagún die aztekische Kultur in wohl allen Einzelheiten detailliert dargestellt. Im Vergleich zu seinem Monumentalwerk, das oft in der eigenen Sprache der Azteken, dem Nahuatl, verfaßt ist, vermitteln die in jenen Jahren in Peru aufgezeichneten Chroniken zumeist nur ein fragmentarisches Bild der Inka-Kultur.

Den wohl vollständigsten Versuch einer Darstellung der Geschichte und Kultur der Inka unternahm Garcilaso de la Vega. In Cuzco geboren, floß in seinen Adern wohl das Blut der Herrscher des untergegangenen Inka-Reiches. Der Autor des Buches kann nicht leugnen, gerade diese Chronik de la Vegas allen Berichten anderer früher Chronisten des indianischen Peru vorzuziehen – obwohl, wie er weiß, nicht alles in dem zweibändigen Werk der historischen Wahrheit gerecht wird. Andererseits ist die Chronik aber von der leidenschaftlichen Liebe de la Vegas zu den ursprünglichen Einwohnern seines Heimatlandes erfüllt. Und gewiß auch heute noch – dreihundertfünfzig Jahre später – eine aufregende Lektüre.

Garcilaso de la Vega war der Sohn der indianischen Prinzessin oder »Ñusta« Chimbu Occlo, die wiederum eine Enkelin des großen Inka Tupac Yupanqui und eine Nichte des vorletzten Herrschers des Reiches, des Inka Huayna Capac, war.

Garcilaso de la Vega stützte sich bei der Arbeit an seiner ausgedehnten Chronik nicht nur auf sein ausgezeichnetes Gedächtnis – auf seine Erinnerungen und die Erzählungen seiner Mutter sowie seiner Verwandten in Cuzco –, sondern er wertete auch andere, damals schon vorhandene Chroniken Perus aus. Die wertvollste Quelle war für ihn sicherlich das Werk eines Peruaners – und zwar eines reinblütigen Indianers mit spanischem Namen, Pater Blas Valera.

Blas Valera stammte aus Chachapoyas im Nordosten Perus. Auf den jungen, begabten Indianer wurden Jesuiten aufmerksam. Sie sandten ihn in ihr Seminar nach Lima, und dort trat Blas Valera in den Orden ein. Während seines Aufenthalts in der Hauptstadt des Vizekönigreichs schrieb Blas Valera einige Werke über die peruanischen Indianer und ihre Kultur.

Diese Arbeiten, vorwiegend Handschriften, gelangten nach Europa, so daß auch Garcilaso de la Vega sie als Quelle benutzen konnte. Später jedoch, während der Kämpfe zwischen Spaniern und Engländern um Cadiz, sind sie verbrannt. In den Text der interessanten »Comentarios Reales« von Garcilaso aufgenommen, sind sie jedoch bis in unsere Tage erhalten geblieben.

Der Sohn der indianischen Prinzessin Chimbu Occlo, der »Inka« Garcilaso de la Vega, hat in einer einstigen islamischen Moschee in Cordoba, fern seiner Heimat, seine letzte Grabstätte gefunden, weit ab von der Druckerpresse, die er so liebte. Wie viele andere große Schriftsteller, so hat auch er mit seiner Chronik vor allem sich selbst ein Denkmal gesetzt. Nichtsdestoweniger wollte er wohl vor allem ein Monument errichten; d.h. auch jenen ein Denkmal setzen, die er so innig liebte, die er sosehr bewunderte: seinen Ahnen, den Inkas – seinem Großvater Tupac Yupanqui, seinem Onkel Huayna Capac und eigentlich auch seiner Mutter, der indianischen Prinzessin Chimbu Occlo.

Ein anderer führender Chronist des alten Peru – Juan de Betanzos – war mit einer indianischen Prinzessin, »Nusta«, und zwar mit der Schwester des letzten Inka, Atahualpa, verheiratet. Betanzos ließ sich mit seiner Frau in der einstigen Metropole der Inka, in Cuzco, nieder und berichtete alles, was ihm seine Frau und die dort ansässigen Indianer erzählten, in seinem umfangreichen Werk »Suma y Narración de los Incas«. In dieser Arbeit schildert er u.a. viele Mythen, die an den eigentlichen Ursprung der Inka anknüpfen.

Betanzos' Werk, wie auch die Arbeit des Paters Blas Valera, sind nie im Druck erschienen und gingen im 17. Jh. sogar verloren. Glücklicherweise entdeckte der spanische Forscher Marcos Jimenez de la Espada die ersten achtzehn Kapitel von Betanzos' Chronik in der Bibliothek des Klosters Escorial und veröffentlichte diese dann in Madrid.

Ein weiterer Chronist, Pater Bernabé Cobo, sympathisierte zutiefst mit den ursprünglichen Einwohnern Perus, und nach seiner Weihe zum Priester wirkte er lange Zeit bei den Indianern am Titicacasee. Sein Werk »Historia del Nuevo Mundo« (Geschichte der Neuen Welt) überrascht durch seine Tiefe, die echte »Wissenschaftlichkeit« seiner Bearbeitung, durch eine perfekte Ordnung und Klassifizierung des Materials. Daher fand es bereits anläßlich der ersten Veröffentlichung bei Publikum und Fachleuten Lob und Bewunderung.

Dagegen hat die Chronik eines Landsmanns von Cobo, Fernando Montesinos, mit dem Titel »Memorias antiguas historiales y politicales del Perú« seinem Schöpfer den wenig schmeichelhaften Spitznamen »Baron Münchhausen von Peru« eingetragen. Noch heute titulieren ihn viele Forscher so, weil die Berichte Montesinos' sich von den Informationen anderer Chronisten über die Geschichte des vorkolumbianischen Peru bedeutend unterscheiden oder, besser gesagt, deren Aussagen noch erweitern. Montesinos berichtet nämlich in seinen »Memorias« nicht nur von jenen dreizehn Inka, die auch von allen anderen peruanischen Chronisten erwähnt werden, sondern führt die Namen von fast hundert alten, angeblich in grauer Vorzeit herrschenden Regenten des Landes an. Die Einstellung zu den Berichten dieses angeblichen »Baron Münchhausen von Peru«, die früher so einhellig abgelehnt wurden, ändert sich derzeit ein wenig. Und manche heutige Experten sehen in Montesinos' Königsliste ein Verzeichnis der wirklich einst existierenden Herrscher des Vor-Inka-Peru, von Herrschern jener so zahlreichen dem Inka-Staat vorausgehenden Reiche und Kleinstaaten, von denen die Wissenschaft bis vor kurzem fast nichts wußte. Die Chronik Montesinos' erweitert einerseits unsere Informationen über die Vergangenheit Perus, übergeht aber andererseits Epochen der indianischen Geschichte dieses Landes. Der erste erschöpfende Bericht über Peru in diesem Sinne war das Werk des in Sevilla geborenen Peter de Cieza de León. Auch er lebte eine Zeitlang in Cuzco und unterhielt hier ausgedehnte Kontakte zu einem der noch lebenden Angehörigen der herrschenden Dynastie des besiegten Staates der Inka-Indianer.

Aufgrund seiner in Cuzco geführten Gespräche und seiner ausgedehnten Reisen in das Gebiet des zerstörten Reiches –

Cieza de León war außergewöhnlich intelligent und ein Mann mit hervorragender Beobachtungsgabe – schrieb er nach und nach drei oder sogar vier Bände seiner »Cronica del Perú«. (Der vollständige Titel der Arbeit ist wiederum recht lang.)

Im ersten Teil seines Buches schildert Cieza nebst den geographischen Verhältnissen Perus auch die Religion, die Sitten und Bräuche der dortigen Indios. In dem wissenschaftlich besonders wertvollen zweiten Band stellt er u.a. die ausgedehnte Frühgeschichte der Inka dar. Der dritte und der überwiegend verlorengegangene vierte Teil von Ciezas Werk berichten sodann über die Eroberung Perus durch die Spanier. Abhandlungen über die »Conquista« des Landes haben auch die vier ersten spanischen Chroniken zum Inhalt. Die erste schrieb Pedro Sancho de la Hoz, die zweite Miguel de Estete, die dritte Francisco de Xerez. Autor der vierten ist sodann ein namenloser Teilnehmer an der Eroberung Perus.

Auch Juan (Polo) de Onegardo kam als spanischer Beamter nach Peru. Der damalige Vizekönig des Landes, Hurtado de Mendoza, gab ihm den Auftrag, sich mit der Geschichte des Landes vor der Ankunft der Weißen zu beschäftigen und alles, was er darüber erfahren könne, schriftlich aufzuzeichnen. Der strebsame Beamte stellte im Laufe der Zeit ein detailliertes Werk über die Geschichte der »Sonnensöhne« zusammen mit dem Titel »Relación del linage de los Incas«. Später schrieb er auch zwei wichtige Arbeiten über die Religion der Inka.

Der Enthusiasmus, mit dem dieser Autor an seine vom Vizekönig höchst persönlich anvertraute Aufgabe heranging, führte überdies zu dem – vielleicht allerersten – archäologischen Fund in Peru. In einem der indianischen Häuser Cuzcos entdeckte der begeisterte Forscher die mumifizierten Leichen von fünf Mitgliedern der Königsdynastie des peruanischen Inka-Reiches: die Mumie des Inka Viracocha, des mächtigen Inka Tupac Yupanqui, die Mumie des Vaters der beiden letzten Inka, des berühmten Huayna Capac, sowie die Mumien zweier Gattinnen und Schwestern der Herrscher Perus.

Ähnlich wie Juan (Polo) de Onegardo schuf auch ein weiterer Chronist Perus – der einstige Seemann Pedro Sarmiento de Gamboa – sein Werk im Auftrag des Vizekönigs von Peru, Francisco de Toledo. Dieser hatte große Schuld auf sich geladen, weil er und seine Mannen an den Indianern des Landes unzählige furchtbare Untaten verübt hatten. Den einstigen Seefahrer und späteren Chronisten, Sarmiento de Gamboa, forderte dieser unmenschlich grausame Verderber der Ureinwohner Amerikas auf, er solle in seiner Arbeit schildern, wie die Spanier ausschließlich deshalb nach Peru gekommen seien, um seinen indianischen Bewohnern nur Gutes zu tun und Wohltaten zu erweisen. Auch solle er in seiner Chronik den Lesern erläutern, daß jene Landsleute Toledos durch die Vernichtung des Inka-Reiches nur dem Ruf »unseres Herrn Jesus Christus« folgten!

Obwohl Sarmiento die unverschämten Weisungen seines Vorgesetzten nicht außer acht lassen konnte, schuf er doch ein Werk, das an vielen Stellen höchst wertvolle Informationen über die Geschichte der Inka enthält. Leider war diese umfassende Arbeit lange Zeit verschollen; erst 1893 entdeckte sie der deutsche Historiker Wilhelm Meyer in der Universitäts-Bibliothek von Göttingen. Sarmientos Chronik wurde 1908 unter dem Titel »Geschichte des Inka-Reiches« gedruckt, Herausgeber war der Direktor der Göttinger Bibliothek, Richard Pietschmann.

Richard Pietschmann stöberte im gleichen Jahr 1908, diesmal in Dänemark, noch eine weitere ganz eigenartige peruanische Chronik auf, die sich gewiß von allen anderen unterschied. Ihr Autor – wiederum ein Sproß der Inka-Dynastie – war Huaman Poma Ayala, zu dessen direkten Vorfahren der mächtige Herrscher Tupac Yupanqui zählte.

Mit seiner Arbeit »Nueva Cronica buen gobierno« wollte Huaman Poma Ayala offensichtlich erreichen, daß sich die spanischen Behörden – womöglich sogar der König selbst – für eine bessere Behandlung der peruanischen Indianer einsetzten. Während er im ersten Teil sehr anschaulich die Inka-Kultur vor der Eroberung durch die Weißen schildert, beschreibt er im zweiten Teil detailliert die barbarischen Verbrechen, denen die Ureinwohner Perus ausgesetzt waren, d.h. wie sie gefoltert, geplagt, gedemütigt und erniedrigt wurden. Die chronologisch aufgebaute Einteilung soll vor allem den Kontrast zwischen der Selbstverwaltung der Indianer und der finsteren Herrschaft der Weißen verdeutlichen.

Allein der Text der »Nueva Cronica ...« ist außerordentlich

wertvoll. Doch einmalig in der ganzen Chronisten-Literatur Perus sind die Zeichnungen, mit denen Huaman Poma Ayala seine Arbeit illustrierte. Zwar sind sie nicht das Werk eines versierten Künstlers, aber ihr dokumentarischer Wert ist im wahrsten Sinne des Wortes unschätzbar. Huaman Poma Ayala war offensichtlich überzeugt, ein Bild spreche für tausend Worte. Und so schuf er – und dem Autor drängt sich ein gewiß nicht allzu treffender Vergleich auf – eine Art indianischer »Comics«.

Die mit Zeichnungen bebilderte Chronik Huaman Poma Ayalas wurde nicht nur fern von Peru, sondern fern von Spanien entdeckt, überraschenderweise in Skandinavien – obwohl deren Bewohner in keiner Form Anteil an der »Conquista« Südamerikas hatten. Sie wurde übrigens erst in unserem Jahrhundert, und zwar 1908, wieder aufgefunden.

Diese in beiden Fällen so unerwarteten Funde haben den Forschern nach alten und ältesten Berichten – die früheste Aussagen über die peruanische Kultur beinhalten – wieder Hoffnung gemacht. Und zwar darauf, daß in irgendeinem Archiv bzw. in einer vernachlässigten Sammlung verstaubter Manuskripte oder Bücher noch weitere Aufzeichnungen über die Geschichte und Kultur des Peru der Inka zu finden sind.

III.
DER NABEL DER WELT

Die illustrierte Erzählung Huaman Poma Ayalas vom Inkareich und seiner Kultur, die sog. ältesten Comics der Welt, ist auch von einem ausgedehnten Text begleitet. So ist dort nachzulesen, was sich die Inka über die Urbewohner des Landes erzählten, ehe die »Sonnensöhne« und Sonnenanbeter – die mächtigen Inka – dieses Gebiet betraten.

Nach Huaman Poma Ayalas Vorstellungen hat sich das Menschengeschlecht der Vor-Inka-Zeit – verglichen mit den modernen Evolutionstheorien – auch von einer einfacheren zu einer fortgeschrittenen »Gesellschaft« entwickelt. Die ersten Weltbewohner waren – nach Huaman – die Pacarimoc Runa (wörtlich: die »beginnenden Menschen«), angeblich Nomaden, die in Höhlen lebten – zwar einfach, aber in Frieden miteinander.

(Diese Sagen von den Pacarimoc Runa sind für uns deshalb aufschlußreich, weil Huamans Bericht zufolge die Menschen der Vorzeit eine weiße Hautfarbe hatten.)

Diese Urmenschen Perus verehrten jedoch bereits den im ganzen Andengebiet angebeteten Gott-Schöpfer Viracocha, und zwar als einzigen Gott. Bereits zu dieser Zeit soll sich die menschliche Gesellschaft in Gruppen gespalten haben. Es heißt, daß damals in Peru Herren und gemeines Volk »geboren« wurden; und zwar nach Huamans naiver Vorstellung folgendermaßen: Die erstgeborenen Söhne, die im »Ehebett« gezeugt worden waren, bildeten die altperuanische Aristokratie, die zweitgeborenen Söhne sowie die unehelich gezeugten und deren Angehörige das gemeine Volk.

Nach diesem Zeitalter begann - so Huaman - die Ära der Huari Runa (wörtlich: der »ursprünglichen Menschen«). Sie verließen die Höhlen ihrer Vorfahren, lernten Hütten bauen, wurden seßhaft, betrieben Ackerbau und Viehzucht und sollen sogar die Bewässerung des Bodens erfunden haben.

In der dritten »Generation« des Menschengeschlechts, genannt Purun Runa (»Menschen aus der Wildnis«), begannen die Peruaner Stoffe zu weben, ihre Gesellschaft noch stärker zu differenzieren, die ersten Gesetze zu erlassen und den Boden aufzuteilen. Zum ersten Mal verließen sie auch die Gebirge der Sierra und stiegen in die bislang unbewohnten Ebenen hinab.

Die lange Entwicklung der Menschheit vor den Inka gipfelte - so die Vorstellung des indianisch-spanischen Chronisten - in der Epoche der Aucapacha Runa (»kriegerischen Menschen«). Zu jener Zeit sollen zwar schon bei einigen Stämmen peruanische Amauta (d.h. Gelehrte) gewirkt und Kenntnisse verbreitet haben. Alle Kleinstaaten und Bevölkerungsgruppen wurden aber von Militärbefehlshabern angeführt und beherrscht, die ununterbrochen verheerende Kriege gegeneinander führten. In dieser Periode von Kämpfen war wohl die Zeit für das weise und ordnungsliebende Geschlecht der »Sonnensöhne« gekommen. Sie sollten der Welt nicht nur den Fortschritt, sondern auch eine feste Ordnung und - das Wertvollste von allem - den Frieden bringen.

Die Geschichte des Menschengeschlechts vor der Inka-Zeit bezieht sich vor allem - aus der Sicht der Inka - auf einen verhältnismäßig kleinen Teil des später so gewaltigen Imperiums: auf einige Bergtäler, und da wiederum vor allem auf das in gewaltiger Höhe von 3400 Meter über dem Meer liegende Gebirgstal, das nicht nur der Metropole seinen Namen gab - Cuzco -, sondern auch »Tal von Cuzco« genannt wird.

Tatsächlich siedelten schon hier, lange bevor die »Sonnensöhne« ihre Herrschaft errichteten, peruanische Indios. Wenig bekannt ist jedoch über die »Frühgeschichte« dieser Gegend. Legenden vermitteln uns verständlicherweise kaum Anhaltspunkte, und auch die archäologischen Forschungen, obwohl intensiv betrieben, waren bisher wenig ergiebig.

Eine einzige örtliche Vor-Inka-Kultur konnte bisher klar definiert werden, nach dem Namen eines Platzes im nordwestlichen Teil der Stadt Cuzco Chanapata-Kultur genannt. Nur die Spuren an diesem einzigen Fundort gelten bisher als gesichert. Die Träger dieser Kultur hinterließen uns eine größere Anzahl gut gebrannter, mit Einstichen verzierter Keramik. Die ausgegrabenen Gefäße sind schwarz, dunkelbraun, zuweilen auch rot; andere zeigen auf schwarzem Grund in schlichtem Weiß gemalte Motive. John Howland Rowe, der Entdecker dieser Kultur, hat in Chanapata auch zahlreiche keramische Kulturen gefunden, jedoch keine Metallgegenstände. Erzeugnisse aus Knochen, Stein und Obsidian wurden dagegen in mannigfacher Form geborgen. Die Bewohner dieses Gebietes waren Bauern und vor allem Lamazüchter, wie auch die unzähligen Lamaknochen in ihrer Siedlung beweisen. Geht man von dem archäologischen Material aus, dann folgt im Tal von Cuzco auf die Chanapata-Kultur die sog. Inka-Frühkultur.

Über die Träger der Chanapata-Kultur, ihre Stammeszugehörigkeit und ihre Sprache können die Forscher bis zum heutigen Tag keine konkreten Aussagen machen. Offenbar waren dieses Tal und seine unmittelbare Umgebung in den Vor-Inka-Zeiten von unterschiedlichen Gruppen besiedelt, die sich womöglich noch durch ihre Sprache unterschieden. Daher kann heute keine eindeutige Aussage darüber erfolgen, welcher dieser Stämme den eigentlichen Grundstein für die künftige Metropole der »Sonnensöhne« legte. Nicht einmal die Legenden geben darüber Aufschluß.

Das »Rom« der Sonnensöhne haben die Inka ganz offensichtlich von anderen »geerbt«, wahrscheinlich von ihren namenlosen Vorgängern, die lange vor ihnen im Tal von Cuzco gelebt und diesen Ort gegründet hatten. Damals war Cuzco gewiß nur ein kleines Dorf, eine Siedlung in einem der Andentäler. Die Sonnensöhne vollbrachten später nicht nur in der Geschichte Perus so viele unglaubliche Wunder, sondern auch dieses: Sie verwandelten ein Dorf in den Bergen Perus in einen Ort, dem sie - wohl auch zu Recht - den stolzen Beinamen »Nabel der Welt« verliehen. Doch sollten wir wohl noch hinzufügen: nicht nur Nabel, sondern auch Herz der Welt, d.h. ihrer Welt, die von (der) Selva bis zum Ozean reichte, von den Sanddünen der Wüste zu himmelstürmenden Bergeshöhen.

Die Inka als Herrscher wurden unmittelbar mit Cuzco identifiziert. Die ersten Spanier nannten bei ihrer Ankunft in Peru den letzten Inka den »Cuzco Mozo« - d.h. den »jungen Cuzco« - und dessen Vater, Inka Huayna Capac, den »Cuzco Viejo« - d.h. den »alten Cuzco«.

Cuzco war der Inbegriff des Imperiums, das Symbol für das gesamte Reich der Sonnensöhne. Wie ein Peruaner unserer Tage einmal bemerkte, war Cuzco in vieler Hinsicht das Zentrum des peruanischen Staates, sein ruhender Pol: das religiöse Zentrum des Reiches, wovon der Haupttempel des Sonnenkultes der Peruaner zeugt; der Sitz des obersten Repräsentanten des Staates, des als Alleinherrscher regierenden Inka; das kulturelle Zentrum mit den wichtigsten Bildungsinstituten »Yachgayhuasi« und »Acclahuasi«; der wichtigste Straßenknotenpunkt, denn von hier gingen alle Heerstraßen aus.

Auch in wirtschaftlicher Hinsicht war hier der Mittelpunkt, denn hierher wurden die Steuern abgeführt und hier die Mittel verteilt, die dem Staat zur Verfügung standen. Selbst militärisch gesehen war Cuzco das Zentrum des Reiches, denn von hier zogen die Heere des Imperiums zu ihren Eroberungsfeldzügen aus und kehrten hierher ruhmreich zurück, um den Dank des Vaterlandes für die erfochtenen Siege entgegenzunehmen.

Das aus der Vor-Inka-Zeit mosaikgleiche Sprachengewirr, die herrschende Sprachenvielfalt der peruanischen Hochebene, fand in Cuzco gewissermaßen »ein Ende«. Die Sprache der in dem Gebiet von Cuzco Ansässigen - das Quechua -, wurde zur gemeinsamen Sprache des gesamten Imperiums erhoben. Damit war Cuzco das »Sprachzentrum« des Staates.

Aufgrund der überaus engen Verknüpfung von Cuzco und dem Leben dieses großen indianischen Staates wagt der Autor die Formel: »Cuzco waren die Inka und die Inka Cuzco«, »Cuzco war das Reich, und das Reich war Cuzco«.

IV.
DER KOPF DES PUMA

Schon zu Beginn unseres Berichts über Geschichte und Kultur der Sonnensöhne müssen wir jene bewundernswerte Stadt betrachten, die Bild, Herz, Symbol und Ausdruck des Reiches und seines Herrschergeschlechts war, das »Rom« des alten Amerika. Denn in seinen Palästen und Tempeln, auf seinen Plätzen und in seinen Straßen und Alleen wird sich so manches Ereignis abspielen, dem in der Geschichte des größten indianischen Staates der Welt eine Schlüsselrolle zufällt.

Wir wissen natürlich nicht, wie Cuzco aussah, als die ersten Sonnensöhne es betraten. Gewiß war es damals tatsächlich nur ein armseliges Dorf mit Hütten aus ungebrannten, an der Sonne getrockneten Ziegeln, eine Siedlung, die sich von Dutzenden anderer, ebenso elender Dörfer in den Bergen Perus in nichts unterschied. Doch die Inka begannen – allem Anschein nach – sogleich nach ihrer Ankunft in Cuzco, es durchdacht und mit der für sie so charakteristischen Gründlichkeit umzugestalten und nach und nach zu erweitern. Wenn zu der Zeit, da die ersten Inka nach Cuzco zogen, hier – sagen wir – zweihundert Menschen lebten, so siedelten hier bei der Ankunft der Spanier mindestens 200000 Indios, die in den etwa zwanzig- bis fünfundzwanzigtausend Häusern Cuzcos wohnten.

Die ursprünglichen vier Stadtviertel Cuzcos – Quintacanancha, Chumbicanancha, Sairicanancha und Yarambucanancha – sind vermutlich schon von den ersten Inka gegründet worden.

Einen großen Umbau der Stadt führten aber erst der neunte Inka-Herrscher, Pachacuti Yupanqui, und sein Sohn, der zehnte Inka, Tupac Yupanqui, durch. Dadurch wurde Cuzco erst zur großen Metropole ihres Reiches. Dieses Antlitz der Stadt mit dem definitiv imperialen Charakter haben dann die Spanier kennengelernt, die von diesem Anblick bezaubert waren, wie sie uns schilderten.

Den Grundriß ihrer Metropole, die zwischen den kleinen Flüssen Huatanay und Tullumayo liegt, verglichen die Inka mit dem Leib eines Pumas.

Den langgestreckten unteren Teil Cuzcos, einer Zunge gleichend, der zwischen den beiden Wassern liegt, nannten sie »Tumachunam« – »Pumaschwanz«. In der Festung »Sacsayhuaman« – dem Schutzschild der Stadt und unstreitig seiner Dominante, die hoch über die Dächer seiner Paläste und Tempel emporragt – sahen die Inka sodann den Kopf des Pumas. Doch manche meinten auch, die gewaltige Feste gleiche einem Falken – in Quechua »Huaman« –, und deshalb wurde sie »Sacsayhuaman« genannt.

Der Chronist Garcilaso de la Vega schreibt über Sacsayhuaman: »Dies ist das größte und stolzeste Werk, das die Inka je vollbracht haben, um ihre Macht und ihre Majestät zu beweisen.«

Das nach Garcilaso größte und stolzeste Werk der Sonnensöhne wirkt in der Tat auch heute noch auf seine Besucher wie eine übernatürliche Erscheinung.

Ich erinnere mich, bei meinem ersten Besuch Cuzcos hoch über die Dächer der eigentlichen Stadt gestiegen zu sein, an einen Ort, von wo der Metropole der Inka im Fall eines Angriffs die größte Gefahr durch die Aggressoren gedroht hätte.

Hier erblickte ich ihren Schutzschild, drei hintereinander gestaffelte Kyklopen-Wälle, die sich wellenförmig im Zickzack über den Berg hinziehen und so aus gewaltigen Steinblöcken zusammengefügt sind, daß wohl auch die modernsten Maschinen sie nicht von einer Stelle zur anderen zu bewegen vermöchten. Und dabei haben die Indianer allein mit ihren Händen diese Riesenblöcke – einer mag wohl über dreihundertfünfzig Tonnen wiegen – auf den Gipfel des Berges hinaufgetragen und sie, wie wir heute noch sehen, in die Wälle des Sacsayhuaman eingebaut. Da sie weder das Rad noch irgendein anderes Transportmittel kannten, haben sie wohl mit bloßen Händen dieses gewaltige Werk geschaffen. Niemand kann heute mehr rekonstruieren, wie sie das fertigbrachten. Es wird wohl jener hervorragende Sinn der Inka für Organisation und die Ausdauer der Erbauer dieser Feste gewesen sein, die dergleichen vermochten.

Die Anregung für den Bau dieser phantastischen Dominante Cuzcos gab der neunte Inka Pachacuti, während sein Sohn Tupac Yupanqui, der zehnte Inka, die Verwirklichung dieses Projekts in Angriff nahm.

Man muß sich vorstellen, daß etwa an die siebzigtausend Arbeiter gleichzeitig damit beschäftigt waren, Steinquader zu der Feste von Cuzco zu schleppen. Seit den Zeiten der ägyptischen Pharaonen sind – vielleicht mit Ausnahme des kaiserlichen China – nirgendwo auf der Welt und niemals bei der Errichtung eines einzigen Bauwerks so viele Arbeitskräfte eingesetzt worden.

Nach einigen Jahrzehnten wurde – unter der Herrschaft von Huayna Capac – der Bau der Feste Sacsayhuaman vollendet. Sie besteht aus drei parallel zueinander laufenden gewaltigen Kyklopen-Wällen, einer nach dem anderen auf Bergterrassen erbaut. Jeder Wall von Sacsayhuaman mißt etwa dreihundertsechzig Meter und hat auch einundzwanzig teils vorspringende, teils zurückgesetzte Bastionen.

Am mächtigsten ist natürlich die erste Festungsmauer. In dieser finden wir bis zu neun Meter hohe, fünf Meter breite und vier Meter tiefe Steinblöcke. In die Mauern Sacsayhuamans sind mehrere trapezförmige Tore eingelassen, die im Fall drohender Gefahr durch Steinblöcke geschlossen werden konnten. Zu der Festung gehörten auch drei große Türme, eigentlich »Kasernen«, in der die Einheiten, die Cuzco bewachten und verteidigen sollten, untergebracht waren.

Die Türme der Feste Sacsayhuaman sind leider zur Zeit der

spanischen Herrschaft geschleift worden. Die Festung wurde während der frühen Kolonialzeit völlig mit Erdreich zugeschüttet, weil die Machthaber fürchteten, spanische Rebellen, die mit der Herrschaft ihrer Landsleute in Peru unzufrieden waren, könnten sich im Fall eines Aufstands ihrer bemächtigen und das indianische Adlernest zu einer uneinnehmbaren Zitadelle machen.

Die Reste der Festungstürme von Sacsayhuaman wurden erst im Zuge archäologischer Forschungen in den dreißiger Jahren dieses Jahrhunderts wiederentdeckt und ausgegraben. Es zeigte sich, daß diese Türme durch unterirdische Gänge mit der sog. Mujacmarca, einer Art (militärischem) Hauptquartier und zugleich persönlichem »Schutzbunker« des Staatsoberhaupts, verbunden waren. In Zeiten, da dem Inka und Cuzco unmittelbare Gefahr drohte, sollte sich der Herrscher mit seiner Familie in diese Mujacmarca in den Mauern der Feste Sacsayhuaman flüchten, wo – so glaubten die Erbauer dieser uneinnehmbaren Festung – der göttliche »Sonnensohn« und seine nächsten Angehörigen vor jedem Angriff in Sicherheit waren.

Im Falle der Bedrohung Cuzcos sollte auch der Staatsschatz, namentlich das Gold aus dem Sonnentempel von Cuzco, in die Mujacmarca gebracht werden. Daher waren Mujacmarca und das ganze Sacsayhuaman durch einen geheimen Gang mit der eigentlichen, tiefer gelegenen Stadt, mit den Palästen des Inka und dem Nationalheiligtum des Staates verbunden. Dieser unterirdische Gang verlief aber nicht geradlinig, und eigentlich bestand er nicht aus einem, sondern aus mehreren geheimen Wegen, die zu einem höchst komplizierten Labyrinth verbunden waren. Beabsichtigt war mit dieser Anlage, daß der Feind, falls er in einen der Gänge vordränge, den Weg verlieren und sich ohne Wiederkehr hoffnungslos verirren sollte.

Das hoch über Cuzco aufragende »Pumahaupt« ist wirklich ein grandioses Werk, dessen Errichtung uns heute noch viele Rätsel aufgibt.

Die eigentliche Festung ist jedoch nicht das einzige Bauwerk in dieser steingeborenen Welt hoch über Cuzco, denn im nördlichen Vorfeld von Sacsayhuaman grenzt ein Komplex, »Thron des Inka« genannt, unmittelbar an die Feste. Er besteht aus einem – vielleicht einst durch die Tätigkeit eines Gletschers –

vollkommen glatt geschliffenen Felsen, in den die alten Peruaner auf der einen Seite steinerne Sitze eingehauen haben, die stark an Königsthrone erinnern. Da sich von hier aus ein herrlicher Blick auf die umliegenden, schneegekrönten Gipfel der Kordilleren bietet, pflegte hier der Inka (auf seinem steinernen Stuhl) zu sitzen. Ihn interessierte allerdings weniger die Aussicht, sondern wie aus diesem Boden hier – kraft seines souveränen Willens und auf seinen Befehl – durch die Arbeit von siebzigtausend menschlichen Ameisen ein neuer schwarzer (Berg-)»Kamm«, ja, eigentlich drei solche, parallel zueinander laufende Kämme dieses »Pumahauptes« emporwuchsen.

Auf den Steinbänken des »Inka-Thrones« nahmen offensichtlich nicht nur die lebenden Sonnensöhne Platz, sondern – das ist zu vermuten – manchmal auch die toten Herrscher des Reiches. Ihre Mumien wurden dann an hohen Feiertagen aus dem eigentlichen Cuzco hierher hinaufgetragen, damit sie mit ihren toten Augen das rasch wachsende Werk sehen oder sich an den Spielen und Festen ergötzen konnten, die hier hoch über der Stadt zu Ehren der verstorbenen Herrscher veranstaltet wurden. Mag sein, daß die steinernen Sitze des Inka-Throns auch für die Mitglieder des »Usen« – des altperuanischen obersten Gerichtshofs – bestimmt waren, sofern er vor dem bezaubernden Hintergrund des südamerikanischen Hochgebirges hier seine Gerichtstage abhielt.

Außer dem Inka-Thron grenzt auch das »Inka-Bad«, »Tampu Muchay« mit indianischem Namen, an die Feste Sacsayhuaman. Dieser Ruinenkomplex besteht aus einer Reihe terrassenförmig ansteigender Mauern und Wände, in denen die für die Inka typischen trapezförmigen Eingangsöffnungen eingelassen sind.

Unweit von Tampu Muchay haben die Inka ein weiteres interessantes Werk – das Kenko (Quenquo) – in den Felsen gehauen. Dessen Krönung war einst – bevor die Spanier in diesem indianischen Kunstwerk einen Teufelsspuk sahen und es zerstörten – ein fünf Meter hohes, in den vorspringenden Felsen gehauenes Relief eines Pumas, des Tieres, das als Symbolfigur für Sacsayhuaman und seine Umgebung sowie für die gesamte Stadt Cuzco stand.

Das Bild des Pumas im Kenko weist auch auf viele ältere

Rituale der Vor-Inka-Zeit hin, in der die Anbetung von Tieren weit verbreitet war. (Über diesen tiefschürfenden, allumfassenden und alles durchdringenden Religionskult des Jaguars unter den Trägern der höchst eigenartigen und seltsamen Chavin-Kultur berichtet der Autor in seinem Buch über die peruanischen Kulturen der Vor-Inka-Zeit, DIE INKAS - Ahnen der Sonnensöhne.)

Solche seltsamen religiösen Zeremonien zu Ehren von Tieren wurden - zumindest hier im Kenko - offensichtlich auch zu Zeiten der Inka zelebriert. Davon zeugt schon der Name des Ortes selbst, denn Kenko oder Quenquo heißt in Quechua, der Staatssprache des Reiches, soviel wie die »Verwundete«.

Es waren aber die Inka selbst, besser gesagt ihre Priester, die diesem Felsen seine klaffende Wunde schlugen, und zwar in Form einer breiten, tiefen, gewundenen Rinne, durch die das Blut der hier geopferten Tiere in das Innere des Felsens floß.

Verfolgen wir heute die Spur dieser seltsamen »Blutrinne« der Inka, gelangen wir durch einen engen Einlaß in die Unterwelt, in die Höhlen, die unter der Felsenoberfläche des Kenko verborgen sind. Selbst in ihre Wände sind Sitze eingehauen, auf denen anläßlich der veranstalteten Zeremonien zu Ehren der verstorbenen Herrscher des Imperiums die Mumien der Inka saßen. Inmitten einer der Höhlen ist ein freistehender, zwei Meter hoher, echter »steinerner Thron« in den Fels gehauen. Darauf nahm wahrscheinlich der Herrscher des Reiches selbst Platz, wenn er in diese geheimnisvolle Welt, besser gesagt Unterwelt, hinabgestiegen war, um die von ihm geforderten Rituale vorzunehmen.

Das Bild des Pumas dominiert an diesem Ort. Deshalb nannten die Inka den ganzen Komplex des Sacsayhuaman und der anliegenden heiligen Stätten »Kopf des Puma«. Das hoch über die Stadt erhobene »Pumahaupt« wächst aber nur aus dem Körper des Tieres, ist nur dessen Verlängerung. Der eigentliche Leib des Pumas ist Cuzco, der Teil des peruanischen Landes, in dem sich ein so großer Teil der Geschichte seiner Inka abspielte.

V.
STADT UND REICH

Der Leib und der Schwanz des Pumas liegen tief unter Sacsayhuaman, ruhig und geschützt hinter dem Schild seiner gewaltigen Mauern. Hier lag einst das Cuzco der Inka, und noch heute gibt es hier eine Stadt gleichen Namens. Das indianische, »heidnische« Cuzco sollte zwar nach der nie offen erklärten Absicht der Spanier dem Erdboden gleichgemacht werden, und zwar ebenso rücksichtslos und gründlich wie zur gleichen Zeit und durch die gleichen Missetäter Tenochtitlan, die Hauptstadt des mexikanischen Azteken-Reiches.

Aber die Heiligtümer und Paläste der Inka-Metropole wurden nicht wie in Tenochtitlan völlig zerstört, sondern viele gingen mit ihren Fundamenten oder ihren Mauern in die Paläste und vor allem in die Kirchen des neuen Glaubens ein. Daher mußte ich bei meinem ersten Besuch in Cuzco die katholische Kirche und das dazugehörige Kloster Santo Domingo besuchen, um die Überreste des Komplexes der berühmtesten Heiligtümer der Stadt sowie des Nationaltempels der Inka – er war natürlich der Sonne geweiht – sehen zu können. Die katholische Kathedrale der heutigen Stadt erhebt sich gewiß nicht zufällig genau an der Stelle, wo einst der achte Inka eine Art Festhalle errichten ließ. Die Reste des Pucamarca – des weitläufigen Palastes des Inka Tupac Yupanqui – wurden dagegen in die Mauern der Häuser und Paläste eingebaut, die heute in Cuzco die St.-Katharina- und die St.-Augustin-Straße säumen oder in der Mauri-Allee oder in der Arequipa-Straße etc. stehen.

Das Cuzco der Sonnensöhne verschmilzt so in den Augen des heutigen Besuchers mit der neuen Stadt der Spanier. Dank der ältesten Besucher des spanischen Cuzco – den ersten Chronisten Perus – wissen wir aber ziemlich genau, wie das Cuzco der Inka nach jenem großen Umbau aussah, der unter der Herrschaft von Pachacuti und Tupac Yupanqui verwirklicht wurde. Ehe wir uns aber über ihre Schilderungen Cuzcos Gedanken machen, müssen wir uns von neuem jene, für uns völlig unbegreifliche (Höhen-)Lage der Stadt in Erinnerung rufen. Die Inka haben Cuzco 3400 Meter hoch über dem Meer erbaut. (So hoch dürfte in Europa nicht ein einziges Dorf liegen.) Die Feste Sacsayhuaman und die an sie angrenzenden Objekte – Kenko, »Inka-Thron« und andere – liegen sodann noch höher am Hang der Bergriesen, die von drei Himmelsrichtungen Cuzco und sein Tal umspannen. (Nur an der vierten Seite – im Südosten – öffnet sich das Tal und zieht sich dann in eine beträchtliche Entfernung hin.)

Das Tal von Cuzco ist von fruchtbaren Feldern bedeckt, zwischen denen aber stellenweise bis zum heutigen Tage häßliche Sümpfe zu finden sind. In das Tal strömen die beiden Flüßchen Huatanay und Tullumayo, an deren Ufern einst das ursprüngliche Cuzco entstand. Später befestigten die Inka die Ufer der beiden Wasserläufe ihrer Metropole durch eine Reihe glatt behauener Steinblöcke.

Die Einwohner der Reichshauptstadt teilten diese traditionell in zwei Teile ein: das nördliche, höher gelegene »Huna Cuzco« (wörtlich »obere Cuzco«) und das südlichere und auch tiefer gelegene »Hurin Cuzco« (»untere Cuzco«). Im oberen Teil der Stadt lebten in Hunderten und Tausenden ebenerdiger oder einstöckiger Häuser aus sonnengetrockneten Ziegeln die Angehörigen der niederen Volksschicht der Inka-Gesellschaft, zu denen auch die vielen Handwerker Cuzcos zählten.

Die Häuser des Hunan Cuzco waren schlicht, jedoch mit heiteren Farben bemalt, mit denen jedoch auch die Trachten der Besucher Cuzcos harmonierten. Diese Stadt war in der Tat das Herz des Reiches. Die Bewohner des Staates durften zwar ohne Genehmigung des Inka oder seiner Vertreter ihre Dörfer oder Städte nicht verlassen, doch kamen tagtäglich Hunderte, ja Tausende Menschen aufgrund ihrer Geschäfte aus allen Ecken und Enden des Reiches in die Hauptstadt. Da ihre Kleidung recht unterschiedlich war, verliehen diese einfachen »Touristen« aus dem Volk der Stadt ein reizvolles Kolorit.

Während der Zeit der »Conquista«, so berichtet einer der Chronisten, habe er in Cuzco Yunga getroffen (Bewohner der Nordküste - eigentlich »Mochica«), die so verhüllt gingen wie die Zigeuner in Spanien, weiter Collo (Aymara-Indios) von den Ufern des Titicacasees sowie Cansa, die große, breite Mützen trugen, Huanca aus dem Gebiet der Stadt Jaujo, denen gewaltige Zöpfe und sogar Stricke von den Köpfen baumelten.

Auch begegnete er hier Angehörigen des Cancha-Stammes, mit gelben oder roten Stirnbändern geschmückt, sowie Canari-Indianern und Angehörigen vieler anderer südamerikanischer Volksstämme.

Das Cuzco der Inka erweckte - mit unseren heutigen Augen gesehen - gewiß den Eindruck, als fände dort jeden Tag ein großes Folklore-Festival statt, bot eine Massen-Modeschau von Volkstrachten der Angehörigen der verschiedensten Stämme und Volksgruppen, die das riesige, fast grenzenlose indianische Weltreich bevölkerten.

Während das obere Cuzco dem Volk gehörte, war der untere Teil der Stadt, Hurin Cuzco, die Residenz der Herren, jener dünnen Oberschicht der herrschenden Elite der Inka-Gesellschaft. Schon seit Urzeiten war das Hurin Cuzco der absolute Mittelpunkt dieses indianischen Staates. Hier ließ sich - so die Sage - nach der Ankunft in diesem Tal einst der legendäre Gründer des Reiches, der erste Inka Manco Capac, nieder, und hier - in diesem Teil der Stadt - wurden später alle Heiligtümer der Inka errichtet und der Grundstein zu den Palästen der einzelnen Herrscher gelegt.

Der große Reformator des Reiches, der Inka Pachacuti - der »Veränderer der Welt«, wie sein Name frei übersetzt lautet -, war auch Autor und dann erster Realisator eines Planes zum

Umbau Cuzcos. Pachacuti untersagte auch jedem, der nicht zum königlichen »Ayllu«, zum Königsclan, gehörte, im unteren Cuzco zu wohnen. Nur als Beweis außergewöhnlicher Gunst und Gnade des Inka durften mitunter auch Angehörige des niederen Adels – der Curaca – sich hier ein Haus erbauen.

Das Zentrum des unteren Cuzco war der großartige »Platz der Freude« – in Quechua »Huacapata« genannt. Er und die umliegenden Straßen waren von den wichtigsten Gebäuden des Imperiums umsäumt. Zu den bedeutendsten zählte zweifellos ein Komplex von Heiligtümern und Tempeln, über denen sich das Nationalheiligtum der Inka, der große und prächtige Sonnentempel »Coricancha« erhob; nach diesem wurde auch das ganze Tempelviertel allgemein Coricancha genannt.

Der Haupttempel des Coricancha-Bezirks war natürlich dem »Vater der Inka«, der goldenen Sonne, geweiht. Daher waren die Wände des Sonnentempels von oben bis unten mit Goldplatten bedeckt. (Das Gold war für die Inka das Symbol der Sonne, das Silber das Erz des Mondes.)

Im Inneren des Tempels stand der Hauptaltar mit einem gewaltigen Bildnis der Sonnenscheibe, von der nach allen Richtungen lange goldene Strahlen ausgingen.

Um den Glanz dieses Gottestempels noch zu erhöhen, waren in die Ost- und in die Westwand des Tempels große Tore eingelassen, durch die die Sonne selbst, die Sonnenstrahlen, in das Heiligtum drang und die massive Goldscheibe des Altars in tausend Feuern auflodern ließ. Die gewaltige schwere Sonnenscheibe aus purem Gold gewann später, als die spanischen Eroberer Cuzcos sich die in der Inka-Metropole geraubte Beute teilten, ein gewisser Mancia Sierra de Lequizamo. Aber noch am gleichen Abend verlor Don Sierra das kostbare Bildnis des goldenen Gottes der Inka beim Kartenspiel!

Außer dem gewaltigen Sonnenbildnis wurden in dem Nationalheiligtum aber – wenn auch nicht jederzeit – die Mumien der verstorbenen Herrscher verehrt, die an den beiden Längsseiten des Tempels aufgereiht waren. Sie saßen hier – so wie zuweilen oben über Cuzco – auf hehren Thronen. Die Königsthrone der seligen Inka in der Coricancha waren freilich nicht aus Stein, sondern aus Gold. Außerdem standen sie auf einer Unterlage, einem ebenfalls aus purem Gold gewebten Teppich.

An den eigentlichen Sonnentempel schloß sich ein Palast an, wo der Hohepriester, eine Art »Papst« der Inka, der »Huillac Umu«, residierte. Sein Haus und fünf weitere prächtige Gebäude, in denen die Gehilfen des Hohepriesters lebten, waren mit Dächern aus schneeweißem Stroh gedeckt, durchwirkt mit Fäden aus Golddraht.

In dem Coricancha-Bezirk wurde nicht nur die Sonne verehrt, sondern in einem Nachbartempel auch der Mond, die silberne Luna, nach den Vorstellungen der Inka Gemahlin und zugleich Schwester ihres Nationalgottes. So, wie eine Sonnenscheibe den Altar des Sonnentempels schmückte, glänzte auf dem Altar des Mondtempels eine massive Mondscheibe aus Silber, dem Erz des Mondes. Längs der Wände des Mondtempels saßen – auf silbernen Thronen – die Mumien der verstorbenen Gemahlinnen der toten Inka.

Die alten Peruaner waren leidenschaftliche Sternenanbeter. Daher war das dritte der Heiligtümer in der Coricancha einem weiteren Himmelskörper – der Venus – geweiht. Der zweiteilige Tempel, genauer gesagt sein Bau, hat das Wüten der Eroberer zum Glück überstanden und ziert Cuzco bis auf den heutigen Tag.

Auf der anderen Seite des Gebäudekomplexes der Coricancha standen zwei weitere Kapellen, eine dem Donner, die andere dem Blitz geweiht; etwa so groß wie diese war auch eine dritte, in der man den Regenbogen verehrte.

Neben den Tempeln des Regenbogens, des Donners, des Blitzes, der Venus und der Luna und natürlich der goldenen Sonne gehörte zum Coricancha-Sprengel auch eine Opferstatt; ihre schmalen Kanäle, durch die das Blut der rituell geschlachteten Tiere abfloß, haben sich bis auf den heutigen Tag erhalten. Ebenso ist hier auch ein kleiner Patio überliefert, auf dem ein großes, aus einem Steinblock gehauenes Gefäß stand, in dem das beliebte inkaische Maisbier, Chicha, für den Inka zubereitet wurde. In dieser steinernen »Schale« nahm die »Coya«, Schwester und legitime Gattin des Inka, nach der offiziellen »Trauung« ein rituelles Reinigungsbad.

Die Coricancha, wie viele weitere Paläste und Tempel Cuzcos, war von außen mit Goldplatten verkleidet. Der blendende Glanz von den in der Sonne gleißenden Bauwerken der Stadt hat die ersten europäischen Besucher wohl am stärksten fasziniert. Darum haben sie diese goldenen Platten, wo immer es möglich war, als erstes herausgerissen und geraubt. Der erste Chronist, der diese kostbaren »Klinkersteine« der Inka erwähnt, berichtet, seine Landsleute hätten von einem einzigen, dreihundertfünfzig Fuß messenden Gebäude über siebenhundert Goldplatten abgebrochen, die zusammen an die fünfhundert spanischen Pesos wogen.

Wenn schon an dieser Stelle das Gold erwähnt wird, der »Schweiß der göttlichen Sonne«, wie die Inka meinten, so sei daran erinnert, daß die Männer Pizarros gerade hier, unweit der Coricancha, dieses »achte« Weltwunder Perus – den einmaligen, unsäglich kunstvollen goldenen Garten Cuzcos, der schon zu Beginn des Buches geschildert wurde – entdeckten und ihn selbstverständlich plünderten und verheerten, gewissermaßen also »ermordeten«.

Hinter dem goldenen Garten der Coricancha, hinter ihrem Sonnentempel, ragte das Kloster der »Sonnenjungfrauen« (Inka-Vestalinnen) empor. Diese Mädchen waren aus allen Teilen des Imperiums nach Cuzco gekommen, um hier der göttlichen Sonne zu dienen sowie ihrem Sohn, dem großen Inka. Diese Gebäude Cuzcos durfte außer denen, die darin wohnten, und natürlich außer dem Inka und den weiblichen Angehörigen seines Ayllu kein Sterblicher betreten.

Wer es gewagt hätte, die Unantastbarkeit des Klosters von Cuzco zu verletzen, wäre mit dem Tode bestraft worden. Die gleiche Strafe drohte einer »Jungfrau« aus dem Kloster, falls sie sich durch den intimen Verkehr mit einem Mann befleckte. In einem solchen Fall, der kaum vorkam, wurde auch ihre Heimatgemeinde furchtbar bestraft; um die schreckliche Verfehlung ihrer »Landsmännin« zu büßen, wurde das ganze Dorf dem Erdboden gleichgemacht.

Eine weitere Seite des zentralen »Platzes der Freude« von Cuzco nahm das ausgedehnte Gebäude namens »Yachahuasi« ein, eine »Lehranstalt«, wo die Sprößlinge des Hochadels, die edelsten Jünglinge des Reiches, ausgebildet wurden. Hier lernten sie, was die Inka damals an Wissen besaßen, erlangten aber nicht nur theoretische Kenntnisse, sondern studierten auch die »Staatskunst« und eigneten sie sich auch praktisch an.

Neben Tempeln, Klöstern und Schulen dominierten im Herrscherviertel von Cuzco natürlich auch die Paläste der Regenten des Reiches. Dabei erbaute sich jeder Inka stets eine eigene neue, prächtige Residenz. Der Palast seines Vorgängers wurde ebenso wie die Paläste aller schon früher verstorbenen Inka in eine Art Gedenkstätte umgewandelt, in der der erhabene Tote verehrt wurde.

So war z. B. die Pucamarca, der Palast des Inka Tupac Yupanqui, dem Gedächtnis an diesen Herrscher geweiht. Der »Schlangenhof« - »Amarucancha« - war einst Sitz und später Gedenkstätte des Inka Huayna Capac. Auf dem Zentralplatz stand das Palais des Inka Roca. Unweit davon erhob sich der Palast des Umgestalters von Cuzco, des Inka Pachacuti. Hoch oben über der eigentlichen Stadt, in engster Nachbarschaft zu dem »Pumahaupt«, der Festung Sacsayhuaman, stand die Kolkampata, ein kleiner Palast, den der Begründer und »Urvater« dieser Dynastie - der erste Inka Manco Capac - hier erbaut haben soll.

So sah das Cuzco der Inka aus, ein Wunder aus Gold und Stein. Einer der Chronisten - Cieza de León - sagte, wollte er alle seine Wunder beschreiben und aufzählen, würde er seine Erzählung von Cuzco bis an das Ende seiner Tage nicht zu Ende bringen.

VI.
INKA UND INKA

Das peruanische Cuzco war das Herz des Inka-Reiches. Obwohl die Geschichte des Landes nicht nur die Geschichte seiner Könige ist, gilt unsere Aufmerksamkeit doch zuerst gerade jenen »Königen« oder »Kaisern« Perus, die dieses elende Dörfchen in den Anden zu der größten indianischen Stadt Südamerikas gemacht haben. Sie haben im Laufe der Jahre aus ihrem ursprünglich kleinen »Staat« das größte indianische Reich geschaffen, das die Welt je kannte. Unter dem Namen »Inka« sind aber nicht nur die Herrscher dieses gewaltigen Reiches in die Geschichte eingegangen und werden in der Fachliteratur so genannt, sondern alle ihre Bewohner, die ganze Kultur, das ganze Volk, zumindest aber jene Angehörigen – in späteren Zeiten also die überwiegende Mehrheit der »Bürger« des Reiches –, deren Staatssprache Quechua war.

Somit sprechen wir zum einen von den Inka als den Herrschern dieses Staates, zum anderen von den »Inka« als den Bewohnern des Landes, dem indianischen Reichsvolk. Das »Inka-Volk« entstand eigentlich durch die Verbindung und Verschmelzung einiger Dutzend kleiner Stämme, die ursprünglich das Gebiet bewohnten, das im Laufe der Zeit zu einem Teil des Imperiums der Sonnensöhne wurde. Diese Verschmelzung Dutzender, ja Hunderter Indianerstämme zu einem einzigen »Inka-Volk« war bereits weit fortgeschritten, als die ersten Spanier nach Peru kamen.

Von den unterschiedlichen Sprachen der einzelnen Stämme wurde aber das Quechua – die Muttersprache eines Stammes, der bereits in der Vor-Inka-Zeit die Umgebung von Cuzco besiedelt hatte – zur Staatssprache der Inka erhoben. Diese flexible Sprache mit überaus reichem Wortschatz verbreiteten sie dann in alle Gegenden ihres Reiches. Auch heute – fast ein halbes Jahrtausend nach dem Untergang des Inka-Reiches – ist das Quechua oder Ketschua immer noch die bei weitem meistverbreitete Indianersprache, denn fast die Hälfte der noch lebenden Ureinwohner (dieses Teils) Südamerikas benutzt sie. Im Andengebiet, vor allem im eigentlichen Peru, doch auch im benachbarten Ekuador, ist heute immer noch Quechua weiter verbreitet als Spanisch.

Die soziale Basisgruppe der Andenbewohner war – in den Vor-Inka-Zeiten – der Ayllu, eine erweiterte Großfamilie, Sippe oder Dorfgemeinde, deren Mitglieder sich als Verwandte betrachteten. Ursprünglich waren sie gewiß auch blutsverwandt. Alle Angehörigen eines Ayllu bestellten auch gemeinsam den Boden, und alle Ayllu-Mitglieder teilten sich gerecht den Ertrag ihrer Agrarwirtschaft.

Auch in den Inka-Zeiten war der Ayllu eigentlich das fundamentale, kleinste Glied der Gesellschaft des Reiches. Zu jedem Ayllu gehörte eine Reihe von Familien, deren Oberhaupt ein Mann, der Vater – Purej oder Puric genannt –, war. Im Inka-Reich wurde aber kein besonders großer Wert darauf gelegt, daß alle Angehörigen eines Ayllu miteinander blutsverwandt waren. Unter dem Aspekt der Interessen und Bedürfnisse des Staates war nur wichtig, daß die Angehörigen eines solchen Ayllu an einem Ort wohnten bzw. siedelten.

Alle Ayllu einer peruanischen Region waren in zwei »Hälften«, sog. Saya(s), zusammengefaßt, die wiederum eine Provinz des Inka-Staates bildeten. Mehrere von diesen waren zu einem der vier fundamentalen Teile – einem der vier »Reichsviertel« bzw. einer der vier »Weltgegenden« – des Staates zusammengeschlossen. Während das Leben des Ayllu in den Vor-Inka-Zeiten nur von dem örtlichen Häuptling oder Kaziken gelenkt wurde, einer Art »Schultheiß« des Dorfes, so erfaßte nun zu Zeiten des Imperiums die Organisationsstruktur des Reiches auch dieses fundamentale gesellschaftliche Element, diese unterste Sprosse des hierarchischen Staatsaufbaus. Hier stellt sich nun die Frage, warum die Inka eigentlich alle anderen Völker überflügelten, und zwar nicht nur in Peru, sondern im ganzen indianischen Südamerika. Und wir könnten sie auch gleich durch die Feststellung beantworten: Alle ihre Erfolge wurzelten in dem unglaublichen Organisationstalent der Sonnensöhne, ja, waren ein Ergebnis der fast schulmeisterlich pedantischen Konsequenz, mit der sie die Teilnahme eines jeden einzelnen an den öffentlichen Dingen organisierten, mit der sie ihn als ein Rädchen in das Räderwerk der staatlichen Aktivitäten einfügten. Auch der Angehörige des weltabgeschiedensten Ayllu im fernsten Teil Perus wurde von der Verwaltung des Staates nicht vergessen, sollte und durfte nicht übergangen werden. Auch er, wie jeder andere im Reich, mußte sich an der Erfüllung zweier grundlegender Aufgaben beteiligen, die ihm die Regierung des Imperiums wie jedem Bürger stellte: der Arbeit für den Staat und der Teilnahme an Feldzügen und überhaupt am Waffendienst.

Freilich war das Reich nicht zu allen Zeiten im Krieg. Daher mußte ein Ayllu-Angehöriger nicht immer sein Heim und seine engere Heimat verlassen und für den Inka und seinen Staat in den Kampf ziehen. Doch arbeiten mußte der Indio in diesem Reich stets. Durch die Ablieferung der Produkte seiner Landwirtschaft erfüllte der gemeine, freie Bürger, der »kleine Mann« des »Hatun Runa« genannten, gemeinen Inka-Volkes, seine Steuerpflicht gegenüber dem Staat.

Nebst den üblichen Landarbeiten auf den Feldern seiner Heimatgemeinde konnte jeder »gemeine Bürger« des Reiches jederzeit auch im Rahmen der sog. »Mita«, der Verpflichtung zum Arbeitsdienst, einberufen und an einem beliebigen, von seiner Heimat auch noch so fernen Ort eingesetzt werden. Aufgrund der sog. Montan-Mita gingen die Leute z. B. für einige Monate im Jahr in ein Bergwerk oder eine Erzmine schuften. Oder sie wurden zum Bau öffentlicher Gebäude und gemeinnützriger Bauwerke herangezogen wie zum Bau von Brücken, Aquädukten, Tempeln, Getreideschuppen und Vorratshäusern, Palästen, Festungen und vor allem von Wegen und Straßen. Schließlich konnten sie im Rahmen der Mita auch zum Sammeln von Kokablättern herangezogen werden. Der Zwangsarbeitsdienst nach den Mita-Vorschriften durfte aber höchstens neunzig Tage im Jahr währen. In dieser Zeit sorgte der Staat für Ernährung und Kleidung solch eines unfreiwilligen Fronarbeiters.

Damit der einfache Bürger des Reiches – dieses fast rechtlose Rädchen in einem sonst so vollkommenen Mechanismus – seine Aufgaben gegenüber dem Staat recht erfülle, dafür sorgte der ausgedehnte Kontrollapparat der Inka-Verwaltung; er war nach dem Dezimalsystem organisiert. Über zehn Steuerzahler, d.h. jene Familienväter, die durch ihre Arbeitsleistung ihre Steuerpflichten gegenüber dem Staat erfüllten, führte ein Chunchacamayoc die Aufsicht, über fünfzig der Picamayoc. Diesen »örtlichen Vorstehern« waren die Curaca übergeordnet, in der Regel Angehörige des niederen Adels, deren Amt und Privilegien allerdings nicht erblich waren. Von diesen Curaca führten die Pachamayoc die Aufsicht über hundert »Steuerzahler«, die Huarangamayoc über tausend und die Hunucamayoc über zehntausend.

Die Tätigkeit der Hunucamayoc leitete der Tucuyricu (wörtlich »der, der alles sieht«), der Verwalter der betreffenden Provinz, in Quechua Huamani genannt; die Provinzen hatten die Inka meist auf den traditionellen Territorien der ursprünglichen Kleinstaaten errichtet. Jede Huamani entsandte übrigens in Kriegszeiten eine eigene Division ins Feld, die aus diesen »Steuerzahlern« aufgestellt wurde.

Mehrere Provinzen waren stets zu einem der vier »Reichsviertel« zusammengefaßt, die zusammen das riesige Gebiet des Reiches bildeten, in dem zur Zeit seiner größten Machtausdehnung mindestens acht, ja vielleicht sogar fünfzehn bis sechzehn Millionen Indios lebten. Und zwar in einem Staat, der sich auf einer Fläche von fast einer Million Quadratkilometern im westlichen Teil Südamerikas über eine Länge von mehr als fünftausend Kilometern erstreckte: zwischen dem Rio Ancasmayo im heutigen Kolumbien im Norden, am dritten nördlichen Breitengrad, und dem chilenischen Rio Maule, etwa am sechsunddreißigsten südlichen Breitengrad, von Westen nur durch die Wellen des Pazifik und von Osten durch die endlosen, unzugänglichen Urwälder des Amazonasbeckens begrenzt.

Von den vier »Reichsvierteln« war das südliche - Collasuyu - das größte dieser vier Weltgegenden des Inka-Staates. Es umfaßte auch das klassische Territorium der Vor-Inka-Kulturen Perus - das Gebiet des Hochgebirgssees Titicaca, wo damals die Collo siedelten, nach denen diese »Provinz« benannt war. Zu Collasuyu gehörte aber auch fast das gesamte Gebiet des heutigen Bolivien, der Norden und das Zentrum des heutigen Chile sowie der Nordwesten des heutigen Argentinien.

Das zweite Viertel des Reiches - Cuntisuyu - umfaßte das Gebiet westlich und südwestlich von Cuzco. Der nördliche Teil des heutigen Peru, das Gebiet des heutigen Ekuador und der Süden Kolumbiens bildeten zusammen das dritte Viertel - Chinchasuyu -, benannt nach einem der Stämme, die dieses Land ursprünglich bewohnt hatten. Das letzte Viertel schließlich - Antisuyu - lag östlich von Cuzco. Zu diesem gehörten auch die Osthänge der Kordilleren sowie eine Randzone der Amazonaswälder mit den Gebieten, wo die Inka dieses Land zu kontrollieren vermochten. Längs dieser Ostgrenze seines Territoriums errichtete das Reich übrigens eine Kette kleiner Forts und Festungen, die einen echten »Inka-Limes« gegen die primitiven, jedoch höchst kriegerischen Indianerstämme der Amazonasurwälder bildeten.

Die Grenzen aller vier Teile des Reiches liefen in seiner goldenen Metropole Cuzco zusammen. Von dort gingen auch die vier Haupt-»Chausseen« aus, die vier wichtigsten Heerstraßen des Reiches, zu den vier Gegenden des Staates. Die derartige administrative Aufteilung des Reichsgebiets gab dem Inka-Staat sogar seinen eigentlichen - amtlichen - Namen »Tahuantinsuyu« (auch Tahu an tin suyu geschrieben), was wörtlich soviel wie »Land der vier Teile« bedeutet. Dieser richtige und offizielle Name des Inka-Reiches soll in den folgenden Kapiteln vorwiegend verwendet werden.

Die vier fundamentalen »Reichsviertel« von Tahuantinsuyu wurden durch Gouverneure, zumeist enge Verwandte des herrschenden Inka, verwaltet, »Apo« oder »Suyuyoc Apucuna« genannt. Zusammen mit einigen weiteren Würdenträgern bildeten sie den Staatsrat des Landes, der dem Inka seine Vorschläge und Anregungen vortragen konnte. Endgültige Entscheidungen traf jedoch ausnahmslos der Inka allein.

Ebenso wie der Apo stets aus der Familie des herrschenden Inka stammte, so auch ein weiterer höchst wichtiger Würdenträger Tahuantinsuyus – sein Hohepriester, der Huillac Umu. Er residierte in seinem Palast inmitten des Komplexes des Sonnentempels in Cuzco.

Cuzco war überhaupt Sitz der meisten Angehörigen der Elite von Tahuantinsuyu – des Hochadels, der sich fast ausschließlich aus den Angehörigen der Großfamilie, des Clans, des regierenden Inka und aus den Nachkommen der vorverstorbenen Inka, also aus den königlichen »Linien« oder dem »Capac Ayllu« rekrutierten.

Weil die Inka fast immer ihre eigenen Blutsschwestern ehelichten und weil sich die Angehörigen der »Hautevolee« des Reiches bemühten, die Anzahl der Angehörigen des Capac Ayllu so langsam wie möglich wachsen zu lassen, gehörten dieser obersten Schicht der Auserwählten nie besonders viele Personen an; eher das Gegenteil war der Fall. Nachweislich gab es nach der Ankunft der Spanier in Peru während der ersten Hälfte des 16. Jahrhunderts im ganzen Land nur etwa fünfhundert Männer und Frauen, die ihre Abstammung unmittelbar von einem der Inka-Herrscher ableiten konnten.

Das äußere Zeichen der Zugehörigkeit zum Capac Ayllu, zur obersten Kaste der Inka-Aristokratie, waren u.a. künstlich in die Länge gedehnte Ohrläppchen. Sie wurden durch in die Ohren eingelegte Pflöcke oder Scheiben bewirkt. Darum nannten die alten Peruaner diese hochedlen Leute Hatunrincriyoc, »große Ohren« oder »Großohren« – die Spanier bezeichneten sie als »Orejones«.

Über den Hatunrincriyoc, den »Großohren«, den Angehörigen des Hochadels, und über den Curaca, den Angehörigen des niederen und Beamtenadels, stand nur noch der Herrscher des Reiches – der selbstherrschende Inka.

Daher der Name »Sapa Inka«, »einziger Inka«. Bei den alten Peruanern hieß dieser »einzige« auch »Intip Churin«, »Sohn der Sonne« oder »Sonnensohn«. Nur er war in den Augen seiner peruanischen Untertanen und Zeitgenossen ein echter

Nachfahre des zur Erde hernieder gestiegenen göttlichen Sonnensohnes. Das Inka-Volk aber identifizierte sich mit seinem Herrscher, weil »der Inka das Volk war« und »das Volk der Inka«, und gemäß diesen Vorstellungen sowie ihrem Geschichtsverständnis, den Lehren ihrer Religion und auch, weil sie stolz und zweifellos egozentrisch waren, hielten sich eigentlich alle Angehörigen des Inka-Volkes für Söhne der Sonne. Wie die Juden des alten Israel sahen sie sich selbst als »auserwähltes Volk« auf dem Gottes Segen ruhte. Ein Volk, als wär's nicht von dieser Welt. Selbst wenn die meisten von ihnen nur schlichte, treue und fast rechtlose »Volksgenossen« waren – mittels ihres Herrschers, durch den ersten Sonnensohn, den Inka Manco Capac –, fühlten sie sich mit der göttlichen Sonne verbunden. Auch sie – das auserwählte Volk Amerikas – waren also Intip Churin. Und wer konnte mehr sein als die eigenen Kinder ihres Sonnengottes!

VII.
AUS DEM LEBEN DER PRINZEN

Den Thron der Inka von Tahuantinsuyu konnte nie eine Frau, d.h. eine Prinzessin oder »Nusta«, sondern stets nur ein Mann besteigen. Dieser mußte königlichen Geblüts, also ein leiblicher Sohn des vor ihm regierenden Herrschers sein. Wünschenswert war zudem, daß der – »Auqui« genannte – Thronfolger aus einer Verbindung des regierenden Inka mit seiner gesetzlichen Gemahlin und zugleich Schwester, der »Coya«, stammte und nicht ein Sproß von einer seiner zahllosen Nebenfrauen oder Konkubinen war.

Der herrschende Inka wählte seinen Nachfolger selbst aus, so daß im Gegensatz zu der üblichen dynastischen Thronfolge hier nicht unbedingt sein erstgeborener Sohn als Nachfolger bestimmt wurde. In manchen Fällen erkor der herrschende Inka sogar nicht einmal einen Sohn seiner gesetzlichen Gattin, sondern einen seiner Nebenfrau zum Thronerben. Der Inka ließ sich bei dieser Wahl von einem einzigen Kriterium leiten: Von all seinen leiblichen Söhnen mußte der von ihm ernannte Thronfolger für seine künftigen Aufgaben als Staatsmann und Feldherr die besten Voraussetzungen haben.

Seinen Untertanen gegenüber bekundete der Inka die von ihm getroffene Wahl auf eine ganz einfache Weise: Er, der sonst in jeder Hinsicht bedient wurde, kämmte dem Auqui vor den Augen seines gesamten Hofstaates eigenhändig das Haar.

War der Thronfolger aber der Sohn einer Nebenfrau, so wurde ihr Name oft geheimgehalten, ihm aber wurde - nachträglich - die »Coya«, die offizielle Ehefrau des herrschenden Inka, als »Mutter« zugeordnet. Durch diese reinblütige »Ersatz«-Mutter wurde der Kronprinz gewissermaßen legitimiert.

In anderen Fällen schloß der Inka dagegen den einen oder anderen seiner »reinblütigen« Söhne ausdrücklich von der Thronfolge aus. Zuweilen aus Gründen, die uns heute höchst kleinlich erscheinen: Z. B. verweigerte der Inka Mayta Capac seinem Sohn Mayta die Thronfolge und den Titel eines Kronprinzen, weil dieser - wie der Herrscher erklärte - sehr häßlich war, nämlich eine Hasenscharte gehabt haben soll. In anderen Fällen änderte der Inka sogar nachträglich seine Wahl des Kronprinzen, so z. B. der Inka Viracocha. Ursprünglich hatte er seinen Sohn Urco zur Thronfolge bestimmt, später aber dessen Bruder Cusi. Ähnlich hielt auch der große Pachacuti seine erste Entscheidung für Prinz Amaru als Nachfolger nicht aufrecht, und zwar aufgrund unterschiedlicher Ansichten über die Staatsführung. Statt dessen ernannte er Amarus Bruder Tupac zum neuen Auqui.

Derartige Unklarheiten hinsichtlich der Staatsführung haben die Situation Tahuantinsuyus gerade während der tragischen Tage seines Untergangs höchst ungünstig beeinflußt. Kurz vor der Ankunft der Spanier kämpften nämlich zwei Söhne des Inka Huayna Capac - Huascar und Atahualpa - voller Haß und Grimm miteinander um die Macht im Staate. Diese Fehde, fast ein richtiger Bürgerkrieg, erschütterte die Stabilität des Reiches gerade in einem Moment, als Tahuantinsuyu sie am meisten gebraucht hätte.

Kehren wir also zu den Zeiten zurück, als der herrschende Inka einen seiner Söhne zu seinem künftigen Nachfolger zu bestimmen pflegte. Von dem Tag seiner Berufung an durfte der Kronprinz alle königlichen Insignien führen, die sonst nur dem Inka vorbehalten waren. Er hatte z. B. das Recht, die »Llauta«, die Fransen-»Krone« der Inka, aufzusetzen, die - aus feiner

Wolle gewebt – um die Stirn gebunden wurde. Der Inka trug eine rote, der Thronfolger dagegen eine gelbe Llauta.

Der Platz des Kronprinzen war neben dem Thron des Inka. Mitunter führten beide zusammen das Regiment; dadurch sollte der Thronfolger bereits auf seine künftigen schweren Aufgaben vorbereitet werden. So herrschte der große Inka Pachacuti in der letzten Phase seines Lebens – nachdem er seinen unwürdigen Sohn Amaru verstoßen hatte – zusammen mit dessen Bruder, Tupac Yupanqui, über das Reich. Der herrschende Inka nahm seinen Thronfolger auch auf alle Reisen mit, damit der Auqui so die Länder und Völker kennenlernte, deren Oberhaupt er vielleicht schon bald sein würde.

Während der Herrscher seinen Kronprinzen in der Kunst der Staatsführung sowie in dem Umgang mit Untertanen unterwies, bildeten ihn die altperuanischen Weisen, die »Amauta«, in all den Disziplinen aus, in denen sich nach damaligen Vorstellungen der künftige Inka auskennen sollte. Sie lehrten ihn die Geschichte seiner Vorfahren, seines Volkes, seines Reiches, erzählten ihm von den ruhmreichen Taten und dem göttlichen Ursprung seiner Herrscher, bildeten ihn in religiösen Fragen, brachten ihm die Grundzüge des Rechts des Inka-Reiches bei, weihten ihn in die Geheimnisse der Knotenschrift »Quipu« ein, unterwiesen ihn in Rhetorik und hielten ihn auch zu guten Manieren an; außerdem vermittelten sie ihm geographische, astrologische und medizinische Kenntnisse.

In Tahuantinsuyu galt: Je höher die Stellung, je edler der Mensch war, desto fähiger hatte er auch zu sein. So sollte der junge Kronprinz nicht nur der gebildetste der jungen Edelleute seines Staates, sondern auch körperlich der gewandteste sein. Daher wurde er diesbezüglich durch anstrengende Übungen methodisch »trainiert«, wobei auch auf Ausdauer und Widerstandsfähigkeit besonderer Wert gelegt wurde. Außerdem wurde er im Waffenhandwerk, d. h. im Umgang mit dem Speer, der Makana, der indianischen Schleuder, sowie in der Kriegskunst, also Strategie und Taktik, unterwiesen. Kurzum, er erhielt das Rüstzeug, um einst als oberster Befehlshaber die Heere des Reiches zu kommandieren.

Nachdem der Auqui derart geistig und körperlich auf sein Amt vorbereitet war, mußte er nur noch auf den Tod des Inka warten. Starb aber der Alleinherrscher, wurde die Kunde von seinem Ableben vor den einfachen Bürgern des Landes noch lange Zeit geheimgehalten. Auf diese Weise sollten unerwünschte Unruhen oder Prätendenten-Streitigkeiten verhindert werden, die während eines Interregnums – falls Probleme hinsichtlich der Thronfolge bestanden – hätten eintreten können.

Erst nachdem die Krönung des künftigen Inka in aller Stille vorbereitet worden war, wurden die Vertreter aller Regionen von Tahuantinsuyu zu der Zeremonie der Thronbesteigung des neuen Herrschers geladen. Nicht nur die Gouverneure der einzelnen Provinzen und jener vier fundamentalen Reichsviertel, sondern auch alle niederen Adligen – die Curaca –, ja sogar die »Schultheiße« mancher Dörfer wurden in Cuzco erwartet. Alle zusammen – eine endlose Menge – defilierten zuerst barfuß und mit gesenktem Haupt auf dem großen »Platz der Freude« vor dem Herrscher und überreichten ihm die Federn eines seltenen Vogels, der wegen seines edlen Aussehens das Symbol der Erhabenheit und Auserwähltheit des Inka darstellte. Dann streckten sie dem neuen Kaiser ihre Arme entgegen zum Beweis ihrer Ergebenheit und untertänigen Demut.

Im Namen des Königs nahm der Zeremonienmeister des Hofes die Federn entgegen und verbrannte sie später feierlich.

Erst nachdem der Kronprinz die Huldigung der Repräsentanten des »grenzenlosen« Reiches, an dessen Spitze er von diesem Tage an stehen sollte, entgegengenommen hatte, war der Auqui gekrönt. Den langen Zyklus der eigentlichen Krönungszeremonien leitete der »Huillac Umu«, der Hohepriester von Tahuantinsuyu, der Verwalter des Sonnentempels zu Cuzco. Zuerst überreichte dieser dem König die traditionellen Königsinsignien der Inka, vor allem die eigentliche Königs- oder Kaiser-»Krone«, die »Llauta«. Dann opferte der Huillac Umu der göttlichen Sonne, deren Sohn der Inka in den Augen der Bewohner seines Reiches war, eine Anzahl goldener Gefäße, ausgesuchter Meeresmuscheln, aber auch – zweihundert Kinder! Erst durch dieses grausame Menschenopfer – »Capacocha« genannt –, war der Zyklus der Zeremonien anläßlich der Krönung des neuen Inka vollendet. Die eigens dafür ausgewählten Kinder mußten einen makellos reinen Teint haben, kein einziges Muttermal, kein einziger Pigmentfleck durfte sie verunzieren.

Die für das Capacocha-Opfer bestimmten Kinder wurden auf den Berg Chuquicancha am Rande Cuzcos geführt, wo der Inka sie mehrmals mit der Hand berührte, ehe sie getötet wurden.

Im Unterschied zu den Opferzeremonien der aztekischen Indianer, bei denen oft Hektoliter Blut (im wahrsten Sinne des Wortes) flossen, wurden die Kinder in Tahuantinsuyu »bloß« erdrosselt. Zuvor hatte man sie aber mit einer starken Dosis eines aus zerstampften Kokablättern gewonnenen Pulvers betäubt. Die getöteten Knaben und Mädchen wurden zusammen mit den geopferten Lamas auf dem Chuquicancha-Berg feierlich beigesetzt.

Während alle anderen öffentlichen Zeremonien, die in dem Reich grundsätzlich zu Ehren des Sonnengottes, d.h. der Sonne als Gott, gefeiert wurden, wandte sich der Huillac Umu bei der Opferung der Kinder auf dem Berge Chuquicancha an den Schöpfer der Welt, Viracocha. Er bat ihn, den neuen Inka vor allem Bösen zu beschützen und ihn zu segnen, auf daß er den Gang der Dinge im »Reiche der vier Weltgegenden« mit Erfolg lenke. Dann zeichnete der Hohepriester mit dem Blut der geopferten Lamas eine lange symbolische rote Linie auf die Stirn des neuen Herrschers, die die überlangen, für den Adel typischen beiden Ohrläppchen des Inka miteinander verband.

Nachdem das Blut getrocknet war, wurde das symbolische rote Blutband durch die rote königliche Stirnbandkrone (die Llauta) ersetzt. Und so war mit der Annahme der Herrscherinsignien, des »Tributs« der Federn der seltenen Vögel auf dem »Platz der Freude« und nach Abschluß der grausigen Capacocha-Zeremonie sowie der Schlachtung der weißen Lamas der komplizierte Prozeß der Thronbesteigung des neuen Inka abgeschlossen.

Und Volk und Reich jubelten. Denn ein weiterer in der Reihe jener, die einzig von sich sagen konnten, sie seien wahre Intip Churin – halbgöttliche Söhne der Sonne –, hatte den erhabenen Thron von Cuzco bestiegen.

VIII. DER MANN AUF DEM THRON

Nach dieser komplizierten Krönungsprozedur bestieg der neue Herrscher den Thron von Cuzco, und damit hatte das Reich – und in den Augen seiner Bewohner eigentlich die ganze Welt – wieder einen souveränen und unumschränkten Selbstherrscher, der wirklich »Sapa«, der »einzige«, war. Denn nur er durfte Befehle oder Weisungen erteilen, er ganz allein konnte über Leben und Tod eines jeden Reichsangehörigen, und wäre es der vornehmste Bürger seines Staates, entscheiden. Er leitete die Verwaltung von Tahuantinsuyu; war auch oberster Gesetzgeber und entschied ganz allein, welche ökonomischen Aufgaben der Staat zu lösen habe: Er erklärte den Krieg, sandte die Heere des Imperiums zu Eroberungszügen aus; doch er war es auch, der mit dem Feind Frieden schloß. Anfangs befehligte er seine Truppen sogar selbst. Da der Inka aber in erster Linie eine Inkarnation des Gottes »Sonne« war, oblag ihm zugleich lange Zeit das Amt des obersten Priesters ihres Kultes. Erst in späteren Zeiten, als nicht nur das Reich, sondern auch die Pflichten des Herrschers sich derart ausgeweitet hatten, daß er zwei so hohe Ämter nicht mehr versehen konnte, übernahm der schon erwähnte Huillac Umu die Rolle des Hohepriesters; er war stets ein Vetter oder Onkel des regierenden Inka.

Alle Macht, alle Herrschaft sowie alle Gesetze in Tahuantinsuyu gingen unmittelbar auf die Persönlichkeit des Mannes auf dem Thron von Cuzco zurück. Sein Titel - Inka - ist gewiß aus dem Quechua-Wort »Inti« für »Sonne« entstanden.

Der Mann auf dem Thron war wirklich ein »Sonnenkönig« wie einst der französische Monarch Ludwig XIV., der von sich gesagt hatte: »Der Staat bin ich!« Der Inka brauchte dies gar nicht zu behaupten, denn daß er - der Herrscher - der ganze Staat sei, daran zweifelte in seinem weiten Reich absolut niemand.

Das Wohl und Wehe des Imperiums, all seiner Angehörigen, hing nach unumstößlicher Meinung der Peruaner von der Gesundheit ihres Herrschers ab. Falls der Inka erkrankte, so glaubten sie z. B., werde ihr Land von Hunger und Unheil heimgesucht; würde er während dieser Zeit schwach, würde auch die Sonne ihre Kraft verlieren und der Erde nicht mehr ihre lebenserhaltende Wärme und ihr Licht spenden. Der Klassiker der Völkerkunde, Sir James G. Frazer, erzählte einmal, die alten Mexikaner hätten in der Sonne den Quell allen Lebens, den Born aller Kraft gesehen. Darum auch die Bezeichnung: »die, von der wir leben«. Auf daß die Sonne aber »leben« und der Welt, dem Land, den Menschen ihre Lebenskraft spenden konnte, brauchte sie natürlich Nahrung wie jeder lebende Organismus. Das menschliche Herz bedeutete für die Azteken das Symbol des Lebens, ohne das jedes lebende Wesen sterben muß, und daher rissen die alten Bewohner Mexikos bei grausamen rituellen Zeremonien ihren menschlichen Opfern das Herz aus der Brust und »fütterten« die »Sonne« mit seinem Blut, damit sie - stark und strahlend - durch ihr Licht und ihre Wärme den Bewohnern des Landes wieder jene lebenspendende Kraft schenke, die der Sonne durch das Opfer blutender Menschenherzen zugeführt worden war.

Die Bewohner von Tahuantinsuyu brachten viel weniger Menschenopfer dar als die indianischen Bewohner des alten Mexiko. Trotzdem wurden auch im alten Peru zu Ehren der Sonne und ihres Sohnes, des Inka, allerlei Tiere geschlachtet, meist weiße Lamas, zu Ehren des Gott-Schöpfers Viracocha jedoch graue Lamas. Die Differenzierung hinsichtlich der Farbe erfolgte, da Viracocha für die Inka auch als Gott des Meeres galt und das Meer den alten Peruanern nicht, wie uns Europäern, blau, sondern grau zu sein schien.

Menschen, genauer gesagt Kinder, wurden in Tahuantinsuyu nur selten geopfert. Am häufigsten wurde das Opfer der zweihundert Knaben und Mädchen dargebracht, und zwar anläßlich der Thronbesteigung des neuen Inka. Zuweilen wurden auch bei Zeremonien zu Ehren der verstorbenen Inka Kinder rituell getötet. Auf diese Weise wurden z. B. in dem Heiligtum Totacachi, in dem zeitweilig die Mumie des Inka Tupac Yupanqui ausgestellt wurde, Knaben und Mädchen geopfert, so auch in dem Heiligtum Pomarca, in dem sich von Zeit zu Zeit die Mumie seiner Gemahlin aufhielt. Zu Ehren der goldenen Sonne und ihres Stellvertreters auf Erden wurden bei den Capacraymi-Festen hin und wieder auch Menschen geopfert; diese Riten fanden im Dezember auf den heiligen Inseln im Titicacasee statt.

Die Menschen- und Tieropfer sollten nicht nur die Gesundheit des Sonnensohnes fördern, seine Genesung von einer Krankheit unterstützen, sondern dem Inka überhaupt auf magische Weise das Leben verlängern.

Das Gebet, mit dem sich die Menschen von Tahuantinsuyu an die Sonne wandten, war offensichtlich auch an ihren irdischen Sohn gerichtet. In dem Gebet hieß es: »Mögest du niemals alt werden, mögest du ewig jung bleiben, mögest du jeden Tag am Firmament aufgehen, um das Land mit deinen Strahlen zu erhellen!«

Die Vergötterung der Inka-Herrscher und ihre absolute Herrschaft erinnern auf den ersten Blick an das Regiment orientalischer Despoten, denn die Macht des Inka war tatsächlich ebenso unumschränkt. Im Unterschied zu den Tyrannen des alten Orients traten die Sonnensöhne aber als weise, gnädige Landesväter ihres Volkes auf, zumindest bemühten sie sich, soweit es ihnen die Lage erlaubte, durch ihre Herrschaft und Regierung das Wohl und das Fortkommen aller Einwohner ihres Landes zu garantieren.

Einer der üblichsten Titel, mit denen der Sonnensohn bei Audienzen angeredet wurde, lautete deshalb »Huachacuya« oder »Wohltäter«. Seine königlichen Audienzen erteilte der Inka entweder in seiner ständigen Residenz, seinem Palast in Cuzco, oder in einem Palast an einem anderen Ort des Reiches, wo er sich gerade aufhielt. Wer in Audienz empfangen wurde, und war es auch ein vornehmer Adliger, mußte die Empfangshalle mit gesenktem Haupt und mit einer schweren Bürde beladen betreten, die den Untertanenstatus des Besuchers symbolisierte. Außerdem mußte er vor der Audienz auch die Schuhe ablegen und barfuß vor den Inka treten; eigentlich nicht unmittelbar vor den Inka, denn dieser empfing seine Gäste zumeist durch einen schweren Vorhang von ihnen getrennt. Nur in ganz außergewöhnlichen Fällen und zum Zeichen besonderer Gunst und Gnade schob der Sonnensohn den Vorhang beiseite und sah dem Gast ins Auge.

Während der Audienz saß der Herrscher auf einem niedrigen Königsthron, geschnitzt aus prächtigem rotem Holz. Neben dem Thron war oft das Königsbanner aufgepflanzt, eine der Insignien des Sonnensohnes. Das aus Wolle oder Baumwolle gewirkte Banner war stets mit dem gemalten Wappen des betreffenden Inka geschmückt: Bei Sinchi Roca war es z.B. das Bild eines Falken; sein Namensvetter, der Inka Roca, führte ebenfalls einen Vogel im Wappen, der weise Pachacuti zwei Schlangen und einen Regenbogen, Atahualpa zwei Schlangen, einen Regenbogen und einen prächtigen Puma.

Der Thronsaal des Residenzpalastes des Inka war stets mit einer weiteren königlichen Insignie geschmückt – dem Reichsspeer »Sunturpaucar«, der mit den Federn seltener Vögel verziert war. Zu den Kronjuwelen der Herrscher von Tahuantinsuyu gehörten auch ein goldenes Zepter, dann die eigentliche Inka-Krone, das Fransen-Diadem Llauta, ein Stirnband, das der Inka fünf- oder sechsmal um den Kopf geschlungen trug. Der Inka unterschied sich auch von allen seinen nächsten Angehörigen durch die Größe der »Goldscheiben«, die er wie die herrschende Klasse Tahuantinsuyus in seine Ohrläppchen einzulegen pflegte. Das Haupt des Herrschers schmückten in der Regel auch zwei oder drei Federn des überaus seltenen Coraquenque-Vogels, der ausschließlich zu diesem Zweck gejagt werden durfte. Für alle übrigen Staatsbürger war dieser Coraquenque tabu.

Ein anderes Symbol des Inka neben dem Coraquenque war

das »Napa«, das schneeweiße Lama. Die peruanischen Indianer sahen darin das erste Lebewesen, das auf die Erde zurückgekehrt war, nachdem die Wasser der Sintflut – an die auch die Menschen hier glaubten – zurückgegangen waren. Diese Napas wirkten in ihrer Erscheinung ebenso vornehm wie jene, die sie symbolisieren sollten. Auch die Ohren dieser vornehmen Lamas waren stets mit goldenen Ohrringen geschmückt. Auch war ihr Leib durch einen scharlachroten Überwurf vor den Unbillen der Witterung geschützt. Jedes Jahr im April wurden – zu Ehren des Sonnensohns und einer seiner Insignien, des erwähnten Sunturpaucar – fünfzehn dieser schneeweißen Lamas bei einer Zeremonie geopfert, die die Indianer ebenfalls Sunturpaucar nannten.

Durch seine Insignien und auch durch seine herrlichen Juwelen, u.a. durch die großen Goldscheiben in seinen Ohren, unterschied sich der Herrscher von Tahuantinsuyu schon auf den ersten Blick von allen anderen Bewohnern des Reiches. Dagegen glich seine Kleidung, was eigentlich verwundert, weitgehend der Tracht seines Volkes. Sie war natürlich aus besseren Stoffen gefertigt. Der Sonnensohn trug vor allem eine lange Tunika, die bis auf die Knie reichte, oder auch einen Mantel aus Fledermausfellen und Sandalen an den Füßen. Die Stoffe, aus denen das Ober- und das Unterkleid des Herrschers genäht waren (z.B. die charakteristische peruanische Unterhose), wurden für den Inka von ausgewählten Mädchen im Kloster der Sonnenjungfrauen Cuzcos gewebt.

Die Sorge um die überreiche Garderobe des Inka oblag einem Pagenkorps, fünfundzwanzig ausgewählten zwölf- bis fünfzehnjährigen Jünglingen, die unter der Leitung des Verwalters der königlichen Kleiderkammer standen. Der Herrscher trug dasselbe Gewand oder dasselbe Schuhwerk nie zweimal, ein eigens dafür bestimmter Würdenträger mußte diese Gegenstände feierlich verbrennen. Ebenso wurde mit allen Speiseresten, die der Inka bei seinem Gastmahl, und sei es nur zufällig, mit der Hand oder den Lippen berührt hatte, verfahren; denn von jenem Moment an waren diese Dinge für alle anderen tabu, d.h. so unberührbar wie der Sonnensohn selbst.

Der Inka speiste eigentlich nur dreimal am Tag. Das ausführlichste Mahl war das Frühstück. Für dieses und überhaupt für alle königlichen Mahlzeiten und Gastmähler sorgte der Huasicamayoc, eine Art Majordomus des Inka. Eine wichtige Rolle spielte auch der Villcacama – der staatliche Vorkoster, Diätologe und zugleich Leibarzt, der sich des unumschränkten Vertrauens des Herrschers erfreute. Der Villcacama probierte also und genehmigte die Speisen, die auf den Tisch des Königs kamen. Der Speiseplan enthielt selbstverständlich auch Gerichte, die das einfache Volk aß – Mais, auf viele Arten zubereitet, Bohnen, breiige Suppen, auch in traditioneller indianischer Weise konservierte Kartoffeln. Sie wurden zu diesem Zweck bei Tage den Sonnenstrahlen und des Nachts dem Frost der Berge ausgesetzt. Diese Dörrkartoffeln, »Chuno« genannt, vermischten die peruanischen Indianer mit Wasser, taten Salz und Gewürze dazu, und das Essen war fertig. Für die Volksmassen des Reiches waren sie die tägliche Nahrung. Der Herrscher hatte aber auch Anspruch auf ganz besondere Leckerbissen: Spezialitäten der einzelnen Landesteile, die Kuriere, häufig auch aus den fernsten Gegenden des Reiches, auf seine Tafel brachten, beispielsweise täglich fangfrische Seefische und Weichtiere, obwohl Cuzco Hunderte von Kilometern durch die Ketten himmelragender Berge von den Wassern des Pazifik entfernt lag, Wildbret aus dem Grenzland zum Amazonasgebiet oder frische Süßwasserfische aus dem Chichaycocha-See.

Der Sonnensohn pflegte von schweren goldenen oder zuweilen silbernen Tellern zu speisen, doch auch dieses Geschirr soll trotz seines hohen Wertes nach dem Mahl vernichtet worden sein, weil der Inka es berührt hatte. Bei Tisch wurde der Inka von ausgewählten Damen seines Harems bedient. Sie allein durften dem Inka auch bei anderen Bedürfnissen zur Hand gehen. Das Privileg, dem Herrscher dienen zu dürfen, war so angesehen und erweckte einen derartigen Neid, daß die Dienerinnen – damit jede einmal an die Reihe kam – sich alle sieben bis zehn Tage in diesem Dienst ablösten. Neben Pflichten, für die wir Verständnis haben, z. B. der, das Haupt des Herrschers mit einem großen Sonnenschirm vor den sengenden Sonnenstrahlen zu schützen, gab es auch Aufgaben, die uns heute recht befremdlich anmuten: So war es die einzige Pflicht einer der auserwählten Begleiterinnen des Herrschers, die Haare aufzusammeln, die von seinem Haupt gefallen waren. Die »Dienshabende« mußte sie bis zum letzten Haar auflesen und dann »verzehren«, damit die Feinde des Inka sich ihrer nicht etwa bemächtigen und sie für ihre Hexereien verwenden konnten. Ähnlich hatte eine andere derart ausgezeichnete Dienerin für den Speichel zu sorgen, den der Inka ausspie. Auch ihn mußte die Dame auf die gleiche, nicht gerade appetitliche Weise »unschädlich machen«.

Dem Inka, für den im übrigen sein ganzes Reich arbeitete, dienten unmittelbar an die achttausend persönliche Domestiken. Doch nur etwa fünfzig davon, und das waren fast ausnahmslos die bereits erwähnten »Favoritinnen«, hatten unmittelbaren Zugang zum König. In der Nähe des erhabenen Sonnensohnes bewegten sich auch allerlei Leute, die ihn ergötzten und unterhielten – wie Tänzerinnen, Sänger, Musikanten und auch Hofnarren, »Canichu« genannte Spaßmacher, ja sogar auch Geschöpfe, die sich in ihrer Art von den anderen Leuten im Reich irgendwie unterschieden, z. B. Zwerge oder Bucklige.

Zu den bevorzugten Vergnügungen des Königs gehörte auch die Jagd, und zwar auf Lamas im Gebirge, sonst auf Pumas oder Falken. Für den Herrscher waren sogar, wie wir heute sagen würden, (z. B. in der Provinz Huamacucho) bestimmte »königliche Reviere« vorbehalten. In anderen Revieren dieser Art war die Jagd nur einmal in vier Jahren gestattet, damit der königliche Wildbestand sich wieder völlig regenerieren konnte.

Eine bedeutende Rolle innerhalb der Dienerschaft des Inka spielten die Träger seiner Sänfte. Traditionell stand dieses Privileg den Rukano zu, den Angehörigen eines Indianerstammes, der westlich von Cuzco siedelte. Immer acht dieser Rukano wechselten einander als »Vorspann« der »Kutsche« des Herrschers ab. Sie trugen blaue Uniformen und gehörten stets zu den markantesten Gestalten im prächtigen Gefolge des Herrschers.

Der Sonnensohn ging natürlich nie zu Fuß und reiste stets nur in Begleitung Hunderter der höchsten Würdenträger des Reiches und der Angehörigen seiner Familie – und vor allem unter dem Schutz größerer Truppeneinheiten. Diese Soldaten der »Leibgarde des Inka« trugen glänzende Uniformen, traditionell mit besonderen goldenen und silbernen Kleinodien geschmückt.

Vor dem eigentlichen Zug des Königs gingen die königlichen Straßenfeger einher, die den Weg, über den der Inka getragen werden sollte, sorgfältig reinigten. Ihnen folgten eine Art »Lufterfrischer«, die duftende Elixiere versprengten, auf daß der Duft ihrer Ingredienzen den feierlichen Augenblick ankündige, da der Sonnensohn in seiner vornehmen Sänfte durch das Land zieht.

Die Sänfte des Inka war natürlich aus Gold. Nur ihr Gerippe war aus dem Holz ausgewählter Bäume geschreinert. Der Chronist Cieza de León, der eine dieser Sänften mit eigenen Augen gesehen hat, erwähnt, die Sänfte sei überdies vorn und hinten mit einem großen Bogen verziert gewesen, der ganz mit Edelsteinen besetzt war.

Die goldene und diamantene Sänfte war also auch eines der vielen Wunderwerke des alten Peru. Der zu traurigem Ruhm gelangte Begründer der neuen »Dynastie«, der Eroberer des Landes, Francisco Pizarro, bemächtigte sich in Cuzco einer dieser Sänften, die der Mumie eines verstorbenen Inka gehört hatte. Zu Recht sah er sie als den wertvollsten aller Schätze an, die er in Südamerika erbeutet hatte.

In diesen ungewöhnlich prächtigen »Staatskarossen« verließen die Herrscher von Tahuantinsuyu recht häufig ihren Palast zu Cuzco und begaben sich auf Reisen, um sich über die Probleme der einzelnen Regionen ihres Reiches zu unterrichten und auch die Tätigkeit der Provinzbeamten zu kontrollieren oder einfach, um sich an einem anderen Ort zu erholen; so nahmen die Spanier den letzten Inka gefangen, der im fernen Norden Perus, weit von Cuzco, bei den warmen Quellen der Stadt Cajamarca zur Kur weilte.

Bei den Reisen durch Peru stellten sich die Herrscher des Reiches zugleich dem Volke vor und nahmen die Huldigung ihrer Untertanen entgegen. Diese versammelten sich in Massen längs der hervorragenden indianischen Heerstraßen, um diesen irdischen Gott, der an der Spitze ihres Staates stand, mit eigenen Augen zu sehen – diesen Intip Churin, den eingeborenen Sohn der Sonne.

IX.
DIE SONNE UND IHRE SCHATTEN

Wenn der Intip Churin, der Sonnensohn, der göttliche Inka, in seiner goldenen und diamantenen Sänfte durch Peru reiste, verließ auch sein ganzer Hofstaat die Hauptstadt. An dem Ort seines vorgesehenen vorübergehenden Aufenthalts wurde für den König und sein zahlreiches Gefolge eine Art von »Klein-Cuzco« errichtet, damit der Inka auch fern seiner Residenzstadt »die Wärme des heimischen Herdes« verspüre.

Überreste einiger kleiner »Ersatz«-Hauptstädte Tahuantinsuyus haben sich in Peru erhalten. Z. B. jener, die die Bewohner des Reiches an der Mündung des Canete-Tals für den Inka Pachacuti errichteten. Diese Residenz bestand nicht nur aus einem Königspalast, sondern auch aus einem Haus für ausgewählte Frauen und überdies aus vier recht ausgedehnten Komplexen, einer Art von Höfen: In dem ersten wurde Lamawolle für den Inka gelagert, in dem zweiten Nahrungsmittel, in dem dritten das Maisbier Chicha, und in dem vierten schließlich wohnten die Bediensteten, die diese privaten Vorräte des Inka bewachten.

Die ständige offizielle Residenz, der Hauptpalast des Inka,

stand freilich am Nabel der Welt – in Cuzco, und zwar in jenem Königsbezirk nahe dem »Platz der Freude«. Die Königspaläste Cuzcos – z. B. die »Amarucancha« (der »Schlangenhof«) – waren in der Regel aus gewaltigen Steinblöcken erbaut und ihre Außenwände mit schweren Goldplatten verkleidet. Im Inneren waren die Paläste schlichter, Möbel fehlten fast völlig – denn die peruanischen Indianer benutzten solche kaum – doch die Böden der Paläste waren mit herrlichen Teppichen bedeckt. Die Innenwände eines Palais waren mit dem bunten Gefieder seltener Urwaldvögel dekoriert.

Seinen Residenzpalast bewohnte der Inka nicht nur zu Lebzeiten, sondern auch noch nach seinem Tod, denn der Inka wurde einbalsamiert – mumifiziert. Besondere Fachleute nahmen ihm die Eingeweide heraus, vor allem die Därme, und stopften dann die Leibeshöhle mit haltbaren Textilien aus. Damit der vornehme Tote aber so lebendig wie möglich aussah, wurden ihm neue, strahlende Augen eingesetzt, die – wie konnte es in diesem Land anders sein? – aus Gold, aus dünnen Plättchen des Sonnenerzes, gemacht waren. Den Seligen kleidete man in sein bestes Gewand, und die »elegant« angezogene Mumie – »Mallqui« genannt – wurde dann wieder auf den Thron in ihrem Residenzpalast gesetzt. Darum mußte jeder neue Inka auf dem Thron von Cuzco sich ein eigenes Palais bauen. Das seines Vorgängers wurde nun Heimstatt der Mumie, der übrigens auch Speisen vorgesetzt wurden, als wäre sie ein lebendiges Wesen. Der Mumie gehörten auch ausgedehnte Latifundien, wo sogar eigene Landarbeiter beschäftigt waren, die ihre Felder bestellten, und Hirten, die die Lamaherden des Verstorbenen hüteten. Hielt die Mumie sich nicht in ihrem Residenzpalast auf, saß sie auf einem der kleinen Throne im Sonnentempel Cuzcos. Zuweilen ging die Mumie aber auch »auf Reisen«, entweder in die Festung Sacsayhuaman, hoch über Cuzco, oder zu dem benachbarten »Inkathron« oder dem heiligen Kenko.

Nach der Ankunft der Spanier in Peru verbargen die hiesigen Indianer die sterblichen Überreste ihrer ehemaligen Herrscher, damit sie von den Händen der Fremdlinge nicht entweiht würden. Juan Polo de Onegardo – der schon erwähnte leidenschaftliche Forscher nach der Vergangenheit der Inka – entdeckte später zufällig die Mumien dreier Inka und zweier ihrer Gemahlinnen. Seltsamerweise waren die Mumien völlig unversehrt. Nicht ein Haar auf dem Kopf fehlte, sogar die Augenbrauen waren vollständig erhalten. Die Mumien der Inka wurden damals durch die Straßen der Hauptstadt Lima - des nun spanischen Vizekönigreiches Peru - getragen. Und obwohl ihr Reich nicht mehr existierte, knieten die Indianer, wenn der Zug an ihnen vorüberging, nieder, schluchzten und riefen nach ihren Königen. Und sogar die in Lima lebenden Europäer nahmen den Hut ab zum Zeichen der Ehrfurcht und des Respektes vor den toten Herrschern des untergegangenen Reiches.

Daß der Tod eines Inka, das Scheiden des Herrschers aus der Welt der Lebenden für das Reich keine einfache Angelegenheit war, wurde bereits erwähnt.

Die Bürger des Reiches, das so unmittelbar, so ganz und gar mit der Person seines Herrschers gleichgesetzt wurde, pflegten den Tod des Intip Churin zumeist aufrichtig zu beweinen. Das Begräbnis des Herrschers, genauer gesagt, der Abschied von ihm - der Inka wurde ja nicht beigesetzt, nicht zur ewigen Ruhe in die Erde gebettet, auch nicht verbrannt oder sonstwie begraben, sondern nur einbalsamiert, und kehrte dann wieder in den Palast zurück, in dem er zu seinen Lebzeiten residiert hatte -, war stets höchst feierlich.

Mit dem alten Herrscher schieden auch viele seiner Frauen und alle oder fast alle seiner vertrautesten Diener aus dieser Welt.

Im alten Peru, wie bei einigen anderen alten Kulturen, war es Sitte, daß diese Menschen ihren Herren auch nach dem Tode begleiteten. Darum nahmen sie sich beim Abschied von dem Verstorbenen das Leben. Und jene, die nicht den Mut fanden, sich selbst umzubringen, wurden durch Chicha berauscht und dann erdrosselt. Sogar als die Spanier den Inka Atahualpa zum Tode »verurteilt« und ihn dann in Cajamarca auch wirklich erdrosselt hatten, warfen sich in der katholischen Kapelle, wo ein Priester die Totenmesse (!) für den Hingerichteten las, viele Frauen des Dahingegangenen auf seinen toten Leib, und obwohl die katholischen Pfarrer sie daran zu hindern suchten, befleckten sie das christliche Gotteshaus, den Freitod wählend, mit ihrem Blut.

Durch die treulose Hinrichtung, eigentlich den legalisierten und »von oben« abgesegneten Mord an dem letzten Inka Atahualpa auf dem Marktplatz von Cajamarca, ging der Ruhm der Intip Churin, die Sage von ihrer Macht, die Legende von der Pracht und Herrlichkeit, dem Luxus, in dem sie lebten, nicht unter. Glanz und Gloria der Inka sollten uns aber nicht blenden und unseren Blick für die Dinge nicht trüben. Dieser ganze unglaubliche Prunk und Pomp und, offen gesagt, diese ganze altperuanische Welt war für einen einzigen Menschen »geschaffen«, eigentlich nicht für einen Menschen, sondern für den lebenden Gott Tahuantinsuyus. Und so stürzen, betrachten wir die Lebensweise dieser angeblichen »eingeborenen Söhne der Sonne« unvoreingenommen, die naiven, aber leider bisher stark verbreiteten Vorstellungen von einer sozial gerechten, ja sogar egalitären Gesellschaft der Inka, in der es weder Arme noch Reiche gab, wie ein Kartenhaus zusammen.

Doch, wie wir noch hören werden, sorgte das Inka-Reich in der Tat für seine Armen und Kranken, für die Witwen und Waisen. Es kümmerte sich um eine gewisse »Sozialversorgung« jedes »Bürgers« von Tahuantinsuyu, sorgte dafür, daß jeder etwas zu essen, jeder etwas anzuziehen hatte. Doch dieses Bemühen, zumindest die fundamentalen Bedürfnisse der Reichsbewohner zu befriedigen, hatte nur einen Sinn: Es sollte verhindern, daß es im Lande zu sozialen Unruhen kam, die sich letzten Endes gegen den Inka und seine herrschende Klasse gerichtet hätten. Zu solchen sozial motivierten Unruhen, ja zu richtigen Aufständen, ist es in Tahuantinsuyu mehr als einmal gekommen, obschon die offizielle Lehre von der göttlichen Herkunft des Sonnensohnes die Person des Herrschers und die herrschende Kaste des Reiches, die durch ihn ebenfalls mit der Sonne verbunden war, in den Augen vieler Bürger des Staates natürlich mit einem Heiligenschein umgab. Weil der Inka und die Seinen als höhere Wesen angesehen wurden, standen sie im Ruch der Heiligkeit, Vollkommenheit, Gerechtigkeit und Güte.

Sozial bedingte Revolten entbrannten in Tahuantinsuyu namentlich unter jenen Volksgruppen des Reiches, die die Quechua-Sprache noch nicht angenommen hatten und deshalb in weit geringerem Maße unter dem Einfluß des Kultes der göttlichen Abstammung des Inka standen. Solch ein kleinerer Aufstand brach z.B. unter der Herrschaft Tupac Yupanquis im Gebiet von Tumbes an der Küste Perus aus. Weitaus größer war der Aufstand der Bewohner der Insel Puna im heutigen Ekuador, der dort zu Zeiten des Inka Huayna Capac wütete. Diese Rebellion wurde besonders blutig unterdrückt. Selbst ein Bewunderer der Inka wie Garcilaso de la Vega schildert, wie die »Rebellen damals zur Strafe ins Meer geworfen, andere von Speeren durchbohrt, die dritten geköpft, die vierten gevierteilt, die fünften zu Tode geprügelt, die sechsten gehenkt wurden ...«

Einen weiteren solchen Aufstand in demselben Gebiet - die Insurgenten waren überwiegend Angehörige des Caranga-Stammes - haben etwa zwanzigtausend Menschen mit dem Leben bezahlt!

Gegen die soziale Ungleichheit im Inka-Reich empörten sich mitunter sogar auch Angehörige der herrschenden Klasse. Einen derartigen Konflikt schildert z. B. auch das uns überlieferte, in Quechua verfaßte Drama »Ollantay«, das von dem Gouverneur einer der vier Reichsgegenden - dem Verweser von Antisuyu - namens Apo Ollantay erzählt. Weil ihm der Inka Pachacuti seine Tochter nicht hatte zur Frau geben wollen, erhob sich unter seiner Führung das Volk von Antisuyu gegen den Inka. Ollantay und seine Leute maßen sich dann in grausamem Kampf mit dem Sonnensohn und seinen Getreuen. Wie aus der Chronik Fernando de Montesinos hervorgeht, wurde auch der schon erwähnte Kronprinz, Auqui Amaru (mit ganzem Namen Inti Capac Pirua Amaru), dem die ursprünglich versprochene Anwartschaft auf den Thron wieder entzogen wurde, vermutlich nicht wegen seiner »Charakterfehler« bestraft, sondern weil er sich bemühte, die soziale Stellung der einfachen Reichsbewohner zu verbessern. Darum - so erzählt der Chronist - »... wurde er vom Volke grenzenlos geliebt«. Aus diesem Grunde lehnte ihn natürlich der Adel ab, ebenso wie - verständlicherweise - auch sein eigener Vater.

Die soziale Ruhe, die scheinbar in Tahuantinsuyu herrschte, war also nicht vollkommen. Jene unsägliche Prachtentfaltung der Sonnensöhne, denen »Himmel und Erde« gehörten - jener Prunk, den auch heute noch viele bewundern -, war in Wirklichkeit eine Frucht der Mühe unzähliger Männer und Frauen, die auf der untersten Sprosse der gesellschaftlichen Leiter standen, hart arbeiten mußten und – im Gegensatz zu dem Inka – fast nichts ihr eigen nannten. Sie waren also die Garanten für die unumschränkte Macht des Inka, obwohl sie selbst kaum Freiheit besaßen. Das Reich der Sonnensöhne hat unzählige Wunder geschaffen und vollbracht, das größte aber – das Wunder einer gerechten Gesellschaft von Freien und Gleichen zu vollbringen –, gelang ihm nicht. Und so liegt über der goldenen Sonne der Inka ein schwerer, unverwischbarer Schatten.

X.
KÖNIGLICHER INZEST

Der König von Tahuantinsuyu, der souveräne, als Selbstherrscher regierende Inka, hatte – darum haben ihn die ersten Chronisten augenscheinlich beneidet – viele Frauen. Doch nur eine einzige war die wirkliche, legitime Gefährtin ihres Mannes. So wie er der »König«, war sie die »Königin« von Peru.

Die Reichsbewohner nannten die Ehefrau ihres Herrschers »Coya«. Die Coya wurde freilich nur dank ihres Mannes zur wirklichen Königin von Tahuantinsuyu. Erst wenn er den verwaisten Thron des verstorbenen Inka bestiegen hatte, gewann auch sie ihre privilegierte Stellung. Die legitime Gemahlin desjenigen, der eigentlich ein Gott war, in dessen Adern das Blut der göttlichen Sonne floß, sollte – das sahen die Inka als idealste Lösung an – auch Königinmutter, Mutter des künftigen Inka werden.

Von den zwei fundamentalen Aufgaben der Coya – offizielle Frau des obersten Herrschers des Reiches und Mutter des künftigen Königs zu sein – waren auch die wichtigsten Titel abgeleitet, die der Königin zustanden. Sie führte die Namen »Pihuishuarmi«, was »Ehegattin« bedeutet, und »Mamanhuarmi«, was

»Mutter« heißt. In anderen Fällen wurde die Coya mit »Huachacuyac« tituliert, das bedeutet: »jene, die für die Unglücklichen sorgt«.

In ihrer Funktion als Coya nannten die Peruaner sie auch »Tochter der Sonne« oder »Sonnentochter« – oder, weil die silberne Luna im Reich die Beschützerin der Frauen war, »Mondtochter«.

Die Inka achteten sehr darauf, sich ihre ganz herausragende – auf die Reinheit des Blutes gestützte – Stellung zu erhalten, die sie genossen, weil sie unmittelbar von der Sonne abzustammen vorgaben. Deshalb sollten auch die Frauen der Herrscher aus dem gleichen Geschlecht stammen wie ihre Männer, obwohl im Inka-Reich den Untertanen sonst strengstens verboten war, nahe Blutsverwandte zu heiraten – der Inka Pachacuti verbot ausdrücklich solche inzestuösen Ehen.

Die Blutschande, die in Europa verboten war und auch heute noch als sträfliches Vergehen gilt, wurde in Peru zum wichtigsten Grundsatz, ja, »Gesetz« zur Erhaltung der Dynastie. Der Inka Pachacuti verankerte diesen bislang gewohnheitsrechtlich üblichen königlichen Inzest auch gesetzlich – dieser Inka, dem die Reinheit des »königlichen Ayllu« so sehr am Herzen lag.

Die inzestuösen Ehen der Herrscher des Sonnenreiches wiederholten in den Vorstellungen der Inka eigentlich die – noch im Himmel spielende – Urgeschichte dieses Geschlechts. Schon die heilige Sonne, als sie geschaffen wurde – auch die Sonne war einst durch den Gottschöpfer Viracocha entstanden –, nahm ihre eigene Schwester Luna zur Frau und zeugte mit ihr in dieser göttlichen inzestuösen Verbindung den ersten Inka, Manco Capac, und die erste Coya, Mama Occlo.

Das Gebot des königlichen Inzests hielten die Herrscher des Reiches streng ein. Konnten sie jedoch mit ihrer eigenen (Voll-)-Schwester keine inzestuöse Ehe eingehen, so nahmen sie wenigstens eine Halbschwester – und zwar stets eine von väterlicher Seite – zur Frau. Die Ehe zwischen Brüdern und Schwestern, uns so fremd, ist freilich keine »Erfindung« der alten Peruaner. Als ich mein Buch über die Geschichte und Kultur Hawaiis und der Hawaiianer schrieb, lernte ich auf dieser Insel eine ähnliche Tradition der einheimischen polynesischen Könige kennen, die ebenfalls ihre Schwestern heirateten. Auch auf Hawaii wurde die eigene Blutsschwester des Königs, Tochter der gleichen Eltern, grundsätzlich als idealste Partnerin des Königs und geeignetste Mutter des künftigen Herrschers angesehen. Nur ein Kind, das einer Verbindung zwischen Bruder und Schwester des Königshauses entsprossen war, galt auf den Hawaii-Inseln als »niau piso«, vollkommen rein. Ihm allein standen auf dieser Inselgruppe alle Tabus zu, und nur dieses Kind war, bildlich gesprochen, von rein göttlichem Blute.

Ein solches Ideal herrschte auch in Tahuantinsuyu. Den europäischen Vorstellungen und Erfahrungen zum Trotz wurden jedoch in Peru aus solchen inzestuösen Verbindungen überwiegend ganz gesunde Kinder geboren. Die gesetzlichen Ehen mit ihren offiziellen Frauen schlossen die Inka äußerst feierlich. Zuerst bat der herrschende Inka die Mutter seiner »erwählten« Braut - in der Regel seine eigene Mutter - förmlich um die Hand seiner Zukünftigen. Dann erflehte er vor der goldenen Sonnenscheibe in der Coricancha, dem Sonnentempel von Cuzco, auch die Zustimmung seines göttlichen Ahnen zur geplanten Vermählung. Dort erhielt der Inka von den Priestern auch ein Gewand für seine Braut, das er, begleitet von vielen seiner Verwandten und seinem ganzen zahlreichen Gefolge aus Dienern und »Leibgardisten«, in das Haus der Braut trug. Hier überreichte er ihr auch die goldenen und silbernen Hochzeitsjuwelen. Nachdem seine Zukünftige sie entgegengenommen hatte, schenkte sie ihrerseits ihrem künftigen Gemahl ein prächtiges Männergewand. Schließlich forderte der Inka sie mit den Worten »Hayo Coya« (»gehen wir, meine Coya«) auf, ihm zu folgen, und sie tat es mit den Worten »Hu capac Inka« (»ja, gehen wir, mein mächtiger Inka«). Dann traten sie aus dem Haus der Braut und wurden in der königlichen Sänfte durch Cuzco getragen, dessen Häuser zu diesem festlichen Anlaß mit den Federn tropischer Vögel und (an den Wänden) aufgehängten Teppichen reich »beflaggt« waren.

Die Hochzeitszeremonien und die damit verbundene Volksbelustigung dauerte bis zu dreißig Tagen, einen ganzen Monat lang. Nach Abschluß der Hochzeitsfeierlichkeiten war das Leben der Coya nicht mehr ausgesprochen vergnüglich. »Die Königin von Tahuantinsuyu« stand natürlich ganz im Schatten ihres Mannes. Am Hofe, im Hause des Königs, hatte sie gewiß ein recht leichtes Leben, doch es war ein Leben im goldenen Käfig. Als Gefährtinnen hatte sie vor allem ihre Dienerinnen, mit denen zusammen sie herrliche Stoffe webte und die sie mit Gesang und Tanz ergötzten. Kurzweil verschafften der Coya auch die Tiere ihres kleinen Haus-»Zoos«, wobei die Königin mit kleinen Äffchen spielte, die aus den tropischen Urwäldern des Amazonasbeckens nach Cuzco gebracht worden waren. Die Königin hielt auch bunte Vögel aus der gleichen Region.

Einen großen Teil des Tages widmete die Coya ihrer Toilette. Sie schminkte sich z. B. mit einem aus der Achiote-Pflanze (Bixa orellana) gewonnenen »Rouge«. Besonders große Sorgfalt verwandte sie auf ihre Frisur. Bemerkenswert ist, daß diese vornehmen dunkelhaarigen Indianer-Schönen ihre Haare mit Extrakten aus verschiedenen peruanischen Kräutern noch schwärzer zu färben suchten.

In der phantastischen Bildchronik Tahuantinsuyus des peruanischen Chronisten Huaman Poma Ayala sind übrigens viele der peruanischen Königinnen abgebildet; doch alle unterscheiden sich voneinander. Die eine ist hübsch, die andere häßlich, die eine vergnügt, die andere traurig. Die eine liebt Blumen, die andere Vögel. Eine andere spricht offensichtlich gern dem »Becher« zu, und eine weitere beschäftigt sich sogar mit Zauberei. In der Königsgalerie Huaman Poma Ayalas sind die Sonnentöchter eigentlich als ganz normale Wesen dargestellt – schließlich waren sie auch Menschen »wie du und ich«. Sie liebten und haßten, waren eifersüchtig auf ihre Männer. Eine der Königinnen verbannte sogar alle hübschen Dienerinnen aus dem Gefolge ihres Mannes und ersetzte sie durch Zwerginnen, bucklige oder andere mit Gebrechen behaftete Mädchen.

Die Königin des Reiches sollte also als Frucht dieser »blutschänderischen« Verbindung einen Thronfolger zur Welt bringen. Sonst erfreute sie sich der Gesellschaft ihres legitimen Gatten meist nur selten. Und so widmete sie sich Aktivitäten, die auch heute noch das Betätigungsfeld der Frau so manches Staatsoberhauptes bilden, nämlich der Wohltätigkeit, der Sorge um die Kranken, die Krüppel oder sonst benachteiligten Bewohner des Reiches. So organisierte die Gemahlin des Inka Pachacuti im Namen ihres von Cuzco abwesenden Mannes eine Hilfsaktion für die Opfer eines schweren Erdbebens, das damals die Umgebung der Stadt Arequipa heimsuchte. Die Frau des Inka Tupac Yupanqui erbat dagegen Gnade für die Bewohner der Gemeinde Yanayac, die sich dem Inka widersetzt hatten. Manchmal führte die legitime Gattin des Inka Pachacuti sogar, wenn ihr Mann das Reich inspizierte, für ihn in Cuzco die Staatsgeschäfte.

Etwas anderes als Liebe, als ein wahres, tiefes Gefühl, verband die Königin mit dem König. Beide waren in der Regel Kinder eines Vaters und einer Mutter. Und am Ende, d.h. eigentlich am Anfang dieser langen Kette königlicher Inzeste, standen die göttlichen Geschwister und zugleich Ehegatten – Sonne und Mond. Deshalb bewahrten die Inka diese reinblütige Geschlechterfolge ihres edlen Stammes. Und nur aus diesem Grund mußten der Inka und seine Coya stets diese »blutschänderische« Ehe eingehen.

ZWEITER TEIL
SÖHNE DER SONNE

I. AUF DER SUCHE NACH DEM GELOBTEN LAND

Die ersten Geschwister und zugleich königlichen Eheleute, die über Tahuantinsuyu herrschten, waren der erste Inka, Manco Capac, und seine Frau, Mama Occlo. Dieser erste der Sonnensöhne, Manco Capac, und wohl auch seine Frau werden von manchen Forschern – und, wie ich glaube, im großen und ganzen zu Recht – als legendäre Gestalten angesehen. Wir müssen uns aber mit dieser wichtigen indianischen Legende von dem Ursprung der Inka näher befassen und versuchen, in ihr eine Antwort auf die Frage zu finden, wie alles eigentlich begonnen hat. Mit einem Wort: wie, wann, wo das Reich der Inka »geboren« wurde; wie, wann, wo die Geschichte der Sonnensöhne beginnt.

Von dem Ursprung der Inka erzählt nicht nur eine Sage, sondern davon berichten eigentlich zwei Legenden. Sowohl in der einen als auch in der anderen spielt der erste Inka, Manco, die Hauptrolle. Beide erzählen, der Inka wäre aus dem Süden nach Cuzco gekommen, und das Recht der neuen Herrscher von Cuzco gründe sich auf die »Weltherrschaft« ihrer überirdischen Herkunft.

Die erste der zwei Fassungen der Legende von dem Ursprung der Inka besagt, der erste Sonnensohn habe seinen langen Marsch auf Cuzco im Gebiet des Titicacasees, des heiligen Gewässers der Anden-Indianer, begonnen. Hier – und das ist keine Legende mehr, sondern erwiesen – stand einst fast viertausend Meter über dem Meer die sicherlich bedeutendste südamerikanische Stadt der Vor-Inka-Zeit, Tiahuanaco. Vermutlich war Tiahuanaco der Anbetung des in den ganzen Anden verehrten Gottes und Schöpfers der Welt, Viracocha, geweiht. Hier am Titicacasee existierten schon vor den Zeiten der Inka mächtige Staaten.

An den grauen Wassern des von Bergen umschlungenen Titicacasees, vor den Steinmauern des damals offensichtlich schon untergegangenen Tiahuanaco, beginnt – so erzählt ihre Legende – die Geschichte der Inka. Und weil es die Geschichte der Sonnensöhne ist, so steht am Anfang, am Ausgangspunkt dieser langen Wanderung, der Legende nach natürlich die göttliche Sonne.

Mit Wehmut beobachtete sie, daß Menschen auf der Erde lebten, die von Elend geplagt und vor allem von Unwissenheit heimgesucht wurden. Deshalb sandte sie ihre eigenen Kinder, ihren Sohn Manco Capac und ihre Tochter Mama Occlo, um dem in Finsternis lebenden Menschengeschlecht das Heil zu bringen. Die göttlichen Geschwister waren natürlich auch ein Ehepaar.

Und die Sonne trug ihren Kindern Manco Capac und Mama Occlo auf: »Steigt zur Erde hernieder und richtet dort eure Herrschaft auf. Doch nicht ein Regiment der Stärke und der Unterdrückung, sondern eine Herrschaft der Freundlichkeit, Toleranz; eine Herrschaft der Erkenntnis und Erleuchtung. Ihr sollt auch die Unwissenden lehren, die Felder zu bestellen und Tiere zu züchten. Und du, meine Tochter, lehre sie, Stoffe zu weben, am heimischen Herd zu wirken – und allerlei Handwerk. Und bringet, mein Sohn und meine Tochter, den Menschen das Licht der wahren Erkenntnis. Und unterweiset sie in der rechten Religion. Und gebt ihnen auch Gesetze, gebt ihnen eine Ordnung. Denn ohne Gesetz und Ordnung gibt es kein Leben auf Erden.«

Doch die Sonne versah ihre Kinder für den langen Weg nicht

nur mit Weisungen und gutem Rat, sondern gab ihnen auch einen goldenen Zauberstab mit. Er sollte ihnen im Namen ihres Vaters, der Sonne, zeigen, wo sie ihre Wanderung beenden, wo sie innehalten und wo sie ihr irdisches Reich errichten sollten. Der goldene Stab also sollte den ersten Inka helfen, ihr gelobtes Land zu finden. An dem Ort, wo der goldene Stab sich von selber in die Erde bohren werde, dort sollten die göttlichen Geschwister verweilen und ihr Reich gründen.

So wanderten Manco Capac und Mama Occlo Tag für Tag, Monat um Monat von den Gestaden des Titicacasees fort, und überall versuchten sie, den eine halbe Elle langen, zwei Zoll starken Goldstab in den Boden zu stoßen. Doch stets vergebens. So zogen sie immer weiter nach Norden, durch das Land der Uru, das Land der Collo oder Aymara. Doch nirgends wurde ihnen ein freundlicher Empfang bereitet. Im Gegenteil, die hier im Norden des heiligen Sees lebenden Menschen waren den seltsamen Gotteskindern keineswegs gewogen. Manchen Sagen zufolge soll der erste Inka mit seiner Frau deshalb unter der Erdoberfläche, durch unterirdische Gänge, die angeblich vom Titicacasee nach Cuzco führten, gezogen sein. Nach anderen Versionen verbarg sich das Geschwister-Ehepaar in Höhlen und wanderte nur des Nachts. In einer dieser Höhlen – der »Tambotoco« –, an einem Ort, der »Pacaritambo«, d.h. »Ort der Morgenröte« oder »Ort des Ursprungs«, genannt wird, traten Manco Capac und Mama Occlo den letzten Teil ihrer Reise, den Weg nach Cuzco, an. Hier in Tambotoco beginnt auch jene zweite Legende vom Ursprung der Inka, die Manco Capac und seiner Schwester und Frau die Hauptrolle bei der Eroberung von Cuzco und der Gründung des Inka-Reiches zuschreibt.

Von Pacaritambo, aus der Tambotoco-Höhle, traten Manco Capac und Mama Occlo – so die zweite Sage – in Begleitung von sechs weiteren Geschwistern den Weg nach Cuzco an. Die vier Männer, die Brüder, nannten einander »Ayar«, wie die Indianer sonst nur eine wilde Art (merlík) – peruanisch Quinoga – nennen. Die Schwestern fügten ihrem Namen die Bezeichnung »Mama« (d.h. Frau) hinzu. Auch diese vier Brüder waren mit vier Schwestern vermählt: Neben Ayar Manco (dem späteren Inka) und Mama Occlo gehörten noch der starke Ayar Cachi (d.h. Salz) und seine streitbare Frau Mama Huaco, weiter der

Ayar Uchu (d.h. chilenischer Pfeffer) mit seiner Frau Mama Rahua und Ayar Auca (d.h. Kämpfer, Krieger) und seine Mama Cora zu der »Expedition«.

Führer der Geschwisterschar war weiterhin der Ayar Manco, der als Beweis seiner vornehmen Abstammung einen in den Anden nie gesehenen goldenen Falken in einem Käfig mit sich trug, den sie »Inti« (d.h. Sonne) nannten. Die vier Brüder und ihre Frauen waren in prächtige Gewänder gehüllt und mit goldenen Kleinodien geschmückt, z.B. großen Ohrringen. Auf ihrem Wege von Pacaritambo wurden sie anfangs von einer kleinen Schar von Anhängern begleitet, später von immer mehr Angehörigen einer Reihe in dieser Gegend lebender Indianerstämme – wie der Mara, Sanoc, Sutic, Tarpuntay, Huacaitaqui, Masca, Cuicusa und vor allem von den Kriegern eines Stammes, der im Peru der Vor-Inka-Zeit den so ruhmreichen Namen »Chavin« trug.

Die Chavin-Krieger standen unter dem Befehl des heroischen Ayar Cachi, der seltsamerweise von seiner eigenen Frau, der ebenso streitbaren Mama Huaco, unterstützt wurde. Auf ihren Wunsch bat Manco seinen Bruder, an den »Ort der Morgenröte« zurückzukehren, in die Tambotoco-Höhle, um die Saatkörner einer Pflanze zu holen, die sie dort, in einem goldenen Gefäß aufbewahrt, verborgen hatten. Diese Saat sollten Manco und seine Gefährten auf Geheiß ihres Sonnenvaters in dem gelobten Land in die Scholle senken.

Cachi weigerte sich zunächst, die Ayaren-Schar zu verlassen und in die Höhle zurückzugehen. Als jedoch sein eigenes Weib, Mama Huaco, ihn der Feigheit und Trägheit beschuldigte, blieb ihm keine Wahl mehr, und er machte sich auf den Weg, nur von einem treuen »Knappen« aus Mancos Gefolge, dem alten Tambo Cachay, begleitet.

Tambo Cachay war fast ebenso stark wie Ayar Cachi, der sehr jähzornig und zudem unverträglich war. Deshalb wollte Tambo Cachay ihn loswerden und nutzte die günstige Gelegenheit, als der stärkste der Ayaren in die heimische Höhle hinabstieg, indem er einen gewaltigen Felsblock vor den Höhleneingang wälzte und sich mit aller Macht dagegen stemmte. Als Cachis Versuch, den Stein fortzuwälzen, scheiterte, rief er aus der Tiefe der Höhle dem Tambo Cachay wenigstens noch einen schrecklichen Fluch zu und verwünschte ihn. Daraufhin verwandelte sich der treue Diener Mancos zu einem Stein, den die hiesigen Indianer noch heute den Besuchern Pacaritambos zeigen. Cachi aber vermochte sich aus der Höhle nicht mehr zu befreien.

Manco setzte mit dem übrigen Gefolge ungestört den Weg über Huaynacacacho und Tamboquiro fort, wo Mama Occlo ihm einen Erben, den Sohn Sinchi Roca, gebar. Bald erreichten sie das eigentliche Cuzco, wohnten aber für lange Zeit am Hange des Huanacauri, den damals ein in den Fels gehauenes Standbild eines Andengeiers schmückte. Die Ayaren zweifelten nicht daran, daß es sich um einen hochheiligen Ort handelte, den die Bergindianer »Huaca« nannten und noch nennen. Darum beauftragte Manco seinen Bruder Ucho, dem auf wunderbare Weise Flügel gewachsen waren, sich in die Lüfte zu erheben und den steinernen Vogel aus nächster Nähe in Augenschein zu nehmen. Der Ayar Ucho flog wirklich empor und landete auf dem steinernen Leib des heiligen Standbilds. Doch kaum hatte er es berührt, erstarrte er zu Stein.

Von der Ayaren-Schar lebten nun nur noch zwei Brüder, der erstgeborene Sohn der Sonne, Manco, und der Ayar Auca. Beide beratschlagten lange, ob sie nach dem tragischen Tod ihrer Brüder nicht lieber an den »Ort der Morgenröte« zurückkehren sollten. Aber dann beschlossen sie doch, die Suche nach dem gelobten Land nicht aufzugeben, und führten ihre Schar auf dem eingeschlagenen Wege weiter. Nach einiger Zeit ließen sie sich in Matahue nieder. Hier zelebrierte der künftige Inka zum ersten Mal einige seiner später so typischen Riten – die Huarichica-Zeremonie, bei der dem Nachfolger Mancos, Sinchi Roca, die Ohrläppchen durchbohrt wurden, die Rutuchicu-Zeremonie, bei der den Kindern das Haar geschoren wurde, und die Quisuchica, eine Zeremonie anläßlich der Menarche (ersten Menstruation) der Mädchen.

Von Matahue führte Manco seine Schar direkt in das Tal von Cuzco. Wie bisher überall versuchten die Sonnensöhne bei jeder Rast auch hier, ihren goldenen Stab in die Erde zu pflanzen, doch immer vergebens. An einem Huaynapata genannten Ort, zwischen den Flüßchen Huatanay und Tullumayo, empfing die Erde aber zum ersten Mal den goldenen Sonnenstab. Das

Schicksal hatte entschieden. Dies war das Land, das Manco, Mama Occlo und ihr Gefolge so lange gesucht hatten – das gelobte Land der Sonnensöhne. Hier würden sie einst ihre Paläste und Tempel errichten und von hier aus die Welt regieren.

Das Tal von Cuzco war aber nicht menschenleer, vielmehr siedelten hier auch andere Stämme, andere Völkerschaften. Nicht alle empfingen die »ungebetenen Gäste« mit offenen Armen. Die Umgebung von Cuzco wurde zur Zeit der Ankunft der Sonnensöhne von den Angehörigen des Hualla-Stammes bewohnt. Doch diese Hualla zogen sich gleich nach dem ersten Gefecht, das sie sich mit den Ayaren lieferten, aus dem Gebiet von Cuzco zurück. Das Grauen über eine schreckliche Untat der streitbaren Mama Huaco, der Witwe Cachis und nun wohl der Lieblingskonkubine Mancos, vertrieb sie aus ihren Gefilden. Mama Huaco hatte nämlich einen Hualla-Krieger im Kampf getötet und dem Sterbenden mit dem »Tumi«, einem steinernen Messer, Herz und Lunge aus der Brust geschnitten. Dann blies sie die Lunge auf und schwang den seltsamen »Luftballon« hoch über ihrem Kopf, als Fanal, daß es allen so ergehen werde, die es wagen wollten, sich den Ayaren in den Weg zu stellen. Die gräßliche, gar nicht frauliche Tat der Mama Huaco verfehlte ihre Wirkung auf die Feinde nicht: Die Hualla flohen, von Schrecken ergriffen, aus dem Dorf Cuzco und dem ganzen umliegenden Tal und wichen Manco, dem Ayar Auca und ihrem Gefolge.

Auca, der letzte noch lebende Bruder des legendären Manco, segnete in Cuzco auch bald das Zeitliche. Er soll auch zu Stein erstarrt sein. Einziger Führer der Ayaren-Schar war nun Manco, der fortan nicht nur mit seiner legitimen Coya, Mama Occlo, sondern auch mit seinen übrigen drei Schwestern, den Witwen seiner verstorbenen Brüder, zusammenlebte, vor allem mit Mama Huaco; sie erfreute sich offensichtlich der besonderen Gunst des ersten Inka.

An der Stelle, wo der goldene Stab zum ersten Mal in den Boden einging, unweit des Zusammenflusses der beiden Wasserläufe, die das Tal von Cuzco durchfließen, erbaute der Inka sein erstes »Palais«, von dem ein Teil zum Heiligtum des göttlichen Vaters der Inka, der goldenen Sonne, bestimmt wurde. Darum wurde diese älteste »Burg« Cuzcos Inticancha oder

Sonnenhof genannt. An ihrer Stelle errichteten Mancos Nachfolger später das berühmteste Bauwerk ihres ganzen Reiches – den nationalen Sonnentempel »Coricancha«.

Den kleinen Acker, der an den Sonnenhof grenzte, zerfurchte der Inka Manco mit dem goldenen Stab und säte die aus der heimischen Höhle mitgebrachten Maiskörner in den Boden. An diese Tat erinnerten die Sonnensöhne später ihre Untertanen Jahr für Jahr durch eine Zeremonie: Der Inka stieß als erster mit dem Pflanzstock gegen die Schollen des Maisfelds, das in Cuzco neben dem Sonnentempel lag, und eröffnete so symbolisch die Feldbestellung im ganzen Reich.

Der erste Inka – Manco – unterwies die Bewohner des Tals von Cuzco also im Maisanbau. Mit seiner Hauptfrau, Mama Occlo, konnte und sollte er nun auch alle übrigen »Zivilisationsaufgaben« erfüllen, die ihm – nach der Legende – sein Vater, die Sonne, »aufgetragen« hatte. So brachte er den Bewohnern des Tals außer Pflanzenanbau bei, welchen Genuß das Kauen der Koka-Blätter den Menschen verschafft. Er gab den Bewohnern des Tals auch die ersten Gesetze, schuf eine Rechtsordnung, lehrte sie, Gut von Böse zu unterscheiden, und die in den Augen der peruanischen Indianer schlimmsten Frevel, nämlich Mord, Diebstahl und Götzendienst, bestrafte er streng.

Mama Occlo erfüllte auch ihre – nach der Sage – erforderliche Aufgabe. Sie lehrte die Frauen schöne Stoffe weben, bis zu jener Zeit unbekannte Gewänder nähen, ihre Kinder besser zu pflegen, und bildete sie außerdem in vielen anderen Dingen aus.

Die Wanderung des goldenen Stabes von den Gestaden des heiligen Titicacasees endete also an den Ufern zweier peruanischer Bergflüsse, des Huatanay und des Tullumayo. Hier besetzten die Inka auch das alte Dorf Cuzco und brachten es unter ihre Herrschaft und machten es schließlich – nur sie allein – wirklich zum »Nabel der Welt«. Unter den folgenden Inka sproß und erwuchs aus dem goldenen Stab ein wahrhaft goldenes Reich, auf dessen prächtigem Thron dann jene saßen, die Söhne und Enkel des Mannes waren, der als erster vom Himmel hinabgestiegen war, sich von den Ufern des Titicacasees aufgemacht hatte und bis nach Cuzco gelangt war, des ersten Inka, Manco Capac.

II.
DIE NACHFOLGER MANCO CAPACS

Wie schon erwähnt, gibt es, so wie die Chronisten sie aufgezeichnet haben, zwei Versionen der Legende von dem Ursprung der Inka: zwei Fassungen, eng miteinander verknüpft und wohl nur zwei Varianten einer ursprünglichen, verlorengegangenen, einzigen und einheitlichen Legende von dem Ursprung der Sonnensöhne. Auch in der Wiedergabe, in der sie sich dank der Aufzeichnungen der Chronisten erhalten haben, sind viele Gemeinsamkeiten zu erkennen; in erster Linie die Person des Helden – des ersten Inka Manco Capac (und auch die seiner legitimen Gattin, Mama Occlo). Ebenso übereinstimmend behaupten beide Fassungen, der erste Sonnensohn sei mit seinem »Gefolge« von Süden her zum Nabel ihrer künftigen Welt, dem Tal von Cuzco, gekommen.

»Süden« ist aber eine recht vage Bezeichnung. Die große Mehrheit der Chronisten meint, die künftigen Inka hätten ihre Wanderung am heiligen See der Bergperuaner, dem Titicacasee, begonnen. An den Ufern des Titicacasees hat aller Wahrscheinlichkeit nach auch schon in Vor-Inka-Zeiten ein Staat der Collo oder Aymara existiert – und noch vor ihm vermutlich das Reich der Tiahuanaco-Indios, der Erbauer dieser phantastischsten südamerikanischen Stadt der Vor-Inka-Zeit.

Manche Autoren – z. B. der Peruaner José de la Riva Aguero – glauben überhaupt, die Kultur und die Macht der Inka knüpfe unmittelbar an das Vermächtnis von Tiahuanaco an, eine zwar häufig geäußerte, aber keineswegs nachweisbare Vermutung. Diese wird noch dadurch angeregt, daß der Ursprung der künftigen Inka – das sei noch einmal betont – in dem nicht Quechua sprechenden Gebiet am Ufer des Titicacasees gesucht wird, in einem Land, in dem die steinerne Hochgebirgsmetropole der Vor-Inka-Zeit – Tiahuanaco – entstanden war.

In Tiahuanaco und in diesem ganzen Teil des Andengebiets wurde früher allgemein der »Schöpfer der Welt« (und auch Schöpfer der Götter – also eine Art »Supergott«), der große Viracocha verehrt. Sein Kult bildete gewiß den Kern der religiösen Vorstellungen und der ganzen geistigen Kultur und Philosophie der Bewohner von Tiahuanaco und aller anderen Stämme im Peru der Vor-Inka-Zeit, die unter dem Einfluß von Tiahuanaco standen.

Nach den in Tahuantinsuyu geltenden Vorstellungen war Viracocha auch der Schöpfer Intis, des Gottes »Sonne« oder »Sonnen«-Gottes. Doch die Inka – ohne dies freilich laut zu sagen – unterdrückten später den Kult des obersten Gottes der Leute von Tiahuanaco, Viracocha. Alle Verehrung und Anbetung, der ganze Kult, waren in ihrem Reich nicht auf diesen obersten Schöpfer der peruanischen Indianer, sondern auf den Gott, der »die Inka geschaffen hatte«, also Inti, die Sonne, konzentriert.

Inti, die Sonne, wurde zum Mittelpunkt, zum Herzen, zur Achse der Welt ihrer irdischen Söhne. Das weist augenscheinlich darauf hin, daß die Sonne einst ein Totem, das Symbol des ursprünglichen Inka-Geschlechtes, war und sich in Tahuantinsuyu später – auf Kosten des Andengottes Viracocha – in den realen, souveränen Hauptgott des Inka-Volkes verwandelte. Solche Totems, solche mythischen, symbolischen Ahnen in Gestalt von Tieren, aber auch von Steinen, Felsen, Flüssen und namentlich von Himmelskörpern, hatten in den Bergregionen Perus in den Vor-Inka-Zeiten anscheinend alle dortigen Volksgruppen, jede der dortigen Sippen, jeder indianische Ayllu.

Die Sonne war möglicherweise das Totem eines kleinen Indianerstammes, der Tambo, die zu Zeiten des legendären Manco Capac an jenem »Ort der Morgenröte«, in Pacaritambo, siedelten, das in den Sagen der Inka eine so große Rolle spielt. Solch eine Auslegung würde dafür sprechen, daß die ersten Inka in Wirklichkeit Angehörige des Tambo-Stammes waren. Ihr Führer, Manco Capac, war wohl deren »Sinchi«, ein Kriegshäuptling, wie sie in jenen unruhigen Zeiten überall in Peru an der Spitze der dortigen Bergindianerstämme standen. Mit seinen Tambo-Leuten verließ der Häuptling Manco dann seinen ursprünglichen Sitz Pacaritambo, zog bis nach Cuzco und besetzte – manchmal friedlich, in anderen Fällen, wie bei dem Kampf gegen die Hualla, mit Waffengewalt – das »Herz« dieses Tales. Dann wurde er von seinem Volk aus Bewunderung über die Taten, die er vollbracht hatte, nicht mehr nur »Sinchi« genannt, sondern mit dem schmeichelnden Beinamen »Capac«, was soviel wie »der Prächtige«, aber auch »der Reiche« bedeutet geehrt.

Aufgrund ihrer Legenden können wir also den Ursprung der Inka entweder im Gebiet des Titicacasees suchen (wie auch viele Chronisten es tun) oder näher bei Cuzco, in der Gegend um den »Ort der Morgenröte«, Pacaritambo, dem Stammesgebiet der Tambo-Indianer. Ob wir nun dieser oder jener Legende über den Ursprung der Sonnensöhne sowie ihres Stammes glauben wollen, eine eindeutige Antwort auf diese Frage wagen die Forscher, die die Vergangenheit Perus zu ergründen suchen, auch heute kaum zu geben; eins ist gewiß: Schon Manco Capac bemächtigte sich mit seinem sicherlich nicht zahlreichen Gefolge der Herrschaft über das Kernland jenes Tals von Cuzco, das für alle künftigen Zeiten zum gelobten Land dieser Menschen werden sollte.

Ebenso wie sich die Azteken in Mesoamerika, ihrem gelobten Land an den Seen Mexikos, niederzulassen wünschten, so errangen auch die Inka in Peru die Herrschaft über ihr erträumtes, ersehntes und nun auch gefundenes Paradies gegen den Widerstand anderer hier siedelnder Gruppen.

Eine weitere Volksgruppe, die im Gebiet von Cuzco ansässig war, die Alcahuiza (die »Schwarzweiß-Indianer«), nahm die Oberherrschaft der Inka über jenes Herzstück des Tales – das

Gebiet an den Ufern der beiden Flüsse Tullumayo und Huatanay – friedlich hin. Zusammen mit den Inka lebten im Tal von Cuzco noch zwei weitere – vielleicht weniger zahlreiche – Gruppen. Diese betrachteten die erwähnten Höhlen von Pacaritambo wohl ebenfalls als ihre Urheimat; denn angeblich kamen die Sausiray-Indianer aus der dortigen Sutictoco-Höhle und die Antasaya-Indianer der Legende nach aus der Höhle Marastoco.

Die Sausiray-Indianer unter Führung ihres Häuptlings Copali Mayta leisteten anfangs gegenüber den Herrschaftsansprüchen der Sonnensöhne starken Widerstand. Später verließ aber Copali Mayta mit einigen seiner Getreuesten das Tal und überließ es Manco und seinem Volk.

Die zurückgebliebenen Sausiray, die Antasya und die Inka fanden später einen für alle Seiten annehmbaren Modus vivendi – eine Art friedlicher Koexistenz, die sich realiter auf die Oberherrschaft der Inka über alle übrigen Bewohner des Tals gründete. Vorläufig waren aber die Sonnensöhne noch nicht stark genug, den Nachbarn ihre Spielregeln allein durch Gewalt aufzuzwingen. Sie mußten also diplomatisch vorgehen. Deshalb wurde folgende Hochzeit beschlossen: Als Manco Capac gestorben war, sollte sein Nachfolger, der Inka Sinchi Roca, seine eigene Schwester zur Frau nehmen. Die Sonnensöhne brauchten aber einen starken Verbündeten unter ihren Nachbarn. Diesen fanden sie durch die diplomatische Vermählung des Sinchi Roca mit Mama Cora, der Tochter des mächtigen Sutic Huaman, des Häuptlings des großen Nachbardorfs Sana (des heutigen San Sebastian im Tal von Cuzco).

Sutic Huaman führte seinem Schwiegersohn ein paar hundert oder sogar einige tausend Krieger zu. Mit seinen Soldaten übernahm er auch persönlich den Schutz der Grenzen des neu entstehenden Inka-Staates. Sinchi Roca konnte nun ungestört den Aufbau seiner Stadt und die Organisation des Lebens in seinem, vorläufig nur winzigen, Staat vorantreiben. Der zweite Inka, der u.a. die Sümpfe in der Umgebung Cuzcos ausgetrocknet haben soll, regulierte – wenn dieser Ausdruck auch womöglich etwas gewagt ist – die beiden Flüsse im Bereich der Stadt Cuzco und errichtete an der Stelle, wo sich heute die Festung Sacsayhuaman erhebt, die mächtigste indianische Feste Süd- und Nordamerikas, die erste hiesige »Burg«. Er widmete sich auch der

Organisation eines ausgedehnten Handelszentrums, eines Marktes, auf dem nun im Cuzco der Inka Leute von nah und fern zusammenströmten.

Nach den Erzählungen der peruanischen Indianer zeichnete sich Sinchi Roca auch durch große Körperkraft und Tüchtigkeit aus. Namentlich war er ein außergewöhnlich flinker Läufer. Darum wählte er den Falken zu seinem »Wappen«-Tier, einen Vogel, der für die Bergindianer das Symbol der Schnelligkeit ist. Im Unterschied zu seinem legendären Vater Manco Capac ist Sinchi Roca gewiß eine historische Gestalt. (In diesem Zusammenhang müssen wir den ersten Teil seines Namens beachten: Sinchi. Dieser traditionelle Titel des Kriegshäuptlings eines Bergindianerstammes zeugt davon, daß Sinchi Roca noch nicht jener große Indianerkönig war wie später die Inka Pachacuti oder Huayna Capac, sondern vorläufig nur Führer eines Ministaates, der gerade erst entstand.)

Im Gegensatz zu seinem Vater, Manco Capac, der nach der Sage wie Methusalem das hohe Alter von hundertvierzig Jahren erreichte, starb Sinchi Roca verhältnismäßig jung. Er herrschte nur neunzehn Jahre über seinen hervorragenden Staat – das berichtet zumindest der Chronist Sarmiento; Garcilaso de la Vega schreibt dagegen, daß er dreißig Jahre regiert habe.

Sinchi Roca wurde in der Geschichte der Sonnensöhne von deren eigenen »Historikern« keineswegs als besonders bedeutender Herrscher erwähnt. Durch seine ruhige »Politik der kleinen Schritte« legte er aber die Fundamente zum Bau eines Reiches, das seine Nachfolger später zu ungeahntem Ruhm führten und zu nie dagewesener Größe ausdehnten. Sinchi Roca gelang es namentlich, die Oberherrschaft seines Stammes über einen Teil des Tals von Cuzco zu stabilisieren; er erreichte, daß dieses Territorium, obwohl Manco Capac und seine Schar es okkupiert und auf Kosten seiner bisherigen Besitzer usurpiert hatten, nun von ihren Nachbarn (den Sausiray-, Antasaya- und Alcahuita-Indianern) als rechtsgültig den Sonnensöhnen gehörendes Inka-Land anerkannt wurde.

Sinchi Roca »legalisierte« nicht nur den Aufenthalt der Inka im Tal von Cuzco, sondern auch das Recht der Sonnensöhne zum Besitz des »Schlüsselplatzes« dieses Tals – der neu entstehenden Stadt Cuzco. Damit gab er seinem bislang kleinen Völkchen, das in den Augen der Nachbarn aus »Zugewanderten« bestand, ein neues Vaterland und setzte durch, daß das Recht der Inka auf ihre neue Heimat anerkannt wurde. Indem er durch seine diplomatische Politik all dies zuwege brachte, erfüllte er – wie er gewiß glaubte – seine, wie wir heute sagen würden, »historische Mission« und konnte sein Volk beruhigt, im Gefühl der Sicherheit, für immer verlassen. Den genauen Todestag des zweiten Inka kennen wir freilich nicht, ebenso kein einziges anderes Datum eines Ereignisses der Frühgeschichte der Inka. Doch wir wissen, bevor Sinchi starb, bestimmte er einen seiner zahlreichen Söhne zum Nachfolger, und zwar Lloque Yupanqui, einen der wenig bekannten von den ersten acht Inka.

III.
MAYTA CAPAC ODER GEBURT EINES VOLKES

Lloque Yupanqui ist der dritte Herrscher der Inka von Cuzco. Die Berichte über Manco Capac gehören – wie schon erwähnt – eher in den Bereich der Legende als der Geschichte. Über den zweiten Inka, Sinchi Roca, wissen wir auch sehr wenig. Über den dritten wohl noch weniger, außer beispielsweise, daß er nicht der erstgeborene Sohn Sinchi Rocas war. Ungeklärt ist, warum der zweite Inka schließlich nicht den ursprünglich dafür in Aussicht genommenen Prinzen Manco Capac zu seinem Nachfolger auf dem Fürstenstuhl bestimmte, sondern den zweitgeborenen Lloque Yupanqui.

Der Name Lloque bedeutet in etwa soviel wie ein »Linker« oder »Linkischer«, einer, der »zwei linke Hände hat«, ein »Nichtsnutz«, einer, »der zu nichts taugt« und auch wirklich »nichts tut«. Und so einer war der dritte Inka wohl auch in der Tat. Er wurde im Königspalast, dem Sonnenhof – der Inticancha – Cuzcos geboren, verbrachte dort den größten Teil seines Lebens und starb hier auch.

Lloque Yupanqui knüpfte an die schon von seinem Vater betriebene Politik der ersten Inka an, um mit den Nachbarn, den

Gemeinden Huaro, Huamay, Saco und weiteren einen Modus vivendi zu finden und freundschaftliche Beziehungen zu unterhalten.

Dagegen verzichtete er darauf, Eroberungsfeldzüge zu führen. So wie sein Vater kümmerte sich Lloque Yupanqui mehr um die Entwicklung der Hauptstadt seines Staates, baute seinen Herrscherpalast, den Sonnenhof, um, gründete oder erweiterte wohl das Kloster der Sonnenjungfrauen und bestimmte sie auch verstärkt zum Dienst im Nationalheiligtum des Landes.

Im Gegensatz zu seinem Vater, der einige Dutzend legitimer und vor allem illegitimer Kinder gezeugt hatte, blieb Lloque Yupanqui lange kinderlos. Er heiratete sogar nicht einmal offiziell und lebte nur mit den Weibern seines »Harems«. Daß er seinem Staat keinen Thronfolger beschert hatte, grämte Lloque Yupanqui offensichtlich sehr. Die Chronisten schildern den dritten Inka als traurigen, in sich gekehrten Melancholiker. Erst in recht fortgeschrittenem Alter führte der Herrscher, auf den Rat von Wahrsagern, schließlich eine Coya heim. Seine Frau war die Tochter des Häuptlings einer der Gemeinden im Tal von Cuzco namens Mama Cahua (»bedächtige Frau«). Ihr gelang es, in dem schwermütigen, introvertierten »Taugenichts« doch noch die nötige Begeisterung zu wecken, und so erlebte (das spätere) Tahuantinsuyu die Geburt eines »Dauphins« – des Prinzen Mayta Capac.

Mayta Capac unterschied sich wohl in jeder Hinsicht von seinem Vater Lloque Yupanqui. Während Lloque Yupanqui faul und träge war und wenig Initiative zeigte, war Mayta Capac sehr aktiv, während Lloque Yupanqui die meiste Zeit seines Lebens in dem kleinen Sonnenhof in Cuzco verbrachte und keine Kriege führte, versuchte Mayta Capac als erster, die Macht der Inka durch militärische Expansion auch auf die fernsten Gegenden des Tals von Cuzco auszudehnen.

Während Lloque Yupanqui auf den ersten Blick deprimiert wirkte, reserviert, ja, verschlossen und in sich gekehrt, und mehr für sich lebte als für die Welt, war Mayta Capac hart, herrschsüchtig, bestach aber auch durch seinen persönlichen Charme und sein weltmännisches Auftreten. Mayta Capac war der erste Inka, der jenen Stolz kultivierte, jene Ausschließlichkeit zum Ausdruck brachte; er betonte nämlich die »These«, den Sonnensöhnen gebühre aufgrund ihrer göttlichen Herkunft zu Recht der Vorrang vor allen Menschen in Peru, da sie über allen anderen stünden.

Unter der Regierung Mayta Capacs errangen die »mit dem göttlichen Recht der Eroberer bedachten« Inka endgültig die Herrschaft über das Tal von Cuzco, machten alle seine Bewohner zu Angehörigen ihres nun schon weit monolithischeren Staates. Und ein amerikanischer Historiker sagte zu Recht, dank Mayta Capac und von seiner Zeit an »können wir erst von einem echten Inka-Volk sprechen«.

Mayta Capac hat durch seine Taten das Inka-Volk erst geschaffen. Obwohl die alten peruanischen Chroniken von diesem »Schöpfer des Volks der Sonnensöhne« nicht allzuviel überliefert haben, wird in jenen, die bis auf unsere Tage erhalten sind, dieser Mann eher als »außergewöhnlich« mit fast übermenschlichen Fähigkeiten und genialen Eigenschaften geschildert, ohne jedoch etwas von seinen Taten zu berichten. So wird z. B. in allen Berichten übereinstimmend erzählt, Mayta Capac sei mit einem vollständigen Gebiß geboren worden. Als einjähriger Knabe sei er so groß gewesen wie ein Achtjähriger. Und als er zwei oder drei war, habe er schon mit heranwachsenden Jünglingen gerungen.

Der blutjunge peruanische Herkules zeichnete sich noch zu Lebzeiten seines Vaters Lloque Yupanqui aus, als es zu einer gefährlichen Verschwörung der schon erwähnten »Schwarzweiß-Indianer«, der Alcahuiza, kam. Damals drangen zehn besonders ausgebildete Krieger dieses Stammes in den Sonnenhof ein, um den Inka und seinen Sohn zu ermorden. Während Lloque Yupanqui den Eindringlingen keinen Widerstand leistete, stellte sich der Milchbart Mayta Capac mit zweien seiner Kameraden den Angreifern beherzt entgegen und machte im Nu das ganze Kommando der Alcahuiza nieder.

Seine Erfahrung mit den »schwarzweißen« Attentätern behielt Mayta Capac gut im Gedächtnis. Als er später die Zügel der Regierung ergriff und die Herrschaft über Cuzco antrat, gehörte zu seinen ersten Handlungen die militärische Unterwerfung dieser Indianer. In gleicher Weise verfuhr Mayta Capac mit allen übrigen Gruppen, die von den Sonnensöhnen bisher unabhängig im Tal von Cuzco siedelten und aufgrund jenes von

Sinchi Roca und Lloque Yupanqui ausgearbeiteten Modus vivendi mit den Inka koexistiert hatten.

Mayta Capac setzte so der Ära des »friedlichen Zusammenlebens« verschiedener Stämme und Gruppen im Tal von Cuzco energisch ein jähes Ende. Durch militärische Expeditionen - durch Feldzüge und Kampf - unterwarf er nach und nach all die kleinen Stämme und indianischen Kleinstaaten in diesem Gebiet. Ihre Angehörigen machte der vierte Inka zu Bürgern seines Reiches, die sich freilich völlig den Spielregeln der Inka unterwerfen mußten. Jene aber, die darauf nicht eingehen wollten, wurden grausam bestraft.

Im Keller seines Inticancha-Palastes richtete Mayta Capac eine richtige - Sancahuasi genannte - Folterkammer ein. Hier wurden vor allem die Häuptlinge und Würdenträger des Alcahuiza-Stammes gemartert und gefoltert, die in Maytas Jugend jene gefährliche Verschwörung gegen die Sonnensöhne organisiert hatten.

Mayta Capac, der seine Untertanen - ob sie nun seinem Volk entstammten oder von fremder Herkunft waren - so erfolgreich zum Dienst am Staate heranzuziehen verstand, war auch unnachgiebig bestrebt, eine einzige Religion einzuführen. Er begann den Sonnenkult unerbittlich durchzusetzen und erneuerte auch den Kult ihres gleichnamigen Symbols, des goldenen Inti-Falken, den Manco Capac nach Cuzco gebracht hatte.

Der goldene Falke des Inka, der mit einer Sehergabe begnadet gewesen sein soll, gab seinem Herrn viele wertvolle Ratschläge. Er »informierte« ihn über die kommenden Dinge, vor allem darüber, ob die von Mayta geplanten Feldzüge von Erfolg oder Mißerfolg gekrönt sein würden.

Inka Mayta Capac setzte sich nachdrücklich für eine einheitliche »Sonnen«-Ideologie in seinem Staate ein und wies dieser Staatsreligion die Rolle eines Elements zu, einer Kraft, die die Seelen und Gemüter der Reichsbewohner mehr einen sollte, als die Macht von Maytas Waffen es vermochte. Im Gegensatz zu seinen Vorgängern, den ersten Inka Manco Capac, Sinchi Roca und Lloque Yupanqui, die zugleich auch Hohepriester der Sonnenreligion waren, richtete Mayta Capac - um eine ständige Entfaltung dieses Religionskults zu gewährleisten - ein selbständiges »Ministerium« für religiöse Angelegenheiten ein, das

Amt des Huillac Umu, des obersten religiösen Beamten im Staat. Dieses Amt des Hohepriesters des Sonnenkults, diese – wie wir heute sagen würden – Funktion des obersten »Ideologen« und »Papstes« von Tahuantinsuyu vertraute er seinem ältesten Sohn an. Der baute dann – nach dem Willen seines Vaters – einen ausgedehnten Apparat auf, dem höhere und niedere Priester angehörten, und diese Priesterschaft sollte – auch unter den bisher nicht zu den Inka gehörenden Teilen der Bevölkerung – den Kult des Gottes Inti und die daraus »emanierende« Lehre von der Auserwähltheit der Inka verbreiten, der Inka, der eingeborenen Söhne der heiligen Sonne. Dieser Kult sollte auch zeigen, daß ihr göttlicher Ursprung den Inka das Recht zu dem gebe, was Mayta Capac als erster so klug zu verwirklichen suchte – die Herrschaft der Sonnensöhne über alle anderen Völker und künftig wohl auch über die ganze Welt aufzurichten. Und diese Welt, die zu Recht den Inka gehörte, wurde aus »ihrer Sicht« immer größer und weiter.

Zu Mayta Capacs Zeiten schien die Welt an den Grenzen des ausgedehnten Cuzco-Tales zu enden, doch vielleicht überschritt Mayta Capac diese Grenzen zum ersten Mal. Manche peruanischen Chronisten, besonders der berühmteste von ihnen, Garcilaso de la Vega, behaupten, der vierte Inka habe große Feldzüge unternommen, die ihn möglicherweise Hunderte von Kilometern weit von Cuzco fortgeführt hätten, und zwar in die Gegend, aus der sein Urgroßvater Mayta Capac – so die Sage – einst gekommen war. Wenn der Autor hier einmal seine eigene Meinung äußern darf, so scheint es, daß erst Mayta Capacs Nachfolger Feldzüge in diesen Teil Perus und überhaupt Expeditionen über die Grenzen des Tals von Cuzco hinaus unternommen haben.

Auch wenn wir Mayta Capac »nur« militärische Erfolge im Tal von Cuzco zugestehen und die Erweiterung des Reiches über die Grenzen dieses Tals hinaus wohl zu Recht erst seinen Nachfolgern zuschreiben, so schmälern wir damit keineswegs die Verdienste dieses unternehmungslustigen und harten Mannes (vom Standpunkt der Sonnensöhne aus). Er hat nicht nur das ganze Tal von Cuzco unter seine Botmäßigkeit gebracht – die Betonung liegt dabei auf »das ganze« –, sondern auch alle, ich betone »alle«, seine ethnisch so unterschiedlichen Bevölkerungsgruppen und deren Angehörige zu Bürgern eines gemeinsamen Staates verschmolzen und damit als erster die nationale Einheit der Sonnensöhne geschmiedet. Deshalb können wir seit Mayta Capacs Zeiten wirklich nicht nur von einem »Inka-Staat«, sondern auch von einem »Inka-Volk« reden.

IV.
CAPAC YUPANQUI ODER AUF DEM WEGE DER EXPANSION

Mayta Capac hatte also ein »Inka-Volk« geschaffen, das aber nur im Tal von Cuzco siedelte und dessen Grenzen auch die Grenzen des Staates des vierten Inka waren. Die Nachfolger Mayta Capacs mußten, wollten sie Macht und Ruhm ihres Volkes weiter verbreiten und ausdehnen, notwendigerweise »den Rubikon überschreiten«, d.h. über die Grenzen ihres Heimattals hinaus vorstoßen und sich – zum ersten Mal – zu militärischen Unternehmungen in die Nachbartäler in Marsch setzen. Dazu zählten nähere und fernere, bislang von anderen, also von den Inka unabhängigen Indianerstämmen der Anden, bewohnte und beherrschte Regionen.

Die militärische Expansion über die Grenzen des eigenen, obschon weiten Tals hinaus begann erst der fünfte Inka, der Sohn Mayta Capacs, Capac Yupanqui. Ursprünglich sollte zwar der erstgeborene Sohn Mayta Capacs, nach dem Vater Mayta genannt, sein Nachfolger werden. Doch da dieser angeblich sehr häßlich gewesen sein soll, wählte der vierte Inka aus rein unpolitischem, ästhetischem Grund seinen zweitgeborenen Sohn, Capac Yupanqui, zu seinem »Thronerben«. Zusätzlich zu dieser so demütigenden Entscheidung zwang der Vater Prinz Mayta, durch einen öffentlich geleisteten Schwur seinen jüngeren Bruder Capac Yupanqui feierlich als künftigen Herrscher des Landes anzuerkennen.

Es wird berichtet, daß aufgrund dieses Eides die in Tahuantinsuyu stets so heikle Frage der Nachfolge ohne offenen Bruderzwist gelöst wurde.

Auf Wunsch seines Vaters unternahm der fünfte Inka, Capac Yupanqui, eine Reihe von Feldzügen über die Grenzen des Cuzco-Tals hinaus. Obwohl nichts genaues überliefert ist, wissen wir doch, daß er mit seinen Kriegern das Yucay-Tal angriff und militärisch besetzte. Er führte auch einen erfolgreichen Krieg gegen die nicht von Inka bewohnten Städte Cuyumarca und Ancasmarca. Seine Heere befehligte Capac Yupanqui selbst.

Während der Abwesenheit Capac Yupanquis von Cuzco leitete einer der Brüder des Inka, Tarco Huaman, ein guter Krieger, die Staatsgeschäfte und, falls nötig, die Verteidigung der wachsenden Metropole der Sonnensöhne. Und in der Tat bereiteten einige benachbarte Indianerstämme einen Großangriff auf Cuzco vor. Die treibende Kraft dieses Unternehmens waren vermutlich die Antahualla-Indianer. Capac Yupanqui erfuhr jedoch dank seines gut organisierten Kundschafternetzes mit vielen »Spionen«, die selbst in bisher noch nicht zum Inka-Reich gehörenden Gebieten ihrer »Agententätigkeit« nachgingen, beizeiten von der geplanten Offensive. Er kam den Angreifern zuvor, griff sie unerwartet an, fügte ihnen verheerende Verluste zu und rückte schließlich auf ihr eigenes Territorium vor.

Die besiegten Feinde der Inka brachen später von neuem zu einem Kriegszug gegen Cuzco auf. Sie eroberten auch das – den Sonnensöhnen heilige – Huanacauri, einen Ort, an dem seinerzeit bei der denkwürdigen Expedition Manco Capacs und seines Gefolges auf der Suche nach dem gelobten Land einer der »Ayaren« umgekommen war.

Doch selbst nach der Eroberung von Huanacauri gelang es Inka Capac Yupanqui, den Schlag der Feinde gegen sein Reich diesen »mit Zins und Zinseszins« zu vergelten. In einer furchtbaren Schlacht machte er an die sechstausend ihrer Krieger nieder, und die Besiegten zu Vasallen des Reiches.

Unter der Herrschaft von Capac Yupanqui knüpften die Inka, die Angehörigen eines indianischen Volkes, dessen Nachkommen wir heute als »Quechuaner« (»Quechua-Indianer«) bezeichnen, freundschaftliche Kontakte zu den eigentlichen, nicht in Cuzco beheimateten Quechua-Indianern, die damals nördlich des Nabels der Welt siedelten. Die Muttersprache bzw. der Dialekt der Angehörigen dieses Stammes sollte später zur einzigen offiziellen Staatssprache des Inka-Reiches werden.

Nebst seinen Erfolgen auf dem Felde der »internationalen Politik« der Festigung der Freundschaft zu den Quechua-Indios und dem militärischen Triumph über verschiedene Gruppen peruanischer Bergindianerstämme wirkte der fünfte Inka auch in Cuzco erfolgreich. Zu seinen – von den Chronisten am häufigsten erwähnten – Handlungen gehörte, daß er aus dem Inticancha-Palast, in dem er geboren war, auszog. Seit den Tagen des legendären Gründers der Dynastie, Manco Capac, hatten bisher alle Herrscher hier residiert, und wie schon sein Name besagt, war dieses zugleich auch das Hauptheiligtum des Nationalgottes der Inka, Inti, d.h. der Sonne.

Künftig sollte die Inticancha, auf Beschluß Capac Yupanquis nun Coricancha genannt, nur noch der Sonne geweiht sein. Der fünfte Inka baute diesen Sonnenhof Cuzcos um und gestaltete ihn zu dem großartigen Nationaltempel des Reiches und zugleich zu seinem »königlichen oder kaiserlichen Pantheon«. Capac Yupanqui errichtete für sich selbst eine neue »Cancha«. Seit dieser Zeit verfuhren alle seine Nachfolger nach diesem Vorbild, jeder Inka schuf sich einen neuen Königshof.

Seine neue Residenz ließ Capac Yupanqui weiter oben an einer Furt durch den Huatanay-Fluß errichten, an einem Ort, den die einst hier herrschenden Alcahuiza Pucamarca nannten. Die Inka erinnern in ihrer Geschichte häufig an diese Übersiedlung des Herrschers aus der Inticancha nach Pucamarca. Weil die Herrscher »nach oben« übersiedelten, sprechen die Geschichtsschreiber von den »Herrschern des unteren Cuzco« (Hurin Cuzco), das waren der erste bis vierte Inka, und den »Herrschern des oberen Cuzco« (Hana Cuzco), das waren Capac Yupanqui und seine Nachfolger.

Im Unterschied zu den meisten Inka hatte Capac Yupanqui anscheinend zwei legitime Gattinnen. Zuerst die Chimbo

Mama, die aber irre geworden sein soll. Der Inka verstieß sie deshalb und nahm die Tochter des Häuptlings der bedeutenden Stadt Ayamarca, die anmutige Curi Hilpay, zu seiner zweiten Frau. Aus dieser Ehe gingen wieder viele legitime Söhne hervor, und so ergaben sich dann, wie fast immer, wenn es zu einem Wechsel auf dem Königsthron von Cuzco kommen sollte, allerlei Unklarheiten hinsichtlich der Nachfolge.

Schließlich wurde der Inka Roca nächstes Staatsoberhaupt. Manche Historiker meinen, er habe sich diese Würde durch eine Art Palastrevolution erkämpft. Dieser Teil der alten Geschichte Perus ist aber wenig erhellt. Eine seltsame, ja, recht geheimnisvolle Rolle spielt bei diesen Ereignissen eine der Nebenfrauen Capac Yupanquis, Borgiuska, die später vielleicht Geliebte und Frau ihres eigenen Sohnes wurde. Sie war eine Meisterin der Hofintrige, treuloser Listen, der Politik von Dolch und Gift. Viele Forscher glauben, Capac Yupanqui sei in Wirklichkeit eines gewaltsamen Todes gestorben, nämlich vergiftet worden. Das vermutete Verbrechen des Königsmords habe eine Angehörige der Königsfamilie, Cusi Chimbo, begangen, die auch dem Prinzen Roca geholfen habe, neuer Herrscher des Reiches zu werden. All das sind aber nur Vermutungen. Gewiß ist nur, daß dieser Roca sich als einer unter mehreren legitimen Thronanwärtern den Thron von Cuzco sicherte.

Ganz offensichtlich war der Inka Roca von brennendem Ehrgeiz besessen, das höchste Amt im Staate zu erringen. Er war auch der erste der Herrscher Tahuantinsuyus, der seinem Namen den Titel »Inka« beifügte und auch diesen eindrucksvollen Titel offiziell führte. Während an der Spitze der benachbarten Indianerstämme und Kleinstaaten »Sinchi« oder »Curaca« genannte, einfache Häuptlinge standen, herrschte ein Mann über Tahuantinsuyu, dessen Titel soviel wie »großer Herr« oder »Herrscher« bedeutete; wir können ihn nach europäischen Begriffen auch mit dem Wort »König« oder sogar »Kaiser« übersetzen. Mit dem sechsten Inka treten wir auch, was den Titel des Herrschers betrifft, aus den Zeiten der Indianerhäuptlinge in die Epoche der Indianerkönige ein.

V.
INKA ROCA ODER AUF DER SUCHE NACH WÜRDE

Der sechste Herrscher von Tahuantinsuyu – der Inka Roca – interessierte sich in erster Linie für die theoretische Begründung und Ausgestaltung eines Kults seiner Erhabenheit und Außergewöhnlichkeit. Seine ganze Regierungszeit kann als eine Epoche der Suche nach vollkommener Würde bezeichnet werden.

Wie sehr er dieses Ziel verfolgte, geht daraus hervor, daß er energischer als jeder seiner Vorgänger von seinen Untertanen verlangte, ihm so deutlich, so auffällig wie möglich Ehrerbietung und Respekt zu erweisen. Er war ganz in sich gekehrt, ein Egozentriker, in die Vorstellungen von seiner Größe versponnen. Und diese Würde liebte Roca im wahren Sinne des Wortes ebenso wie auch den Luxus, den höfischen Prunk, der Teil und Ausdruck seiner Würde sein sollte. Daher organisierte er große Gastmähler und Trinkgelage. Er hatte auch mehr Frauen als irgendeiner seiner Vorgänger auf dem Thron. Trotz der Vielzahl seiner bevorzugten Vergnügungen bedeutete ihm aber der übertriebene Kult seiner eigenen Person das meiste. Als erster der Herrscher Tahuantinsuyus forderte er, dem Inka bereits zu Lebzeiten die Ehrerbietung zu erweisen, die einem Gott gebührte, nämlich daß die Bürger seines Reiches gebückt oder auf den Knien barfuß vor ihn treten und mit leiser, demütiger Stimme zu ihrem Inka sprechen sollten.

Um die Exklusivität der Herrscher von Tahuantinsuyu zu betonen – durch Manco Capac unmittelbare Nachkommen des Sonnengottes Inti –, förderte der Inka Roca diesen Kult besonders stark. Demzufolge mußte er konsequenterweise die Anbetung des früher in verschiedenen Gegenden Perus verehrten obersten Gott-Schöpfers, Virachoca, unterdrücken.

Roca war auch der Schöpfer einer einmaligen Institution der Inka, der »Panaca«. Alle Nachkommen der Inka waren gemeinsam Angehörige der Königsfamilie – des Capac Ayllu. Seit den Zeiten dieses Inka waren überdies die Nachkommen eines jeden verstorbenen Inka in einer »Linie«, dem Geschlecht eines jeden von ihnen, vereinigt. Diese Linien der Blutsverwandten der einzelnen ehemaligen Herrscher – die Panaca – sollten auf ewige Zeiten für ihren toten Ahnherrn, den verstorbenen und nun als Mumie einbalsamierten Inka, sorgen. Dazu gehörte, die Mumie zu »ernähren«, zu kleiden, Festlichkeiten für sie zu veranstalten, eine Dienerschaft für den Palast zu engagieren, in dem die Mumie wohnte usw. Inka Roca übertrug ausdrücklich einem seiner Söhne, er solle nach seinem Tode für seine Mumie sorgen, sie ernähren, kleiden und ihr Kurzweil bereiten.

Rocas intensive Vorkehrungen dazu, was mit seiner Mumie einst geschehen solle, stehen im krassen Gegensatz zu dem wichtigsten Problem des Reiches; kümmerte er sich doch wenig um die äußere Sicherheit und Unabhängigkeit desselben.

Tahuantinsuyu hatte viele Feinde, und unweit seiner Grenze wetzten die gefährlichen und mächtigen Chanca ihre Dolche und Schwerter, mit denen das Reich später in einem für die Inka entscheidenden Ringen auf Leben und Tod seine Kräfte messen sollte.

Statt des Inka übernahmen deshalb andere Mitglieder des herrschenden Geschlechts, talentierte Kriegsleute, gute Taktiker und Strategen, die Verteidigung des Reiches und führten kriegerische Unternehmungen über seine Grenzen hinaus durch. Diese waren von der historischen Mission ihres Geschlechts und ihres Volkes aufrichtig überzeugt, glaubten zutiefst daran und waren auch von dem expansiven Inka-Nationalismus beseelt, den der Großvater Rocas, Mayta Capac, begründet hatte.

Vor allem zwei Heerführer des Reiches haben sich in seinen Annalen verewigt, Männer, die später auch Rocas Nachfolgern treu und ergeben dienten - die »Generäle« Vicaquirao und Apo Mayta. Apo Mayta unterdrückte im Namen Rocas die große Rebellion der Masca-Indianer, an deren Spitze ihr streitbarer Oberhäuptling Huasi Huaca stand. Diesen nahm Apo Mayta gefangen und führte ihn im Triumphzug nach Cuzco. Einerseits sollte der Besiegte dem Volk der Reichshauptstadt gezeigt werden, andererseits sollten durch diese Maßnahme auch andere potentielle Feinde Tahuantinsuyus erfahren, welches Ende ein jeder nehmen werde, der sich dem immer stärker werdenden Staat der Sonnensöhne mit Waffengewalt entgegenzustellen wagte.

Der triumphale Empfang, den die Angehörigen des Inka-Volkes ihren siegreichen Truppen beim Einzug in Cuzco bereiteten, hält durchaus einem Vergleich mit den Triumphzügen im antiken Rom stand. Er zeugt auch davon, wie hoch jetzt schon - zu Rocas Zeiten - die Flamme des Inka-Nationalismus loderte und wie tief auch in den Gemütern der gemeinen Angehörigen des Inka-Staates die Überzeugung verwurzelt war, daß ihre Nation eine historische Mission zu erfüllen habe, ja, völlig berechtigt sei, kriegerische Unternehmungen zur Gebietserweiterung des Reiches durchzuführen.

Die Eroberungszüge über die Grenzen von Tahuantinsuyu folgten dann einer auf den andern. So wurden z. B. die inkafremden Städte Muyna und Pinahua überwunden. Zu gemeinsamen Feldzügen verstärkten die Generäle des Inka ihre Truppen auch durch größere Hilfskontingente der Cana- und Canche-Indianer. Und sie bereiteten sich offensichtlich jetzt schon auf einen Zusammenstoß mit den kriegerischen Chanca vor, die der Verwirklichung des Traums der Sonnensöhne von der Herrschaft über das ganze weite Gebiet der mittleren Sierra am stärksten im Wege standen.

Während Apo Mayta, General Vicaquirao, andere Inka-Kommandeure und starke Einheiten der Streitkräfte des Staates ständig auf der Hut waren und häufig auf den Schlachtfeldern des Andengebietes ihr Blut vergossen, setzte der Inka Roca seine

Suche nach einer »maximalen« Würde der Inka fort und gab sich zugleich weiterhin seinem wonnigen »Dolce far niente«, seinem prunkvollen und prächtigen Leben eines Müßiggängers hin.

Der Inka ließ sich in Cuzco einen neuen prächtigen Palast erbauen, den er »Coracora« taufte. In seiner Nachbarschaft ließ er die erste Adelsschule des Reiches - eine Art Inka-Universität namens »Yachayhuasi« (wörtlich: »Haus der Bildung«) errichten, in der die Söhne des Inka sowie die Angehörigen der Herrenkaste alle erforderlichen Kenntnisse erlangen, die Kunst des Regierens erlernen und durch das Studium der »Theologie« und Geschichte wie auch der Sagen und Legenden der Sonnensöhne die Überzeugung gewinnen sollten, daß sie einem »erwählten Volk«, einem göttlichen Geschlecht angehörten.

Der Theoretiker und Praktiker des Personenkults der Inka, der Lehrer von ihrer Würde und Exklusivität, der Erbauer der ersten Adelsschule Cuzcos und des Coracora-Palastes erreichte ein hohes Alter. Er herrschte ganze sechzig Jahre lang über sein Volk. Seinen Nachfolgern vermachte er nicht nur ein Reich, das durch die Eroberungszüge seiner talentierten Feldherrn bedeutend ausgedehnt worden war, sondern auch das Herrscherprädikat »Inka« sowie vor allem eine bis in die kleinsten Einzelheiten ausgearbeitete Lehre von der Außergewöhnlichkeit, ja, geradezu überirdischen Würde der Inka. Eine Lehre, die zur philosophischen Grundlage werden konnte und es unter der Herrschaft Pachacutis auch wurde, auf die sich der Imperialismus der Inka stützte.

VI.
YAHUAR HUACAC ODER BLUTIGE TRÄNEN

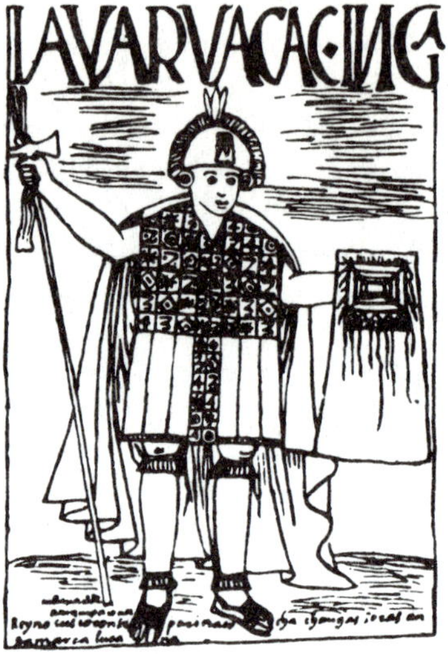

Noch in fortgeschrittenem Alter heiratete der Inka Roca Mama Micay, Tochter des Häuptlings der Stadt Huayllacan, die ursprünglich dem Häuptling der Aymarca – dem großen Krieger Tocay Capac – versprochen worden war. Dieser Ehe entsprossen viele Söhne, darunter auch der spätere neunte Inka von Tahuantinsuyu, Prinz Titu Cusi Hualpa, der jedoch unter einem anderen Namen, nämlich als Yahuar Huacac (wörtlich: »weinendes Blut«), in die Geschichte Perus einging.

Yahuar Huacac saß nur kurze Zeit auf dem Thron der Inka, denn er starb verhältnismäßig jung. Er ging (durch ein einziges Ereignis) in die Annalen des Reiches ein, und zwar auf ganz seltsame Weise und überdies eigentlich nicht durch sein Verdienst, sondern dank jenes bereits erwähnten Häuptlings Tocay Capac, des Führers der Aymarca-Indianer.

Der schwer beleidigte, bis ins Mark getroffene Tocay Capac von Huayllacan sann auf Rache. Nach einigen Jahren holte er zum Vergeltungsschlag aus und wurde ohne ersichtlichen Grund durch die eigenen Verwandten der Frau des Inka unterstützt. Die Indianer von Huayllacan hatten den damals achtjährigen Prinzen eingeladen, um ihm ihre Huldigung darzubringen. Sie wollten ihr Land und sich selbst den Sonnensöhnen »zu Füßen legen« und wünschten, wie sie sagten, sich den Herren von Cuzco offiziell zu unterwerfen.

Der Inka Roca sah in dieser ihm durch die Verwandten seiner Frau übermittelten Einladung nichts Verdächtiges und entsandte seinen achtjährigen Sohn in Begleitung einer starken Leibgarde nach Huayllacan. Gleich nach der Ankunft des kleinen Prinzen in der Vaterstadt seiner Mutter wurde sein Gefolge aber von einheimischen Kriegern überfallen, und die Begleiter des Prinzen wurden von den treulosen Gastgebern bis auf den letzten niedergemacht. Titu Cusi Hualpa aber wurde dem beleidigten Tocay Capac lebend vorgeführt. Als er aber vor seinem Kerkermeister stand, brach er plötzlich in blutige Tränen aus.

Einen Menschen - ein Kind -, der Blut weinte, hatten die hiesigen Indios nie zuvor gesehen. Und so hielten sie die blutigen Tränen des jungen Prinzen für ein besonderes Zeichen, ein »Menetekel« überirdischer Mächte. Um dieses unerklärlichen, unheimlichen Schluchzens willen brachte Tocay Capac seinen jugendlichen Gefangenen schließlich nicht um, sondern verurteilte ihn nur zu lebenslanger Verbannung bei den Lamahirten, die in den Bergen seines Landes ihre Herden weideten.

Dort verbrachte der kleine Prinz auch wirklich zwölf Monate. Dann erbarmte sich eine der Nebenfrauen Tocay Capacs des kleinen Staatsgefangenen und entführte diesen in ihre Vaterstadt Anta, wo ihr Vater regierte. Die Anta-Indianer empfingen den künftigen Inka wahrhaft königlich. Titu Cusi blieb ein ganzes Jahr bei den gastfreundlichen Leuten von Anta.

Als diese Ereignisse in Cuzco bekannt wurden, sandte Inka Roca einen seiner Kundschafter, als Bettler verkleidet, in das Land der Anta, um herauszufinden, ob entgegen bisheriger Vermutungen sein Sohn dennoch am Leben sei. Aufgrund der positiven Bestätigung schickte der Herrscher von Cuzco anstelle von Spionen eine offizielle Delegation mit vielen wertvollen Geschenken zu diesem Stamm. Wohl fanden die Gaben großen Anklang, doch lag den Anta weitaus mehr daran, von Inka Roca als vollberechtigte Angehörige seines Volkes aufgenommen und akzeptiert zu werden. Diesem Begehren entsprach verständlicherweise der Herrscher nur zu gern. Als erster Indianerstamm, der aus eigenem, freiem Entschluß sich den Inka anschloß, gingen also die Anta in die Geschichte Tahuantinsuyus ein. Viele Stämme Perus vergrößerten später auf ähnliche Weise den Staatsverband der Inka. Titu Cusi Hualpa wurde nach seiner Heimkehr nach Cuzco von jedermann zur Erinnerung an das unglaubliche Ereignis »Yahuar Huacac« (»weinendes Blut«) genannt. Zusammen mit seinem Vater, den Staatsgeschäfte nicht interessierten, führte er die Regierung. Ausgerechnet Yahuar Huacac, einst Gefangener Tocay Capacs, legte den stets für das Reich so gefährlichen Konflikt mit diesem mächtigen Nachbarn bei. Tocay Capacs Tochter, Mama Chiclla, nahm er zu seiner offiziellen Frau, während Tocay Capac, ehemals Erzfeind der Sonnensöhne, sich feierlich mit der Inka-Prinzessin Curi Occlo vermählte.

Dieser von Yahuar Huacac organisierte Reigen diplomatischer Hochzeiten regelte das wichtige Verhältnis der Sonnensöhne zu den Indianer Huayllacans. Der Beitritt der Anta und Tocay Capacs samt seinem Stamm zum Inka-Reich verbesserte die strategische Lage Tahuantinsuyus unter den bedeutenden Indianervölkern und Staaten der Sierra noch weiter, von denen die streitbaren, ständig stärker werdenden Chanca an erster Stelle erwähnt werden müssen. In dieser Situation besteigt – unter ungeklärten Umständen (der Chronist Cieza behauptet sogar, Yahuar Huacac sei ermordet worden) – Prinz Hatun Tupac Inka, der jüngste der drei legitimen Söhne des Inka Yahuar Huacac, den Thron. Weil Hatun Tupac Inka behauptete, ihm sei Gott Viracocha – geschmückt mit einem großen bei den Indianern nicht üblichen Vollbart – im Traume erschienen und habe ihn gebeten, die Insignien der Inka zu übernehmen, nannte sich der Prinz fortan nach diesem altperuanischen Gott-Schöpfer. Ebenfalls sei ihm geweissagt worden, von seinen Taten und seinen militärischen Eroberungen hänge – ebenso wie von seiner Person – das Schicksal Tahuantinsuyus ab.

Traum ist Traum! Wahr ist jedenfalls, daß der Inka Viracocha diesen göttlichen Befehl zu einer weiteren militärischen Expansion gewissenhaft und ausdauernd ausführte. Zuerst aber mußte er seine eigenen Untertanen befrieden. Denn schon während seiner ersten Abwesenheit von Cuzco brach in der Stadt ein Aufstand gegen ihn aus, angeführt von den anderen Söhnen

Yahuar Huacacs, die – nachdem sie ihre Thronansprüche zurückstecken mußten – sich nun weigerten, den Prinzen Hatun Tupac Inka als neuen Inka anzuerkennen. Statt dessen bezeichneten sie ihn als illegitimen, unberechtigten Usurpator des Inka-Throns.

Die Rebellen ermordeten Viracochas Bruder Roca (II.), der in Abwesenheit des Inka die Stadt verwaltete. Völlig grundlos töteten sie aber auch alle Konkubinen des Herrschers. Als Viracocha nach Cuzco zurückkehrte, drehte er den Spieß um, d. h., die Anführer wurden umgebracht, so daß im Reich wieder Frieden war. Es mag dahingestellt sein, inwieweit dieser Begriff aufgrund derart grausamer Begebenheiten dann noch treffend ist.

Nachdem Viracocha die Rebellion der inneren Widersacher und Gegner seiner Herrschaft niedergeschlagen hatte, holte er auch zum Schlag gegen die äußeren Feinde der Sonnensöhne aus. Er eroberte die wichtige Stadt Calca am Urubamba-Fluß, unterwarf südlich von Cuzco die Stadt Muyna, die wegen ihrer wichtigen strategischen Lage in der Frühgeschichte der Inka-Expansion stets eine bedeutsame Rolle gespielt hatte, und verleibte sie seinem Staate endgültig ein. Danach dehnte der Inka Viracocha seine Eroberungszüge noch weiter nach Süden und Südosten aus, wobei es ihm gelang, drei in jenem Gebiet lebende große Indianerstämme – die Chavin, die Chanca und schließlich auch die Cana – endgültig an sein Reich anzuschließen. Die Cana unterwarfen sich schließlich dem Inka, als sie den vergeblichen Widerstand ihrer Nachbarn gegen die Expansion der Inka erkannten.

Hinter den Grenzen des Cana-Landes begann bereits das Gebiet der Collo-Staaten, heute Aymara genannt. Dieses ausgedehnte Gebiet im Süden des heutigen Peru und auf dem bolivianischen Hochland (dem Altiplano) nannten die vorkolumbianischen Indianer Südamerikas Collasuyu oder Collac. Zur Zeit des Inka Viracocha lebten hier eine Reihe von Aymara-Staaten oder Stammesbünden, u. a. die »Staaten« Quillaca, Omasuyu, Collahuayana, Pacasa und Ubina. Die weitaus mächtigsten Königreiche, die fähig gewesen wären, alle übrigen zu beherrschen und hier rund um den Titicacasee ein Reich aller Aymara zu schaffen, waren der Collo-Staat mit der Hauptstadt Hatuncolla und der Staat Lupaca mit Chucuito als Metropole.

Diese beiden Königreiche lagen zur Zeit Viracochas im Streit, und um dem Gegner einen vernichtenden Schlag versetzen zu können, suchten sie nach geeigneten Bundesgenossen. Deshalb wandten sich verständlicherweise die Herrscher der beiden Aymara-Staaten – Cari von Lupaca wie auch Zapana von Collo – nach Cuzco, wobei sie gleichzeitig den Abschluß eines Schutz- und Trutzbündnisses anboten. Für den Inka bedeutete das, weit in den Süden Perus und noch weiter in das heutige Bolivien, Chile und Argentinien vordringen zu können. Doch hielten sie den Herrscher des Staates Lupaca, Cari, für den militärisch Tüchtigeren und schlossen daher mit ihm ein Abkommen über militärische Zusammenarbeit. Alsbald entsandte Viracocha seine Heere zum Titicacasee, damit sie diesem neuen Verbündeten militärische Unterstützung gewährten.

Der König des Staates Colla – Zapana – erfuhr beizeiten von der Allianz seiner Gegner und beschloß, seinen Feinden zuvorzukommen.

Mit seinen Truppen griff er Lupaca an, wurde aber zurückgeschlagen und erlitt gewaltige Verluste. Daraufhin gingen Caris Truppen zum Gegenangriff über, rückten bis in die Hauptstadt von Colla, Hatuncolla, vor, plünderten sie und annektierten das Gebiet des besiegten Königreichs von Zapana.

Die Inka trafen auf dem Aymara-Kriegsschauplatz erst ein, als bereits Waffenruhe eingekehrt war. Doch bestätigten und bekräftigten sie durch einen weiteren Pakt ihre freundschaftlichen Beziehungen zu dem siegreichen Lupaca. Obwohl sie sich an den eigentlichen Kämpfen nicht beteiligt hatten, drangen die Sonnensöhne unter der Herrschaft des siebenten Inka von neuem zu dem heiligen See vor, von dem einst ihr legendärer Vorfahr Manco Capac seine heilige Wanderung nach Cuzco angetreten hatte. Durch den Marsch in das Land der Aymara erreichten Viracochas ausgedehnte Feldzüge und seine Expansionsbestrebungen zweifellos ihren Höhepunkt.

Die langen Jahre des Krieges, die Feldzüge quer durch Peru, hatten den Inka erschöpft. Deshalb setzte er nun – in fortgeschrittenem Alter – als Hüter der äußeren Sicherheit des Staates die Oberbefehlshaber der Heere Tahuantinsuyus ein, die fähigen Generäle Apo Mayta und Vicaquiroa, die bereits unter seinem Vater gedient hatten. Er selbst zog sich in ein kleines privates »Paradies« zurück, das er für sich, seine Coya, Mama Runtu Caya, sowie seine zahlreichen Nebenfrauen in Pisac, einem zauberhaft schönen Ort, erbaut hatte. Selbst heute noch – und so hat der Autor dieses Buches anläßlich seines ersten Besuches in dieser indianischen Welt es empfunden – übt Pisac eine geradezu magische Wirkung aus.

Hoch über der eigentlichen Stadt Pisac ließ sich Viracocha ein gut befestigtes Adlernest anlegen, das er Caquia Jaquiahuana nannte. Hier, wo der Herrscher sich glücklich und völlig sicher fühlte, genoß er auch das Leben mit seinem Lieblingssohn Urcon, den er zu seinem Nachfolger wählte und der dann, noch zu Lebzeiten Viracochas, mit dem Vater zusammen regierte. Der Inka Urcon, nun offizieller Mitregent Tahuantinsuyus, war – so berichtet der Chronist Sarmiento – ein unehelicher Sohn. Er entstammte einer großen Liebe, die den Inka Viracocha mit einer der schönsten Konkubinen seines Hofes, einer blutjungen Dame namens Cori Chulpa, verband. Viracochas »Flamme« gelang es, ihren etwa fünfzig Jahre älteren Verehrer in dem Maße zu beeinflussen, daß er seine legitimen Söhne schließlich überging und Urcon zu seinem Nachfolger bestimmte.

Wie bei jedem Regierungswechsel wirkte sich der Umstand, daß in Tahuantinsuyu keine klaren und genauen gesetzlichen Vorschriften für die Thronfolge bestanden, auf die innere Stabilität des Staates höchst ungünstig aus. Der junge Urcon, der schon zu Lebzeiten seines Vaters den offiziellen Titel Inka führte, interessierte sich überdies weit mehr für die Weiber, die das Reich ihm an den Hof lieferte, als für die Geschäfte. Und er hatte – so heißt es – einzig und allein Liebesabenteuer im Sinn. Darum gefiel weder ihm noch seinem alternden Vater das Leben in Cuzco, nahmen ihn doch hier die mit seinem Amt verbundenen Staatsgeschäfte und Regentenpflichten ständig in Anspruch. Darum verbrachte er seine Zeit lieber mit den Frauen seines großen Harems in dem Caquia-Jaquihuana-Palast zu Pisac.

Hierher, in den befestigten Palast von Pisac oder nach Calca, wo ein weiteres dieser abseitsgelegenen königlichen »Freudenhäuser« stand, zog sich der Inka Urcon zurück, besser gesagt, er floh hierher, als sich das Blatt eines Tages völlig wendete. Die Chanca – die »goldene Horde des alten Peru« – pochten nämlich an die Tore des Reiches, das bisher immer nur im Angriff gewesen war und seine Grenzen von Cuzco in alle Himmelsrichtungen ausgedehnt hatte, fest entschlossen, den Staat der Sonnensöhne und seinen Herrscher, den göttlichen Inka, mit einem gewaltigen Schlag ein für allemal hinwegzufegen.

VII.
DER KRIEG MIT DEN CHANCA

Die Chanca, sozusagen Todfeinde der Inka, glichen in vielem ihren Widersachern. Ähnlich wie die Sonnensöhne waren sie von einem großen See, dem Choclocha- oder »Mais«-See, in das Zentralgebiet der Anden gekommen, das sich im Westen der heutigen peruanischen Provinz Vilcas dehnt. Von dem Choclocha-See gelangten die Chanca – wiederum ähnlich wie die Inka – nach einer Reihe von Zwischenstationen in eines der Bergtäler der mittleren Anden, errangen die Oberherrschaft über die hier lebenden Indianerstämme und machten das Antahualla-Gebiet – wörtlich: »das Tal der kupfernen Auen« – zum Zentrum ihrer Macht, so wie die Sonnensöhne einst das Tal von Cuzco zum Herzen ihres Staates gemacht hatten.

Die expansiven Chanca – darin abermals den Inka gleichend – brachten durch militärische Unternehmungen immer neue und weitere Stämme mit Gewalt unter ihre Botmäßigkeit. Andere Indianerstämme wurden von den aggressiven Chanca aus ihrem Heimatland vertrieben. An dieser Stelle sei der Name eines Stammes erwähnt, der die Macht der Chanca besonders drückend zu spüren bekam: der Name Quechua, d.h. die Quechuaner. Der Name bedeutet etwa: »die Leute aus dem warmen Tal«. Der Dialekt dieser Leute wurde zur Staatssprache von Tahuantinsuyu und von den Inka später den unterworfenen Völkern aufgezwungen.

Jene aber, die als erste Quechua in seiner ursprünglichen Form sprachen – die eigentlichen, »echten« Quechuaner waren durch eine Fügung des Schicksals die ersten Opfer der Chanca-Expansion. Das Stammesgebiet der Quechua, das halbtropische Tal rings um die Stadt Abancay, daher ihr Name »Leute aus dem warmen Tal«, wurde von den Chanca besetzt, und seine Bewohner wurden ihrer Unabhängigkeit beraubt. Diejenigen des Stammes, die aus dem Gebiet von Abancay fortgezogen waren, schlossen sich den Inka an. Später stellten sich die Quechua ganz unter den Schutz der Sonnensöhne und verschmolzen schließlich mit ihnen.

Indem die aggressiven Chanca die Herrschaft über das Gebiet der eigentlichen Quechua-Indios errangen, stießen sie unmittelbar an die Grenzen des Inka-Staates, der sich ebenso wie der Chanca-Staat ständig durch Expansion zu vergrößern suchte. Es war nur noch eine Frage der Zeit, wann die beiden Mächte zum Entscheidungskampf aufeinanderprallten, zu einem Kampf, von dessen Ergebnis es offensichtlich abhing, welcher der beiden Rivalen am Ende unumschränkter Herrscher über das ganze Gebiet der mittleren Anden würde.

Es war auch offensichtlich, daß jener von ihnen eindeutig im Vorteil sein würde, der als erster losschlug. Der ursprünglich so aktive Inka-König Viracocha verbrachte nun seine alten Tage aber in der Stille seines fernen Adlernestes wie in einer Klause. Sein offizieller Mitregent, der durch den Willen seines Vaters auch schon den Thron mit ihm teilte, der junge Inka Urcon, interessierte sich jedoch nur für Frauen.

Tahuantinsuyu wurde nun von zwei Herrschern gelenkt, die keine Ambitionen hinsichtlich öffentlicher Angelegenheiten hatten. Folglich dachte niemand daran, den Chanca den Krieg zu erklären. Demgegenüber herrschten in dem aufstrebenden Staat der Chanca zu jener Zeit ganz andere Verhältnisse: Die beiden obersten Repräsentanten – die zwei »Konsuln« der Chanca –, Hastu Huaranca und Tomayu Huaranca, gingen davon aus, die Macht ihres Volkes sei nun schon groß genug, so daß weder Cuzco noch der ganze Staat der Sonnensöhne ihnen würde widerstehen können.

Offensichtlich zogen die Chanca auch die damalige Schwäche der Staatsführung Tahuantinsuyus ins Kalkül, bedingt durch das Desinteresse seiner beiden Regenten an den Staatsgeschäften des Reiches. Als Hastu Huaranca und Tomay Huaranca den Augenblick für günstig hielten, den Sonnensöhnen den Todesstoß zu versetzen, gaben sie den Befehl zum Marsch auf Cuzco.

Ehe sie aber ins Feld zogen, schmückten die Chanca die Mumie des Gründers ihres Staates, Uscohuilca (»wilde Katze«). Und sie setzten diese, in Goldgewänder gekleidet, mit Smaragden geschmückt, in eine Sänfte, die an der Spitze ihres gewaltigen Heeres getragen wurde; dann setzten sie sich mit der Mumie an der Spitze in Marsch. Es war ganz eindeutig das größte »Nicht-Inka«-Heer, das je durch die Hochebenen des indianischen Peru zog. Nachdem es den Chanca gelungen war, auf dem Zug nach Cuzco auch den strategisch entscheidend wichtigen Vilcanoga-Paß zu überschreiten, waren sie von dem Erfolg ihres Feldzugs dermaßen überzeugt, daß sie eine Gesandtschaft zu den Inka schickten, die von den Sonnensöhnen nichts Geringeres als eine völlige und bedingungslose Kapitulation verlangte: die Waffen niederzulegen, Cuzco den Chanca auszuliefern und die unumschränkte Oberherrschaft der Chanca anzuerkennen.

Das unglaubliche Ultimatum, die Forderung nach totaler Kapitulation der Sonnensöhne, rief im Palast der Inka blankes Entsetzen hervor. Zu Tode erschrocken erwogen der greise Viracocha und auch der mit ihm herrschende Bastard Urcon nicht mal eine Verteidigung Cuzcos. Sie »trommelten« ihre Getreuen zusammen und flüchteten in aller Eile mit ihnen, ihren Dienern sowie ihren vielen Frauen aus der Hauptstadt des Reiches. In jenem, wie sie glaubten, uneinnehmbaren Adlernest hoch über Pisac, dem berühmten Caquia-Jaquihuana-Palast, suchten sie Zuflucht.

Panik brach aus in Cuzco. Seine Bewohner blieben ohne ihren König und ohne die überwiegende Mehrzahl ihrer militärischen Befehlshaber zurück; denn nur eine kleine Schar von Angehörigen des Königsgeschlechts harrte in der Stadt aus. Diese dachte nicht daran, vor den Chanca zu kapitulieren oder auch nur die Hauptstadt des Reiches zu räumen. Anführer dieser patriotischen »Front« der Tapferen waren die beiden, nun schon in Ehren ergrauten Feldherrn, Apo Mayta und Vicaquirao. Ihnen hatten sich aber auch die drei legitimen Söhne des Inka Viracocha angeschlossen: der älteste Roca, der vornehme Tupac Huarochiri, nun Hohepriester des Sonnentempels zu Cuzco, und schließlich der kaum zwanzigjährige Cusi Yupanqui, ein hochintelligenter Jüngling, den sein Vater als »Teenager« drei Jahre nach Chita verbannt hatte, wo er zur Strafe die Lamas hüten mußte. In diesen Wirren kehrte nun Cusi Yupanqui aus seinem unfreiwilligen Exil nach Cuzco zurück und wurde, da der Stadt von den rasch vorrückenden Chanca höchste Gefahr drohte, Hauptorganisator der Verteidigung der Metropole von Tahuantinsuyu.

Diese Aufgabe erforderte freilich übermenschliche Kräfte und Fähigkeiten. Während bei den Chanca - wie später Chronisten behaupteten - an die hunderttausend Mann unter Waffen standen, konnte Cuzco in diesem Moment des heillosen Chaos kaum siebenhundert Krieger in den Kampf werfen.

Cusi Yupanqui bat natürlich die Verbündeten seines Reiches um Beistand. Doch viele, sogar auch jene, die in nächster Nähe der Hauptstadt lebten und formell schon jahrelang Untertanen der Sonnensöhne waren, zogen es vor, abzuwarten. Aus den umliegenden Bergen verfolgten sie mit ihren Einheiten, wie der Kampf zwischen »David«, den Inka, und »Goliath«, den Chanca, ausgehen würde.

Die Chanca, von der Mumie ihres Ahnen Uscohuilca geführt, waren inzwischen vor den Toren der Stadt und setzten dann zum Sturm auf Cuzco an. Der Hauptangriff wurde anfangs gegen eine Vorstadt, das Randviertel Quilliscancha, geführt. Hier tobte der Kampf um jedes Haus. Doch die Bewohner Quilliscanchas leisteten, von ihrem Häuptling, dem Curaca Huaranca, geführt, der erdrückenden Übermacht der Angreifer heldenhaft und ausdauernd Widerstand. Namentlich Huarancas Frau, Chanan Koka, vollbrachte wahre Wunder des Heldenmuts; sie allein erschlug einige Dutzend Chanca-Krieger.

Zu weiteren Kämpfen kam es an den Hängen des Carmenca-Bergs am Rande der Stadt. In einem der dortigen Gefechte wurde auch der verdiente General Apo Mayta schwer verwundet. Am folgenden Tag bereiteten sich die Angreifer vor, von den Hängen des Carmenca hinabzustürmen und ins Zentrum von Cuzco vorzudringen. Doch ehe es dazu kam, entschied Cusi Yupanqui den Kampf um die Hauptstadt durch einen unverhofften Gegenangriff. Mit einer Handvoll seiner tapfersten Getreuen rückte er den Hang hinab und schlug sich zum heiligen Symbol der Chanca, der Mumie ihres Urvaters Uscohuilca durch, bemächtigte sich ihrer und entführte sie nach Cuzco.

Der Verlust der Mumie – des übernatürlichen Garanten des Sieges – raubte den Chanca den Kampfesmut. Sie zauderten und wankten. So kam es am Rande von Cuzco zu einem großen Gemetzel, das bald zu einem »Waterloo« der Chanca wurde. Der Ort, an dem Tausende, ja vielleicht sogar Zehntausende Krieger des streitbaren Aggressors in jenem entscheidenden Kampf fielen, wurde von den Inka später zu Recht in »Yahuarpampa«, »blutiges Feld«, umbenannt.

Die geschlagenen Chanca traten nun in heilloser Panik den Rückzug vom Yahuarpampa an und kamen erst bei ihrem Stützpunkt Ichupampa zum Stehen. Während des zehn Kilometer langen Rückzugs auf der Strecke zwischen Cuzco und Ichupampa verfolgten die Krieger Cusi Yupanquis die fliehenden Mannen Hastu Huarancas und Tomayu Huarancas und fügten den Chanca durch immer neue Schläge gewaltige Verluste zu.

Nun folgte, was in solchen Schicksalsstunden der Geschichte stets geschieht: Als die bislang zaudernden Verbündeten und Vasallen der Inka wie auch alle »Neutralen« sahen, welch eine furchtbare Niederlage Cusi Yupanqui den Angreifern bereitet hatte, änderten sie »ihre Meinung«, d.h. ihre ursprünglich abwartende Haltung, schlossen sich den Truppen des blutjungen Prinzen an und verstärkten so beträchtlich die Streitmacht der Inka. Cusi Yupanqui führte nun die vereinigten Heere zu einem neuen Angriff auf die in Ichupampa »verschanzten« Chanca, die ebenfalls rasch von allen Seiten Verstärkung hierher beordert hatten. Der Verteidiger war zum Angreifer geworden. Diesmal wogte der Kampf besonders lange, doch letzten Endes war dem jungen Inka-Feldherrn auch in dieser Schlacht das Glück hold. Allmählich neigte sich der Sieg den Sonnensöhnen zu. Tomay Huaranca, einer der Führer der Chanca, fiel, von einer

Steinaxt an der Schläfe getroffen, und am Abend jenes Tages kam auch der zweite Führer der Chanca, Hastu Huaranca, im Streit um.

Die Schlacht bei Ichupampa war gewiß das blutigste Gefecht, zu dem es im vorkolumbianischen Südamerika je gekommen ist. Es sollen darin dreißigtausend Krieger Tahuantinsuyus ihr Leben gelassen haben – diese Zahl ist womöglich übertrieben. Die Verluste auf seiten der Chanca waren erheblich höher. Das wichtigste Ergebnis dieses Sieges über die Chanca vor den Toren Cuzcos sowie ihrer völligen Vernichtung auf dem Feld von Ichupampa war aber etwas anderes: Diese Schlachten entschieden endgültig das Ringen um die Hegemonie über das ganze Gebiet der mittleren Anden. Ein viertel Jahrtausend, nachdem der erste Inka Manco Capac ihre Vorfahren nach Cuzco geführt hatte, waren die Sonnensöhne aus diesem Ringen eindeutig als Sieger hervorgegangen.

Dieser Sieg der Inka war also für die weitere Geschichte des alten Peru maßgeblich und ist allein einem jungen Mann zuzuschreiben, dem der eigene Vater die Thronfolge verweigert hatte – Prinz Cusi Yupanqui. Aus eigenem Antrieb und auf eigenes Risiko hatte er sein Land verteidigt, während die offiziellen Staatschefs feige aus Cuzco geflohen waren.

VIII.
DER WELTVERÄNDERER

Der junge Sohn des Inka Viracocha, Prinz Cusi Yupanqui, der Tahuantinsuyu zweifellos gerettet und vor der völligen Vernichtung bewahrt hatte, sollte nun seinen Triumph erleben. Zuerst demütigte er die besiegten Chanca, indem er aus ihren toten Leibern grausige Kriegstrophäen machte: Er ließ den gefallenen Führern des besiegten Volkes die Haut vom Leibe ziehen, stopfte die Häute mit Berggras aus und befahl, die so präparierten Toten in Cuzco auszustellen, wo die »gedörrten« Würdenträger der Chanca allen Besuchern des Reiches mit der unausgesprochenen, aber wohlverstandenen Warnung vorgeführt wurden: »So wird es jedem ergehen, der es wagen sollte, sich der Macht der Sonnensöhne in den Weg zu stellen.«

Den bitteren Kelch der Demütigung sollten bis zur Neige aber auch leeren: der Vater des Prinzen – der Inka, der ihm einst das Recht auf die Thronfolge verweigert hatte – und sein Halbbruder, der Bastard Urcon.

Die in Cuzco versammelten Edlen des Reiches, unter ihnen die beiden mit Kriegsruhm bedeckten Generäle Vicaquirao und Apo Mayta, der Hohepriester des Reiches, Prinz Tupac Huarochiri, und die übrigen in der Stadt anwesenden Söhne Viracochas wählten (!) den Retter des Reiches, Prinz Cusi, zum neuen Inka. Urcon – der offizielle Nachfolger auf dem Thron von Cuzco und Mitregent Viracochas – erkannte freilich diese in Tahuantinsuyu noch nie dagewesene, unerhörte Wahl seines Halbbruders zum Inka nicht an. Von Pisac zog er mit ihm ergebenen Streitkräften gegen die Reichshauptstadt, geriet aber unterwegs in einen Hinterhalt und wurde – er selbst war ein miserabler Soldat – im ersten Gefecht getötet.

Seinen ruhmreichen Vater demütigte der Sieger über die Chanca auf die gleiche erniedrigende Weise, wie er seine Feinde in den Staub getreten hatte. Er lud den noch herrschenden Inka zu seiner Krönung ein, und nachdem er im Sonnentempel die Herrscherinsignien aus den Händen des Hohepriesters entgegengenommen hatte, zwang er Viracocha, sich vor den Augen der versammelten Massen auf dem »Platz der Freude« in den Staub zu werfen und ihn um Vergebung zu bitten! Cusi Yupanqui reichte seinem Vater darauf ein stinkendes, unreines Gefäß, in dem man in den Haushalten von Cuzco die Exkremente zu sammeln pflegte. Er füllte es mit Chicha und befahl seinem Vater, diesen »Nachttopf« bis zur Neige zu leeren. Der einstige Herrscher des Reiches tat nun alles, was sein Sohn ihm befahl. Bis ins Innerste gedemütigt, wurde er schließlich begnadigt und durfte die letzten Jahre seines Lebens in Ruhe und Frieden in seinem ländlichen Palast verbringen.

Nach seinem Tod wurde auch Viracocha – wie alle übrigen verstorbenen Herrscher des Reiches – von den Inka verehrt, ja, angebetet, und er wurde auch nicht aus den Annalen der Weltgeschichte gestrichen, die die Historiker Tahuantinsuyus verfaßten.

Der Thron Viracochas gehörte nun – für lange Jahre – Cusi Yupanqui. Bei der Krönung wurde dem neunten Inka mit den königlichen Insignien auch ein neuer Name verliehen: Pachacuti (oder Pachacutec) Yupanqui, d.h. etwa: »Veränderer der Welt«. Und diese Bezeichnung war mehr als berechtigt, denn kein Inka vor ihm und auch keiner seiner Nachfolger hat in der Tat die »Welt« – das Land der Sonnensöhne und die Verhältnisse im Reich – in stärkerem Maße verändert als dieser außergewöhnliche Mann. Von allen vorkolumbianischen indianischen Persönlichkeiten Südamerikas, deren Leben und Taten wir kennen, war Pachacuti gewiß die bemerkenswerteste.

Der Weltveränderer griff in vielfacher Hinsicht entscheidend in die Geschichte seines Reiches ein. In erster Linie im militärischen Bereich, wo er die Expansion des Imperiums weiterführte. Nach der Niederlage der Chanca hatte Tahuantinsuyu in den mittleren Anden keinen ernsthaften Rivalen mehr. Weit und breit galt in den Bergregionen Perus nur noch das Wort des Inka. Alle hiesigen Stämme und Volksgruppen waren entweder ein Teil dieses Staates oder zumindest seine Vasallen geworden. Die Gefahr, die den Sonnensöhnen seitens der Chanca gedroht hatte, war völlig gebannt. Dagegen existierte weiter im Süden der verhältnismäßig mächtige Collo-Staat, das Reich der heutigen Aymara, zu dem aber Pachacutis Vater freundschaftliche Beziehungen unterhalten hatte. Vor einigen Jahrzehnten war ein lange Jahre währendes Ringen verschiedener Gruppen der Aymara um die Hegemonie in diesem Gebiet zu Ende gegangen. An der Spitze des nun vereinten Collo-Staates stand jetzt Chuchi Capac, der in der Stadt Hatuncolla residierte. Die Macht dieses Aymara-Reiches, dessen Kern das Gebiet um den Titicacasee war, reichte von der Westgrenze des heutigen Bolivien bis an die Ufer des Pazifik, von der Atacama-Wüste in Chile bis in die Gegend der peruanischen Stadt Puno.

Doch Pachacuti wünschte auch dieses große Land und seine Bewohner, die noch kürzlich die Verbündeten der Sonnensöhne waren, seinem Reich einzuverleiben. Darum entsandte er Botschafter nach Hatuncolla mit der Aufforderung, Chuchi Capac solle sich den Inka unterwerfen und auch sein großes Volk in die allumspannende Gemeinschaft Tahuantinsuyus eingliedern.

Chuchi Capac gab eine mutige Antwort: Er ließ Pachacuti durch dessen Botschafter ausrichten, falls der Inka seine aggressiven Absichten gegen die Collo nicht aufgäbe, werde er mit seinem Leben bezahlen müssen. Dann werde er, Chuchi Capac, sich aus dem Schädel des Inka einen Becher machen und daraus mit seinen Getreuen auf den Sieg trinken.

Der grobe Klotz der Inka war an den groben Keil der Collo geraten. Doch der Klotz der Sonnensöhne war härter. Ein großes Inka-Heer fiel wirklich in das Collo-Reich ein und eroberte nach schweren Schlachten und Gefechten – die blutigste

Schlacht fand bei der Stadt Pucara statt - die »Metropole« von Capacs Reich, die Stadt Hatuncolla.

Chuchi Capac und seine beiden Söhne fielen in die Hände Pachacutis, der den ganzen Feldzug gegen die Collo persönlich befehligt hatte. Doch der Inka hatte keine Eile, mit seinen Gefangenen nach Cuzco heimzukehren. Er zog nun nach Westen - zum Meer. Er war der erste Inka, der die blauen Wellen des Pazifik erblickte. Und wie jeder, der noch nie den weiten Ozean gesehen hatte, verfiel auch Pachacuti seinem romantischen Zauber. Von dieser Expedition zu den Gestaden des Stillen Ozeans brachte der Inka eine ungewöhnliche Trophäe in seine Berge heim, einen riesigen Wal.

So brachten die Sonnensöhne durch den Kriegszug gegen die Collo - und durch weitere Feldzüge unter der Regierung des neunten Inka - einen großen Teil der Südküste Perus unter ihre Herrschaft, etwa von der heutigen Grenze der Republik Peru bis zu ihrer heutigen Landeshauptstadt Lima. In dieser Küstenregion hatten in Vor-Inka-Zeiten, d.h. im Laufe mehrerer Jahrhunderte, verschiedene bedeutende Kulturen geblüht, z.B. die der Paraca oder Nazca. Ihre Städte und ihre Flußtäler fielen jetzt in die Hände der Inka. Durch die Eroberung des südlichen Küstengebiets von Peru geriet auch der bedeutendste Wallfahrtsort der »Costa« - später unter dem Namen Pachacamac berühmt - in den Machtbereich Pachacutis, eine Art Delphi des alten Amerika mit seinem berühmten großen Orakel.

Während seiner historischen Expedition in die westlichen und südlichen Gebiete Perus besuchte der neunte Inka - der sich für die Geschichte und die Sagen seines Volkes stark interessierte - auch die Ruinen von Tiahuanaco, das in den Mythen der Andenindianer eine so überaus wichtige Rolle spielt. Er eroberte und besetzte später auch die große peruanische Stadt Arequipa und unterwarf zudem noch einige weitere Städte, Stämme und kleinere Königreiche. Erst dann kehrte Pachacuti mit dem im Pazifik erbeuteten Wal, den gefangenen Herrschern des Collo-Reiches und weiteren Herrschern, die sich der Macht der Inka gebeugt hatten, nach Cuzco zurück, wo ihm die Bevölkerung einen festlichen Empfang bereitete.

Pachacuti, ein mit ganz außergewöhnlicher Phantasie begabter Mann, war auch der »Autor« diverser imperialer Feste,

Feiern und Staatsakte; er entwarf auch das »Ritual« für den triumphalen Empfang, der den siegreich heimkehrenden Herrschern Tahuantinsuyus zu bereiten war. Chronisten, die hundert Jahre später die Geschichte des vorkolumbianischen Peru aufzeichneten, erhielten von den dortigen Indianern, deren Väter sich noch daran erinnert und es ihnen überliefert hatten, lebensechte Schilderungen des großartigen Empfangs für ihren geliebten Pachacuti.

An jenem Tage war die ganze Stadt festlich mit duftenden Blumen und herrlichen Teppichen geschmückt, die von den Wänden der Häuser und Paläste wehten. Seltene Vögel, aus den Urwäldern am Amazonas hierher gebracht, flatterten, an lange Leinen gebunden, durch die Lüfte. Die Leute hatten ihre schönsten Gewänder angelegt.

Endlich meldeten die Beobachter von den Bergeshöhen über Cuzco, der Sieger und sein Heer nähere sich seiner Vaterstadt.

Vor dem prächtigen Zug des Inka schritten Pfeifer einher, die die indianische Flöte bliesen, hinter ihnen marschierten einige hundert Trommler und mit ihnen ein Musikzug von »Hornisten«, die auf Meeresmuscheln bliesen. Dann folgte ein Sängerchor, der in indianischen Hymnen - »Hailli« - die hervorragenden militärischen Ruhmestaten des Inka erklingen ließ. Viele dieser Oden auf Pachacuti hatte der Inka übrigens selbst gedichtet.

Hinter den Musikanten und Sängern marschierten die ersten Einheiten des Inka-Heeres, danach kamen, ihrer Kleider beraubt und nackt, die Kriegsgefangenen. In deren Reihen »marschierten« sogar ihre toten Offiziere mit! Pachacuti hatte nämlich aus den Leibern der gefallenen Aymara-Generäle sog. »Menschen-Trommeln« machen lassen. Die nackten Leichname der Offiziere waren »ausgeweidet«, einbalsamiert und mit dem Berggras Ichu ausgestopft worden. Die Arme der Toten waren sodann so »eingestellt«, daß sie bei jedem Schritt gegen den Bauch des Toten schlugen und dadurch einen eigenartigen dumpfen Ton hervorbrachten.

Der oberste Führer der Collo, Chuchi Capac, wurde von dem Sieger vorläufig verschont und, ebenfalls entkleidet und überdies gefesselt, von seinen einstigen Untertanen in einer Sänfte in dem Zug mitgeführt. Dann folgten wieder Heereseinheiten der Inka. Und schließlich, in prächtigen, juwelengeschmückten Gewändern, der Adel von Tahuantinsuyu - die Großohren, der Hohepriester, die einzelnen »Bischöfe«, Provinzgouverneure, die Generalität.

Neben denen, die ihre Vornehmheit, ihr Adel, schmückte, schritten jene, deren Zierde ihre Anmut, ihre holde Weiblichkeit war: die Sonnenjungfrauen, etwa dreitausend Mädchen. Sie durften keinem auf dieser Welt gehören, außer dem einen und einzigen, dem auch der heutige großartige Triumph geweiht war. Jenem, der sich nun seinem Volke zeigte, der nicht ging, sondern über den Köpfen der jubelnden Menge dahinschwebte - halb liegend auf einem goldenen Stuhl in einer prächtigen Sänfte, die mit Edelsteinen verziert war.

So, dem göttlichen Cäsar des alten Rom gleichend, kehrte der eingeborene Sonnensohn in die Stadt seiner Väter heim, wo ihm die Menge zujubelte.

Denn durch diesen Feldzug - und später noch durch weitere Expeditionen, die meist der Sohn des Königs, Tupac Yupanqui, befehligte - hatte Pachacuti ganz Peru in das Reich der Sonnensöhne »heimgeholt«: zu seinem Ruhm und zum Nutzen und Frommen seines Volkes, der stolzen Sonnensöhne. Allen anderen Menschen Südamerikas aber, die er unterwarf, zum Leid und zur Trauer. Doch er war ein Mann der Tat. Und die Geschichte verzeichnet bekanntlich mehr als die Ideen und Ideale gerade die großen Taten ihrer Akteure.

IX.
DER WEG NACH NORDEN

Nachdem die Menschen Cuzcos dem größten König, ja, »Kaiser« Tahuantinsuyus auf den Straßen und Plätzen ihrer Stadt einen so glorreichen Empfang bereitet hatten, zog er sich für einige Zeit in die Einsamkeit zurück, und zwar in das zu dieser Stunde nur ihm allein vorbehaltene Hauptheiligtum des Staates – die Coricancha. Hier neigte er das Haupt vor seinem nationalen Gott, hier betete er lange zu ihm und meditierte über sich und die Welt.

In »furchtbarem« Kontrast zu der Demut, mit der Pachacuti vor den göttlichen Inti trat, stand die Strafe, die der Herrscher dem gefangenen Herrscher der Aymara, Chuchi Capac, zugedacht hatte, der sich den Inka nicht hatte unterwerfen wollen. Nach Abschluß der »kaiserlichen Exerzitien« wurde der Führer der Collo im heiligen Sonnentempel Tahuantinsuyus feierlich enthauptet, seine zwei Söhne wurden nur zu lebenslanger Zwangsarbeit in einem Steinbruch verurteilt. Andere führende und nun gefangene Aymara ließ der Inka in dem Zoo von Cuzco bei lebendigem Leibe den Raubtieren vorwerfen.

Der durch die geschilderten Festlichkeiten beendete Feldzug

gegen die Aymara erweiterte das Staatsgebiet der Sonnensöhne um mehr als das Doppelte. Nach dem Krieg gegen die Chanca war auch dieser Feldzug gegen die Collo, ebenso wie die darauffolgende allmähliche Eroberung der kleinen Küstenreiche im Süden des Landes, ein weiterer glänzender Erfolg des als Heerführer so begabten und auch sonst äußerst vielseitigen Pachacuti.

Der neunte Inka, der von der Vereinigung seines Imperiums und der Schaffung eines wirklich einheitlichen Staates und Volkes träumte - das nun so stark vergrößerte Tahuantinsuyu war ja wieder in bedeutendem Maße nur ein Konglomerat verschiedenster Stämme und ethnischer Gruppen von recht unterschiedlichem kulturellem Niveau und häufig auch unterschiedlicher Religion -, wünschte sich nun der Verwirklichung dieser Aufgabe zu widmen. Er wollte, wie die Herrscher vieler solcher Riesenreiche, »ex pluribus unum«, aus vielen Stämmen ein Volk, aus vielen Kleinstaaten ein einziges homogenes Großreich schaffen. Darum vertraute er den Oberbefehl über seine Armee, von der starke Kontingente als Kontrollinstanz im Collo-Land geblieben waren, seinem erstgeborenen Sohn, dem von ihm geliebten Prinzen Amaru, an. (Möglicherweise hat Pachacuti Amaru vorübergehend auch zu seinem Mitregenten ernannt.)

Pachacutis ältester Sohn, fein und gebildet, ritterlich und romantisch, bedeckte sich freilich nicht mit Kriegsruhm. Ihm fehlte die Entschlossenheit und Grausamkeit der anderen Inka-Heerführer. Als Amaru nun im Auftrag seines Vaters die Heere im unlängst eroberten Collo-Land befehligte, schaffte er es nicht einmal, gegen kleinere Gruppen von Aufständischen - eine Art Aymara-Partisanen - in den verschiedenen Teilen Collasuyus militärisch erfolgreich einzugreifen. Auch die ganze Südostgrenze des Landes, diejenige gegen die unruhigen Stämme Argentiniens und des (Gran) Chaco, geriet infolge der schwächlichen Führung der Inka-Truppen durch Amaru ins Wanken.

Der Prinz verlor aufgrund seiner Unfähigkeit, hart durchzugreifen und entschlossen zu kämpfen, nicht nur die Sympathie der meisten einflußreichen Angehörigen der Königsfamilie, sondern vor allem auch die der obersten Militärbefehlshaber im Reich. Einen richtigen Skandal entfesselte aber der ritterliche

Sohn und Nachfolger des Inka durch eine unerhörte »Liebesaffäre«. In unseren Tagen käme es dazu, wenn ein vornehmer Freier um die Gunst eines Mädchens wirbt und sich dann ihr gegenüber grob und unhöflich benähme. In Tahuantinsuyu war es gerade umgekehrt: Die Inka und weitere Angehörige des Königs Ayllu sahen es als ihr Recht, ja, vielleicht sogar als ihre Pflicht an, eine Frau nach ihrer Wahl heimzuführen, ohne diese überhaupt zu fragen, d.h., keine Rücksicht zu nehmen, was die »Zukünftige« empfand, was sie sich wünschte, wonach sie sich sehnte.

Diese derart übergeordnete Stellung des Mannes in einer Liebesbeziehung war im Peru der Inka eine Selbstverständlichkeit. Nun aber hatte sich ein Mitglied des Königshauses, noch dazu der künftige Herrscher Tahuantinsuyus, bis über die Ohren in die schöne, junge Cusi Chimbo verliebt. Er träumte von ihr, versuchte sie mit der Stimme des Herzens und nicht durch Befehl und Gewalt zu gewinnen. Doch dieses Mädchen wagte es sogar, dem Kronprinzen, dem Erben des Throns, einen Korb zu geben!

Diese unwürdige Liebesaffäre Amarus mit Cusi Chimbo galt den führenden Militärs als Beweis, daß der Thronfolger ein unmöglicher Schwächling war. Obschon – angeblich durch den Zauber eines Wunderkrauts, dessen Berührung die Frauen in Liebe entbrennen läßt – Cusi Chimbo Amarus Liebe schließlich doch noch erwiderte und sich sogar bereit erklärte (!), die Frau des Prinzen zu werden, machte dies den gesellschaftlichen Skandal in den Augen der obersten Würdenträger des Reiches nicht kleiner und das Verhalten des Prinzen nicht weniger verächtlich.

Der Hof, d.h. die »öffentliche« Meinung jener, die in Tahuantinsuyu das Recht hatten, eine solche zu äußern, war gegen den ritterlichen, liebevollen Prinzen aufgebracht. Und so war Pachacuti, obwohl er Amaru mehr liebte als irgendeines seiner übrigen hundertfünfzig Kinder – der neunte Inka hatte angeblich an die hundert Söhne und über fünfzig Töchter – gezwungen, seinen Erstgeborenen von dem Recht der Thronfolge auszuschließen und einen anderen legitimen Sohn, Tupac Yupanqui, zu seinem neuen Nachfolger zu ernennen. Prinz Amaru – auch in dieser Stunde ein edler Ritter – nahm seine Demütigung mit Würde hin. Keineswegs verbittert diente er dann seinem alternden Vater und später seinem jüngeren Bruder Tupac Yupanqui, dem Inka, treu und ergeben.

Tupac Yupanqui, der künftige zehnte Inka von Tahuantinsuyu, war aus ganz anderem Holz geschnitzt als Amaru, er war ein Inka, wie er im Buche steht. Sehr bald bewies er auch, daß er, wirklich ein tüchtiger Erbe seines Vaters, dessen Werk erfolgreich fortführen werde. Gelegenheit dazu bot ihm die Teilnahme an einem großen Feldzug im Norden Perus, der später als einer der denkwürdigsten Kriegszüge der Inka in die Geschichte einging. Auf diesem Heerzug war Tupac Yupanqui anfangs nur einer der Kommandeure. Den Oberbefehl über seine Nordarmee hatte Pachacuti einem seiner Brüder, der bereits viel größere taktische und strategische Erfahrungen besaß, dem General Capac Yupanqui, übertragen.

Ursprünglich ging es bei dieser Aktion, die später in so entscheidender Weise die Verhältnisse im Norden Perus verändern sollte, nur um die Eroberung eines Gebiets, über das – wie Wespen ausschwärmend – das Küstenvolk der Chincha von Zeit zu Zeit von Westen her die Grenzen Tahuantinsuyus angriff. In diesem Grenzraum zwischen dem Chincha-Staat und dem Inka-Reich siedelten die Rukano – die »Fingerindianer« –, die sich den Sonnensöhnen bald freiwillig unterwarfen.

Als Befehlshaber dieser Expedition, auf der der künftige zehnte Inka Tupac Yupanqui sich die ersten Meriten erwarb, führte der erwähnte General Capac Yupanqui seine Truppen aus dem Rukano-Land nach Norden.

In dieser von Prinz Anco Ayllu kommandierten Inka-Armee dienten seltsamerweise viele jener berühmt-berüchtigten Chanca-Krieger, die noch vor kurzem die erbittertsten und unversöhnlichsten Feinde der Sonnensöhne gewesen waren. Und gerade jene Chanca-Krieger – welch eine Ironie des Schicksals – hatten bisher in allen entscheidenden Schlachten dieses Feldzugs nach Norden den Kampf zugunsten der Inka entschieden. Ebenso hatten diese Krieger die Festung bei Parcos erobert, die dem Heer Capac Yupanquis den Weg versperrte. In einer weiteren Schlacht kämpften die Chanca dem Inka-Heer den Weg in das fruchtbare Jauja-Tal frei und triumphierten auch in den Kämpfen bei Tarma und Pumpu im Heer Capac Yupanquis.

So sehr sich Pachacuti über die Erfolge seiner Nordarmee freute – täglich überbrachten Kuriere Meldungen nach Cuzco –, ärgerte es ihn doch, daß diese Siege gerade den Chanca zugeschrieben wurden, mit denen er selbst zu Beginn seiner Laufbahn auf Leben und Tod gekämpft hatte. Deshalb beschloß er, die Chanca – obwohl sie ihm nun so gut und so ungewöhnlich treu dienten –, ein für allemal zu beseitigen.

Dem Kommandeur seiner Nordarmee – seinem Bruder Capac Yupanqui – sandte Pachacuti die Order, die arglosen, nichtsahnenden Chanca, am besten im Schlaf, bis auf den letzten Mann niederzumachen. Zugleich mit dem Oberbefehlshaber des Nordheeres erfuhr aber auch dessen Geliebte, ein Chanca-Mädchen, von diesem Mordbefehl. Als Schwester des Oberkommandierenden der den Inka nun unbequem gewordenen Verbündeten, des Chanca-Prinzen Anco Ayllu, fühlte sie sich ihrem Bruder mehr verbunden als dem edlen Inka-Offizier und informierte ihn sogleich von dem geplanten Verrat. Verständlicherweise wollten die Chanca dieses Schicksal nicht erleiden und nahmen also in der Nähe von Huanaca die erste Gelegenheit wahr, um sich in der Nacht heimlich und völlig unbemerkt von der Truppe zu entfernen. Daraufhin griffen sie das wohl schönste Land in den Anden – das bekannte Callejón der Huayla –, die »peruanische Schweiz«, an. Nicht nur Frauen, die ihnen fehlten, sondern auch gewaltige Vorräte wurden ihre Beute. In jeder Hinsicht also gut gerüstet, marschierten sie nach Osten, überschritten – sogar zweimal – die höchsten Kämme der Anden und gelangten in die Tropenlandschaft am Rio Maranon. An diesem großen Strom, in der peruanischen Montana, ließen sie sich dann auf Dauer nieder. Ungestört und von keinem besiegt, lebten sie hier, bis die Weißen nach Peru kamen.

Die Chanca blieben eines der ganz wenigen Völker dieses südamerikanischen Landes, das die Sonnensöhne während der ganzen Ära ihrer Herrschaft nicht endgültig niederzuwerfen und zu überwinden vermochten.

Da General Capac Yupanqui den Befehl Pachacutis, die Chanca zu vernichten, nicht ausführen konnte und ihn folglich die Todesstrafe erwartete, suchte er seiner gescheiterten Verfolgungsjagd dennoch eine positive Seite abzugewinnen. Nachdem er einen altperuanischen Fluß überschritten hatte, die äußerste

Grenze, bis zu der - laut Pachacutis Befehlen - sein Heer vorrücken durfte, gelangte er in das Königreich Cajamarca, das mit dem Küstenreich Chimu (oder Chimor) verbündet war.

Der kleine Bergstaat Cajamarca und seine gleichnamige Hauptstadt nahmen in Nordperu eine strategische Schlüsselstellung ein. Wer Cajamarca beherrschte, der herrschte über den ganzen Nordteil des Landes, dem stand auch der Weg zur Nordküste offen, und das bedeutete: zu den Goldschätzen des mächtigsten Reiches der Costa, des Königreichs Chimu.

Capac Yupanqui wollte seinen Mißerfolg bei der Verfolgung der Chanca wieder wettmachen, griff daher Cajamarca an und eroberte auch wirklich den Staat und die Stadt. Hier machte er auch gewaltige Beute. Vor allem aber würde dieser glorreiche Sieg - so glaubte Capac Yupanqui - ihn von der Schuld dem Inka gegenüber reinwaschen. Also kehrte er mit einem Teil seiner Truppen unbesorgt nach Cuzco zurück, während eine starke Garnison in Cajamarca zurückblieb.

Pachacuti war zwar über die Eroberung von Cajamarca hoch erfreut, weniger jedoch darüber, daß sein General (und zugleich Blutsbruder) diesen Erfolg aufgrund seiner eigenen Entscheidung errungen und eigenmächtig jenen Fluß überschritten hatte, den ihm der Inka als äußerste Grenze des Feldzugs vorgeschrieben hatte. All das war in den Augen des Herrschers ein unverzeihlicher Frevel und darum war der ruhmreiche Sieger von Cajamarca - General Capac Yupanqui -, noch ehe er Cuzco erreichte, zum Tode verurteilt! Capac Yupanqui sowie sein erster Stellvertreter, General Huayna Yupanqui, wurden in Limatamba (dem »Ort der Weissagungen«) hingerichtet. Das siegreiche Heer ohne den eigentlichen Sieger führte dann der einzige, der von dem Dreigestirn seiner Oberbefehlshaber übriggeblieben war - Prinz Apu Yanqui -, in die Hauptstadt Cuzco zurück.

Apu Yanqui und General Tillca Yupanqui standen später bei weiteren Feldzügen an der Spitze der Nordarmee. Zum obersten Befehlshaber - zum »Generalissimus« - ernannte Pachacuti nun seinen designierten Nachfolger Tupac Yupanqui. Pachacuti liebte zwar seinen als Thronfolger verstoßenen Sohn Amaru, doch in Tupac Yupanqui, der während des Feldzugs nach Norden das Kommando geführt, große militärische Erfahrungen gesammelt und wirklich ein großes Feldherrentalent bewiesen hatte, sah der Weltveränderer - zu Recht - seinen besten Schüler. Da jener die Absichten und Ideale des neunten Inka am besten verstand, weihte Pachacuti ihn in seine Vorstellungen von der Errichtung der Weltherrschaft und der Ordnung der (menschlichen) Gesellschaft ein. Tupac Yupanqui erfüllte die in ihn gesetzten Hoffnungen vollauf, so daß hier gilt: Der Apfel fällt nicht weit vom Stamm.

X.
ZEIT DER REFORMEN

Der künftige zehnte Inka – Tupac Yupanqui – sollte auf Befehl seines Vaters die Grenzen des Reiches durch Eroberungszüge weiter ausdehnen, eines Reiches, über dem – wie über dem Habsburgerreich in Europa – die Sonne nicht untergehen sollte. Pachacuti sollte sich bald davon überzeugen, daß er in seinem künftigen Nachfolger wirklich einen tüchtigen und ihm ergebenen Vollstrecker seiner Vorstellungen von der Notwendigkeit einer ständigen Expansion, eines ständigen territorialen Wachstums des Staates der Sonnensöhne gefunden hatte.

Pachacuti konnte sich also künftig ganz jener Mission widmen, die er einst auch durch seinen Namen angedeutet hatte und die er – ein Mann der Tat mit vielen Talenten – auch verwirklichen wollte: Seine ganze unglaubliche Energie galt der geplanten Veränderung der Welt, d.h. des inneren Aufbaus in seinem Inka-Reich, dem Aufbau seiner Gesellschaft, der genauen Regelung von Rechten, Pflichten und Aufgaben seiner Klassen und Kasten.

Außerdem kümmerte er sich um die Inka-Religion, die – entsprechend seinen Vorstellungen – dieser Gesellschaft, ja, diesem Staat jene sprichwörtliche innere Energie, jene Kraft, verlieh, die ihn unüberwindlich machte. Pachacutis Reformen sollten nicht nur alle erfassen, die auf dieser Erde wandelten, sondern auch jene, die im Himmel thronten - also die Götter. Ferner sollte auch die Hauptstadt des Reiches umgestaltet, also reformiert werden, um als überzeugendster Ausdruck ein Abbild der Größe des Reiches zu bieten: Sie sollte ein wahres Rom oder Jerusalem des alten Amerika werden. Seit den Tagen Pachacutis galt die schon erwähnte Gleichung, wonach »Cuzco das Reich und das Reich Cuzco« sei, in noch stärkerem Maße als je zuvor.

Im Gegensatz zu den peruanischen Indianern, die stets nur die Kriegstaten der Vorgänger Pachacutis auf dem Thron von Cuzco - und zuweilen noch ihre »Familienhistörchen« - im Gedächtnis behielten, erinnerten sich noch seine Nachfahren auch der Ziele und Taten des vielseitig begabten Weltveränderers. Sie vergaßen weder seine philosophischen Ansichten und weisen Aussprüche - die überliefert sind -, noch sein Wirken als Gesetzgeber, seine architektonischen und urbanistischen Zielsetzungen sowie seine Verse, die er mitunter auch selbst vortrug. Und diese Aufzählung könnte man noch auf eine ganze Reihe von Interessengebieten des Inka ausdehnen.

(Das Jahr 1438, in dem Pachacuti den Thron bestieg, ist übrigens das erste und älteste, von allen Quellen übereinstimmend als glaubhaft feststehend angeführte Datum der vorkolumbianischen Geschichte Südamerikas. Das allein schon zeugt von der herausragenden Rolle, die dieser neunte Inka in der Geschichte des südamerikanischen Kontinents und seines Landes spielte.)

Von den unzähligen Ruhmestaten Pachacutis ragt die Veränderung Cuzcos, der Umbau der Hauptstadt, am deutlichsten und »greifbarsten« bis in unsere Tage heraus. Denn diesen Spuren des Cuzco Pachacutis begegnet auch der heutige Besucher auf Schritt und Tritt.

Pachacuti war im wahrsten Sinne des Wortes genial, ein Genius der Herrenklasse. Und diese durch seine Klassen- oder Kastenzugehörigkeit geprägte Weltanschauung, die Art, wie er die Gesellschaft betrachtete und sich um deren »richtige« Ordnung bemühte, spiegelt sich auch in Pachacutis Umgestaltung von Cuzco wider. So ließ er erst einmal das ganze historische Zentrum der Stadt im weiten Umkreis um die Coricancha, wo seit Manco Capacs Zeiten Angehörige des Inka-Volkes siedelten, abreißen und verbot, daß hinfort irgend jemand in diesem zentralen Teil Cuzcos wohne, der nicht zu den »oberen Tausend«, zur obersten Schicht der Inka-Gesellschaft gehörte.

Rings um die Coricancha schuf der neunte Inka nach und nach wirklich den Nabel der Welt - d.h. der ganzen (den Inka damals bekannten) Welt. Denn Pachacuti träumte von nichts Geringerem als davon, alle damals (den Inka) bekannten Völker unter der - wie er glaubte - weitblickenden, weisen und darum zu Recht bestehenden Herrschaft der Sonnensöhne zu vereinen.

Das Herzstück der Stadt bildete daher ein Stück Land, das der Inka auf recht mühsame Weise gewonnen hatte, durch die Kanalisierung der beiden durch Cuzco strömenden Flüsse und die Trockenlegung der Sumpfgebiete an ihren Ufern. Das Flußbett des Huatanay ließ Pachacuti ganz mit Steinblöcken zudekken, und das so gewonnene Areal verwandelte er dann in den großen, zweiteiligen zentralen Marktplatz Cuzcos. Den Trennungsstrich zwischen seinen beiden Hälften bildete der nun unter den Platz verbannte, »zugemauerte« Flußlauf. Die erste Hälfte des Platzes sollte, so hatte Pachacuti entschieden, der Veranstaltung großer Volksfeste dienen. Der andere Teil, »Cusipata« genannt, eine Art Marsfeld, war Militärparaden und Triumphzügen der siegreich heimkehrenden Heere der Sonnensöhne vorbehalten.

Pachacutis »Zwillings«-Platz neben der Coricancha war das wahre Herz der Inka-Welt. Von ihm gingen die vier wichtigsten Heerstraßen aus, die in die vier »Weltgegenden« führten, die zusammen Tahuantinsuyu bildeten. Das Herz des Reiches, der symbolische Meilenstein »O«, war auf dem Zentralplatz durch den sog. »Capac usno« markiert, einen besonders sorgfältig bearbeiteten Steinwürfel, auf dem der Herrscher bei religiösen Festen saß. Durch diesen Capac usno war der Inka auch symbolisch mit Inti und mit den Göttern überhaupt verbunden.

Auch zu Zeiten Pachacutis blieb die vom König gründlich rekonstruierte Coricancha der zentrale Ort für religiöse Zeremonien. Stärker als früher war der Sonnentempel nun aber nur ihm, dem Inka, und seinen nächsten Angehörigen vorbehalten. Für das Volk ließ Pachacuti ein Bild des Sonnengotts in Gestalt eines anmutigen Jünglings gießen, dessen kindlicher Körper mit Goldblech bedeckt war. Dieser Gott in Menschengestalt wurde vor der Coricancha aufgestellt, und hier vom Volk auch wirklich verehrt.

Rings um die Coricancha und den zweiteiligen Platz ließ Pachacuti nach und nach seine neue »eigene«, von Grund auf veränderte Stadt erbauen. Er erweiterte die ursprünglichen vier Stadtteile, noch durch den ersten Inka, Manco Capac, gegründet, durch zehn neue, abgegrenzte Stadtviertel. Jedes davon vertraute er dem Schutz der Panaca (der Mumie) eines der Inka an. Die »Quartiere«, die den Panacas der jüngeren Herrscher zugeordnet waren, lagen im zentralen Teil Cuzcos.

Sich selbst behielt Pachacuti den Stadtteil Condorcancha (»Kondor-Hof«) vor. Hier erbaute er einen langgestreckten Palast, die Casana oder Coracora. Dahinter ließ der neunte Inka das neue »Yachahuasi«-Gebäude, die Adelsuniversität, als zentrale Bildungsstätte für die Elite des Reiches errichten. Unweit davon – in der Nachbarschaft eines Palastes, der später dem Inka Huan Capac gehörte –, rekonstruierte Pachacuti das Acclahuasi, das Kloster der »Sonnenjungfrauen«, und erweiterte es beträchtlich.

Der Inka errichtete in Cuzco freilich auch noch andere Bauwerke oder baute solche um, z. B. die berüchtigte Sankahuasi, eine ursprünglich von Mayta Capac eingerichtete Folterkammer. Dort wurden jene verhört, die die Staatssicherheit bedrohten, vor allem diejenigen aus den Reihen der eigentlichen Elite des Reiches – wie Curaca (niedere Adlige) u. dgl. Diese Unglücklichen, die in die Fänge des Staatssicherheitsdienstes der Inka gerieten und im Sankahuasi verhört wurden, mußten meist, falls sie nicht hingerichtet wurden, den Rest ihres Lebens in einem anderen Bau verbringen, der Pachacuti keineswegs zum Ruhm gereicht: in der Bimbilla, einem Kerker. Häftlinge aus dem Sankahuasi, die keine Gnade fanden, hauchten sodann auf der staatlichen Hinrichtungsstätte ihr Leben aus, die Pachacuti in Arahua, am Rande Cuzcos, einrichten ließ.

Unter der Herrschaft Pachacutis wurden die Verbrecher in Arahua gehenkt. Im Unterschied zu der in Europa üblichen Art der Hinrichtung am Galgen wurden die »Staatsfeinde« aber mit dem rechten Fuß angebunden und mit dem Kopf nach unten aufgehängt. Der Tod trat dadurch nicht so schnell, aber schmerzlicher ein als bei Verbrechern, die auf den Richtstätten der Alten Welt vom Leben zum Tode gebracht wurden.

Der ganze Umbau Cuzcos - von der Rekonstruktion des Nationalheiligtums, des Sonnentempels, über die Regulierung der Flüsse und den Bau des riesigen, zweiteiligen Zentralplatzes bis zur neuen Aufteilung Cuzcos in zehn Stadtquartiere und bis zum Bau der Folterkammer, des Kerkers und der Richtstätte -, all das war von Pachacuti selbst ersonnen worden. Die Sage erzählt, er habe sich sogar ein Tonmodell der Stadt gemacht, wie sie - nach seinen urbanistischen Vorstellungen - aussehen sollte. Ähnlich wie König Karl IV. im 14. Jahrhundert Prag, die Hauptstadt seines Königreichs Böhmen, vom Scheitel bis zur Sohle umbaute, so veränderte der Inka Pachacuti etwa ein Jahrhundert später seine Metropole Cuzco. Da er stets ein Mann der Tat war, arbeitete er seine städtebaulichen Pläne nicht nur aus, sondern sorgte auch für Verwirklichung.

Aufgrund der Mita, der Arbeitspflicht der Bürger, beorderte der neunte Inka nach und nach über fünfzigtausend Werkleute der verschiedensten Berufe zum Umbau nach Cuzco. Unter ihren Händen sproß Pachacutis brandneues Cuzco wie ein Pilz aus dem Boden. Zur selben Zeit ließ Pachacuti den Schutzschild der Stadt, die gewaltige Feste Sacsayhuaman, bauen.

Sacsayhuaman, die größte indianische Zitadelle der beiden Amerika, ist ein weiteres Zeugnis der trefflichen Fähigkeiten Pachacutis als Planer und Organisator und zugleich der Beweis für sein immenses Selbstvertrauen. Solange dieses Werk nur in den Vorstellungen des neunten Inka existierte, erschien es jedem realistisch denkenden Würdenträger Tahuantinsuyus als irrealer Traum eines von Größenwahn Besessenen. Doch Pachacuti vertraute auf seine Kraft - und glaubte an die historische, geradezu mystisch-mythische Sendung seines Volkes. Darum wagte er auch diese kühnste Tat, fest überzeugt, jedes seiner Vorhaben werde von Erfolg gekrönt sein. Die Feste Sacsayhuaman ragt noch heute über Cuzco zum Himmel. Für die Menschen des 20. Jahrhunderts gibt sie Zeugnis von jenen unglaublichen Wandlungen, die der Weltveränderer - damals der große Reformer in seinem südamerikanischen Reich - nicht nur verwirklichen wollte, sondern auch konnte.

XI.
DER HERRSCHER PACHACUTI

Das großartige Sacsayhuaman, die Krone Cuzcos, war das größte Festungsbauwerk des neunten Inka. Viele seiner Bauten kamen aufgrund seines Interesses an der Entfaltung der Wissenschaft, der ganzen geistigen Kultur seines Volkes, zustande: z. B. das schon erwähnte Gebäude der Adelsuniversität und zugleich eine Art Akademie der Wissenschaften – das Yachahuasi – ebenso wie auch eine Art Sonnenobservatorium, Intihuatana genannt (wörtlich: »der Ort, wo die Sonne gefesselt ist«). Und im Westen und Osten Cuzcos wurden unter seiner Herrschaft mehrere unterschiedlich hohe, Sucana genannte Steinpfeiler errichtet; von dem Zentralplatz Cuzcos, der Huyacaypata, wurde dann über die Sucana-Pylone der Sonnenaufgang observiert.

Pachacutis Interesse galt nicht nur der Astronomie, sondern auch dem auf astronomischen Beobachtungen fußenden Kalender. Eine seiner unzähligen Reformen betraf daher auch die Neugestaltung des Inka-Kalenders – davon wird später noch die Rede sein –, denn seine Bestrebungen zielten darauf, diesen Kalender zu vereinheitlichen, d. h., Sonnen- und Mondjahr in Einklang zu bringen. Daher ordnete Pachacuti an, den Anfang des Inka-Jahres von unserem Januar auf unseren Dezember zu verschieben. Zugleich bestimmte er, welche Feste in jedem der zwölf Monate des Jahres gefeiert werden sollten. Die Geschichtswissenschaft war offensichtlich des Königs liebstes »Hobby«. Im Verständnis der Inka-Historiker bestand die Weltgeschichte nur aus der Geschichte der Sonnensöhne.

Was vor ihnen gewesen war, was sich außerhalb der Grenzen Tahuantinsuyus je ereignet hatte, interessierte sie eigentlich nicht. Die Tatsachen, die wahren Ereignisse der Vergangenheit waren in der Historiographie der Inka überdies mit Mythen, Sagen und Legenden der Sonnensöhne verwoben.

Sein großes Interesse für die Vergangenheit seines Volkes ließ Pachacuti auch eine Art Pilgerfahrt auf den Spuren der alten Inka antreten. Er wünschte vor allem, jene Orte zu besuchen, von denen die Sonnensöhne zum Nabel der Welt gekommen sein sollten. Das Gebiet um den heiligen Titicacasee hatte Pachacuti schon während seines ruhmreichen Feldzugs ins Collo-Land kennengelernt. Darum pilgerte er nun nach Pacaritambo; von dort war Manco Capac mit seinen drei Brüdern, den Ayaren – so die Sage –, einst nach Cuzco aufgebrochen. Bei seiner Wanderung nach Pacaritambo besichtigte der Herrscher auch die dortige Ayaren-Höhle, deren Eingang er zum ewigen Gedenken mit einem goldenen Rahmen einfassen ließ.

Nach seiner Rückkehr von Pacaritambo, dem »Ort der Morgenröte«, berief der Inka, noch unter dem Eindruck der unglaublichen Geschichte des Geschlechts der Sonnensöhne – so wie sie der Legende nach ihren Anfang genommen hatte –, eine Art Historikerkongreß nach Cuzco ein und gab den dort versammelten Weisen den Auftrag, eine echte Weltgeschichte zu schreiben. Diese »Historia mundi« – gewiß in erster Linie wiederum als Geschichte der eigentlichen Inka verstanden und konzipiert – wurde dann auf großen Leinwänden aufgezeichnet und an den Wänden eines quasihistorischen Archivs – Puquincancha genannt – aufgehängt, das nahe Cuzco auf dem Berg Puquin errichtet worden war.

Die Puquincancha – eine Art historische Bilder-Bibliothek oder Pinakothek – wurde durch besondere, vom Inka berufene »Bibliothekare« betreut. Leider ist diese auf Leinwand gemalte Weltgeschichte Pachacutis (auch die Geschichte seines Volkes) während der Zeit der Eroberung Perus durch die Spanier spurlos verschwunden. Dieses Werk hätte uns gewiß Aufschluß gegeben, wie der Inka und seine Historiker sich die Vergangenheit der Welt damals vorstellten, retuschierten, aber auch im wahrsten Sinne des Wortes »klitterten«. Bei den Chronisten finden wir deutliche Hinweise, daß Pachacuti sowie seine Geschichtsschreiber Ereignisse, die nicht in ihr Geschichtsbild, also ihre Weltgeschichte, paßten, entweder einfach ganz übergingen oder sie ihren Wünschen entsprechend abgewandelt darstellten. Dadurch wurden manche Ereignisse mit einem anderen Sinn erfüllt.

Die Bildgeschichte in der Puquincancha würdigte – natürlich unter dem Gesichtspunkt Pachacutis – die Bedeutung seiner einzelnen Vorgänger: Am höchsten gelobt wurde wohl Manco Capac, der Gründer des Reiches.

Auch Mayta Capac stand hoch im Kurs, weil er so entschlossen und streitbar gewesen war. Dagegen war z.B. der Name jenes Urcon, den Pachacuti des schon erworbenen Rechts auf die Thronfolge beraubt hatte, ganz aus der Geschichte gelöscht worden.

Daß die Bilder-Weltgeschichte Pachacutis aus dem staatlichen historischen Archiv »Puquincancha« in den Wirren der Conquista unwiederbringlich verloren ging, ist nicht nur deshalb zu bedauern, weil die Bilder es uns ermöglicht hätten, die genaue Formulierung der durch Pachacuti inspirierten Fassung der Weltgeschichte und der Geschichte der Inka kennenzulernen, sondern auch, weil diese Bilddarstellungen ein besonders kompliziertes und dabei äußerst wichtiges Problem der Kultur der Sonnensöhne hätten lösen helfen können – die Frage nämlich, ob es im Peru der Inka eine Schrift gab oder nicht.

Zu Recht kann wohl vermutet werden, daß der Herrscher, der allen Errungenschaften der Wissenschaft ein solch reges Interesse entgegenbrachte, gewiß auch nach einer Methode suchte, um diese Erkenntnisse der Nachwelt zu erhalten. Dafür hätte sich gewiß nichts besser geeignet als eine schriftliche Fixierung. Ob die alten Inka eine Schrift kannten oder nicht, ist aber immer noch eine Frage, die womöglich künftige Wissenschaftler, die sich mit der Geschichte Tahuantinsuyus befassen, einmal lösen werden. Gewiß ist, daß Pachacuti offensichtlich die Notwendigkeit empfand, gewisse Dinge sorgfältig und genau aufzuzeichnen, und daher mit großem Nachdruck die Weiterentwicklung eines Systems förderte, das die Inka schon früher entwikkelt hatten – die Quipu – die fälschlicherweise so genannte »Knotenschrift« der alten Peruaner. Davon soll später noch die Rede sein.

Pachacuti förderte nicht nur die Verbreitung der südamerikanischen »Knotenschrift«, sondern auch jene, die diese »Schrift« beherrschten, d.h., menschliche Gedanken durch ein System komplizierter, durch farbige Schnüre geknüpfter Knoten festzuhalten. Diese Quipucamayoc genannten »Schreiber« erfreuten sich unter der Herrschaft Pachacutis der besonderen Gunst des Staates, ihre gesellschaftliche Stellung wurde durch den Inka ausgeprägt privilegiert. Ebenso schenkte Pachacuti den »Wissenschaftlern« größte Aufmerksamkeit, einer Gruppe von weisen Männern – Amautu genannt –, wie sie in Peru von alters her wirkten.

Der Herrscher wollte die Traditionen der Inka-Gelehrsamkeit fortführen und die Amautu – zweifellos Männer von hoher Intelligenz und mit großen, fundierten Kenntnissen – im Laufe der Zeit zu Mitgliedern einer Art Akademie der Wissenschaften, d.h. zu Trägern des wissenschaftlichen Fortschritts, machen. Pachacuti beabsichtigte, eine Elitegruppe aus diesen hochintelligenten Leuten zu schaffen, da er von ihnen mit Recht erwartete, ihr Wirken werde dem gesamten Volk von Tahuantinsuyu großen und dauernden Nutzen bringen.

Deshalb berief der Inka die besten dieser Amautu ins Yachahuasi, die Universität und Akademie der Wissenschaften der Sonnensöhne, deren Gebäude – ein Tempel der Wissenschaft – der Herrscher symbolisch gleich neben den Haupttempel des Reiches – der prächtigen Coricancha – situiert hatte. Pachacuti führte auch die Schulpflicht ein, die Pflicht, an der Yachahuasi zu studieren, für die Söhne der »Großohren«, der Curaca und weiterer Edelleute des Reiches. Die Yachahuasi absolvierten – auf Befehl des Inka – auch die Söhne der Würdenträger der Königreiche und Völker, also der Vasallen der Sonnensöhne. Hier wurden sie mit der Geschichtsauffassung der Inka, mit Pachacutis Konzeption der Weltgeschichte, vertraut gemacht und eigneten sich dieses inkaische Geschichtsverständnis an. Außerdem wurden ihnen die religiösen Vorstellungen der Sonnensöhne nahegebracht, und sie lernten perfekt die Staatssprache des Imperiums - das Quechua.

Eine ähnliche Bedeutung, die Pachacuti der nachdrücklichen Förderung der Wissenschaft, ihrer Entfaltung und der Reform der Geschichte beimaß (falls sich die auf Fakten beruhende Geschichte überhaupt reformieren läßt), kam natürlich auch der Religion seines Landes zu. Wie in allen anderen Dingen, so wollte er auch in den herrschenden religiösen Vorstellungen »Ordnung schaffen«.

Als Ideologe der Herrenklasse verfügte er hinsichtlich des Verständnisses der Religion folgende Einteilung: eine Religion für das Volk und eine für die gehobene Schicht. Um die »höheren« Thesen zu verstehen, mußte der Mensch über ein höheres Maß der Fähigkeit zum abstrakten Denken verfügen, und diese Vorstellungen waren daher den Vornehmen vorbehalten. Das Volk sollte weiterhin nur die Sonne - Inti - anbeten, den »Vater« der Inka, die Spenderin des Lebens. Die Vorstellung von diesem Inti - dem Nationalgott der Inka - wurde von Pachacuti konkretisiert und zugleich vermenschlicht. Darum ließ er vor der Coricancha auch jenes Standbild aufstellen, das die göttliche Sonne - offiziell eigentlich zum ersten Mal - in menschlicher Gestalt darstellte.

Die religiösen Vorstellungen der Vornehmen in Tahuantinsuyu sollten dagegen tiefschürfender sein. Um genauere Thesen dieser Glaubenslehre für die Herrenklasse des Inka-Volkes ausarbeiten zu lassen, berief Pachacuti sogar einen richtigen »Theologen«-Kongreß nach Cuzco ein, zu dem er die führenden Geistlichen seines Landes einlud.

Pachacutis theologisches Konzil hat in der Geschichte des indianischen Amerika nicht seinesgleichen. Auf diesem Kongreß formulierte der Inka seine Ansichten über die richtige Form der religiösen Vorstellungen der Sonnensöhne. Auf dem Konzil stufte der Inka in erster Linie jene unzähligen traditionellen heiligen Stätten und Kultsymbole, die man in ganz Peru »Huaca« nannte, in ihrer religiösen Bedeutung herab.

Fortan sollten diese lokalen Huacas, die meist noch aus Vor-Inka-Zeiten stammten, dem Inti-Kult dienen. Die Huacas wurden nun - sozusagen nachträglich - dem Sonnengott geweiht.

Doch Inti – in dem das Volk den »Sonnen-Vater«, den Beschützer und Bewahrer seines Reiches und der Inka-Nation sah – genügte Pachacutis Vorstellungen nicht.

Auf seinem Priester-Konzil erhob der Herrscher drei fundamentale Einwendungen gegen die Allmacht Intis. Erstens: »Die Sonne ist kein allmächtiger Gott, denn mit ihren Strahlen wärmt sie nur manche, während die anderen frieren.« Zweitens: »Die Sonne kann nicht vollkommen sein, denn sie kann sich niemals ausruhen, sie muß ständig am Himmel ihre Bahn ziehen.« Drittens: »Die Sonne kann auch schon deshalb nicht allmächtig sein, wenn auch das kleinste Wölkchen ihr goldenes Antlitz zu verdunkeln vermag.«

Die Sonne war Pachacuti offensichtlich zu konkret, zu sichtbar, und daher – so erschien es vermutlich dem Herrscher – kein geeigneter Gegenstand religionsphilosophischer Betrachtungen. Folglich konnte sie auch nicht der oberste, der Hauptgott der herrschenden Klasse sein. Pachacuti sah, daß im Religionssystem der Inka ein echter Gott-Schöpfer fehlte.

Auf dem Konzil in der Coricancha erneuerte er also den Kult des Schöpfers der Welt – des in Tiahuanaco und anderswo in Peru früher so innig verehrten Gottes Con Ticci Viracocha – und belebte ihn wieder.

Pachacuti versuchte dabei, den Schöpfer der Welt, Viracocha, neu und genauer zu definieren. Er bezeichnete ihn als unsichtbar, von keinem gezeugt und empfangen, der alles selbst gezeugt und empfangen hat. Er betonte auch, daß Viracocha keine Göttin zur Frau habe. Er schaffe und zeuge anders als die Sterblichen. Con Ticci Viracocha spende der Welt und der Menschheit seinen Segen. Durch ihn und aus seiner Hand, von diesem ganz einen und einzigen Gott-Schöpfer, werde die Menschheit in die Seligkeit geführt, werde ihr die Befriedigung all ihrer Bedürfnisse zuteil.

Viracocha sei freilich unsichtbar, weltenfern. Und anbeten und verehren könnten ihn nur jene, die eines tieferen Nachdenkens fähig, mit größerer Vorstellungskraft begabt seien und eine höhere Bildung, echte philosophische Kenntnisse hätten – also die Edlen. Auf dem Coricancha-Konzil schuf Pachacuti somit eine Rangfolge im System der religiösen Vorstellungen der Inka, eine Ordnung, in der die Huaca auf der untersten Stufe, die Sonne - Inti - darüber stand. Und über ihr stand noch der Gott-Schöpfer, Con Ticci Viracocha. Der Viracocha-Kult war aber wirklich ausschließlich der Elite des Staates vorbehalten. Zu Ehren des unsichtbaren Schöpfers der Welt und der Menschheit wurde auch nur ein einziger Tempel errichtet - die Quechuacancha -, während die sichtbare, im wahren Sinne des Wortes »mit Händen zu greifende« Sonne, die Tag für Tag am Firmament ihre Bahn zog, in Hunderten von Tempeln und Heiligtümern verehrt und angebetet wurde.

Tatsächlich aber hat sich der Viracocha-Kult in Peru kaum durchgesetzt, nicht einmal unter seiner Herrenschicht. Das Reich der Sonnensöhne war und blieb trotz Pachacutis Reform das Reich des Sonnengotts. Und in seinem Zeichen, wie die Christen im Zeichen des Kreuzes, sollten die Inka - unter Pachacutis Nachfolgern - die ganze (ihnen damals bekannte) Welt beherrschen.

XII.
EINE LILIE AUS DEM GARTEN DER INKA

Pachacutis religiöse Reform, die Zweiteilung hinsichtlich der religiösen Vorstellungen – zum einen diejenigen, die »für das Volk gut sind«, und zum anderen diejenigen für die Elite des Reiches –, zeugt von der Konsequenz des neunten Inka, nämlich die einzelnen Klassen der Gesellschaft seines Staates genau und streng voneinander zu trennen. Das hatte er bereits anläßlich seines großen Umbaus von Cuzco bewiesen, indem er eine Neugliederung der Stadtteile vornahm: zum einen die für die Angehörigen des gemeinen Volkes, zum anderen die Gegenden, die dem Adel vorbehalten waren. Diese soziale Abgrenzung übertrug er nun auf dem theologischen Konzil in der Coricancha sogar in die Welt der religiösen Vorstellungen.

Pachacuti war – dies sei noch einmal betont – ein Mann der Tat. Als Verfechter von Recht und Ordnung glaubte er von ganzem Herzen an seine »Maximen«, die überliefert sind und auch beweisen, daß eine Gesellschaft, ein Reich, am besten floriere, in der bzw. in dem jeder seinen genau bestimmten Platz habe. Nur ein Mechanismus, in dem alles nach Weisung des Inka abläuft, werde funktionieren.

Pachacuti vertrat auch die Ansicht, die Macht müsse streng zentralisiert sein. An der Spitze der Staatspyramide sollte ein einziger, allmächtiger, unumschränkter, aber weiser und milder Herrscher stehen. Aufgrund derartiger Eigenschaften werde der von ihm gelenkte Staat allen seinen Bürgern von Nutzen sein.

Pachacuti stellte sich den Staat als einen höchst tatkräftigen, aktiven Organismus vor. Nicht nur sollte jeder seinen genau bestimmten Platz darin haben, seine klar festgelegte und umrissene soziale Stellung, sondern auch und vor allem seine Aufgabe, seine Arbeit. Faulheit haßte der neunte Inka über alles, Müßiggang verurteilte er: In seinem Staat mußte jeder arbeiten, Herr wie Knecht. Die Ergebnisse seiner Arbeit hatte jeder Bürger an das Reich abzuführen, und jeder erhielt - so die Vorstellungen Pachacutis - als Gegenleistung eine sog. Sozialversorgung, wie wir heute sagen würden.

Solch ein Staat, in dem die Menschen einander in Wirklichkeit gar nicht gleich und auch keineswegs frei waren, erschien Pachacuti nicht nur als ein gerechtes Gemeinwesen, sondern auch als ein Organismus, der den Gesetzen der Natur entsprach. Weil die Bewohner von Tahuantinsuyu im Vergleich zu allen Völkern und Staaten, die der Herrscher und seine Sonnensöhne im weiten Umkreis ihres Reiches kennengelernt hatten - auf den ersten Blick -, wirklich besser, sicherer und sozial abgesichert lebten, war Pachacuti durchaus überzeugt, die ganze Welt, die ganze Menschheit - d.h. der Teil der Welt und der Menschheit, die die Inka kannten - könne nur dann glücklich und zufrieden leben, wenn sie unter die Herrschaft der Inka kämen, also ein Teil dieser großen völkerumspannenden Gemeinschaft der Sonnensöhne würden. Pachacuti strebte daher nichts Geringeres an als die Herrschaft über die ganze Welt, d.h. die Vereinigung aller Völker unter seiner - wie er glaubte - besten und gerechtesten Führung.

Damit die von den Sonnensöhnen regierte Welt gut »funktioniere«, erließ Pachacuti nun auch Gesetze.

Seine legislative Tätigkeit - ebenfalls ohne Beispiel in der ganzen Geschichte der südamerikanischen Indianer - regelte sowohl die staatlichen Angelegenheiten des Reiches - denn Pachacuti bestimmte z.B. endgültig, daß ein regierender Inka künftig keine andere Frau zur Gemahlin nehmen dürfe als die eigene Schwester – als auch eine ganze Reihe fundamentaler Fragen des Zivil- und Strafrechts. Die von dem neunten Inka erlassenen und verkündeten Gesetze galten dann ohne jede »Novelle« bis zur Ankunft der Spanier in Peru. (Von diesen Gesetzen wird noch die Rede sein, und zwar im Zusammenhang mit dem Rechtssystem der Sonnensöhne.)

Pachacuti brachte seine Ansichten nicht nur in seinen vielen Gesetzen zum Ausdruck, sondern formulierte sie auch in Form einer Reihe philosophischer, staatspolitischer und anderer Thesen oder »Maximen«, »goldene Gedanken« genannt. Viele von ihnen haben die Chronisten aufgezeichnet, und sie sind daher überliefert.

Hier seien nur einige von ihnen zitiert:

Wer versucht, die Sterne zu zählen, und nicht die Knoten und Aufzeichnungen in der »Knotenschrift« zu zählen versteht, der ist es wert, verspottet zu werden.

Ein Arzt oder Kräutersammler (Kräutler), der die Eigenschaften der Pflanzen nicht kennt oder nur die Eigenschaften einiger und sich nicht bemüht, die Eigenschaften aller zu ergründen, weiß wenig oder gar nichts.

Ungeduld ist das Zeichen eines verachtenswerten und niedrigen Charakters.

Trunksucht, Zorn und Narretei sind einander gleich, allein die ersten beiden sind freiwillig und unbeständig, doch die letztere ist (be)ständig.

Der Neid ist ein Wurm, der die Eingeweide des Neiders zernagt und zerstört.

Richter, die heimlich Geschenke von den einen Rechtsstreit führenden (Parteien) annehmen, sind als Diebe anzusehen und mit dem Tod zu bestrafen.

Wenn die Untertanen (ihren Herrschern) ohne Widerspruch oder Widerstand gehorchen, sollen die Könige großmütig und freundlich zu ihnen sein, sonst aber streng und gerecht. Stets aber auch weise.

Der Autor der »goldenen Gedanken«, der Philosoph und Staatsmann, der Gesetzgeber und Religionsreformator, der Geschichtswissenschaftler, Architekt und Urbanist, erreichte ein »biblisches« Alter und zeugte an die hundertfünfzig Kinder. Seine Vorstellungen von der Ordnung der Welt sowie deren Unterwerfung unter die Macht der Inka vererbte der Herrscher seinem fähigsten Sohn, Tupac Yupanqui. Dieser setzte das Werk seines Vaters auch in der Tat getreulich fort, wie er auch die Ideale seines Vaters zu verwirklichen suchte.

Der neunte Inka konnte nun - mit allem zufrieden, was er in seinem Leben vollbracht und geleistet hatte - die Welt der Lebenden verlassen. Noch auf dem Totenbett schuf er aber sein nun wirklich letztes Werk. Im Sterben (liegend), dichtete er ein Lied, das uns durch das Gedächtnis der Indianer überliefert ist:

Ich ward geboren wie eine Lilie im Garten,
und so erzog man mich.
Da aber meine alten Tage kamen,
da ich schwach ward
und die Stunde meines Todes nahte,
ergab ich mich
und schied von hinnen.

XIII.
TUPAC YUPANQUI, DER »ALEXANDER DER GROSSE« DER NEUEN WELT

Die Lilie, die im Garten der Inka geboren ward, Pachacuti, der »Weltveränderer«, hatte mit seinem letzten Werk, seinem Totengedicht, Abschied von dieser Welt genommen. Derartige Veränderungen hatte er bewerkstelligt, daß die Welt der Indianer kaum wiederzuerkennen war; denn das Land der Sonnensöhne dehnte sich von einem Ende des Horizonts bis zum anderen. In der Überzeugung, der Baum der Inka werde auch nach seinem Tode nur entsprechend seinen Maßgaben wachsen, hatte er seinem Sohn Tupac Yupanqui Tahuantinsuyu hinterlassen und anvertraut.

Der hervorragende Organisator Pachacuti hatte es tatsächlich fertiggebracht, Entscheidungen für die Zeit nach seinem Ableben zu treffen. Daher bestieg den Thron von Cuzco diesmal ohne jeglichen Kampf der von ihm bestimmte Nachfolger.

Tupac Yupanqui veränderte die Welt aber nicht in der Weise wie sein Vater, er gab seinem Tahuantinsuyu nicht mehr so viele neue Gesetze, regelte nicht seine gesellschaftlichen Verhältnisse, führte keine religiösen Reformen durch, philosophierte nicht und gestaltete auch den Kalender nicht um. Offensichtlich schrieb er auch keine Gedichte. Er blieb nur dem Vermächtnis seines Vaters treu, indem er alle Regelungen Pachacutis als auch für sich verbindlich betrachtete. Er identifizierte sich auch mit allen Vorstellungen des neunten Inka und machte sich dessen fundamentalste »Doktrin« zu eigen, wonach die ganze Welt, alle Völker, sich – zu ihrem eigenen Nutzen und Frommen – unter der weisen Herrschaft der Inka zusammenschließen sollten. Deshalb unternahm Tupac Yupanqui eine Reihe großartiger Feldzüge, die ihn bis an die äußerste Grenze dessen führten, was für diese Männer aus dem Hochland Perus erreichbar, was überhaupt menschenmöglich war. Von Mitternacht bis Mittag, vom Norden bis zum Süden dieses Teils von Südamerika, von den Urwäldern am Rio Maranon bis an die Gestade des Pazifiks erscholl das Geklirr der Inka-Schwerter. Tupac Yupanqui läßt sich vielleicht nur mit einem einzigen Feldherrn der Alten Welt vergleichen – mit Alexander dem Großen (von Mazedonien).

Es ist schwer, ja fast unmöglich, alle Feldzüge Tupac Yupanquis aufzuzählen und sie chronologisch zu ordnen. Einige seiner Feldzüge unternahm der »Alexander der Große« der Neuen Welt noch zu Lebzeiten seines Vaters, andere erst nach dessen Tod. Seine militärische Expansion begann Tupac Yupanqui in dem Teil Perus, wo er sich einst bei dem berühmten Feldzug Capac Yupanquis als Soldat zum ersten Mal mit Ruhm bedeckt hatte – im Norden Perus.

Von dem nun zum Inka-Reich gehörenden Cajamarca, das wiederholt den Angriffen der Chimu widerstanden hatte, führte Tupac Yupanqui seine Truppen zuerst in das Land der Chachapoya-Indianer in der tropischen Tiefebene am Maranon. Mit diesem Feldzug verfolgten Tupac Yupanqui und die Seinen nicht nur das Ziel, den Teil der Montana zu erobern und dem Reich anzugliedern, sondern sie wollten auch die – nach den Idealvorstellungen der Inka – schönsten Frauen Perus, die Mädchen der Chachapoya, rauben, die sich überdies durch einen eigenartigen, ganz nichtindianischen, weißen Teint auszeichneten.

Nach der Unterwerfung der Chachapoya-Indianer und der Gefangennahme ihres Oberhäuptlings, des Sinchi Chuquisocta, änderte Tupac Yupanqui die Richtung seines Vormarsches um hundertachtzig Grad und griff mit all seinen Armeen das mächtigste Küstenreich und zugleich den letzten noch von den Inka unabhängigen Staat Perus an – das berühmte Königreich Chimor.

Das Chimu-Land – der Name dieses Staates leitete sich wie bei den Inka aus dem Titel ihres souveränen Herrschers ab – dehnte sich in über tausend Kilometern Länge von Ancona bis nach Tumbes an der Nordküste Perus. Die Menschen hier bewohnten vor allem die fruchtbaren Flußtäler, die hier die sonst halbtote Wüste durchziehen. Die Bürger dieses Staates waren gute Bauern, hervorragende Bauleute von Bewässerungsanlagen und auch vortreffliche Fischer (leider aber nicht so gute Krieger).

In ihrer Lebensweise unterschieden sich die Chimu als Küstenbewohner beträchtlich von dem Bergvolk der Inka. Den Sonnensöhnen waren vor allem die – wie die ordnungsliebenden Inka gerne behaupteten – sexuellen Perversitäten und Ausschweifungen der Chimu, die ungewöhnlichen Sexualpraktiken dieser Bewohner des warmen Küstenlandes, suspekt.

Auch in ihren religiösen Vorstellungen unterschieden sich die Chimu von ihren Nachbarn aus der Sierra. Die vornehmste Gottheit der Bewohner von Chimor war die Luna, und allein ihr zu Ehren hatten sie ihre Tempel und sogar Pyramiden erbaut. Das peruanische Königtum der Luna war reich, prunkte stolz mit seinen Schätzen aus Gold, Silber und Edelsteinen und war auch stolz auf jene, die diese Schätze geschaffen hatten und schufen – ihre Meister, Handwerker, vor allem ihre Goldschmiede und »Juweliere«, die in ihrer Kunst ihre Inka-Kollegen weit übertrafen. Auch wegen seiner unzähligen Schätze sollten das Land des Mondes und seine Hauptstadt, das herrliche, prächtige Chancan, von den Soldaten des Sonnenreiches erobert und geplündert werden.

Schon mehrmals waren Tahuantinsuyu und die Luna-Anbeter von der Pazifikküste in einen Konflikt geraten, der sich zu einem großen Krieg auszuweiten drohte; das letzte Mal, als jener Capac Yupanqui – ohne Genehmigung des Inka – das Bergkönigreich Cajamarca erobert hatte, das mit dem Chimu-Reich durch Beistandspakte verbündet war. Es war offensichtlich, daß die beiden Staaten – das Küstenreich Chimor und das in den

Bergen liegende Tahuantinsuyu – wirklich demnächst in den entscheidendem Kampf treten würden. Nun – und zwar in den siebziger Jahren des 15. Jahrhunderts – kam es zu diesem Zusammenstoß. Das Küstenland des Mondes verlor dabei seine politische Unabhängigkeit. Freilich nicht sofort, sondern nach und nach, durch eine Reihe von Schlachten und Gefechten, zu denen es im Laufe der Zeit im Süden, Osten und Norden dieses Staates kam.

Den ersten großen Schlag gegen die Chimu führten die Truppen Tupac Yupanquis von Osten. Die Chimu – an deren Spitze damals ihr König Minchacaman stand – hielten jedoch dieser großen Invasion der Inka noch stand. Tupac Yupanqui gelang es dennoch, eines der größten und wichtigsten Flußtäler des Chimu-Reichs, das Jequetepeque-Tal, zu erobern und zu plündern; dann warf er allerdings das Ruder herum und führte seine Truppen wieder schnurstracks nach Süden. Nachdem die Eroberung von Cajamarca ihm den Schlüssel zur ganzen nördlichen Sierra in die Hand gegeben hatte, wollte er nun auch in das Gebiet vorstoßen, das – hier in dieser Bergregion – heute die Staatsgrenze der Republik Peru bildet. Dort siedelten damals die verhältnismäßig einfachen Palta-Indianer.

Nach fünfmonatigem Kampf wurden die Palta von den Inka überwunden. Nachdem Tupac Yupanqui das Palta-Land besetzt hatte, führte er sein Heer noch weiter nach Norden – in ein Gebiet, das heute zur Republik Ekuador gehört. Hier lag die Heimat des höchst streitbaren Canari-Stammes, der den Truppen des Inka außergewöhnlich lange erbitterten Widerstand leistete. Schließlich erlagen aber auch die tapferen Canari wie vor ihnen ihre südlichen Nachbarn, die Palta, der großen Übermacht der stark überlegenen Sonnensöhne, unterwarfen sich den Inka und dienten sogar – wie seinerzeit die Chanca – treu in Tupac Yupanquis Heer.

Aus Südekuador, aus dem Canari-Land, kehrte der Führer der Expedition – Pachacutis Sohn – für einige Zeit nach Cuzco zurück. Nachdem er in der Hauptstadt seine Pflichten erfüllt hatte, begab er sich wieder nach Norden zu seiner Armee. Eine Zeitlang lebte er auch in der einstigen Hauptstadt der Canari – in Tumibamba (»Stadt der Messer«), die die Sonnensöhne mit außergewöhnlicher Schnelligkeit in eine typisch inkaische Provinzhauptstadt verwandelt und mit allem ausgeschmückt hatten, was zu einer Provinzhauptstadt Tahuantinsuyus im allgemeinen gehörte – mit einem Inti-Tempel, einem Kloster der Sonnenjungfrauen, einem Palast für den Herrscher und andere hohe Würdenträger des Staates, Waffenarsenalen und Vorratsspeichern.

So wurde das Tumibamba der Canari, wie Cajamarca einige Jahre zuvor, für den Inka wieder zu einem guten Stütz- und Ausgangspunkt für weitere Eroberungen, die jetzt in das eigentliche Herz der Bergregion Ekuadors zielten. Dieses zentrale Gebiet am Fuße des sechstausend Meter hohen Chimborazo wurde damals von dem bedeutenden und auch militärisch sehr starken Königreich Quito beherrscht, das ein Indianervolk gleichen Namens bewohnte.

Die Quito nannten sich ursprünglich – nach dem Namen ihrer mythischen Urahnen – Cara. Sie waren offensichtlich aus den tropischen Niederungen Kolumbiens gekommen und gehörten zur Sprachgruppe der Chibchaya.

An der Spitze dieses damals stärksten Staates (im heutigen) Ekuador, dem sich später auch die Puruha- und Penzalec-Indianer angeschlossen hatten, standen schon seit Urzeiten autokratische Regenten – Könige –, die den offiziellen Titel »Scyr« führten. Die ersten zehn Scyre entstammten dem Quito-Geschlecht, die folgenden vier Könige aber der sog. Duchicella-Dynastie, die aus einer Verbindung zwischen einer Quito-Prinzessin und dem Oberhäuptling der erwähnten Puruha-Indianer entstanden war.

Zu dem vierzehnten Scyr von Quito, dem vierten König der Duchicella-Dynastie, Hualcopo, entsandte Tupac Yupanqui nun eine Abordnung mit der Aufforderung, sich – so wie vor ihm viele andere Könige und Völker der Anden – Tahuantinsuyu zu unterwerfen.

Hualcopo lehnte dieses Ansinnen höflich, aber bestimmt ab. Eine Zeitlang vermochte er den Inka noch Widerstand zu leisten, ehe das Königreich des vierzehnten Scyr den Inka in die Hände fiel. Von allen Orten, die Tupac Yupanqui im Verlaufe seiner Feldzüge eroberte, war Quito für ihn wohl der wichtigste. Überdies fanden die Herrscher von Tahuantinsuyu großen Gefallen an der Stadt. Tupac Yupanqui verbrachte in den Palästen von Quito viele Tage seines Lebens. Und sein Nachfolger lenkte aus Quito - nicht von der offiziellen Hauptstadt Cuzco aus - sogar lange Jahre die Geschicke des ganzen Imperiums.

Vorerst griff Tupac Yupanqui aber Quito nicht an, obwohl sein Feldzug auch weiterhin die Eroberung und völlige Vernichtung des Chimu-Reiches zum Ziel hatte. Er ließ einen Teil seiner Armee, der die Hauptstadt des Scyr belagerte, unter dem Befehl des Generals Challco Mayta zurück, ernannte ihn zum Administrator der noch nicht völlig unterworfenen ekuadorianischen Sierra und stieg zum Gestade des Ozeans hinab. An der sumpfigen ekuadorianischen Küste kann man aber nicht über festes Land ziehen, so daß der große Feldherr aus den Bergen sich auch die Kunst der Seefahrt aneignen mußte. Von den Küstenindianern lernten die Inka Flöße aus Balsaholz bauen, und mit diesen unternahm Tupac Yupanqui eine Invasion der Insel Puna, die unweit der größten Stadt des heutigen Ekuador, Guayaquil, im Stillen Ozean liegt.

Die große Flotte aus Balsa-Flößen, mit der Tupac Yupanqui seine Seeoperation gegen die Insel Puna führte, kam dem Herrscher dann noch einmal zustatten - bei einer See-Expedition, die von den südamerikanischen Indianern mündlich überliefert wurde. Heute ist aber kaum noch festzustellen, wohin sie wirklich ging, welchen Teil unseres Erdballs sie erreichte.

Die peruanischen Eingeborenen erzählten, der zehnte Inka habe damals eine lange Expedition durch den Stillen Ozean unternommen und sei westwärts »gesegelt«, dabei habe er zwei Inseln entdeckt. Die erste nannten die Quechua-Indianer Hahuachumbi (Auachumbi), die zweite Ninachumbi.

Die indianischen Berichte erwähnten übereinstimmend, auf diesen Pazifikinseln habe Tupac Yupanqui viele Leute schwarzer Hautfarbe getroffen und gefangengenommen.

Gerade diese Information über »pazifische Schwarze« hat den Autor stark beeindruckt, als er an seinem vierbändigen Werk über Geschichte und Kultur der Völker Ozeaniens arbeitete. Solche »schwarzen Menschen« leben nämlich wirklich(!) in einem der drei Teile Ozeaniens - in Melanesien. (Die Aussage über die Form und das Aussehen der von Tupac Yupanqui besuchten Pazifikinseln dürften dabei wohl mehr auf die Salomoninseln als auf andere Länder Melanesiens zutreffen.)

Die Salomoninseln, Quadalcanal und andere, liegen aber nicht weniger als zehntausend Kilometer von der Küste Südamerikas entfernt. Und es ist auch wenig wahrscheinlich, daß ein König der Berge - der Inka Tupac Yupanqui - und seine Krieger, die überhaupt keine Erfahrungen als Seefahrer hatten, imstande gewesen wären, auf Flößen eine derart lange Seefahrt über den ganzen Pazifik zu unternehmen und dann noch auf gleichem Wege nach Südamerika zurückzukehren. (Die berühmte See-Expedition des Schweden Heyerdahl z. B. auf seinem Floß Kon-Tiki und auch die Unternehmungen, darunter die des Tschechen Ingriš, der den Pazifik sogar in beiden Richtungen überquerte, haben bezeugt, daß es mit solch einem indianischen Balsa-Floß unter günstigen Bedingungen tatsächlich möglich gewesen wäre, die endlosen Räume des Stillen Ozeans zu überwinden.)

Es ist jedoch zu vermuten, daß Tupac Yupanqui mit seiner Flotte eher die verhältnismäßig nahe der Küste liegenden Galapagosinseln besuchte, die heute zur Republik Ekuador gehören. Der Name einer der beiden von dem Inka entdeckten Inseln in Quechua lautet »Ninachumbi«, was auf deutsch etwa »Feuerzone« heißt. Das würde darauf hindeuten, daß der Inka irgendwelche Vulkaninseln entdeckt hätte. Und auf den Galapagosinseln kann man in der Tat an einigen Stellen - z. B. auf den Inseln San Salvador oder Santiago - bis zum heutigen Tag markante Spuren einer (früheren) Vulkantätigkeit entdecken.

Überdies wurden die Galapagosinseln offenbar schon in den vorkolumbianischen Zeiten von Indianern besucht. In erster Linie wohl von indianischen Kaufleuten, die mit ihren Balsa-Flößen vom Festland herüberkamen. Auf diesen Inseln wurden - zum ersten Mal 1953 - Reste vorkolumbianischer Keramiken gefunden. Obwohl nicht alles dafür spricht, daß die Galapagosinseln das Ziel jener in der Geschichte der Ureinwohner des vorkolumbianischen Amerika ganz einmaligen See-Expedition über die endlosen Wasserflächen des Pazifiks waren, ist es doch wahrscheinlicher, daß Tupac Yupanqui mit seiner Floß-Flotille damals diese Inseln besuchte und nicht das ferne Land der schwarzen Menschen - Melanesien.

Die Expedition durch die Wellen des größten Ozeans unseres Planeten, die ein Indianer, der aus dem Hochgebirge kam, organisierte und unternahm, ein Mann, der noch kurz zuvor keine blasse Ahnung von Seefahrt und Navigationskunst hatte, ist ein weiterer überzeugender Beweis für den außergewöhnlichen Wagemut Tupac Yupanquis.

Ja, dieser »Alexander der Große« der Neuen Welt trug die Flamme der Inka überall dahin, wohin er seinen Fuß setzen konnte. Südamerika hat in der Tat keinen größeren Krieger und keinen größeren Eroberer hervorgebracht. Doch der Inka brannte darauf, sich das Küstenreich der Chimu zu unterwerfen. Dies lag ihm mehr am Herzen als die Eroberung jedes anderen Staates. Deshalb setzte Tupac Yupanqui, nachdem er die Palta überwunden, das Land der Canari besetzt und die Grenze des ekuadorianischen Königreichs Quito erreicht sowie schließlich die erwähnten unglaublichen Meeresfahrten unternommen hatte, sein Inka-Heer wieder in Marsch, um mit seinen Männern die vorgeblich wichtigste Aufgabe zu erfüllen, die den schlichten Namen »Chimu« trug.

XIV.
DIE DEMÜTIGUNG DER GÖTTIN LUNA

Von der eroberten Insel Puna, einem wichtigen Seehandelszentrum, wo der Jaguar inbrünstig verehrt wurde, setzte Tupac Yupanqui mit seinem Heer auf seiner Flotte aus Balsa-Flößen wieder auf das südamerikanische Festland über. Sein nächstes Ziel war die Küstenstadt Tumbes.

Tumbes war für jene, die von Norden her nach Peru kamen, nicht nur zu Zeiten der Inka, sondern auch in der Ära der Spanier – wie auch für die heutigen Besucher der Republik Peru, die vom Norden ins Land kommen – der erste Ort, an dem sie peruanischen Boden betraten. Und so kehrte auch Tupac Yupanqui über Tumbes in seine Heimat zurück.

Den nicht besonders großen, halbsouveränen Kleinstaat Tumbes – einen Vasallen des Chimu-Reiches – regierte damals, und zwar schon seit einer Reihe von Generationen, seltsamerweise eine Fürstin, die den Titel »Capullana« führte. Die Capullana von Tumbes besaß alle Privilegien, die in den vorkolumbianischen Staaten Südamerikas für die eingeborenen Herrscher typisch waren. Nur mit einem Unterschied: In Tumbes war alles »verkehrt«. Während der Inka u.a. das Recht hatte, sich eine unbegrenzte Anzahl von Frauen zu nehmen, hatte die Capullana das Recht, eine unbeschränkte Anzahl tumbesischer Männer zu heiraten.

Die Auserwählten konnten dies nicht ablehnen und mußten dem Werben der leidenschaftlichen Königin nachgeben. Während in manchen Ländern Polygamie herrschte, lebte die Stadt der Capullana im Zeichen der Polyandrie – der Vielmännerei.

Tumbes ergab sich den Sonnensöhnen fast kampflos, obwohl die Stadt bisher durch ein Vasallenbündnis mit dem Chimu-Reich verbunden war. Es bildete eigentlich die Nordgrenze des Luna-Staates, eine »vergessene« Grenze, an der die Chimu einen Angriff der Inka-Truppen nicht erwarteten. So konnte Tupac Yupanquis Armee kampflos durch den militärisch ungeschützten Norden des Chimu-Landes vorrücken.

Zugleich mit dem Einmarsch Tupac Yupanquis in das ungeschützte Hinterland Chimus, stieß von Süden her eine zweite Inka-Armee gegen das Küstenreich vor. Diese hatte zwar die aus Adobas, sonnengetrockneten Ziegeln, erbaute Chimu-Festung Paramonga schon lange vergebens belagert und sie zu erobern versucht. Als nun aber die Streitkräfte des Inka den Staat der Luna-Anbeter von beiden Seiten in die Zange genommen hatten, gelang es dem Südheer, Paramonga zu erstürmen, und die Armeen aus den Bergen marschierten von Norden und Süden unaufhaltsam auf das Herz des Chimu-Reiches zu, die Hauptstadt Chan-Chan.

Mit der Eroberung von Chan-Chan hatte Tupac Yupanqui das Ziel seines gewaltigen Feldzugs erreicht. Das Chimu-Reich wurde vernichtet, sein Herrscher, König Minchacaman, als Staatsgefangener nach Cuzco gebracht und die unerhörten Schätze des Küstenreiches in die Metropole der Sonnensöhne transportiert.

In der Töpfer-, der Web- und Wirkkunst, vor allem aber in der Verarbeitung von Edelmetallen und Edelsteinen, hatten die Meister Chimus im damaligen Peru nicht ihresgleichen. Deshalb wurden mit den Kleinodien, die sie geschaffen hatten, auch die Meister selbst als äußerst wertvolle, lebende Kriegsbeute nach Cuzco geführt, um hinfort am Hofe des Inka zu arbeiten und die Residenzstadt des Sonnensohns mit unzähligen Meisterwerken zu schmücken. Auch der traumhaft schöne goldene Garten Cuzcos - gewiß das größte Weltwunder und das wunderbarste Kunstwerk der inkaischen Reichshauptstadt - war offenbar in erster Linie eine Schöpfung der aus Chan-Chan verschleppten Chimu-Goldschmiede.

Nach der Eroberung Chimus im Westen und des Berglands von Ekuador, des Canari-Landes und später des Königreichs Quito im Norden zog Tupac Yupanqui mit seinen Truppen nach Osten - in die Urwälder der Tiefebene am Amazonas. In dieser für die Bergindianer so unwirtlichen Gegend gelangte er bis zum Rio Amarumayo (dem Anakonda-Strom) - dem heutigen Rio Madre de Dios. Dann rückte er bis zu dem kleinen Urwaldfluß Mana und schließlich bis zum Paititi vor. Hier ereilte den Inka die Nachricht, daß die von Pachacuti unterworfenen Collo sich unter Führung eines der Söhne des einst in Cuzco hingerichteten Oberhäuptlings Chuchi Capac erhoben hätten. Die dort stationierten Inka sowie die Inka-Kolonisten hätten sie niedergemacht und versucht, ihr von den Sonnensöhnen unabhängiges Aymara-Reich wieder aufzurichten.

Von der gefährlichen Erhebung der Aymara alarmiert, erreichte der Inka mit seinem Heer in Gewaltmärschen den Titicacasee und überwand verhältnismäßig leicht die rebellischen Aymara. Vom Ufer des Titicacasees führte Tupac Yupanqui seine Truppen nach Südosten an die Grenze des heutigen Paraguay, vor allem in das Gebiet der halbwilden Charca-Indianer.

An der Grenze nach Paraguay erreichte den Inka eine Gesandtschaft der Bewohner des argentinischen Tucuman. Auch diese nordargentinischen Indianer wünschten sich unter den Schutz Tahuantinsuyus zu stellen. Darum ließ Tupac Yupanqui eine ständige Garnison in Tucuman zurück. Das Gros seines Heeres sandte der Herrscher aber noch weiter nach Süden - nach Chile. Einen Teil dieses Chile-Feldzugs leitete Tupac Yupanqui selbst, später kommandierte hier im Auftrag des Inka einer seiner Söhne, Sinchi Roca (II.), die Armeen der Sonnensöhne.

Beim Marsch in das Herz Chiles stand der Armee Tupac Yupanquis, die bereits in den von giftigen Dünsten verseuchten, feuchten Tropenurwäldern am Amazonas gekämpft, einige Male die höchsten Gletscher der Anden überschritten hatte und sogar auf Flößen über den Stillen Ozean gefahren war, die wohl schwerste Prüfung bevor: ihr Weg durch die endlose, glühende nordchilenische Atacama-Wüste, eine Gegend ohne Wasser und fast ohne jegliches Leben. Doch das Expeditionskorps der Sonnensöhne bewährte sich auch diesmal.

Als die Inka-Krieger schließlich bei der heutigen Stadt Copiapo den Widerstand der Diaguita-Indianer gebrochen hatten, stand den Sonnensöhnen der Weg in das Herzland Chiles offen – der Weg in das große, zentrale Tal Chiles, wo später die Spanier die Metropole Santiago de Chile gründen sollten.

Das zentrale Chile am Hange des höchsten Berges der Neuen Welt, des schneebedeckten Aconcagua, das Land der Araukarienhaine, war auch die Heimat der besten Krieger des indianischen Amerika – der heldenmütigen Araukaner. Diese auch Mapuche genannten Indios, die als einzige in der Neuen Welt, auch noch später während der Kolonialära, den Spaniern erfolgreich die Stirn zu bieten vermochten, bereiteten dem Inka-Heer in einer erbitterten, dreitägigen Schlacht an den Ufern des chilenischen Rio Maule eine schwere Niederlage. Der Maule-Fluß, der durch das Land der chilenischen Araukaner fließt, bildete daher die Südgrenze des bereits ins Unermeßliche gewachsenen Großreiches der Sonnensöhne.

Tupac Yupanqui, der »Alexander der Große« der Neuen Welt, hatte durch seine zahlreichen Kriegszüge den Plan seines Vaters zur Beherrschung der Welt, zur Erringung der »Welt«-Herrschaft, verwirklicht. Der Staat der Inka dehnte sich nun auf einer Million Quadratkilometer aus. Tupac Yupanqui hatte die Grenzen Tahuantinsuyus in allen Richtungen erweitert. Lediglich Naturbedingungen, die zumindest für die aus den Bergen gekommenen Männer des Inka unerträglich waren, z. B. die undurchdringlichen, mörderischen Urwälder am Amazonas, vermochten ihm Einhalt zu gebieten. Nur ein einziges Indianervolk – die chilenischen Araukaner – hatte es fertiggebracht, den Streitkräften Tupac Yupanquis in offener Feldschlacht Paroli zu bieten.

Unter Tupac Yupanqui erreichte die militärische Expansion Tahuantinsuyus ihren Höhepunkt. Mehr konnte wohl gar nicht erzielt werden, weitere Kämpfe konnten wohl kaum noch geführt werden. Daher legte der »Alexander der Große« Südamerikas – schon in fortgeschrittenem Alter – das Schwert aus der

Hand. Die Kämpfe gingen trotzdem weiter. Diesmal nicht an den von Cuzco Tausende von Meilen entfernten Grenzen des Imperiums, sondern unmittelbar in seinem Herzen, im »Herzen dieses Herzens«, in den Mauern der Königspaläste, in ihren Kemenaten, ihren Festhallen und Ratssälen und sogar - und vor allem - in den anmutigen »Boudoirs« der unzähligen Mätressen des Inka. Hier kämpften aber nicht Männer gegen Männer, und sie kämpften auch nicht, wie es sich für einen Soldaten geziemt, ritterlich, ehrlich, anständig, mit offenem Visier. Hier rauften sich Weiber mit Weibern und sogar Kinder mit Kindern. Sie rangen miteinander in einem Ränkespiel voller List und Tücke, voller Kabalen und Intrigen, das einer Lucrezia Borgia oder anderen ähnlichen grausamen Intrigantinnen der italienischen Fürstenhöfe der Renaissance würdig gewesen wäre.

XV.
GIFT, THRON UND EINE SCHÖNE MÄTRESSE

Die »Heldin« des seltsamen Duells, das plötzlich in den Boudoirs und Kemenaten des Palastes des alternden und nun auch siechen Inka Tupac Yupanqui entbrannte, kann man in der Tat wohl am besten mit der italienischen Papsttochter Lucrezia Borgia vergleichen. Diese indianische Meisterin der Politik von Gift und Dolch, die eher in die Rolle der Heroine eines von falscher Sentimentalität triefenden romantisch-historischen Frauenromans passen würde, hieß Mama Occlo (die Zweite).

Mama Occlo war eine der wenigen legitimen Töchter des großen Pachacuti. Auf Wunsch ihres Vaters, der stets auf Exklusivität seines Geschlechts bedacht war, wurde sie bereits dem Jüngling Tupac Yupanqui als gesetzliche Ehefrau gegeben. Tupac Yupanqui wurde von Kindesbeinen an von seinem Vater, dessen Kindheit und Jugend sehr unruhig verlaufen war – als Kind mußte er Lamas hüten, aus dem Vaterhaus wurde er verjagt, seine gesellschaftliche Stellung mußte er sich hart erkämpfen, und den Thron von Cuzco erstritt er im wahrsten Sinne des Wortes durch eine Palastrevolution –, zielstrebig auf die Laufbahn eines Herrschers und Regenten vorbereitet. Deshalb hatte

Pachacuti ihm auch eine seinen Vorstellungen entsprechende Braut, die eigene Schwester, ausgesucht.

Obwohl Pachacuti ursprünglich seinen erstgeborenen Sohn Amaru als Nachfolger vorgesehen hatte, so waren doch auch seine beiden anderen legitimen Söhne getreu den Idealen ihres Vaters erzogen worden. Pachacuti wünschte, daß ihnen die Manieren eines Königs und vor allem die Überzeugung von ihrer Auserwähltheit in Fleisch und Blut übergingen, daß sie diese sozusagen schon mit der Muttermilch einsogen. Darum lebte Tupac Yupanqui bis zu seinem fünfzehnten oder sechzehnten Lebensjahr ausschließlich in der Coricancha und im Königspalast. Er wurde durch die besten »Professoren« der Yachahuasi-Universität und die führenden Theologen des Reiches unterrichtet und erzogen; man bereitete ihn auch auf seine Aufgaben als Offizier und Heerführer der Streitkräfte Tahuantinsuyus vor. In den von der Außenwelt abgeschirmten Mauern des Königspalastes kamen der künftige Inka – auf Wunsch seines Vaters – und seine etwa gleichaltrige, besser gesagt gleichjunge Schwester Mama Occlo einander näher, und er heiratete sie dann.

Mama Occlo, von zierlicher Statur und keineswegs hübsch, besaß einen außergewöhnlichen persönlichen Ehrgeiz. Sie wollte nicht nur die Frau des jetzigen, sondern auch Mutter des künftigen Herrschers sein. Im Laufe der Jahre gebar sie Tupac Yupanqui auch wirklich einige Kinder, darunter zwei Knaben, von denen der zweitgeborene, Huayna Capac – wie ursprünglich viele am Hofe glaubten –, der künftige Inka werden sollte.

Prinz Huayna Capac wurde geboren, als sein Vater schon hoch in den Jahren war. Tupac Yupanqui verbrachte nämlich den überwiegenden Teil seines Lebens auf Feldzügen. Er unterwarf fast die ganze den Inka bekannte Welt. Als es fast nichts mehr zu erobern gab, er müde war und ihn allerlei Leiden plagten, bedingt durch das fortgeschrittene Alter, legte der Herrscher von Tahuantinsuyu Wehr und Waffen ab. Er zog sich in seine komfortablen privaten Paläste zurück – z.B. nach Ollantaytambo oder in das von ihm nun besonders bevorzugte Quito –, um dort auf seine »alten Tage« noch die Freuden des Lebens zu genießen. Diese fand der Inka natürlich vor allem bei den Frauen. Freilich nicht nur bei seiner gesetzlichen Gemahlin Mama Occlo, die ihm nun, schon selbst ziemlich alt, den erwähnten Huayna Capac gebar, sondern vor allem bei seinen unzähligen Nebenfrauen.

Die endlosen »Orgien« des Königs mit den Mädchen seines Harems regten Mama Occlo nicht besonders auf. Die Liebesspiele und Wonnen, denen sich der Inka nun mit Leidenschaft hingab, bedrohten nämlich kaum ihre privilegierte Stellung als legitime Ehefrau des Herrschers und Mutter des künftigen Staatsoberhaupts. Dann aber entdeckte Tupac Yupanqui unter den Damen seines Hofes die anmutige, blutjunge Chuiqui Occlo: Sie war sogar seine Halbschwester. Nun wiederholte sich scheinbar ein Spiel aus der Vergangenheit am Königshof der Inka: Der in das feine Fräulein Chuiqui Occlo bis über beide Ohren verliebte Inka entschied angeblich, nicht der Sohn seiner legitimen Ehefrau Mama Occlo, sondern ein Bastard, den seine Favoritin ihm geboren hatte, solle der künftige Inka sein. Diese wichtige Entscheidung traf der Inka auf dem Totenbett, als ein bereits todkranker Mann.

Beide Thronfolger - der »legitime« und der »illegitime« - waren noch blutjung. Wer von ihnen der künftige Inka würde, darüber entschied aber nicht ihr angeblich allmächtiger Vater, dem gesetzlich die Bestimmung seines Nachfolgers zustand, sondern jene beiden, bis aufs Blut verfeindeten Weibsbilder, ihre Mütter.

Den schwerkranken Inka pflegte seine Geliebte, Chuiqui Occlo, nicht seine alternde Frau. Weil aber die von den Leibärzten verordneten Medikamente und Prozeduren dem Siechenden nicht halfen, rief Chuiqui Occlo einen Zauberer zur Hilfe. Trotzdem starb der Inka.

Das Reich war nun geteilt. Die zahlreichen Anhänger Chuiqui Occlos behaupteten - augenscheinlich zu Recht -, Tupac Yupanqui habe Capac Huari, den Sohn seiner Favoritin, zu seinem Nachfolger erkoren. Die von der klugen Mama Occlo geführte Partei berief sich dagegen auf die Gesetze des Reiches. Demgemäß sollte der kleine Huayna Capac elfter Inka werden. Beide Thronprätendenten waren freilich noch Kinder. Für sie und in ihrem Namen sollten ihre miteinander verfeindeten Mütter diesen Palastkrieg, den Streit zwischen ihnen, entscheiden.

Nach einer nicht abreißenden Kette von Hofintrigen, die den Borgias alle Ehre gemacht hätte, zeichnete sich der Sieg für die äußerst durchtriebene Mama Occlo ab. Ihr war es gelungen, in ganz Tahuantinsuyu das, offensichtlich unwahre, Gerücht auszustreuen, ihre Rivalin hätte den Inka Tupac Yupanqui mit Hilfe des erwähnten Magiers durch ein Tropengift umgebracht.

Da die Konsultation des Zauberers auch die geistlichen Oberhäupter des Staates, die Priesterschaft, erzürnt hatte, die Militärbefehlshaber des Reiches – dem Vermächtnis Pachacutis treu – eher die »offizielle« Königin als die Favoritin unterstützten und das Gerücht über den Königsmord, den Chuiqui Occlo begangen haben sollte, die ganze öffentliche Meinung des Staates gegen das junge Mädchen aufgebracht hatte, wurde schließlich der minderjährige Huayna Capac zum neuen Inka bestimmt. Der andere Königsknabe – der Bastard Huari – wurde auf Lebenszeit in die Stadt Chinchero verbannt. Sieger, oder besser gesagt Siegerin, in diesem Palastkrieg wurde natürlich nicht der Knabe Huayna Capac, sondern seine Mutter Mama Occlo. Nun zeigte die alternde Königin, klein und häßlich wie sie war, ihr wahres Gesicht. Sie veranstaltete geradezu eine peruanische »Bartholomäusnacht«, in der die eifersüchtige Coya zuallererst die schöne Chuiqui Occlo mit einem Steinbeil erschlagen ließ. Dann wurden alle Verwandten und Verbündeten der unterlegenen Favoritin in der von Pachacuti einst errichteten staatlichen Folterkammer liquidiert.

Der Sieg der ehrgeizigen, grausamen Mama Occlo war aber – das sollte sich bald zeigen – erstaunlicherweise auch jetzt noch nicht endgültig. Ihr Sohn, der künftige elfte Inka, trug noch »kurze Hosen«. Deshalb betraute der Staatsrat – zum ersten Mal in der Geschichte Tahuantinsuyus – vorläufig einen Regenten namens Hualpaya mit der Regierung des Landes. Doch dieser, statt sich um die Geschäfte des Reiches zu kümmern, kannte selbst nur ein Ziel: Er wünschte, weder der Sohn Mama Occlos noch der Sohn der erschlagenen Chuiqui Occlo solle neuer Inka werden, sondern sein eigener Sohn!

Aus dem Streit der beiden Prätendenten und ihrer Mütter versuchte er, mit einem teuflischen Plan als der »lachende Dritte« hervorzugehen. Heimlich stellte er in den einzelnen Provinzen Einheiten ihm treu ergebener Männer auf, versorgte sie mit Waffen und legte in Cuzco selbst heimliche Waffenlager an – für den Fall, daß seine Parteigänger auch dort würden militärisch eingreifen müssen.

Die Verschwörung des Regenten gegen das Reich, eine Konspiration, von dem Mann organisiert, der nach dem Willen des Staatsrats Tahuantinsuyu auf Zeit regieren sollte, wurde durch einen lächerlichen Zufall aufgedeckt: In Limatamba, einem der »Kontrollpunkte« längs der Inka-Heerstraßen, wurden bei einer routinemäßigen Warenkontrolle versteckte Waffen in Säkken mit Kokablättern, die für Cuzco bestimmt waren, entdeckt. Jene, die sie heimlich in die Reichshauptstadt zu bringen versucht hatten, gestanden unter der Folter, daß die Waffen für den geplanten Staatsstreich von Hualpaya und seinen Verschwörern bestimmt waren.

Noch rechtzeitig erfuhr der Regent vom Verrat seiner Pläne, und an der Spitze seiner Truppen wagte er selbst einen Überfall auf die Quispicancha, den »Kristallhof«, in dem der designierte elfte Inka des Reiches residierte, der kleine Prinz Huayna Capac, Mama Occlos Sohn.

An jenem Tage rettete der der königlichen Familie treu ergebene General Huaman Achachi den kleinen Kronprinzen vor dem sicheren Tod. Mit ein paar Hundertschaften seiner Krieger traf er noch vor den Truppen des Regenten im Kronprinzenpalast ein. Es kam zu einem Gefecht, in dem die Verschwörer besiegt wurden. Hualpaya wurde gefangengenommen und wie ehedem die Geliebte des alten Inka, Chuiqui Occlo, auf die Folter gespannt und dann mit all seinen Anhängern hingerichtet.

Nun erst begannen die Tage des wahren Triumphes Mama Occlos. Ohne Rücksicht auf die Jugend ihres Sohnes und die daraus resultierende Unfähigkeit, ein Riesenreich zu regieren, setzte sie durch, daß er umgehend gekrönt wurde.

Damit wollte sie verhindern, daß eine neue Verschwörung die Thronbesteigung ihres Sohnes vereiteln könnte. In einer eilig über die Bühne gebrachten Zeremonie nahm der unmündige Prinz die Insignien der Inka-Macht entgegen. Obwohl noch ein Kind, wurde er gleich mit einer Tochter Mama Occlos, seiner kleinen Schwester Cusi Rimay, verheiratet.

Mit dem Triumph der zehnten Coya endete einer der grausamsten und intrigenreichsten Kämpfe um den Thron in der Geschichte des Inka-Reiches. Ein Ringen, diesmal nicht zwischen feindlichen Soldaten auf dem Schlachtfeld, sondern eines, das sich in den Mauern des Königspalastes, in Damen-Kemenaten, abspielte. Ein Kampf, den drei Kinder, ein machthungriger Regent und zwei Frauen gegeneinander geführt hatten und den schließlich diejenige zu ihren Gunsten entschied, die die Kunst der Hofintrige am besten beherrschte, die die »Geheimwaffen« List und Tücke am besten zu gebrauchen wußte, die die Politik des Giftes und Dolches am trickreichsten beherrschte – Königin Mama Occlo, die »Lucrezia Borgia« des alten Peru.

Neuer Herrscher wurde schließlich doch Huayna Capac, allen Gefahren zum Trotz, die auf diesem stürmischen Ozean höfischer Kabalen seine Thronfolge bedroht hatten. Und der elfte Inka vergaß nie, daß er seinen Thron einzig und allein seiner Mutter verdankte. Nach ihrem Tod machte Huayna Capac aus ihrem Picchu genannten Palast eines der wichtigsten Heiligtümer des Landes. Hier wurde die hohe Frau auch durch das Volk des Reiches verehrt, das natürlich keine blasse Ahnung hatte, auf welche »originelle« und zugleich rücksichtslose Weise sie in das Leben Tahuantinsuyus eingegriffen hatte. Zur Entfaltung des Totenkults der verstorbenen Mutter Huayna Capacs trug auch bei, daß die eifersüchtige Königin zufällig den gleichen Namen trug wie die legendäre Gattin und Schwester des ebenso legendären Begründers des Reiches, wie die echte Sonnenschwester – die erste Mama Occlo.

XVI.
HUAYNA CAPAC, EIN LANDESHERR AUF REISEN

Durch das Eingreifen Mama Occlos in die Geschicke des Staates der Sonnensöhne war anscheinend ein wesentlicher Wandel in Tahuantinsuyu eingetreten. Zu Pachacutis Zeiten und auch in den Tagen, als Tupac Yupanqui das Ruder des Staatsschiffs fest und ganz allein führte, waren alle Kräfte des Imperiums und seiner Führung, des königlichen Ayllu, der Elite der Inka, zum einen auf die ständige Expansion des Reiches gerichtet, zum anderen - und zwar, was die innenpolitische Struktur anbetrifft - auf die ebenso ständige Verbesserung der Ordnung im Staate.

Seit den Tagen des Palastkrieges begannen viele der höchsten Würdenträger Tahuantinsuyus, sich ebenso wie die Königinmutter dem hinterhältigen höfischen Ränkespiel zu widmen, wobei dem Schlauesten und Skrupellosesten der »große Preis« winkte: das Amt eines Herrschers, Regenten, Provinzgouverneurs. Diese »ansteckende Krankheit«, die den Zusammenhalt jener kleinen Gruppe Menschen untergrub, die allein die Geschicke des Reiches bestimmten, machte sich wie alle tödlichen Leiden anfangs noch kaum bemerkbar.

Der blutjunge Inka Huayna Capac leitete indes mit seinen bescheidenen Kräften die Staatsgeschäfte, so gut er konnte. Noch ein Kind, angeblich keine zehn Jahre alt, zeugte er mit seiner ebenso »alten« Schwester den legitimen Sohn Ninan Cuyochi. Zur gleichen Zeit gebar ihm eine weitere Schwester, auch eine leibliche Tochter Tupac Yupanquis namens Ruahua Occlo, den Sohn Huascar. Und bald darauf wurde ihm ein dritter – nicht ganz legitimer Sohn – Atahualpa geboren, dessen Mutter die schöne Tocto Koka war, eine seiner Nebenfrauen und zudem die letzte lebende Prinzessin aus der Dynastie der von den Sonnensöhnen überwundenen Herrscher oder Scyrs des ekuadorianischen Quito.

Huayna Capac liebte seine Kinder – die Söhne Ninan Cuyochi, Huascar und Atahualpa – sehr, doch eins war offensichtlich: Kaum war das Ringen um die Thronfolge in den Mauern der Paläste Cuzcos zu Ende gegangen, war bereits durch die Geburt dreier fast gleichberechtigter Söhne der Keim künftiger Zwietracht gesät.

Dem minderjährigen König bereitete die Frage der Thronfolge vorläufig nicht allzu großes Kopfzerbrechen. Auch ihm standen – wie einst seinem verstorbenen Vater – viele Feldzüge und Reisen durch die grenzenlosen Gefilde seines Reiches bevor.

Anfangs begab er sich nur auf kurze Besuchsreisen in die nahe Umgebung Cuzcos. Im Laufe der Jahre erwies es sich aber als nötig, die Verhältnisse in den südlichen und nördlichen Randgebieten Tahuantinsuyus zu stabilisieren. Der Inka selbst machte sich nach Norden auf, in das heutige Bolivien, dann nach Chile, und schließlich besuchte er auch Nordargentinien. Auf die andere Seite des Reiches, in das von neuem brodelnde Ekuador, setzte Huayna Capac seinen besten Heerführer, den General Huaman Achachi, in Marsch. Dieser hatte seinerzeit dem jungen Inka Thron und Leben gerettet.

Verfolgen wir zuerst einmal die Reise des Königs in den Süden des Reiches. Das Gebiet des bolivianischen Altiplano – das Land der Collo – war für die Sonnensöhne nun die wichtige Quelle zweier für sie äußerst notwendigen Ressourcen: Silber und Soldaten. Um in diesem für Tahuantinsuyu so wichtigen Gebiet den Frieden zu sichern, siedelte der Inka hier, vor allem im Gebiet von Cochamba, eine große Anzahl Quechua sprechender Kolonisten (in Gruppen) an. Er zwang auch die hiesigen Charca zu striktem Gehorsam und ließ zugleich eine lange Kette von Festungen und Forts zum Schutz gegen die bolivianischen Chiriguano-Indianer errichten – Menschenfresser, die im Gran Chaco Paraguays lebten.

Nach seinem Besuch in Bolivien führte Huayna Capac seinen Weg nach Süden fort. In Chile verbrachte er über zwanzig Monate und versuchte hier, die örtlichen Verhältnisse ganz den Inka-Vorbildern anzupassen. Zahlreiche Heiligtümer des Sonnenkultes ließ er errichten, vor allem in der Umgebung des Titicacasees und auf den Inseln im See. Dort, wo der Legende nach einst der erste Inka und die erste Coya – die leiblichen Kinder der Sonne – auf die Erde gekommen waren. Zur »Äbtissin«, Vorsteherin des großen Heiligtums auf der Titicacainsel Coati, bestellte der Inka seine erste Tochter. Durch diesen Staatsakt wurde die herausragende Bedeutung dieser heiligen Stätten noch stärker betont.

So zog der junge König Monate und Jahre fern von Cuzco im Süden seines Reiches umher und wirkte mit Erfolg und segensreich. Im Norden Tahuantinsuyus nahmen die Dinge aber einen anderen Verlauf: In Ekuador entbrannte ein gewaltiger Aufstand gegen die Inka. Die streitbaren Carangui wurden hier zu den stärksten Widersachern der Sonnensöhne. Ihre militärische Tapferkeit und Erfolge waren so groß, daß den Inka Gefahr drohte, aus diesem Teil Amerikas gänzlich vertrieben zu werden.

Daher mußte Huayna Capac, der begeisterte Weltreisende, seine Wanderung durch die Südlande abbrechen und die Nordregionen seines Reiches aufsuchen.

Cuzco stattete er nur eine Stippvisite ab. Da er nun offensichtlich für unabsehbare Zeit fern der Hauptstadt sein würde, vertraute er weiterhin die Verwaltung einem seiner drei vornehmsten Söhne an, und zwar demjenigen, der ihn auf seiner Reise nach Norden nicht begleiten sollte, dem schon erwähnten Huascar. Und obwohl Huayna Capac noch fast zwanzig Jahre lebte, war es ihm nie mehr vergönnt, in das Cuzco Huascars »heimzukehren« und die Geschicke seines Weltreiches von Cuzco aus zu lenken.

Zum ersten Mal in der Geschichte Tahuantinsuyus war durch den Inka Huayna Capac, den »Wanderer zwischen den Welten«, jene Maxime, jene »Gleichung« gestört, ja, geradezu aufgehoben, die da besagte: »Der Inka ist Cuzco, und Cuzco ist der Inka.« Obwohl anfangs kaum spürbar, so verlor sich – da diese Identifikation, diese Identität von Herrscher und Hauptstadt aufgehoben wurde – wieder ein wichtiges Element der Existenz des indianischen Peru. Denn was wäre der Kaiser ohne sein Rom?

XVII.
LIEBE ZUM NORDEN

Der kaum zwanzigjährige Inka Huayna Capac stellte sich vorderhand keine philosophischen Fragen über die Beziehung zwischen dem Reich, seiner heiligen Metropole und ihrem Herrscher. Dafür widmete er sich neuen Aufgaben: Er hob eine große kampfkräftige Armee aus, um den Aufstand im Norden niederzuschlagen. Sein Expeditionskorps bildeten diesmal Elite-Einheiten des Adels von Cuzco vor allem die aus Bolivien »ausgesiedelten« Collo.

Mit dem blutjungen König zogen auch sein zehnjähriger Kronprinz Ninan Cuyochi und dessen Halbbruder Atahualpa in den Krieg. Der dritte des prinzlichen »Dreigestirns«, Huascar, blieb auf Weisung seines Vaters vorläufig in Cuzco. Obwohl erst etwa zwölf Jahre alt, wurde er – für den Fall, daß sein Vater etwa im Gefecht fiele und auch seine Brüder umkämen – von Huayna Capac zum Thronerben bestimmt. (Dem Inka wurden übrigens noch zwei legitime Söhne, Manco und Paullu, geboren, die dann beide bei der Eroberung des Landes durch die Spanier eine bemerkenswerte Rolle spielen sollten.)

Die gegenwärtigen Hauptfeinde der Inka, die nördlichen Rebellen, die sich Carangui nennen, siedelten in Nordekuador und Südkolumbien, am äußersten »oberen Ende« Tahuantinsuyus.

Zu Lebzeiten von Huayna Capacs Vater, Tupac Yupanqui, hatten sich die Carangui den Inka formell unterworfen. Nun aber ließen sie die Maske fallen und kündigten den vorgespielten Gehorsam auf, erklärten den Sonnensöhnen den Krieg und brandeten dann wie ein Sturmwind gegen eine Kette von Inka-Festungen im Norden Ekuadors und im Süden des heutigen Kolumbien. Die Carangui-Krieger eroberten fast alle Festungen und schickten sich an, auch gegen die Metropole des von den Inka beherrschten Ekuador, gegen Huayna Capacs Lieblingsort Quito, zu ziehen. Auch das Eintreffen eines großen von dem Inka selbst kommandierten Inka-Heeres konnte vorläufig keine grundlegende Änderung herbeiführen. In der Schlacht am Berge Cotocacha gelang es den Carangui-Kriegern, den Inka selbst aus seiner Sänfte zu reißen – allein das rechtzeitige und todesmutige Eingreifen einiger seiner Getreuen rettete den Inka vor dem Verderben.

In den Kämpfen gegen die Carangui versagten seltsamerweise die früher stets als stählerner Kern aller Inka-Heere bekannten Elite-Truppen, die sich aus dem Adel Cuzcos rekrutierten. Vor allem gegen sie richtete sich nach jenem peinlichen Zwischenfall in der Schlacht am Cotocacha, der Zorn des Inka. Er bestrafte sie auf recht ungewöhnliche Weise: Er entkleidete sie all ihrer Privilegien und setzte sie sogar auf »halbe« Ration.

Die betroffenen Edelleute, unter ihnen viele Verwandte des Inka, vergalten dem Sonnensohn die Demütigung mit blankem Haß. Unter Führung des Generals Michi bereiteten sie eine Meuterei gegen Huayna Capac vor. Während sein Heer in Tumibamba lag, einer stattlichen Provinzhauptstadt der Inka, sollte der Inka gestürzt und getötet werden. Doch schließlich wurde noch ein Kompromiß geschlossen: Huayna Capac hob nicht nur die erniedrigenden Strafen auf, sondern überließ zusätzlich den rebellierenden Offizieren viele Goldgeschmeide aus den Schatzkammern des Reiches – und aus dem dortigen Kloster der Sonnenjungfrauen auch viele schöne Mädchen.

Nach einer derart erkauften Versöhnung konnte der Krieg gegen die Carangui weitergehen. Den Oberbefehl über das Heer vertraute der Inka dem General Auqui Toma an, einem Mann von wirklich bullenbeißerischer Ausdauer. Zugleich verfügte Huayna Capac, daß im ganzen Reich neue Soldaten ausgehoben und die gelichteten Reihen des Expeditionskorps durch neue Kräfte verstärkt würden. Mit diesen frischen Reserven griff Auqui Toma die Hauptfestung der Carangui an, die von fünf Gürteln mächtiger Wälle umgeben war.

Unter gewaltigen Opfern schlug er sich mit seinen Männern wirklich bis ins Herz der Festung durch. Als bald danach die Inka-Truppen aus der Festung abzogen, schien es, als hätten sie den Rückzug angetreten. Die Carangui nahmen daraufhin die Verfolgung der ermatteten, nun fliehenden Angreifer auf, doch kaum hatten sie sich von den Mauern ihrer gewaltigen Zitadelle entfernt, wurden sie schon von zwei im Hinterhalt lauernden großen Truppenteilen der Inka angegriffen. Diese in der Kriegsgeschichte bereits bekannte Finte - den Feind aus dem Schutz seiner sicheren Mauern herauszulocken - war Auqui Toma glänzend gelungen. So wurden nun am Hange des Cotocacha, wo kurz vorher der Inka beinahe umgekommen wäre, die Carangui bis auf den letzten Mann niedergemacht.

Huayna Capacs Rache kannte keine Gnade, selbst die übrigen Angehörigen des Carangui-Volkes, d.h. ihre Frauen und Kinder, wurden von den Sonnensöhnen wie wilde Tiere niedergemetzelt. Jedes eroberte und von den Carangui »gesäuberte« ekuadorianische Dorf besiedelte der Herrscher umgehend mit Quechua sprechenden Kolonisten aus der Gegend von Cuzco.

Nach und nach wurden die Carangui-Indios völlig ausgerottet. Widerstand leistete lediglich eine kleine Schar von Flüchtlingen, die einer der letzten Häuptlinge dieses dem Untergang geweihten Indianervolkes namens Pinta führte. Diesem Pinta sollte noch eine besondere Ehre zuteil werden: Er war der letzte lebende Angehörige seines Volkes. Nachdem man auch ihn gefangengenommen hatte, sollte er auf Wunsch Huayna Capacs als einziger seines Stammes von den Siegern geschont werden - möglicherweise als exotische Zierde für die Kuriositätensammlung des Inka. Diese zweifelhafte Gnade des Inka wies der letzte Carangui jedoch zurück. So wurde auch er erschlagen und sein Leib, ebenso wie die sterblichen Überreste anderer Staatsfeinde Tahuantinsuyus, in eine der rituellen Trommeln aus Menschen-»Fell« verwandelt und dergestalt nach Cuzco geschickt.

Nach zwölf langen Jahren des Krieges erlebte der Inka Huayna Capac endlich im Norden seines Reiches den langersehnten Triumph. Er kehrte aber nicht nach Cuzco zurück, denn, in Tumibamba geboren, fühlte er sich offensichtlich hier im Norden wohler als in seiner Residenzstadt. Seine Vaterstadt Tumibamba schmückte Huayna Capac dann als Beweis für seine Zuneigung zu diesem Ort und darüber hinaus zu diesem Land mit vielen prächtigen Bauwerken, u.a. mit dem neuen Inka-Palast »Mollecancha«. Und hier schufen seine Handwerker – neben dem von Cuzco – einen zweiten goldenen Garten Tahuantinsuyus, ebenfalls mit goldenen Tieren und Schmetterlingen sowie goldenen Bäumen und Pflanzen.

In Huayna Capacs Tumibamba standen nun auch zahlreiche Tempel und Heiligtümer, darunter der mit Goldplatten verkleidete Tempel der Mama Occlo, die Gedenkstätte dieser genialen Intrigantin, die Huayna Capac hier einst zur Welt gebracht hatte. Außerdem ließ der dankbare Sohn dort noch eine überlebensgroße Statue seiner seligen Ahnin aufstellen; und in dem hohlen »Leib« der goldenen Mutter wurde die allerkostbarste Reliquie aufbewahrt: die einbalsamierte Plazenta, von der sich Huayna Capac im Leib seiner Mutter genährt hatte.

Huayna Capac hielt sich aber nicht nur ständig in seinem nördlichen Geburtsort Tumibamba auf, sondern auch recht oft in Quito, ein Ort, den er wohl noch mehr liebte als Tumibamba. Von hier – und nicht von Cuzco – regierte er sein Reich. In Quito mußte der Inka auch einen neuen Kampf austragen, einen unvergleichlich schwereren als das zwölfjährige Duell mit den Carangui. Denn alle Bewohner des Reiches wurden von einer Seuche bedroht, die die Indianer bis dahin nicht gekannt hatten und gegen die sie völlig macht- und wehrlos waren. Eine furchtbare Krankheit, überdies noch eine, die nicht nur einzelne, sondern Millionen Menschen befiel und ganze Völker hinwegraffte. Eine Epidemie, die, so glaubte Huayna Capac, die weißen Männer, die an der Küste Ekuadors gelandet sein sollten, in die Welt der Indianer getragen hatten, selbst wenn sie gar nicht nach Quito in die Berge gekommen waren. Die Bärtigen, von denen auch die weisesten seiner Amautu nicht eindeutig sagen konnte, ob es wirklich Menschen oder Götter, also Sendboten Viracochas, waren.

Die Macht der weißhäutigen Menschen mußte, so schien es dem Inka, gewaltig sein, wenn sie über solch eine furchtbare Seuche geboten. Gegen die Epidemie, vielleicht waren es die Blattern, vielleicht auch die Beulenpest, die sein Volk hinwegraffte, versuchte man sich durch strenges Fasten und Gebete zu wehren. Doch nichts wollte helfen. Auch der Inka steckte sich an.

Und so erlag der indianische Herrscher bald darauf in Quito der europäischen »Pest«.

So starb der Mann, der den Norden seines Reiches so liebte, der ewig ruhelose, fast immer umherziehende und auch fast immer streitende elfte Inka an einer Krankheit, nicht an einer im Kampf empfangenen Wunde, er, der »Herr der Welt auf Reisen«, der »Kaiser« Huayna Capac.

XVIII.
INKA HUASCAR, DER SELBSTGEKRÖNTE

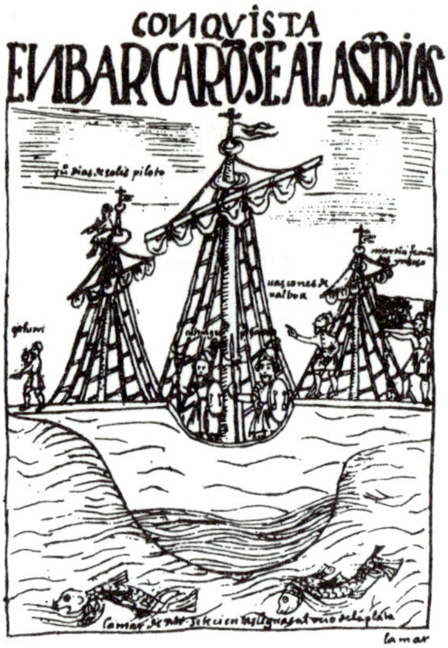

Mit Huayna Capac, dem elften Inka, starben rund eine viertel Million Indios an der geheimnisvollen Seuche des weißen Mannes. Auf dem Totenbett fand Huayna Capac noch Zeit, seine zwei letzten, schicksalträchtigen Wünsche zu äußern: Der wirklich legitime Thronfolger - Prinz Ninan Cuyochi - solle seine Nachfolge antreten, und ihn selbst solle man - wenigstens nach seinem Tode - wieder in die gesetzliche Hauptstadt Tahuantinsuyus, nach Cuzco, heimführen. Nicht nur, um ihn hier zur ewigen Ruhe zu betten, sondern auf daß wenigstens seiner Mumie jene Huldigung zuteil werde, jener »römisch« triumphale Empfang, der nach den Traditionen des Reiches einem Herrscher gebührte, der von einem siegreichen Feldzug nach Cuzco heimkehrte.

Tatsächlich wurde die Mumie Huayna Capacs später als mächtiger und »lebender« Sieger des ekuadorianischen und kolumbianischen Krieges gefeiert. Doch der zweite Wunsch des Inka, sein Letzter Wille, daß Ninan Cuyochi die Herrschaft des Reiches antrete, ging nicht in Erfüllung, denn auch der blutjunge Prinz, der mit seinem Vater ebenfalls ständig fern von

Cuzco gelebt hatte, war von der seltsamen fremden Krankheit angesteckt worden und dieser apokalyptischen Seuche erlegen. So kehrten der Vater und sein designierter Nachfolger, der noch nicht die Zeit gefunden hatte, sich die Inka-Krone aufs Haupt zu setzen, erst nach ihrem Tode nach Cuzco heim.

Über den von Huayna Capac zum Thronerben bestimmten Prinzen Ninan Cuyochi wissen wir sehr wenig, so daß es schwerfällt, ihn zu würdigen. Er starb zu jung. Und er lebte stets an der Seite, doch auch ganz im Schatten, seines energischen Vaters. Was aber soll man von diesem Vater Huayna Capac sagen, der verhältnismäßig lange lebte und sein Imperium fünfunddreißig Jahre regierte?

Einen Staatsmann, und vor allem das Oberhaupt solch eines gewaltigen Reiches, muß man nach seinen Taten würdigen – und zwar nach seinen Friedens-, nicht nach seinen Kriegstaten. Dieser Huayna Capac sorgte aber zumeist nur auf dem Schlachtfeld für das Wohl seines Reiches. Und er erreichte durch die Niederwerfung der Carangui – wenigstens auf den ersten Blick – auch wirklich den Sieg in dem längsten Krieg, den die Inka je führten, für Tahuantinsuyu. Im Norden erweiterte Huayna Capac die Grenzen des Reiches, festigte sie mit militärischer Macht und schob sie weit auf das Gebiet des heutigen Kolumbien vor.

Bei seinem großen Feldzug im Süden stabilisierte der Inka Huayna Capac mit seinen Soldaten die Macht der Inka in Chile und Argentinien sowie auf den Hochebenen und in den Niederungen Boliviens. Im ganzen Reich Tahuantinsuyu herrschte nun wieder der typische »Friede der Inka«, der jedoch im Norden durch einen langen Krieg erzwungen, im Süden sodann durch die Stationierung riesiger Militärkontingente gesichert wurde. Durch Friedenstaten, durch großartige Reformen – vergleichbar den Taten Pachacutis –, durch »Akte«, mit denen er zur wirtschaftlichen oder kulturellen Entwicklung Tahuantinsuyus beigetragen hätte, ist Huayna Capac kaum in die Geschichte des Sonnenreiches eingegangen.

Im Gegenteil, er zersetzte auf seine Art die Struktur des Reiches, zerstörte seine althergebrachte Ordnung; denn Cuzco, den Nabel der Welt – wie die Inka ihre Hauptstadt nannten –, beraubte er seiner ganz herausragenden Rolle.

Aufgrund Huayna Capacs Vorliebe für die nördlichen Lande seines Reiches – für Ekuador und namentlich für dessen Metropole Quito – hatte das Imperium nun zwei »Hirne«, von denen die gleiche Kraft auszugehen schien. Doch ein Organismus wie der des Inka-Reiches konnte nur durch ein Zentrum dauerhaft Bestand haben. Die Sympathie des Herrschers zum Norden des Reiches – selbst der Stadt Quito gab er vor Cuzco den Vorrang – wurde schließlich zu einem Bumerang, der aber erst nach seinem Tod für den Staat seiner Nachfolger zum Tragen kam.

Vorläufig war das noch Zukunftsmusik. Wenn schon die »weiße Krankheit« die Menschen so schnell dahinraffte, so hatte Ninan Cuyochi den ihm vom Vater zugedachten Thron schon verloren, ehe er überhaupt das Zeitliche gesegnet hatte.

Unter den unzähligen Söhnen Huayna Capacs nahmen die bereits erwähnten drei, die als Thronprätendenten in Frage kamen, eine Vorzugstellung ein: Der inzwischen verstorbene Erstgeborene aus der ersten legitimen Ehe des Inka, Ninan Cuyochi, dann Atahualpa – beide hatten sowohl während des Krieges gegen die Carangui wie auch in Friedenszeiten stets mit ihrem Vater im Norden gelebt, in Ekuador und vor allem in der Stadt Quito. Der dritte »im Bunde« der Prinzen war der ebenso alte, oder besser gesagt junge, Huascar.

Dieser hatte sich – im Unterschied zu seinen Brüdern – auf Wunsch des Vaters ständig in Cuzco aufgehalten, nicht aber an den Feldzügen teilgenommen. Daher erwartete ihn nun – nach dem plötzlichen Tod des elften Inka – der erste Kampf. Huascar mußte mit seinen Brüdern um den väterlichen Thron ringen. In einem solchen Kampf gewinnt meist – ähnlich wie im Kartenspiel – derjenige, der die erste Karte ausspielt. Der machtgierige Huascar zögerte nicht lange und rief, sobald er vom Tode seines Vaters in Quito erfahren hatte, sich zum neuen Inka aus.

An die Vornehmen Cuzcos, an den Hochadel und vor allem an die übrigen Söhne des Inka verteilte er mit vollen Händen reiche Präsente. Er verpflichtete sie sich durch Gold, Edelsteine und schöne Frauen, die er an sie verschenkte. Zugleich suchte er jene, die seine Usurpation des Thrones hätten ernstlich bedrohen können – wie den Prinzen Cusi Atuachi –, auszustechen. Er ließ seine potentiellen Gegner umbringen, foltern, oder er warf sie zumindest in den Kerker.

Weil die Krönung des neuen Inka aber laut Gesetz nur der Hohepriester des Sonnenkults vornehmen durfte – dieser natürlich bei seinem verstorbenen Herrn, Huayna Capac, in Quito weilte und zudem den Letzten Willen des Inka kannte, wonach Prinz Ninan Cuyochi künftiger Herrscher des Reiches werden sollte –, ernannte Huascar aus den Reihen seiner Getreuen einen eigenen Hohepriester. Im Grunde beauftragte er zwei, die ihm dann bereitwillig die Krone von Tahuantinsuyu, des Reichs der vier Weltgegenden, aufs Haupt setzten.

Seiner perfekten Inszenierung fehlte allerdings noch etwas: In Tahuantinsuyu war es Sitte, daß der neue Inka sich in den Tagen seiner offiziellen Thronbesteigung auch offiziell vermählte. Deshalb bat Huascar seine Mutter um die Hand seiner Schwester Chuqui Huipa, doch wurde er abgewiesen, da der Mutter seine Methoden mißfielen! Hinter diesen Satz sollte man sogar zwei oder drei Ausrufezeichen setzen. Nie zuvor – und natürlich auch nie danach – gab es in der Geschichte des Inka-Reiches eine derartige Situation. Der königliche Freier aber löste die ganze Affäre wieder auf die für ihn, Huascar, typische Art: Auf seinen Befehl machten sich einige, in prächtige Gewänder gehüllte Männer, die Viracocha und die übrigen Inka-Gottheiten darstellen sollten, aus der Coricancha, dem Nationalheiligtum des Staates, auf den Weg zur Mutter Huascars. Die als Götter verkleideten Priester baten durch »den Mund der Götter« Huascars Mutter neuerlich um die Hand der anmutigen Chuqui Huipa. Solch einer Bitte, geradezu einem Befehl der Götter, konnte die Königinmutter sich nicht widersetzen. Und so kam es zu der festlichen Hochzeit und bald darauf zu der noch prunkvolleren Krönung, in Wirklichkeit zu einer »Selbstkrönung« des Inka Huascar.

Das Volk von Cuzco war jedoch von dieser pompösen Zeremonie nicht besonders erbaut. Viele Cuzcaner saßen im Kerker, andere fürchteten sich einfach vor den unberechenbaren Einfällen Huascars (er nannte sich fortan Tupac Cusi Hualpa), den viele in Stadt und Reich für halbverrückt hielten und der geradezu krankhaft von einem unstillbaren Machthunger besessen war. Daß er dem Reich der Sonnensöhne nur Unglück bringen werde, daran glaubten alle fest. In dieser Vorahnung sollten sich die Inka-Indianer Perus leider nicht getäuscht haben.

Auf den ersten Blick schien alles in Ordnung zu sein: Cuzco war wieder, doch wirklich nur auf den ersten Blick, das Herz, das einzige Zentrum des Reiches. Auch die offensichtlich von jenen seltsamen weißhäutigen Wesen eingeschleppte Seuche war bereits abgeflaut. Die »Weißen« selbst – vielleicht Götter, Viracochas bärtige Sendboten – hatten vorläufig noch nicht ihren Fuß auf den Boden Tahuantinsuyus gesetzt. Hier, am Nabel der Welt, fand eine glorreiche Krönung statt. Von den drei privilegierten Söhnen Huayna Capacs nahm aber nur einer daran teil, und zwar derjenige, der nur durch seinen eigenen Willen das Regiment über den Staat seines Vaters in die Hand nahm, der zwölfte Inka Huascar. Der zweite der drei Brüder, Ninan Cuyochi, lag im Sterben. Und der dritte, Atahualpa, erschien gar nicht zur Krönung Huascars. Er fühlte sich dort sicherer, wo er in Gesellschaft seines Vaters die meiste Zeit seines Lebens verbracht hatte, im Norden, in den Bergen Ekuadors, in der schönen Stadt Quito, zu Huayna Capacs Zeiten wirklich der inoffiziellen zweiten Hauptstadt des Inka-Reiches.

Da an der pompösen Selbstkrönung Huascars zwar an die vierzig Stiefbrüder des neuen Inka teilnahmen, nicht aber Atahualpa, fragten sich die Menschen dieser Stadt, ja, dieses Staates: »Wo ist der vornehmste, der erste Ehrengast bei der Krönungsfeier geblieben? Wo ist Huascars wichtigster Bruder? Was tut er? Wo weilt er am heutigen Tag? Und wo wird Huascars Bruder morgen sein, was wird er in Zukunft unternehmen?«

Diese Fragen beschäftigten die Menschen Cuzcos, und insgeheim fügten sie, wohl zu Recht, noch etliche hinzu:

»Was wird Bruder Atahualpa morgen tun? Und was in einigen Jahren? Und was wird aus dem Inka-Reich, was geschieht mit ihm in ein paar Jahren? Und wird die Sonne auch künftig dem Reich der Sonnensöhne scheinen, wird sie auch weiterhin über dem Reich erstrahlen? Erwartet den Staat zweier Brüder Eintracht und brüderliche Liebe oder Hader und Bruderhaß?«

XIX.
EIN BRUDERZWIST IM HAUSE DES INKA

Prinz Atahualpa lebte also in Quito, dem »zweiten Herzen« des Reiches; Tahuantinsuyu besaß nun, wie einst das Römerreich, zwei Metropolen – das »südamerikanische Rom«, Cuzco, und ein »amerikanisches Konstantinopel«, Quito. Ob Atahualpa auch davon träumte, als Provinzgouverneur in Quito zu residieren oder das Amt eines »Vizekönigs« mit Sitz in Quito auszunutzen, bleibt offen. (Den Titel eines »Vizekönigs« – Incap Ranti – gestand Huascar seinem Bruder auch wirklich zu.)

Daß Atahualpa nach höherem strebte, ohne einen offenen Streit mit seinem in Cuzco residierenden Bruder vom Zaun zu brechen, steht aber fest. Täglich schickte er zum Zeichen seines Wunsches nach vollständiger Aussöhnung Abgesandte mit reichen Geschenken zu Huascar nach Cuzco. Die fünfköpfige Gesandtschaft Atahualpas wurde von einem höchst bemerkenswerten Mann geführt – dem jungen Edlen Quillaco Yupanqui; er war an der Seite des künftigen Inka in der Familie der Mutter Huascars aufgewachsen, so daß Atahualpa annehmen konnte, er werde am Hofe Huascars gewiß offene Türen und auch bei dem Herrscher ein offenes Ohr finden.

In Anta, der damaligen Residenz für Staatsgäste, lernte Quilaco die Tochter Huascars, Cori Cuillor (Goldener Stern), kennen und verliebte sich unsterblich in sie. Da sie die Sympathien des Gesandten mit unverhohlener Leidenschaft erwiderte, wurde sie aus Liebe zu Quilaco Atahualpas wichtigste Spionin am Hofe ihres Vaters!

Vorläufig kam Atahualpas Gesandtschaft noch mit friedfertigen Absichten: Sie brachte aus Quito wertvolle Gaben mit und bat um eine Audienz beim zwölften Inka, die schließlich auch gewährt wurde. Sie verlief dann aber nicht ganz nach den Regeln des (damaligen) diplomatischen Protokolls: Kaum hatten die Sendboten Atahualpas die Empfangshalle betreten, wurden sie der Spionage bezichtigt, ihre Geschenke verbrannt und sie selbst hingerichtet – mit Ausnahme des geheimen Liebhabers der Tochter Huascars, Quilaco, der durch eine günstige Fügung des Schicksals verschont blieb.

Auf Befehl des Inka wurde er »nur« in Frauenkleider gesteckt und »als Hure seines treubrüchigen Herrn Atahualpa« nach Quito zurückgeschickt.

Huascars unerhörte Freveltat entsprach einer Kriegserklärung. Der neue mächtige Inka rüstete also gegen seinen eigenen Bruder, der wohl über eine ebenso große Streitmacht verfügte und tatsächlich über den ganzen Nordteil Tahuantinsuyus gebot. Huascars provozierende Haltung hatte im Grunde Atahualpa dazu gezwungen, die Verhältnisse zu »legalisieren« und sich – hier im Norden – zum souveränen Herrscher ausrufen zu lassen. Das Schisma der Inka war vollkommen. In den Bergen Südamerikas standen sich nun zwei »Kaiser« gegenüber, von denen jeder das ganze Reich beherrschen wollte. Und tragischerweise waren die beiden Kaiser Blutsbrüder, Söhne eines Vaters.

In diesem Bürgerkrieg – wohl auch Bruderkrieg – der »Atahualpisten« gegen die »Huascaristen« standen sich auf den Schlachtfeldern insgesamt etwa dreihundertzwanzigtausend Soldaten gegenüber. Und hunderttausend Menschen sollten in diesem größten Indianerkrieg des vorkolumbianischen Amerika auf dem Felde der Ehre ihr Leben lassen. In einem Krieg, in dem es zu fünfzehn großen Schlachten und unzähligen Gefechten und Scharmützeln kam.

Die Heere der beiden Brüder wurden – zumindest anfangs – nicht von den Inkas selbst, sondern von ihren Generälen kommandiert: Huascars Truppen von seinem ihm ergebenen Stiefbruder Huanca Auqui, Sproß einer der vornehmsten Nebenlinien des königlichen Ayllu. Atahualpa aber wählte seine Heerführer nach anderen Kriterien und vor allem aus anderen Kreisen aus: Den Oberbefehl über seine Armeen legte er nicht in die Hände vornehmer Inka-Edelleute – gemäß der Tradition in Tahuantinsuyu –, sondern vertraute ihn ekuadorianischen Landsleuten, fanatischen Kriegern, an, die gleich ihm danach strebten, von hier, vom Norden aus, die Herrschaft über ganz Tahuantinsuyu zu erringen. Zu diesen Männern, die kaum etwas zu verlieren, aber fast alles zu gewinnen hatten, gehörten in erster Linie die zwei wohl bedeutendsten, die Generäle Challcochime und Quisquis, wie auch Atahualpas weitere Unterführer Ruminahui und Ucumari. Zusammen mit ihren Truppen errangen sie gleich in der ersten Entscheidungsschlacht dieses Krieges – im Kampf gegen die Canari-Indianer, die Huascar die Treue hielten – einen glorreichen Sieg.

Zu den bedeutendsten Kämpfen mit den Canari kam es an der Südgrenze des heutigen Ekuador und im Bereich ihres Hauptzentrums, Cusibamba. Die zahlenmäßig unterlegenen Canari wurden besiegt und von Atahualpas Generälen, die nicht weniger grausam waren als der blutige Huascar, bis auf den letzten niedergemacht. Dieser Sieg fand in Tahuantinsuyu großen Widerhall. Zudem errangen Atahualpas Generäle bald darauf in diesem Teil Perus erneut einen Triumph, als sie in der großen Schlacht bei Chochahuaylas das Heer der dem Inka Huascar ergebenen Chachapoya-Indianer bezwangen.

Von den zehntausend Chachapoya fielen bei Chochahuaylas nicht weniger als achttausend. Atahualpas Truppen konnten Cajamarca, den tragischsten Ort dieses Teils des Landes, einnehmen. Nach dem Verlust von Cajamarca machte die Partei Huascars das Gebiet um die Stadt Jauja zum Kern ihrer Verteidigung. Doch nach der erbitterten Schlacht an der Mantara-Brücke – an die zehntausend Tote gab es hier – besetzten Atahualpas Generäle auch diesen extrem wichtigen Knotenpunkt.

Hier darf folgender Hinweis nicht fehlen: Die detaillierten Spionageberichte, die Huascars eigene Tochter aus Cuzco heimlich an ihren »Romeo« im anderen Lager, den Fürsten Quillaco, sandte, sollen zu diesem äußerst wichtigen Sieg des Nordheeres in der Schlacht an der Mantara-Brücke nicht unmaßgeblich beigetragen haben.

Die Niederlage am Mantara ließ Huascar auch die Nerven verlieren, denn wie von Sinnen wütete er fortan. Er setzte den Oberbefehlshaber seiner Armee, Huanco Auqui, ab und ernannte statt dessen den fanatischen Mayca Yupanqui. Zugleich ordnete er in Cuzco eine Art allgemeiner Mobilmachung an.

Die derart schnell zusammengerafften Truppen setzte er dann unter dem Kommando des erwähnten Mayca Yupanqui wieder in die Gegend um Jauja in Marsch. Doch wiederum wurden die Truppen geschlagen, diesmal an dem von den peruanischen Indianern Yanamarca (»Schwarzort«) genannten Ort, wo Quillaco, der Geliebte der Tochter Huascars, die gegnerischen Truppen befehligte.

Huascars Niederlage bei Yanamarca konnte – so schien es anfangs – das Ende des Bürgerkriegs bedeuten. Selbst der Inka Huascar, der vor kurzem noch selbstsicher und hoffärtig den Thron des größten Indianerreiches in Südamerika bestiegen hatte, glaubte nicht mehr an einen Sieg seiner Partei. Doch seine Berater versuchten seinen Pessimismus zu zerstreuen: Da im Süden, in Bolivien, noch weitere frische Truppen vorhanden seien, machten sie ihm den Vorschlag, er möge doch jene seltsamen weißen Leute (oder Götter) um Beistand bitten, die angeblich am Rande Tahuantinsuyus umherstreiften. Schließlich brachte das Orakel des alten Peru, das »Delphi« des Indianerreichs, Pachacamac, die entscheidende Wende, wurde doch geweissagt: »Wenn der Inka selbst sich an die Spitze seines Heeres stellt, wird er siegen. Und sein Bruder Atahualpa wird vernichtet werden.«

Huascar befolgte den Orakelspruch. Er selbst ergriff die steinerne Streitaxt und zog in den Krieg. Zu dieser wirklich allerletzten Schlacht des Bürgerkriegs kam es dann unweit des Flusses Cotapampa, am Eingang zu dem Paß gleichen Namens, südlich des bekannten Apurimac.

In der Schlacht bei Cotapampa entwickelte sich der Kampf anfangs tatsächlich gemäß der Weissagung. Huascar trieb Atahualpas große »Armeekorps« unter dem Kommando der Generäle Challcime und Quisquis in eine mit dem Andengras Ichu bestandene »Pampa« und ließ das Gras in Brand stecken. In dem wütenden Feuer wurden viele Soldaten, im wahrsten Sinne des Wortes, zu Tode geröstet. Am folgenden Tag wollte Huascar einen weiteren Angriff wagen, der die militärische und politische Lage in Peru von Grund auf ändern sollte, ja, der das Kriegsglück auch wirklich hätte wenden können. Doch zufällig fiel ein verwundeter Offizier der Cuzcaner Atahualpas Kundschaftern in die Hände und verriet unter der Folter Huascars Schlachtplan an die Nordarmisten.

Atahualpas Generäle paßten ihre Operationen den Plänen des Gegners an. Mehr noch: Da sie die Absichten Huascars kannten, gründeten sie eine eigene Kriegslist darauf. Bei dem Treffen am nächsten Tag täuschten sie einen Rückzug vor. Inka Huascar durchschaute die Kriegslist nicht, verfolgte die »Fliehenden« und geriet dabei in einem Hohlweg in einen Hinterhalt. Wie Wölfe auf das gehetzte Wild stürzten sich nun die »Kohorten« der beiden Nordgeneräle auf Huascars Truppen, und fast alle seiner aus Cuzco stammenden Krieger fielen in dieser letzten Schlacht des Bürgerkriegs.

Den Inka selbst verschonten die Sieger vorläufig. Doch nur, damit er später Augenzeuge der Demütigung seiner Metropole werde und zudem auch das blutige Massaker an all seinen Verwandten und Getreuen erlebe. Und der Sieger – der Herr von Quito –, nun neuer Herrscher des ganzen Reiches, erwies sich als ebenso grausam wie sein blutrünstiger Bruder, den er in offener Feldschlacht besiegt hatte.

XX.
WENN CUZCO BLUTET…

Nachdem sie ihren Hauptfeind – den jetzt nur noch einstigen »Inka« Huascar – überwunden und gefangengenommen hatten, stürzten sich Atahualpas Generäle auf Cuzco, die Stadt, die die drei Männer aus Quito so haßten. Und damit die alte Hauptstadt Tahuantinsuyus ihre privilegierte Stellung und ihren himmelstürmenden Stolz nie mehr wiedergewinne, wurden zuerst seine Priester, seine Weisen und Künstler und vor allem die näheren und ferneren Verwandten Huascars »liquidiert«.

Bevor wir aber die unglaublichen Repressalien schildern, denen Cuzco und seine Bewohner damals ausgesetzt, ja, ausgeliefert waren, zunächst noch ein paar Worte über den Mann, der als Initiator in diesem brudermörderischen Kampf so glorreich triumphiert hatte: den Sieger des Bürgerkrieges Atahualpa, für den zwar seine begabten Feldherren, die eigentlichen Sieger, die meisten Schlachten gegen seinen Stiefbruder geschlagen hatten, der aber auch selbst schon früh als Soldat im Felde große Tapferkeit bewiesen hatte.

Atahualpa war gewiß ein fähigerer Soldat und Staatsmann als sein Stiefbruder Huascar, der sich kurz zuvor »von eigenen

Gnaden« die Krone des Reiches aufgesetzt hatte. Er soll auch anmutiger und persönlich von gewinnendem Wesen gewesen sein. Sogar manche Spanier, die den neuen souveränen Herrscher von Tahuantinsuyu später gefangennahmen, schilderten Atahualpa als fast sympathisch.

Atahualpa war im Norden des Reiches als Sohn der letzten Prinzessin von Quito geboren. Er war also der letzte lebende Nachkomme der Dynastie der einst so mächtigen ekuadorianischen Scyrs, die vor nicht allzu langer Zeit von den Sonnensöhnen grausam gedemütigt worden waren. Die Mutter des Knaben Atahualpa hatte das Herz Huayna Capacs so sehr gewonnen, daß er – vor allem ihretwegen – aus dem Quito der Scyrs eigentlich das zweite Herz des Reiches gemacht hatte. Und die Partei Atahualpas behauptete sogar – bevor der Sohn der Prinzessin in dem Bürgerkrieg so ruhmreich siegte und so ganz Peru für sich gewann –, daß sein Vater, der Inka Huayna Capac, auf seinem Totenbett Tahuantinsuyu überhaupt in zwei Teile geteilt habe. Den Norden – das Vizekönigreich Quito, also Ekuador – habe der Verstorbene durch sein Testament Atahualpa vermacht, den übrigen Teil des Imperiums (angeblich) in die Macht des Inka Huascar gegeben.

Atahualpa war also ein Sohn des Nordens, in dessen Adern das Blut der Scyrs von Quito floß. Und so sah der streitbare Prinz in diesem Nordland stets seine Heimat und nicht in dem stolzen Cuzco. Den Krieg gegen Huascar betrachtete Atahualpa als Krieg gegen Cuzco – und gegen die Leute von Cuzco. Zu den ihm verhaßten Cuzcanern gehörten seiner Auffassung nach auch jene, deren Blut – im Unterschied zum Blut des Prinzen aus Quito – nicht durch eine »unwürdige Mesalliance« befleckt war, also die vollblütigen Angehörigen des königlichen Ayllu, d.h. die traditionelle Elite des Landes, aus der sich alle höheren Staatsbeamten, höheren Offiziere, die Priesterschaft wie auch viele Angehörige der Inka-Intelligenz und die Amautu rekrutierten. Und die »Hautevolee« des Imperiums, im guten wie im schlechten Sinne, lebte fast nur in Cuzco, das somit nicht nur bildlich, sondern auch in Wirklichkeit der Nabel des Sonnenreichs war.

Der Sieg über Huascar eröffnete seinem Stiefbruder, dem »Bastard« Atahualpa, den Weg zu einer inneren Umgestaltung

Tahuantinsuyus. Der Sieger wünschte zwar brennend den Thron der Inka einzunehmen, andererseits aber auch, den Inka-Staat zu erhalten. Jene, die in diesem Staat seit seinen Uranfängen, also seit den Zeiten des ersten Inka Manco Capac, herrschten, wollte Atahualpa bis zum letzten ausrotten. Und dieses Ziel erreichte er auch beinahe.

Der (im Vergleich zu Huascar) ruhigere, sanftere, verträglichere Atahualpa richtete trotzdem nach dem Triumph seiner Truppen bei Chototapa ein unglaubliches Blutbad an, in dem alle, die während der Ära der Sonnensöhne in diesem Land geherrscht hatten, untergingen, alle, die in der Staatsverwaltung »die erste Geige gespielt«, die an der Spitze der Priesterschaft gestanden hatten. Der neue Inka tilgte sogar, und zwar fast ohne Ausnahme, auch alle aus, die mit der »Knotenschrift« wichtige statistische Angaben festhielten, und ließ sogar viele Amautu, Gelehrte, vor allem Historiker, ermorden, die früher den Ruhm der vornehmen Geschlechter Cuzcos im Gedächtnis bewahrt und vielleicht auch in den verschwundenen Archiven des Reiches aufgezeichnet hatten.

Dieser wahre »Völkermord« an der Elite Tahuantinsuyus ging aber nicht allein auf Atahualpas Konto. Das blutige Werk vollbrachten seine ihm auf Leben und Tod ergebenen Generäle. Allein, um sicherzustellen, daß einer dieser vornehmen Verdächtigen von den Siegern (irrtümlich oder durch Versehen) nicht etwa verschont blieb, ernannte Atahualpa einen persönlichen Bevollmächtigten, der die richtige und vor allem pedantisch konsequente Durchführung der angeordneten Terrormaßnahmen überwachen sollte.

Zum »Kommissar« des Inka über das Foltern und Morden wurde, welch eine Ironie des Schicksals, Atahualpas Hohepriester Cusi Yupanqui ernannt: Unter seiner persönlichen Aufsicht zogen die Sieger dann, von ihren Feldherren Quisquis und Challcochime geführt, in Cuzco ein. In Bande geschlagen, führten sie den besiegten, auf den ersten Blick völlig gebrochenen Huascar mit. Durch Herolde befahlen dann die Generäle allen Bewohnern Cuzcos, die Angehörige des königlichen Ayllu waren – vor allem allen Brüdern und Schwestern Huascars, seinen Frauen und Konkubinen, auch seinen Kindern samt den Säuglingen sowie den Hohepriestern, Amautu, Gelehrten und anderen Angehörigen der vornehmen Familien Cuzcos –, sich am Hange des nahen Berges Yahuira zu versammeln. Den Vorgeladenen wurde von den Siegern freies Geleit versprochen.

Die Prominenz von Cuzco sollte hier – am Rande des Yahuira –, so wurde gesagt, die »offizielle Proklamation« vernehmen, daß Atahualpa die Herrschaft über das Reich übernommen habe. Als die Prinzen und Prinzessinnen, die Ehefrauen und Buhlen, die Priester und sogar die Kleinkinder und Säuglinge, die sich noch am Busen ihrer vornehmen Mütter nährten, sich wirklich am Hange des Yahuira versammelt hatten, wurden sie von Soldaten der beiden Generäle umzingelt. Und dann floß nur noch Blut. Zuerst wurde Huascars Oberbefehlshaber Huanca Auqui erschlagen, dann wurden die beiden Hohepriester gesteinigt, die Huascar vor nicht langer Zeit aus den Reihen der ihm treuen Priester berufen hatte. Es waren jene, die dem gestürzten Herrscher seinerzeit die Inka-»Krone« aufs Haupt gesetzt hatten. Dann wurden auch fast alle übrigen hier versammelten Angehörigen des königlichen Ayllu niedergemacht und mit ihnen auch die Angehörigen ihrer elf Panaca, der Nebenlinien der verstorbenen Inka-Herrscher.

Besonders haßerfüllt zeigten sich die Sieger gegenüber dem Inka Tupac Yupanqui, der die Heimat dieser Krieger aus dem Norden seinerzeit erobert, der das Königreich und die Hauptstadt Quito der ekuadorianischen Scyrs unterworfen hatte. Die Mumie Tupac Yupanquis, im Nabel der Welt so inbrünstig verehrt, ja, geradezu vergöttert, wurde nun durch den Straßenstaub geschleift. Schließlich wurde der tote Inka verhöhnt und beleidigt, mit unzähligen Schimpfworten und Verwünschungen bedacht und seine sterbliche Hülle von den Siegern ins Feuer geworfen. Lange nach seinem Tod wurde so Tupac Yupanqui auf einem hohen Scheiterhaufen von neuem umgebracht, verbrannt.

Die vornehmen Gefangenen aus Cuzco, die von den Siegern nicht getötet worden waren, mußten nun dem Atahualpa aus Quito huldigen, d.h. sich auf peruanische Weise vor ihm demütigen, sich die Augenbrauen ausreißen und sie dann in Richtung Cajamarca werfen, wo Atahualpa residierte und von wo er dies grausame Schauspiel »regierte«.

Am grausamsten rächte sich Atahualpa natürlich an den bislang Vornehmsten Cuzcos: an Huascars Brüdern, Frauen, Konkubinen und Metzen, an seinen Kindern, Kleinkindern, ja, Säuglingen und sogar an Huascars noch ungeborenen Sprößlingen! Damals lebten über achtzig Nachkommen Huascars in Cuzco. Alle diese Kinder wurden erhängt oder auf Pfähle gespießt, die die Generäle längs des Weges nach Jaquijahuana aufstellen ließen. Dann wurden auch Huascars Frauen auf die gleiche bestialische Weise ermordet. Darunter die zwei Lieblingsfrauen des Inka - seine Schwestern Miro und Chimbo Casa. Miro schritt sogar mit einem Säugling im Arm und einem zweiten an der Brust zur Hinrichtung. Die furchtbarsten Qualen mußten aber die Frauen Huascars erdulden, die gerade schwanger gingen. Bei lebendigem Leibe schlitzte man ihnen die Bäuche auf, riß ihnen die noch ungeborenen Söhne und Töchter des besiegten Herrschers aus dem Leib und machte ihnen erst dann den Garaus. Doch wurden sie stets mit ihren ungeborenen Kindern im Arm an die Leichenpfähle gebunden. Schließlich kam die Reihe an die etwa fünfunddreißig Brüder Huascars (und somit auch Stiefbrüder Atahualpas), die sich in seinen Augen dadurch schuldig gemacht hatten, daß sie in Cuzco residierten oder sogar dort geboren waren - in dem Cuzco, dessen Ruhm nun unter den Klängen einer Todesmelodie im Inferno furchtbarer Grausamkeiten erlosch.

Nachdem die Sieger den Adel Cuzcos dezimiert hatten, stürzten sie sich auch auf das Volk der ihnen verhaßten stolzen Metropole. Über die Stadt wurde eine Art Belagerungszustand verhängt. Zum Kriegsrechtsverwalter und obersten Standrichter wurde General Quisquis ernannt, der dann bestimmte, aus welchen Quartieren der Stadt nur jeder vierte Bewohner und aus welchen jeder dritte hingerichtet werden sollte. Die Folterkammer, die Kerker und vor allem die Richtstätten Cuzcos waren überfüllt oder hatten »Hochbetrieb«.

Alles, was während der Verhängung des »Standrechts« in Cuzco geschah, erinnert nur zu auffällig an die jüngst vergangenen Zeiten des 2. Weltkriegs, wo oft ähnliche Repressalien gegen unschuldige Zivilisten ergriffen wurden. Und doch wurde solch eine wohldurchdachte Maschinerie eines modern organisierten Terrors, diese Maschinerie der Gewalt, der Unterdrükkung und der Menschenvernichtung, in Peru schon vor fast fünfhundert Jahren in Gang gesetzt.

Die Massenrepressalien gegen die Einwohner Cuzcos waren der tragische Epilog des Bürgerkriegs, genauer gesagt eigentlich des Kriegs zweier Brüder um die Macht über das Reich der Sonnensöhne. Der Sieger, der neue, dreizehnte Inka Atahualpa, beobachtete das blutige Schauspiel von ferne, von Cajamarca, wo er in beschaulicher Ruhe lebte. Sein besiegter Bruder Huascar war wohl der einzige Angehörige seiner großen Sippe, der im Zuge dieser Vergeltungsmaßnahmen nicht getötet wurde. Mit Strohgarben gefesselt und in einem Sessel sitzend, mußte der gefangene Huascar zusehen, wie seine Frauen nacheinander »hingerichtet«, seine Kinder ermordet, seine ungeborenen Kinder ihren Müttern aus dem Leib gerissen, seine Priester gesteinigt und seine »Chronisten« gefoltert wurden. Dieses »Mitansehen-Müssen« war natürlich eine gräßlichere Strafe, als selbst umgebracht zu werden.

Die Indios verstehen es, zu schweigen. Auch Huascar soll all diesen raffinierten Grausamkeiten fast wortlos zugesehen haben. Doch habe er – so berichten Augenzeugen dieses Geschehens in ihren Memoiren – ständig vor sich hingemurmelt: »Oh, Pachachi Viracocha, Schöpfer der Welt! Gib, daß jenen, der mich so quält, dasselbe Schicksal ereile. Und gib, daß auch er einmal erleben muß, was ich jetzt leide . . .«

Huascar ahnte nicht, daß sein heimliches Flehen so bald und so konsequent erhört werden, daß sein Fluch in Erfüllung gehen würde. Denn schon wenige Monate später bereiteten aus Europa gekommene Eroberer – eine spanische Kohorte grausamer Konquistadoren unter Führung des berühmt-berüchtigten Pizarro – dem Sieger des Bürgerkrieges, Atahualpa, ein ebensolches Schicksal – Gefangenschaft und Tod. (Über die Eroberung Perus durch die Spanier und das weitere Schicksal der Indianer dieses Landes in der Kolonialzeit und in der Ära der Republik berichtet der dritte, letzte Teil der Trilogie des Autors über die Geschichte der peruanischen Indianer und ihrer Kultur.)

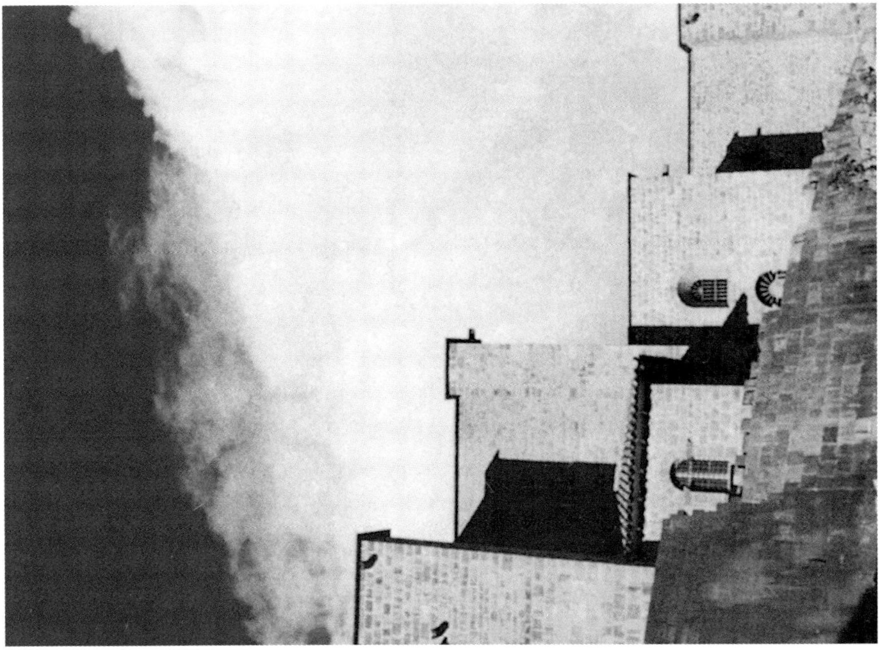

Oben: Auf den Mauern der Inka-Paläste und Tempel in der einstigen Hauptstadt der Sonnensöhne, Cuzco, wuchsen Kirchen und Paläste der spanischen Kolonialherren empor.
Unten: Mauerreste der Inka-Stadt Ollantaytambo. *Quelle für sämtliche Schwarzweißfotos: Miloslav Stingl*

Oben: Machu Picchu, die phantastische Stadt der Sonnensöhne, die Hiram Bingham entdeckte.
Unten: Überreste eines Gebäudes in Machu Picchu.

Die Bauten Machu Picchus wurden selbst an den ungeeignetsten Stellen des hiesigen Geländes errichtet.

Der mächtige »Torreon«, eines der bedeutendsten historischen Bauwerke Machu Picchus.

Oben: Der berühmte »Drei-Fenster-Tempel« in Machu Picchu.
Unten: Die erhaltenen Werke der Inka-Architektur zeigen typischerweise, daß große Steinquader verwendet wurden.

Die Steinquader der Inka-Monumentalbauten sind so dicht und vollkommen aneinander gefügt, daß man auch heute noch weder eines Messers Schneide noch eine Rasierklinge dazwischen schieben kann.

Oben: Der Eingang in das sogenannte königliche Mausoleum in Machu Picchu.
Unten links: Eine der wenigen erhalten gebliebenen Schnitzarbeiten aus dem alten Peru.
Unten rechts: Anthropomorphischer »Kopf« eines inkaischen Holzstabes.

Oben: Goldschmuckstück aus dem präkolumbianischen Peru.
Unten: Einer der Quechua-Indios, der den Eroberern Perus wohl am meisten Widerstand entgegenbrachte: Ruminahui (zu deutsch Steinernes Auge). Seine Büste steht auf dem sogenannten Indianer-Platz in Quito.

Oben: In dieser Gegend des peruanischen Berglandes wurde das Inka-Reich geboren. *Quelle: Dr. Krĕcĕk, Prag*
Unten: In den Bergen und an der Küste haben sich bis auf den heutigen Tag Reste inkaischer Straßen erhalten. *Quelle: Dr. Krĕcĕk, Prag*

Oben: Brückenkonstruktionen der Inka ermöglichten ein Überqueren der peruanischen Flüsse. Hier wurde die inkaische Brücke durch eine einfache Seilbahn ersetzt. *Quelle: Dr. Krěcěk, Prag*
Unten: Bis auf den heutigen Tag wird die peruanische Landschaft durch die terrassenförmig angelegten Felder der Inka geprägt. *Quelle: Dr. Krěcěk, Prag*

Das vorkolumbianische Peru ist hauptsächlich als Goldland bekannt. – Massive Goldplastik eines altperuanischen Adligen, die von dem deutschen Archäologen Brüning in den 30er Jahren entdeckt wurde. *Quelle: Peruanische Botschaft, Prag*

Oben: Altperuanische Mumie. *Quelle: Miloslav Stingl, Prag*
Unten links: Porträt eines peruanischen Würdenträgers. *Quelle: Miloslav Stingl, Prag*
Unten rechts: Charakteristisch für die Keramik der Inka sind die geometrischen Muster. Hier ein typisches inkaisches Gefäß. *Quelle: Miloslav Stingl, Prag*

Oben: Das Tal des Urubambaflusses. *Quelle: Dr. Krēcēk, Prag*
Unten: Vielfach waren die Mauern aus riesigen Steinblöcken errichtet – manche wogen bis zu 50 t. – Inka-Stadt Ollantaytambo. *Quelle: Dr. Krēcēk, Prag*

Oben: Inka-Stadt Pisac. *Quelle: Dipl.-Ing. Horský, Ostrao*
Unten: Fundament eines turmähnlichen Zentralgebäudes des Festungskomplexes von Sacsayhuaman. *Quelle: Dipl.-Ing. Horský, Ostrao*

Oben: Der Zeremonialplatz in Kenko – nicht weit von Cuzco – wird von einer in Fels gehauenen, mittlerweile jedoch beschädigten Jaguarstatue beherrscht. *Quelle: Dr. Krĕcĕk, Prag*
Unten: Schlangenförmige Rinne in Kenko, durch die das Blut der Opfertiere abgeleitet wurde. *Quelle: Dr. Krĕcĕk, Prag*

Altperuanisches Ritualmesser »Tumi«. *Quelle: Peruanische Botschaft, Prag*

DRITTER TEIL
DAS LEBEN IM REICH – DAS LEBEN DES REICHES

I.
DER PURIC – BILDER AUS DEM LEBEN DES VOLKES

Die Gründe für die Katastrophe von Cajamarca und die vernichtende Niederlage der Indios bei ihrem Zusammenstoß mit den Truppen Pizzarros am 16. November 1532 wurden auf den verschiedensten Gebieten gesucht. Zuweilen pflegt man – und tut es noch heute – nach geheimnisvollen und mystischen Erklärungen zu suchen und findet sie auch. Die Ursache für den Sieg der einen und die Niederlage der anderen ist aber ganz einfach und einleuchtend. Die weißen Eroberer (vorwiegend Spanier) triumphierten, weil ihre Zivilisation, ihr Gesellschaftssystem damals insgesamt doch unvergleichlich fortgeschrittener war als jene Tahuantinsuyus oder als beispielsweise das Gesellschaftssystem im Land der Azteken oder auch in anderen hochentwikkelten Gegenden des alten Amerika.

Bleiben wir aber in der Welt der Sonnensöhne. Hier – in Tahuantinsuyu – herrschte, und zwar ganz despotisch, eine schmale hochprivilegierte Schicht, also eine Klasse, in deren Händen alle Macht und alles Recht lag. Oberster souveräner Repräsentant, Führer dieser Herrenklasse, war der Sapa Inka – der eingeborene Sohn der goldenen Sonne.

Mit dem Inka, der wirklich »Sapa«, der eine und einzige war, lebten aber Millionen Menschen in seinem Reich, deren gesellschaftliche Stellung sich von der des Inka diametral unterschied. Wir haben schon im Kapitel VII des ersten Teils von ihnen gesprochen. Wir haben auch berichtet, daß diese Leute, die Angehörigen des gemeinen Volkes (mit wenigen Ausnahmen), ständig an ihr Ayllu gebunden blieben und daß dessen Angehörige ursprünglich – in Vor-Inka-Zeiten – alle blutsverwandt waren. Der Ayllu (der Clan oder die Sippe bzw. Dorfgemeinde) war in diesen Vor-Inka-Zeiten offensichtlich der ausschließliche »Gesamt«-Eigentümer des Ackerbodens, den seine Mitglieder gemeinsam bestellten und dessen Ertrag sie untereinander teilten.

Obwohl es in den Zeiten der Inka nicht mehr so wichtig war, daß alle Mitglieder eines peruanischen Ayllu blutsverwandt waren, blieb dennoch der Ayllu die Basiseinheit der Gesellschaftsstruktur. Maßgeblich war von diesem Zeitpunkt an die territoriale Zusammengehörigkeit, nicht die Blutsverwandtschaft; also die Zugehörigkeit zu dem gleichen Wohnort, nicht aber zu der gleichen Sippe.

An der Spitze eines peruanischen Ayllu stand ein Curaca, der jeden Ayllu mit den höheren Einheiten des administrativen Systems der Inka verband. Der Ayllu selbst rekrutierte sich aus einer Anzahl Familien, an deren Spitze stets eine Art Patriarch, der Puric, stand, ein erwachsener Mann, der bereits seinen Wehrdienst in der Armee des Staates geleistet, nach seiner Entlassung aus dem Heer in seiner Gemeinde geheiratet hatte und nun das Leben seiner Familie lenkte.

Ein gewöhnlicher Mensch war zeit seines Lebens an seinen Ayllu gebunden; ausgenommen, das Reich rief ihn, anderenorts oder auf andere Weise seine Pflicht gegenüber dem Staat zu erfüllen, etwa durch Militärdienst, von dem noch die Rede sein wird, oder durch die Mita, die bereits erwähnte Arbeitsdienstpflicht.

Sonst arbeitete der Puric aber in seinem Ayllu, denn der Dienst zum Nutzen und Frommen des Reiches – d.h. des Inka und seiner Klasse – war das Grundgesetz Tahuantinsuyus.

Die ökonomische Basis im Staate der Sonnensöhne bildete die Landwirtschaft. Der Puric war fast immer Bauer und bestellte gemeinsam mit den übrigen Angehörigen des Ayllu den zu seinem Dorf gehörenden Boden – in der Regel »Marca« genannt.

Ein höchst eintöniges Dasein für den Indio Tahuantinsuyus, lebte er doch nur, um zu produzieren.

Grundsätzlich war der peruanische Puric frei, wohl aber durch unzählige Gebote und Verbote eingeschränkt – nach heutigen Maßstäben –, auch in rein privaten Angelegenheiten. (In Tahuantinsuyu existierten – vom Standpunkt des Reiches – keine »rein privaten Angelegenheiten«, und es durfte solche auch nicht geben.)

Nicht genug, daß der Puric außer seiner Kraft und seinem Schweiß auf dem Schlachtfeld auch sein Blut für seinen Staat geben mußte – auch Kinder, also künftige Arbeiter und Soldaten, wurden ihm abverlangt. Darum mußte sich dieser Mann, um hier wenigstens ein Beispiel für die oben erwähnten unzähligen Gebote und Verbote zu nennen, auch zur bestimmten Zeit (sogar sozusagen pflichtmäßig) verheiraten! Die Wahl seiner Braut traf ein vom Inka beauftragter Inspektor, eine Art staatlicher Heiratsvermittler, der von Zeit zu Zeit den Ayllu besuchte.

Neben den »freien« Volksgenossen lebten auch Leute im Reich der Sonnensöhne, die persönlich unfrei waren. Die Kenner des alten Amerika konnten freilich nie zu einem eindeutigen Urteil darüber kommen, ob die Yanacona – wie diese Unseligen sich nannten – als echte Sklaven angesehen werden können oder nicht. Auf alle Fälle gab es in Tahuantinsuyu zweifellos eine Gruppe von persönlich unfreien, hörigen Personen – und die Anzahl ihrer Angehörigen war offensichtlich ständig im Wachsen begriffen –, die zu keinem Ayllu gehörten, keine »Bürgerrechte« außer dem einen besaßen, nämlich dem zu dienen, dem sie nach dem Willen des Inka und seines Reiches zu dienen bestimmt waren. (Das Wort »Yanacona« selbst ist von dem Wort »Yanapay« abgeleitet, was »Dienst« oder »Dienen« bedeutet.)

Nach manchen Berichten – z.B. den Aufzeichnungen des Chronisten Sarmiento – war der Inka Tupac Yupanqui der Begründer der Institution der Yanacona. Mit dieser lebenslangen Zwangsarbeit im Dienste ihres Herrn bestrafte er eine große Gruppe von Indianern, die sich gegen ihn erhoben hatte. Tupac

Yupanqui habe die Rebellen zuerst mit dem Tode bestrafen wollen – habe ihnen dann aber, auf Fürbitte seiner Gemahlin, nicht das Leben, sondern lebenslang ihre Freiheit genommen.

Die unfreien Yanacona arbeiteten, wo der Sonnensohn sie hinschickte: Oft dienten sie als Hirten bei den Lamaherden des Königs, sie webten Stoffe oder wurden zur Ernte von Kokablättern auf den staatlichen Plantagen eingesetzt; häufig schufteten sie auch in einer Erzmine oder in einem Bergwerk.

Die Zahl der Yanacona nahm in Tahuantinsuyu allem Anschein nach ständig zu. Außer jenen, die schon als Yanacona geboren waren, wurden zuweilen auch die Angehörigen besiegter Stämme zu »Unfreien«, vor allem jener, die dem Inka besonders hartnäckig Widerstand geleistet hatten.

Unmittelbar vor der Ankunft der Spanier wurden auch die sog. »verschenkten Leute« zu Yanacona. Die örtlichen Würdenträger, die Provinzgouverneure und Curaca großer Gemeinden schenkten dem Inka als Beweis ihrer Ergebenheit häufig nicht nur Gold oder Kunstgegenstände, sondern auch besonders begabte Handwerker und Künstler, wie Musikanten und Tänzer. Diese Menschen verloren dann die Zugehörigkeit zu ihrem ursprünglichen Heimat-Ayllu und wurden eine Art »Heimatloser«, also auch Yanacona. Hatte der Inka auf diese Weise Leute als »persönliches Eigentum« erhalten, verschenkte er diese Unfreien zuweilen an seine Günstlinge, gewissermaßen als Belohnung für seine tapferen Offiziere und tüchtigen Beamten.

Die Anzahl der Yanacona – dieser unfreien Dienstboten – in Tahuantinsuyu wuchs ständig. Allein in der peruanischen Stadt Cajamarca, in der es zum ersten echten Zusammenstoß zwischen Europäern und Inka kam, zählten die Spanier einige tausend Yanacona, möglicherweise die Hälfte der Gesamtbevölkerung.

Neben der Elite des Reiches – dem Inka, seiner Familie, dem hohen und niederen Adel, den Curaca, Priestern sowie den persönlich freien Angehörigen der einzelnen Ayllu – gab es also in Tahuantinsuyu auch Yanacona, persönlich unfreie Leute. Und außer den Yanacona existierte noch eine weitere bemerkenswerte Bevölkerungsschicht, die sog. »Mitmac«; diese quechuanische Bezeichnung bedeutet soviel wie »Umsiedler« und ist durchaus zutreffend. Denn aus dem Quechua sprechenden Gebiet wurden größere Gruppen von Kolonisten in die durch das Reich neu eroberten Gebiete entsandt, namentlich in diejenigen, in denen der Funke des Widerstands gegen die neuen Herren, die Inka, noch nicht erloschen war, die bei der »Pazifizierung« dieser Gegenden mitwirken sollten.

In diesen erst kürzlich von Tahuantinsuyu annektierten Gebieten sollten die Mitmac nicht nur durch ihre Anwesenheit und ihre Treue gegenüber dem Sohn der Sonne Ruhe und Frieden sichern, sondern auch bei der Einführung der Inka-Institutionen mitwirken: d.h. den Sonnenkult der Inka verbreiten und festigen; die örtliche Bevölkerung mit den Methoden der landwirtschaftlichen Produktion sowie den Errungenschaften und Kunstfertigkeiten des Handwerks der Inka vertraut machen und schließlich auch die Staatssprache des Reiches, das Quechua, in diesen neu eroberten Landschaften einführen.

Ausgerechnet ist es das Verdienst der Mitmac – der Inka-Kolonisten –, daß die unterschiedlichen Indianersprachen des vorkolumbianischen Peru – damals gab es Hunderte solcher Idiome – völlig verschwanden; bis auf zwei Ausnahmen, Aymara und Uruju; die letztgenannte ist die – allmählich aussterbende – Sprache der Bewohner der künstlichen, schwimmenden Inseln im Titicacasee.

Insgesamt sprechen noch heute mehr Indios die einstige Staatssprache des Inka-Reiches Quechua als irgendeine der vielen anderen Eingeborenensprachen Süd-, Mittel- und Nordamerikas.

Die Kolonisten waren in jeder Weise für Tahuantinsuyu ein Gewinn, so daß ihnen zu Recht zahlreiche Privilegien eingeräumt wurden. Dazu gehörten u.a. neue Häuser, die das Reich für sie erbauen ließ, und Proviant für die ersten zwei Jahre, und zwar aus staatlichen Mitteln. Zusätzlich erhielten sie die Erlaubnis, Schmuckstücke zu tragen, die in ihrem Heimat-Ayllu allein dem Curaca vorbehalten waren. Mitunter wurde den Kolonisten in Gebieten, deren Bewohner dem Reich ursprünglich besonders feindlich gegenübergestanden hatten, auch das verlokkende Recht auf mehrere Frauen – auf Polygamie – zugestanden. In manchen Fällen bekamen dic Mitmac für ihre außergewöhnlichen Verdienste sogar Yanacona vom Staat!

Anders als in ihrem heimischen Ayllu lebten die Kolonisten

in den erst jüngst unterworfenen Gebieten des Inka-Reiches. Hier waren sie nicht nur Bauern oder Handwerker, sondern auch Soldaten, Grenzwächter und zudem auch Späher und Spione des Reiches sowie auch Verbreiter der Sitten, Bräuche und Gesetze - und vor allem der Sonnenreligion der Inka.

Zusammenfassend kann man sagen, die Mitmac - die Kolonisten eines großen Imperiums - hatten es fertiggebracht, die Eintönigkeit und Armut des Lebens im heimischen Ayllu mit einem anderen Schicksal zu vertauschen. Im krassen Gegensatz zu ihnen blieben die Indios, die »daheim blieben«, gemäß dem Willen des Inka durch eine Fessel von Geboten und Verboten auch weiterhin an ihre Scholle gebunden. Und das wiederum bedeutete, daß hier auf den Feldern rund um die Dörfer und Dörflein neun Zehntel der Bewohner des Reiches eigentlich neun Zehntel ihres Lebens verbrachten.

II.
KÖNIGIN KARTOFFEL UND KÖNIG MAIS

Die Juden des alten Israel und von ihnen die Christen hatten und haben ihre zehn Gebote. Die Sonnensöhne gaben ihrem Volk nur drei. Das bei weitem wichtigste davon war das dritte Gebot, das schlicht und eindeutig lautete: »Sei nicht faul!« Und dies in der Reihenfolge zwar dritte, in seiner Bedeutung für die Gesellschaft und Wirtschaft des Landes aber erste Gebot der Inka war das fundamentalste Gesetz, ethische Prinzip und die wichtigste Devise Tahuantinsuyus. Jeder gemeine Staatsbürger mußte arbeiten. Und jeder schuftete auch wirklich. Und zwar fast immer als Bauer.

Der landwirtschaftliche Boden war das wichtigste Produktionsmittel des Imperiums und im Peru der Vor-Inka-Zeit daher unteilbares, gemeinsames, sozusagen Gesamteigentum. Im Bereich eines Ayllu gehörte er all seinen Angehörigen, von denen jeder ein seinen Bedürfnissen und denen seiner Familie entsprechendes Stück Land aus diesem gemeinsamen Bodenfonds zur Nutzung, nicht aber zum Eigentum, erhielt.

Zur Zeit der Inka wurde die fundamentale Frage, wem der Boden gehöre, durch eine neue Verordnung geregelt: Der Boden gehörte nun – wie alle anderen Produktionsmittel des Reiches – rechtlich dem Inka. Das gesamte nutzbare Land der einzelnen Ayllu wurde in drei Teile geteilt: Der erste hieß »Land des Inka«. Über die Verwendung des daraus erzielten Ertrags verfügte der Herrscher selbst (mitunter mittels der von ihm beauftragten Beamten). Der zweite Teil des landwirtschaftlichen Bodens wurde als »Land der Sonne« bezeichnet. Sein Ertrag sollte alle Bedürfnisse der Priester und des Kultes decken. Und erst der Ertrag aus dem dritten Teil des Ackerlands eines jeden Ayllu, dem sog. »Land des Volkes«, war für die Dorfbewohner, die eigentlichen Produzenten, bestimmt.

Auch in Tahuantinsuyu wurde wie in Vor-Inka-Zeiten jedem erwachsenen männlichen Gemeindeangehörigen – dem Puric – alljährlich ein Stück Land zur Bestellung übergeben. Diese Zuteilung, »Tupu« genannt, war verschieden groß und richtete sich danach, wieviel Land diese oder jene Gemeinde besaß. Ein erwachsener, verheirateter Mann – ein Familienoberhaupt – bekam meist einen Tupu (eine Fläche von etwa dreißig Ar), jede Frau hatte Anrecht auf einen halben Tupu. Jeder Puric bewirtschaftete seinen Tupu mit seiner Familie. Aufgrund der in den Anden traditionell üblichen Nachbarschaftshilfe unterstützten ihn aber auch die übrigen Ayllu-Angehörigen. Die Felder des Staates und der »Kirche« wurden jedoch von allen Angehörigen des Ayllu bestellt; diese gemeinsame Arbeit hieß in Peru »Minca«.

Nur die Landwirtschaft und nichts sonst – nicht einmal die Feldzüge – bestimmte den Lebensrhythmus der Bewohner des Reiches. Der Puric, der »kleine Mann« im Staat der Sonnensöhne, war häufig Soldat, aber schon von seiner Mentalität her stets Bauer. Diese Welt der Andenbauern war eigentlich reich, denn sie züchteten eine Vielzahl von Kulturpflanzen, und zwar in allen Regionen des Reiches, in den feuchten Tropenebenen, am Rande des Amazonasbeckens wie auch in den trockenen Niederungen des peruanischen Küstenlandes.

Hier – in der Costa – nutzten die Inka die traditionelle Bewässerungskunst ihrer Vorgänger und verbesserten und erweiterten noch die hiesigen ausgedehnten und effektiven Bewässerungssysteme. Vor allem der Bewässerung (des Bodens) widmete die Staatsführung außergewöhnliche Aufmerksamkeit. Im alten Peru sorgte eine große Schicht von Staatsangestellten, die »Wasserwirtschaftler« der Inka, für den Bau und die Erweiterung von Bewässerungsanlagen wie Kanälen und Wasserreservoiren.

Den Inka gelang es auch, den Kern ihres Staatsgebiets - die Sierra - für eine intensive Agrarwirtschaft zu nutzen, jenes Gebiet der himmelragenden Gipfel, Hochgebirgstäler und kalten Hochebenen. In diesem dem Menschen auf den ersten Blick wenig günstigen Milieu nutzten die peruanischen Indios im Laufe der Zeit eine ihrer bedeutendsten Erfindungen: die berühmten - »Andenes« genannten - hängenden Terrassen. Da diese an den Berghängen künstlich angelegt und in Stufen angeordnet waren, konnten auch die steilsten, früher völlig brachliegenden Berghänge für den Pflanzenanbau genutzt werden. Die Terrassen der Inka festigten den Boden dieser Hänge und verhinderten zugleich seine Erosion.

Der Bau der Andenes sowie der Bewässerungskanäle und Wasserbehälter mußte durch das Reich nicht nur sorgfältig geplant, sondern dessen Verwirklichung auch ständig und sorgfältig überwacht und dirigiert werden. Noch heute sind diese Andenterrassen, in der Regel schon zu Inka-Zeiten entstanden - auch in den Augen des Autors -, mit die markantesten Symbole Perus.

Auf dem fruchtbaren, besser gesagt, fruchtbar gemachten Boden Perus bauten die Inka die unterschiedlichsten Pflanzen an. Ihr König war freilich der Mais - auf Quechua »Sara« -, der hier in zwanzig verschiedenen Sorten gezüchtet wurde. Im alten Peru wuchs er fast auf dem gesamten Gebiet des Landes, vom Meeresufer bis zu den dreieinhalbtausend Meter hohen Hochebenen. Die Indianer bauten hier den Süßmais »Choclo« und auch den sog. »Sara Aca Si« an, aus dem sie den »Nationalschnaps« der Inka, die berühmte Chicha (eigentlich ein Maisbier), brauten. Eine andere Sorte Mais rösteten sie, und aus einer weiteren bereiteten sie ihren »Mote«-Brei.

Offenbar ist der Mais in das alte Peru eingeführt worden. Auf die Frage »woher?« kann man vielleicht (wennschon es dafür sicherlich auch andere mögliche Antworten gibt) erwidern: aus Mesoamerika, dem indianischen Mexiko, wo nach unseren bisherigen Kenntnissen Mais zuerst angebaut wurde.

Die wichtigste Gabe der peruanischen Landwirtschaft an die Welt ist aber nicht der »Fremdling« Mais, sondern die »eingeborene« Kartoffel. Die Inka züchteten nach und nach an die zweihundertfünfzig Sorten von unterschiedlichster Farbe: fast weiße, gelbe, rosa, braune, ja, auch schwarze, gesprenkelte und gestreifte.

Auch Kartoffeln gedeihen überall in Peru, von der Meeresküste bis hinauf in die schwindelnde Höhe von fünftausend Metern über dem Meer. Die Kartoffel war das »täglich' Brot« der Andenindianer. Dieses Grundnahrungsmittel verspeisten die Bewohner Tahuantinsuyus nicht nur frisch (gekocht etc.) gleich nach der Ernte, sondern sie erfanden auch ein ausgezeichnetes Verfahren zur Konservierung. Den Kartoffelknollen, die bis zu siebzig Prozent Wasser enthalten, entzogen sie die Feuchtigkeit, indem sie sie tagsüber in der Sonne dörrten und in den kalten Bergnächten zugleich dem Frost aussetzten. Aus diesen stark dehydrierten, sozusagen gefriergetrockneten Kartoffeln stampften sie schließlich mit ihren eigenen Füßen noch das restliche Wasser heraus.

Durch dieses scharfsinnige Verfahren zur Kartoffelkonservierung – es wird in Peru bis auf den heutigen Tag angewandt – gewann man ein wertvolles getrocknetes Nahrungsmittel, »Chuño« genannt, das in den staatlichen Vorratshäusern des Reiches eingelagert wurde. Die staatlichen Chuño-Reserven ließ der Inka in Zeiten der Hungersnot an das Volk verteilen. Die Dörrkartoffeln waren auch die Hauptverpflegung der Inka-Heere auf ihren Feldzügen. Das Chuño wird aus dunklen, bitteren Kartoffeln minderer Qualität gewonnen. Für den Inka und die Vornehmen des Reiches wurde, freilich aus Kartoffeln erster Sorte, auf die gleiche Weise die Trockenkonserve »Moraya« hergestellt.

III.
AUF DEN FELDERN DES REICHES

Außer »König Mais« und »Königin Kartoffel« kannten die Landwirte des alten Peru noch eine ganze Anzahl weiterer Kulturpflanzen. Von den Knollenpflanzen waren dies namentlich die »Ocu«, die wie die Kartoffeln auch in den über den Wolken liegenden Höhen der Anden gediehen. Ferner wurden angebaut Getreidepflanzen wie die chilenische Schmerle, Chinca genannt (eine hohe, rote Pflanze, aus der ein stärkehaltiges Mehl gewonnen wird), »Süßkartoffeln«, Maniok, die bekannte Yam-Wurzel und von den Hülsenfrüchten vor allem Bohnen (auf diesen wurde in den Vor-Inka-Zeiten möglicherweise sogar geschrieben). Die vorkolumbianischen Bewohner des alten Peru kannten auch Ananas, Chirimoyas, Papaya-Früchte, den Kakaostrauch, Guave, Grenadillas, verschiedene Arten Kürbisse, Gurken, Kastanien, amerikanische Haselnüsse, Paranüsse, Erdnüsse. Vier Arten von Gewürzen verwendeten sie, vor allem kleine rote Paprika.

Als Industriepflanzen kannten die Inka-Landwirte vor allem die allseitig verwendbaren Kürbisse, von denen es diverse Sorten gab, weiter faserhaltige Pflanzen, z. B. Agave und Baumwollstrauch, wobei dieser den Forschern der Vergangenheit Amerikas im Bereich der altperuanischen Landwirtschaft das größte Rätsel aufgibt.

Als einzige Nutzpflanze der Neuen Welt kommt die Baumwolle nämlich auch in der Alten Welt vor. Eine besondere Stellung nahm in der peruanischen Landwirtschaft der Anbau von Koka ein. Die Koka ist wie die Andenterrassen oder die Goldschätze der Inka auch eines der Symbole des indianischen Peru. Der Chronist Cieza de Léon erklärt wörtlich: »Hätte es die Koka nicht gegeben, hätte auch Peru nicht existiert.«

Die Koka ist ein niedriger Strauch von etwa zwei Meter Höhe, der in den Niederungen und an den Osthängen der Anden gedeiht, vierzehn Monate wächst und dann viermal im Jahr »trägt«. Die gepflückten grünen Kokablätter werden durch die Sonnenwärme - im Schatten - sorgfältig getrocknet und dann zu Bündeln zusammengebunden. In solchen Bündeln wurden die Kokablätter zu Zeiten der Inka nach Cuzco gebracht.

Das in den Kokablättern enthaltene Kokain war das beliebteste Rauschmittel der Inka. Kokablätter zu kauen war in Tahuantinsuyu nur ein Privileg der Herren. Von den übrigen - schlichten - Bürgern des Landes hatten nur die Kuriere des Postdienstes und die Bergleute, die - aufgrund der Mita - zur Schwerstarbeit in den Minen des Reiches eingezogen waren, Anspruch auf eine Kokaration. Außerdem stand sie auch Ärzten zu, vor allem Chirurgen, denen Koka als wirksames Anästhetikum diente.

Die Koka war - wie Cieza de Léon sagte - wirklich ein Symbol des alten Peru der Inka. Ein anderer Chronist, Garcilaso de la Vega, verzeichnete, was die Blätter der Koka für die Leute Tahuantinsuyus bedeuteten: »Den Indianern war die Koka mehr wert als Edelsteine, Silber und Gold.«

Überwiegend kauten die Indianer die Koka so, indem sie die trockenen Blätter zusammenrollten und mit Kalk vermischten. Dieser beschleunigte die Freisetzung des Kokains, des in der Koka enthaltenen Alkaloids, das dann aus dem Magen des Koka kauenden Indianers in sein Nervensystem gelangte. Auf diese Weise vertrieb der Peruaner Hunger und Durst, verscheuchte die Müdigkeit und verspürte nicht einmal die Kälte auf den eisigen Ebenen des Andenhochlands.

Die Menschheit lernte also von den Inka des alten Peru nicht nur beispielsweise die Kartoffel, sondern auch die Wirkung der Kokablätter kennen. Das daraus gewonnene Kokain, chemisch Methylbenzoylecgonin genannt, wird auch heute noch in der Medizin als lokales Anästhetikum verwendet. Aus den Kokablättern wurde noch bis vor kurzem der bekannte, sehr beliebte Kokawein gewonnen, der freilich bei jenen, die sich an seinen Genuß gewöhnt hatten, Gesundheitsschäden verursachte.

Nicht nur Kokablätter, sondern auch Tabak bauten die peruanischen Indianer an. Sie kannten freilich weder Zigarren noch Zigaretten - sie schnupften den Tabak.

Auf den Feldern Perus arbeiteten Männer und Frauen gemeinsam, bestellten die peruanischen Felder und brachten gemeinsam die Ernte ein. Weil das Anden-Lama sich nicht als Zugtier eignet, mußten die Menschen alle Feldarbeit allein verrichten. (Zudem kannten die Peruaner den Pflug noch nicht.) Die Bauern Tahuantinsuyus furchten die Erde mit einem langen Pflanzstock, Taclla genannt, der mit einer Bronzeschneide versehen war.

Mit der Taclla »pflügte« der peruanische Bauer nicht nur, sondern machte auch »Nester« für das Einpflanzen der Setzlinge. Manchmal arbeiteten auch mehrere Männer mit einem Stock. Die Peruaner bestellten die Felder derart, daß die in einer Linie vorrückenden Männer die Scholle aufbrachen, ihnen folgten - ebenso in breiter Reihe - die Frauen und zerschlugen kniend mit einer besonderen Hacke, Lampa genannt, die Schollen.

Die mühsame und äußerst eintönige Arbeit auf den Feldern wurde aber im Reich der Inka als ein schicksalhaftes mystisches Ringen des Menschen mit dem Boden verstanden. Darum sangen oder rezitierten Männer und Frauen während der Bestellung des Bodens rhythmische religiöse Hymnen. Nach der Maisaussaat - einer der wichtigsten Tätigkeiten - zelebrierten die Priester der Gemeinde noch zahlreiche religiöse Riten für eine gute Ernte, und die örtlichen Priester begannen ihre Fastenzeit.

Da die Termine der einzelnen Landarbeiten in Tahuantinsuyu natürlich vom Wetter abhingen, wurde das Jahr des Ackermanns in zwei Perioden eingeteilt - die feuchte (von unserem Oktober bis zum nächsten Mai) und die trockene (von Mai bis

Oktober). Die Felder wurden überwiegend im August gepflügt, wobei der Beginn dieser wichtigsten Landarbeit zu einer Angelegenheit des gesamten Staates wurde. In jedem Ayllu wurde diese »Öffnung« der Felder durch einen Würdenträger des Reiches eingeleitet. Auf dem goldenen Feld von Cuzco leitete der Inka selbst mit einem Pflanzstock aus purem Gold die landwirtschaftlichen Arbeiten im Reich symbolisch ein.

Nachdem der Inka derart die erste Scholle aus dem peruanischen Boden »gebrochen« hatte, wurde das ganze Reich von einem wahren Fieber erfaßt, nämlich von dem fieberhaften Verlangen, die fundamentale Pflicht jedes einfachen Bewohners im Staat zu erfüllen - d.h., die Felder zu bestellen. Und damit wurde jenem fundamentalsten der drei »göttlichen Gebote« der Sonnensöhne - »Sei nicht faul!« - Genüge geleistet.

IV.
VOM LAMAHIRTEN ZUM TÖPFER

Der peruanische Indio – der einfache »Bürger« des Sonnenreiches – war tatsächlich nicht faul. Bestellte er nicht seine Felder, diente er nicht gerade im Inka-Heer oder mehrte er nicht gerade den Reichtum seines Landes durch Erfüllung der Mita, der allgemeinen Arbeitsdienstpflicht, züchtete er wohl Lamas für sich und seinen Staat. In der Tierzucht, vor allem in der Aufzucht von Anden-Lamas, übertrafen die alten Peruaner alle anderen Kulturen des alten Amerika.

Die Menschen Perus nutzten das Lama in mannigfacher Weise. In seine Wolle kleideten sie sich, sein Fleisch diente ihnen zur Nahrung, auch sein Fell und seine Knochen wurden verwertet – die Indianer machten allerlei Geräte daraus –, schließlich »schenkte« das Lama den Menschen auch seinen Dung, im Inka-Reich ein wertvoller Heiz- und Brennstoff.

Das Lama gehört zur Gattung der Kamele. Wie die echten Kamele der Alten Welt dienten auch die kamelähnlichen Lamas der Neuen Welt den Menschen vor allem als Tragtiere. Jedes dieser Geschöpfe vermag eine Viertel-Zentner-Last zwanzig bis zweiundzwanzig Kilometer am Tag weit zu tragen. Die Menschen selbst ritten - zumindest in Tahuantinsuyu - nicht auf den Lamas. Auf älteren Keramiken aus den Zeiten der Mochica-Kultur (von der peruanischen Küste stammend) finden wir auch Darstellungen von Indianern, die auf Lamas reiten.

Wie die Kartoffel - diese peruanische Eingeborene aus der Pflanzenwelt - ist auch das Lama überall in Peru beheimatet. Es erträgt die Hitze der Küstenwüsten, doch ebenso gut, vielleicht noch besser, fühlt es sich in den eisigen Höhen bis zu über fünftausend Metern über dem Meer. Schon vor mindestens siebentausend Jahren ist das Lama in den Anden zum ersten Mal gezähmt worden.

Im Inka-Reich wurden diese Tiere meist in Herden nahe der dörflichen Gebäude gehalten, und jeder Indianer durfte sich - und das war eigentlich sein einziges echtes Privateigentum - bis zu zehn Lamas halten. Meistens besaß jeder Puric auch einige. Jedes Ayllu und auch das Reich selbst hielten sich aber riesige Herden (die Aufteilung derselben erfolgte nach ähnlichen Gesichtspunkten wie die des Ackerbodens, d.h., es gab Lamas, die dem Inka und seinem Staat gehörten, Lamas der Sonne, die den Priestern zustanden, und die Lamas des Volkes).

Obwohl die Lamas weder ihren Züchtern Milch gaben noch als Zugtiere Verwendung fanden, waren sie für das Reich von erstrangiger Bedeutung, vor allem für seine militärischen Operationen - aufgrund ihrer Fähigkeit, schwere Lasten über große Entfernungen zu befördern. Auch das Fleisch der Tiere wurde im alten Peru, ähnlich wie Kartoffeln, konserviert. Das gepökelte, in Streifen geschnittene Lamafleisch galt in Kriegszeiten als wichtiger Teil der Verpflegung der imperialen Heere.

In der Wirtschaft des Reiches spielten außer dem Lama auch weitere ihm verwandte Tierarten, wie vor allem das Alpaka, eine bedeutende Rolle; dieses Tier wurde ausschließlich wegen seiner vorzüglichen Wolle gezüchtet - nie aber als Schlacht- oder Lasttier verwendet. Ein wilder Urahn des Lamas, offensichtlich ebenfalls eine Kreuzung, ist das Guanako. Aufgrund seiner Schnelligkeit wurde es gern von den Inka gejagt, meist aber nicht getötet, sondern nur gefangen, geschoren und dann - besonders die Weibchen und die gut gebauten Männchen - wieder in Freiheit gesetzt. Ebenso wie das Guanako lebte auch das schönste dieser südamerikanischen »Kamele«, das schnellfüßige Vikunja, nur wild. Aus seiner, in Tahuantinsuyu »Cumpi« genannten Wolle, wurden im Inka-Reich die gleichnamigen feinen Stoffe gewebt - und zwar ausschließlich für den Inka und seine nächsten Verwandten.

Die Pflege der Lamas und Alpakas und die Hege der Guanakos und Vikunjas gehörte mit zu den wichtigsten Aufgaben der Landesbewohner. Hirten, die auf den Hochebenen der Anden lange Jahre die Lamaherden geweidet hatten, genossen in jedem Ayllu Achtung und Wertschätzung der übrigen Sippenmitglieder. Ihnen oblag - und das war ihre vornehmste Pflicht - die Sorge für eine entsprechende Vermehrung der Lamas.

Die Tatsache, daß der indianische Hirte sich auch um das Geschlechtsleben der ihm anvertrauten Tiere kümmern mußte, hat wahrscheinlich die immer noch verbreitete Annahme entstehen lassen, die Syphilis, diese »Geißel der Menschheit«, die ganz offensichtlich aus Amerika stammt, sei durch diese Lamazüchter in die Welt der Menschen gekommen, und zwar durch diese peruanischen Indianer, die wirklich lange Monate mit ihren Herden allein auf den Weiden der Anden verbringen. Und während dieser einsamen Zeit wird das Lama einem bekannten peruanischen Spruch zufolge auch zu des Hirten Frau. Diese Indianer hätten dann - wir betonen wieder das Wort angeblich - diese böse Seuche von den Lamas auf ihre Frauen übertragen und diese wiederum - so setzt sich die Kette des Unheils fort - die ersten Spanier angesteckt. All das ist aber keineswegs nachgewiesen. Doch nicht nur der erwähnte Spruch, sondern auch zahlreiche, in den Anden entstandene Volkslieder künden von der körperlichen Liebe der Hirten zu ihren Lama-Damen.

Die Wolle der Lamas sowie die Wolle der Vikunjas und Alpakas wurde in Tahuantinsuyu sowohl von Männern als auch von Frauen verarbeitet. Aus der versponnenen Wolle fertigten die peruanischen Indianer hochwertige Stoffe. Wie in anderen handwerklichen Bereichen stützten sich die Inka auch bei der »Textilerzeugung« auf die hervorragenden Handwerkstraditionen der vorangegangenen altperuanischen Kulturen. Um die Wahrheit zu sagen: Die Weber der Inka erreichten nie jene Feinheit und jenes im wahrsten Sinne des Wortes künstlerische Niveau der Stoffe und Gewebe, wie z. B. die Bewohner der südperuanischen Halbinsel Paracas sie bereits zu Beginn unseres

Jahrtausends zu weben verstanden. Außer Wolle verwendeten die Tuchweber der Inka auch Baumwolle.

Die Indianer Perus kannten schon Webstühle (auf Quechua »Ahuana« genannt), sogar drei Arten davon. Die so hergestellten Stoffe wurden mitunter auch gefärbt - so unter Verwendung der Samen des Avocadobaumes, die ein sattes Blau ergeben, oder verschiedener Erze, vor allem von Kupfer und Zinn. Die aus solchen farbigen Stoffen für die höheren und höchsten Würdenträger des Staates genähten Tuniken wurden noch mit Gold- und Silberplättchen oder solchen aus poliertem Kupfer besetzt.

In Tahuantinsuyu, wie in den Vor-Inka-Staaten Perus, arbeiteten richtige, mit einer zahlreichen Belegschaft besetzte Webereien, auf echte Massenproduktion eingestellte Manufakturen. Die feinsten Stoffe aus Vikunjawolle für den Inka und die Großohren wurden in spezialisierten kleinen Textilwerkstätten hergestellt, die bei den Klöstern der Sonnenjungfrauen eingerichtet waren.

Die Sonnenjungfrauen fertigten für den Inka und die Angehörigen der Königs-Ayllu auch besondere »Textilien« aus farbigem Vogelgefieder an. Diese Federwämse waren meistens auch eine Art Tunika. Neben der »Textilerzeugung« und der Herstellung von »Federgewebe« war die Töpferei gewiß der wichtigste Handwerkszweig Tahuantinsuyus. Auch in dieser Kunst und ihren keramischen Erzeugnissen gingen die Inka von der Tradition der hochentwickelten und qualitativ hochstehenden Töpferei der älteren Kulturen Perus, insbesondere der Mochica-Kultur, aus.

Zwar kannten die alten Peruaner keine Töpferscheibe, doch ihre keramischen Erzeugnisse waren trotzdem von hoher Qualität. Kultgegenstände sowie Gebrauchswaren stellten sie aus Ton her, wobei das Formenspektrum dieser Erzeugnisse verhältnismäßig beschränkt war. Zu ihren Produkten gehörten z. B. dreibeinige Töpfe, riesige Küchengefäße von sattroter Farbe, flache Eßschalen usw. Große handwerkliche Sorgfalt zeichnet jedoch alle Arbeiten aus, die zudem noch meist durch verhältnismäßig reiche, vierfarbige, geometrische Ornamente geschmückt sind. Zuweilen wurden die Keramiken mit Darstellungen von Vögeln, Fischen, Schmetterlingen und auch Pflanzen dekoriert.

Das Andengebiet bot dem Inka-Töpfer genügend Material. Die Verarbeitung des Tons erfolgte durch langes Kneten des feuchten Lehms, bis eine Art lockerer »Teig« entstand. In manchen Gegenden Tahuantinsuyus fügten die Töpfer dem Ton ausnahmsweise verschiedene quarzhaltige Stoffe, sog. »Schärfer«, zu, die das Material fester machten.

Zu Zeiten der Inka wurde die Keramik bereits überall in Peru nach einem in Südamerika entwickelten Verfahren des Pressens von Erzeugnissen in feste Formen hergestellt. Diese fortschrittliche, halbindustrielle Methode ermöglichte die Produktion ganzer Serien des gleichen Erzeugnisses. Diese Keramik war zudem von verhältnismäßig guter Qualität. Allerdings war für sie ein Merkmal bezeichnend, das für das ganze, gut organisierte Reich typisch war: die Serienfertigung.

Ein ganz besonderes Erzeugnis der indianischen Töpfer waren keramische »Wärmflaschen«, die einzigen wirklichen »Öfen«, die man in Tahuantinsuyu kannte.

Außer Lehm und Ton verarbeiteten die Inka-Handwerker auch Holz, doch nur wenige Arbeiten der altperuanischen Holzschnitzer sind bis in unsere Tage erhalten geblieben, z. B. die Kera - große Holzbecher, oft mit Bildnissen der Inka-Herrscher oder anderer Würdenträger des Reiches dekoriert. Die Überlieferungen lassen jedoch die Schlußfolgerung zu, daß dieses Handwerk im Sonnenreich kein besonders hohes Niveau erreicht hat. Dagegen übertrafen die alten Peruaner in der Metallver- und -bearbeitung, speziell in der Verarbeitung von Gold und anderen Edelmetallen, fast alle anderen altamerikanischen Kulturen. Gold, dies geliebte und gehaßte Erz, stand im Leben Tahuantinsuyus derart im Mittelpunkt, daß der gesamte Staat der Sonnensöhne oft nur »Goldland« oder »Goldreich« genannt wird.

Allein des Goldes wegen, um die Goldschätze der Inka zu rauben, kamen auch ihre späteren Eroberer aus Europa nach Peru.

V.
ZEHN KLASSEN DES LEBENS – ZWEI EBENEN DES LEBENS

Im Inka-Reich kam dem Gold eine ganz herausragende Bedeutung zu, erfüllte es doch hier verschiedene Funktionen, keineswegs aber die in anderen Ländern bis auf den heutigen Tag wichtigste Rolle, die des Geldes, der Währung – denken wir nur an den holländischen Gulden oder den polnischen Zloty (= der Goldene). Ein derartiges Zahlungsmittel kannten und brauchten die Inka nicht, was durch eines der grundlegenden Prinzipien der Inka-Gesellschaft – das Prinzip der Selbstgenügsamkeit oder Autarkie bedingt war, denn jeder Puric mit seiner Familie sollte sich hauptsächlich von den Produkten seines kleinen »Pacht«-Grundstücks ernähren und sich seine Kleider aus der Wolle der eigenen Lamas weben. So sollte auch jeder Ayllu, jede einzelne Provinz vorgehen. Diese Selbstgenügsamkeit auf jeder Organisationsstufe in jedem Teil des Inka-Staates war in der Tat eines der (ökonomischen) Grundgesetze des Sonnenreiches.

In Tahuantinsuyu gab es also kein Geld, die peruanischen Indianer tätigten ihre »Einkäufe« nach dem Prinzip des Tauschhandels. Solche – Catu genannten – Tauschmärkte fanden auf

Anordnung des Inka Pachacuti in den größeren Gemeinden und Städten des Reiches regelmäßig alle neun Tage statt. Die Catu waren also im inkaischen Peru Orte des Warenaustausches, zu denen Indianer von nah und fern strömten.

Ihre Waren beförderten sie entweder auf dem eigenen Buckel oder mit einer ganzen Lamakarawane. Bevorzugt wurden auf den Inka-Märkten Erzeugnisse der Sierra gegen Produkte der Tieflande getauscht, z. B. Wolle aus den Bergen gegen Baumwolle aus den Niederungen. Aus dem Küstenland bezogen die indianischen »Textilfabrikanten« auch neue Farben und diverse anorganische Beizstoffe. Darüber hinaus wurden von der Küste nach Cuzco und in die übrigen Bergregionen die in der indianischen Küche so beliebten Seealgen, die begehrten Schalen der Weichtiere des Meeres, der »Meeresfrüchte«, sowie gedörrte Seefische und tropische Gewürze »exportiert«. Aus den Randgebieten des urwaldbestandenen Amazonasbeckens kamen die viel bewunderten, prächtig bunten Papageienfedern auf die Märkte in den Bergen ebenso wie schmackhaftes Urwald-Wildbret, Kautschukmilch und zahlreiche Pflanzendrogen, z. B. das bekannte Chinin.

Die Inka-Märkte waren die wichtigsten »Brennpunkte« des ausgedehnten Binnenhandels im Reich. Demgegenüber waren Umfang und Bedeutung des Außenhandels unvergleichlich geringer. Fast alle ökonomischen Beziehungen, der gesamte Güteraustausch, spielten sich in den Grenzen des Reiches ab. (So wie die einzelnen Ayllu und einzelnen Provinzen Selbstversorger sein sollten, mußte auch das ganze Reich wirtschaftlich autark sein.)

Trotzdem entsandte der Inka-Staat, vor allem in der letzten Epoche seines Bestehens, Scharen von Kaufleuten – Catucamayoc genannt – ins Ausland. Diese unternahmen ihre Handelsreisen mit großen Lamakarawanen oder – häufiger noch – an Bord ihrer Schiffe, der bereits erwähnten Balsa-Flöße.

Das Inka-Reich exportierte außer seinem Gold- und Silberschmuck und seinen goldenen und silbernen Gefäßen vor allem auch besondere, hochwertige Textilwaren auf ausländische Märkte. Von ihren zum Teil wirklich weiten Seefahrten – die Catucamayoc gelangten auf ihren Flößen z. B. bis nach Mittelamerika in die Nicoyabucht von Costa Rica und besuchten vermutlich sogar die Pazifikküste beim mexikanischen Oaxaca – brachten die Kaufleute der Hautevolee des Reiches Luxuswaren mit, die aufgrund des geringen Angebots in dem sonst so reichen Land der Sonnensöhne hoch im Kurs standen.

Von den importierten Luxusgütern waren vor allem die Muscheln der See-Weichtiere, Spondylus pictorum und Strombus galeatus, besonders begehrt. Aus der Choco-Region Panamas führten die Kaufleute auch die glänzenden einheimischen Perlen ein. In Kolumbien erwarben sie dagegen die prächtigen – dort vorkommenden – Smaragde, die wir noch häufig in erhalten gebliebenen altperuanischen Schmuckstücken finden.

Bei den Inka – wie bei den Azteken – hatten die im Ausland tätigen Kaufleute außer ihrer ökonomischen Funktion noch eine weitere, für den Staat sehr wichtige Aufgabe zu erfüllen, und zwar als Diplomaten und Kundschafter. Auch als »Chadac«, Agenten oder Spione, wurden sie in Gebieten, die noch nicht unterworfen waren, eingesetzt. Ihre Aufgabe war es also, die dortigen inneren Verhältnisse, vor allem die Schwachstellen der anderen Länder auszumachen, um aufgrund dieser Erkenntnisse die künftige Besetzung dieser Gebiete durch die Truppen Tahuantinsuyus vorzubereiten.

Der Außenhandel war demnach wie viele andere Einrichtungen des Inka-Reiches eigentlich eine »Klassen«-Angelegenheit, war er doch darauf ausgerichtet, einerseits eine höchst wichtige nachrichtendienstliche Funktion zu erfüllen, andererseits der vornehmen privilegierten Schicht des Inka-Staates den »Lebensstandard« noch zu erhöhen.

In Tahuantinsuyu gab es zwei diametral unterschiedliche Gesellschaftsschichten mit extrem unterschiedlichem Lebensniveau; für den dazwischen anzusiedelnden Mittelstand blieb kein Raum. Folglich stand dem Vornehmen nur der Hatun Runa – der »kleine Mann« – gegenüber, der einfache, »gemeine«, freie Bauer, dessen Lebensstandard derart niedrig war, daß er nur das zum Leben unbedingt Notwendige besaß. Nur zweimal täglich aß er, wobei seine tägliche Nahrung hauptsächlich aus einer Kartoffel- oder Maissuppe bestand. Eine Art Brot buk er sich aus zerstampften Maiskörnern, so wie er aus diesem Korn auch das »Nationalgericht« der Inka – Mote – zubereitete, dem teilweise auch kleine Paprikaschoten und etwas Gemüse beigemischt wurden. Aus den »Chuño«-Dörrkartoffeln wurde ein »Locro« genannter Brei zubereitet. Fleisch dagegen war auf dem Speiseplan der Hatun Runa eine Seltenheit. Während die Indianer bei festlichen Anlässen »Chacri«, konserviertes Lama-Dörrfleisch, verzehrten, konnten sie sich üblicherweise nur das Fleisch der Meerschweinchen leisten, die in fast jedem Haushalt des Reiches gehalten wurden.

Die Frauen im alten Peru, die wie fast überall auf der Welt für die Verpflegung zuständig waren, konnten keineswegs über Mangel an Beschäftigung klagen: Sie arbeiteten fast den ganzen Tag mit ihren Männern auf dem Feld, sponnen ständig – auch im Gehen – die Wolle ihrer Lamas und brachten auch – fast ständig – Kinder zur Welt, die das Reich von ihnen verlangte.

Ebenso eintönig und einförmig wie die Verpflegung war auch die »Mode« des Volkes.

Alle Männer trugen kurze Kniehosen, die zugleich ein Zeichen des erwachsenen Mannes waren und »Huara« hießen, und »Unco« genannte ärmellose Hemden. Die Frauen hüllten sich in lange, »Anacu« genannte Wollgewänder, die über den Kopf gezogen und durch einen breiten, schön verzierten Gürtel zusammengehalten wurden. Bei kühlem Wetter zogen Männer (zuweilen auch Frauen) einen langen, warmen Wollmantel an. Die Angehörigen beider Geschlechter trugen Asutu-Sandalen aus Lamawolle. Das wichtigste Unterscheidungsmerkmal zwischen Bewohnern der einzelnen Regionen und Angehörigen der verschiedenen Stämme Tahuantinsuyus war die Kopfbedeckung. (Die Indios aus der Umgebung Cuzcos trugen z. B. einen flachen »Hut«.)

Die Indianerfamilien bewohnten einfache fensterlose Hütten, fast ohne Möbelstücke. Bei kalter Witterung wurden die Hütten durch die bereits erwähnten, von Töpfern hergestellten Tonöfen beheizt, in denen man Lamadung verbrannte. In ihren Hütten hielten sich die Männer eigentlich nie auf, stellte ihnen das Reich doch immer neue Aufgaben. Das fundamentale »göttliche Gebot« der Inka – »Sei nicht faul!« – galt für die Staatsbürger jeden Alters. Die »Altersgruppen« waren in Tahuantinsuyu übrigens genau voneinander abgegrenzt. Die Inka Gesellschaft war eine der wenigen, die eine derartige Gruppeneinteilung im wahrsten Sinne des Wortes gesetzlich definierte. Doch auch dies ist bezeichnend für die außergewöhnliche Zielstrebigkeit und das große Organisationstalent der Sonnensöhne, die in ihrem nach dem Dezimalsystem gegliederten staatlichen Organismus wirklich dafür sorgten, daß keiner ihrer Aufmerksamkeit entging.

Das Reich, das dieses Dezimalsystem in allem und überall anwandte, kannte auch genau zehn Altersklassen, wobei diese für Frauen und für Männer gesondert bestimmt waren. Bei den Männern bestand die erste Klasse aus den Neugeborenen, die zweite aus Säuglingen und Kleinkindern bis zu drei Jahren, die dritte aus »spielenden Kindern«, d.h. Knaben bis zum neunten Lebensjahr. Trotz einer derartigen Bezeichnung mußten sie aber schon bei leichteren Hausarbeiten mithelfen. Die vierte Klasse, »jene, die Vögel fangen«, benannt, umfaßte die neun- bis zwölfjährigen Jungen; zur fünften gehörten sodann Jünglinge von zwölf bis achtzehn, die überwiegend als Lamahirten eingesetzt wurden. Wichtig für das Leben eines Inka-Mannes war die sechste Klasse, »Saia Paiac« genannt, zu der Männer zwischen achtzehn und fünfundzwanzig zählten. In dieser Zeit mußten sie nicht nur ihren Wehrdienst ableisten, sondern wurden oft auch als Kurier, als Meldeläufer (»Casqui«), des vorzüglichen Postdienstes im Reiche eingesetzt.

Die bedeutendste und größte Altersklasse war die siebte, die der fünfundzwanzig- bis fünfzigjährigen Männer. Sie – und nur sie – waren eigentlich richtige Purice, echte Bürger des Staates. (Alle persönlich freien, aber unprivilegierten Bewohner des Reiches, die Purice und ihre Familien wurden gemeinsam mit Hatun Runa bezeichnet.)

Allein die Angehörigen dieser zahlenmäßig stärksten siebten Altersklasse mußten dem Staat Steuern entrichten, folglich kann das Wort Puric mit dem Wort Steuerzahler gleichgesetzt werden. Der Steuerpflicht gegenüber dem Inka und seinem Staat wurde freilich nicht durch Geldabgaben – diese Wirtschaftsform war noch unbekannt – entsprochen, sondern vielmehr durch Arbeit: sei es, daß ein Teil der eigenen landwirtschaftlichen Erträge abgeführt wurde, oder sei es, daß – und zwar im Rahmen der Mita-Tätigkeiten – für öffentliche Bauten, in Bergwerken, Minen sowie bei der Kokablätterlese auf staatlichen Plantagen Mithilfe geleistet wurde.

Über die Eintreibung der Steuern, nämlich darüber, daß jeder Puric seiner Steuerpflicht nachkam, wachte der Curaca der Gemeinde. Im Namen des Staates mußte er den entsprechenden Tribut einnehmen und an den staatlichen Steuerinspektor, den Tucuyricu, abführen. Die Steuerpflichten der Bürger und die Steuereinnahmen des Reiches wurden mittels der bereits erwähnten Quipu-Knoten – von denen später noch die Rede sein wird – aus verschiedenenfarbigen Schnüren aufgezeichnet.

Nur der Puric, der »Patriarch« einer indianischen Familie und zugleich Angehöriger der Klasse sieben, war steuerpflichtig, während die Adligen und auch die Priester davon befreit waren. Die Angehörigen der siebten (männlichen) Altersklasse – die Puric – trugen eigentlich den ganzen Staat auf ihren Schultern. Die Steuern des Puric, die zwar in Form von Arbeit und Produkten entrichtet wurden, bildeten die einzigen Einkünfte des Sonnenstaates.

Arbeiten mußten freilich die Menschen auch, nachdem sie die bedeutsamste, siebente Altersklasse verlassen und in die achte Klasse kamen, also die Männer zwischen dem fünfzigsten und achtzigsten Lebensjahr. Von diesen erwartete das Reich körperlich weniger anstrengende Arbeit. Im wesentlichen oblag ihnen die öffentliche Erziehung der Jugend in ihrer Gemeinde. Noch ältere Männer, Greise über achtzig, gehörten zur Altersklasse der »Schläfer«. Der Name dieser Gruppe drückt präzise aus, womit sich diese Männer vornehmlich beschäftigten.

Zur letzten, zehnten, altersmäßig nicht genau definierten Klasse gehörten kranke oder auf irgendeine Art körperbehinderte Männer. Doch auch diese minder arbeitsfähigen Bürger hatten im Reich eine Arbeitspflicht: So traten z. B. Zwerge oder Liliputaner am Hofe des Inka als »Narren« und Spaßmacher auf. Männer, die durch eine Verwundung oder Verletzung ihre unteren Gliedmaßen verloren hatten, mußten wenigstens mit den Händen und Armen für das Reich arbeiten, dazu zählten Weben und Schnitzen. Für die Angehörigen dieser Klasse der Körperbehinderten gab es jedoch eine besondere Vorschrift: Sie durften nur Personen heiraten, die ebenfalls behindert waren. So durfte in Tahuantinsuyu ein Stummer nur eine Stumme zur Frau nehmen, ein Blinder eine Blinde usw.

Die Einteilung in Altersgruppen galt auch für die Frauen im

Reich. Zu den ersten beiden gehörten die kleinsten Mädchen, noch aller Pflichten ledig. Von der dritten Altersklasse an (Mädchen von fünf bis neun Jahren) mußten sie aber bei der Hausarbeit mithelfen und gewisse Handfertigkeiten erlernen. Manche dieser Mädchen kamen auch in die Klöster der Sonnenjungfrauen, um den »Vestalinnen« der Inka zu dienen.

Die Mädchen der vierten Klasse – von neun bis zwölf – wurden schon zu den üblichen Landarbeiten herangezogen, z. B. Kräutersammeln, und in die Kunst des Webens eingeführt. Die Frauen der fünften Klasse – von zwölf bis achtzehn Jahren – lebten noch immer in der Familie ihrer Eltern. Sie mußten ihre Keuschheit bewahren, sonst wären sie mit dem Tode bestraft worden. Die anmutigsten und intelligentesten dieser Mädchen wurden aber in diesem Alter oft in die Klöster der Sonnenjungfrauen gebracht.

Erst mit dem Eintritt in die sechste Altersklasse, mit achtzehn Jahren, erhielten die jungen Frauen das Recht, sich zu verheiraten, während ein Mann verpflichtet war, eine Frau zu nehmen. Zog die Frau vor, keine Ehe einzugehen, wurde sie möglicherweise die Kebsfrau eines Würdenträgers im Reich. Die Inka, die in allem eine fast preußisch zu nennende Ordnung einführten, bestimmten – durch einen Erlaß Tupac Yupanquis – genau, wieviel Frauen solch ein hoher Staatsbeamter haben durfte. So hatte ein Hunocamayoc, der über zehntausend Familien gebot, Anspruch auf dreißig Lebensgefährtinnen; wer über das Leben von eintausend Familien bestimmte, auf zwanzig usw. Zu der wichtigen Altersklasse, in der die Frau heiratete oder, wenn sie keinen Lebensgefährten fand, zuweilen die Konkubine eines hohen Staatsbeamten wurde, gehörten die Frauen von achtzehn bis dreißig. Zur nächsten Altersklasse zählten die unverheirateten Frauen zwischen dreißig und fünfzig. Obwohl sie nach den Kriterien der Inka schon als »älter« angesehen wurden, konnten sie immer noch die Geliebte vornehmer Staatsfunktionäre werden oder aber als Dienstmädchen oder Kammerzofen in deren Häusern dienen.

Die folgende Klasse bildeten Frauen zwischen dem fünfzigsten und achtzigsten Lebensjahr. Und zu einer selbständigen, altersmäßig nicht genau abgegrenzten Klasse gehörten Frauen, die in irgendeiner Weise invalid waren. Ebenso wie die Männer der zehnten Klasse mußten auch diese Frauen einer ihrem Gesundheitszustand angemessenen Tätigkeit nachgehen.

Im Inka-Reich war ein Menschenleben sozusagen in zehn Klassen eingeteilt, und es gab keine Ausnahme, d.h., jeder war in einer dieser Gruppen erfaßt. Und ein jeder hatte in diesem System auch seinen »Stellenwert«, angefangen vom Säugling bis zum Greis am Rande des Grabes.

Hinsichtlich der Lebenshaltung gab es aber nur zwei Kategorien: eine für die Herren und eine für das Volk. Ein Bürger des Sonnenstaates erreichte es fast nie, von seiner armseligen Klasse in die der Vornehmen aufzusteigen.

Arbeit adelt den Menschen. Sie ist das vornehmste und auch wertvollste Recht aber wie die Freiheit auch das höchste Gut des Menschen. Doch die Herrscher Tahuantinsuyus haben - so will mir scheinen - das Recht auf Arbeit mißbraucht, indem sie diese zur Pflicht erklärten. Auch den Begriff der Ehre manipulierten sie so, daß diese sich als schwere Bürde der Bürger erwies. Nicht allein aus wirtschaftlichen Gründen, zu denen auch die ständig zunehmenden Ansprüche der herrschenden Klasse beitrugen, wurde in Tahuantinsuyu auf Vollbeschäftigung peinlich geachtet, sondern vor allem aus staatspolitischen Interessen: War der Bürger voll mit Arbeit ausgelastet, so dachte er nicht über seinen Lebensstandard, seine mißliche soziale Lage nach, die aber keineswegs auf Eigenverschulden zurückzuführen war. Das Reich beugte zudem möglichen Anwandlungen und gegebenenfalls auch Kundgebungen sozialer Unzufriedenheit selbst vor, indem jeder Bürger das zum Leben Notwendigste auch wirklich immer erhielt.

Für seinen Unterhalt kam in der Regel ein erwachsener und gesunder Bürger selbst auf, für Alte, Kranke, Witwen, Waisen sowie für Kriegsveteranen sorgte der Staat - und zwar konsequent, ohne jemanden davon auszunehmen. Diese Personengruppe erhielt also vom Reich die erforderlichen Grundnahrungsmittel und die nötige Kleidung, und zwar aus Vorräten des Reiches, das überall im Land Speicher, Kornkammern oder Magazine unterhielt.

Aus jenen staatlichen Fonds für Sozialversorgung wurden also die Bedürftigen zu gleichen Teilen bedacht.

Die gesunden Purice und ihre Familien hatten allerdings einen vergleichbaren Lebensstandard, alle hatten praktisch gleich viel - besser gesagt: gleich wenig. Dieses System war derart durchorganisiert, daß alle Menschen dieser unteren Klasse die gleiche Kleidung, die gleichen Schuhe trugen und in den gleichen Hütten mit dem gleichen Hausrat lebten.

In den Indianerdörfern und -städten des alten Peru schien es wirklich weder Reiche noch Arme zu geben, so als herrsche unter den Bürgern Gleichheit in der Befriedigung ihrer Bedürfnisse und als existiere hier nicht die Frage des Eigentums. Tatsächlich war kaum Privateigentum vorhanden, so daß weder Geiz noch Neid sich entwickeln konnten.

All das und vor allem der Umstand, daß im Reich der Sonnensöhne dank dieses einmaligen, von den Inka entwickelten »Systems der sozialen Sicherheit« keiner - weder der Erwerbstätige noch der Arbeitsunfähige - die Schwelle zum Existenzminimum unterschritt, haben schon seit Jahren viele Autoren dazu verführt, Betrachtungen über den sozialistischen Charakter von Staat und Gesellschaft der Sonnensöhne anzustellen.

Das Werk eines berühmten französischen Ökonomen trägt z.B. den Titel »Der sozialistische Inka-Staat«. Wer so etwas behauptet, der hat den wahren Charakter der in Tahuantinsuyu herrschenden Verhältnisse gröblich verkannt. Der Sozialismus ist schon unzählige Male definiert worden, doch aufgrund keiner dieser Erklärungen könnten wir eine Gesellschaft als sozialistisch oder auch nur als sozial bezeichnen, in der nur den Vornehmen und ihrem obersten Repräsentanten, dem Inka, jegliche Privilegien zustanden, während das gesamte Volk, die Hatun Runa, einzig und allein das Recht auf Arbeit besaß - und zwar zugunsten der privilegierten Schicht.

Überdies genoß der Puric, dieser »persönlich freie Bürger«, im Staat der Sonnensöhne von dieser Freiheit nur wenig: Sein Schicksal konnte er nicht selbst bestimmen, seine Vorgesetzten nicht selbst wählen, seinen Inka nicht selbst aussuchen. Das »System« wurde also dem Bürger voll »von oben« aufgezwungen. Alle Entscheidungen trafen andere für ihn, seine Pflicht, ständig perfekt zu arbeiten, erfüllte er auch in der Regel.

VI.
DIE STRENGE DES GESETZES

Recht und Ordnung hatten die Inka in ihrem Reich eingeführt und darüber hinaus versucht, diesen Prinzipien auch in der ganzen – ihnen bekannten – Welt Geltung zu verschaffen. Diese Ordnung der Sonnensöhne sollte durch drei Grundpfeiler gestützt und gesichert werden: die Gesetze, die Armee und die Ideologie des Reiches – seine Sonnenreligion.

Zuerst ein paar Worte über die erste dieser Säulen – Gesetz und Recht im Inka-Reich. Es gab keine geschriebenen Gesetze (man kannte ja keine Schrift), sondern nur ungeschriebene, also mündlich überlieferte. Die Römer hatten für ein derartiges Gesetz den Ausdruck »Lex non scripta«. Die Bestimmungen dieses ungeschriebenen »Gewohnheits«-Rechts betraf zwei große Rechtsgebiete, das Strafrecht und das, wie wir heute sagen würden, bürgerliche oder Zivilrecht. Da aber in Tahuantinsuyu kaum Privateigentum existierte, da es keinen richtigen Handel gab und vor allem auch kein Geld und alles, was damit zusammenhängt – wie Kapitalansammlung, Darlehen, Wucher –, kam dem Strafrecht, der Frage nach Schuld und Sühne, natürlich unvergleichlich größere Bedeutung zu.

In den Augen der Inka-Gesellschaft war die Übertretung bzw. Verletzung gültiger Gesetze mehr als ein bloßes Vergehen, eigentlich ein Beweis des Ungehorsams gegen den Inka, gegen dessen geheiligte Person, die Quelle aller Gesetze des Staates war. Ein Gesetzesbruch (ein Vergehen oder Verbrechen) war deshalb auch Sakrilegium und Gotteslästerung, Blasphemie, Beleidigung der Ordnung, die sich auf die Sonnenreligion der Inka stützte und durch sie geheiligt war.

Waren die Gesetze der Inka auch nicht schriftlich niedergelegt, so gründete sich ihr Recht doch auf genaue und klare Prinzipien.

Zu diesen gehörte z. B. der Grundsatz, daß eine Straftat, die ein Angehöriger der Elite beging, ein schlimmerer Frevel sei als das gleiche Vergehen eines schlichten Volksangehörigen. Verführte also ein Vornehmer die Frau eines anderen Edelmanns, wurden beide – der Verführer und die Ehebrecherin – mit dem Tode bestraft. Die Angehörigen des Hatun Runa dagegen wurden für Ehebruch nur mit Folterungen bestraft.

Ein ähnlicher Grundsatz galt, wenn ein anderer als der eigentliche Täter zu einer Straftat angestiftet hatte: Der Anstifter zum Rechtsbruch wurde bestraft, nicht aber der Täter selbst. Der Richter zog auch – wie wir heute sagen würden – den »Intelligenzquotienten« des Delinquenten in Betracht und seine Fähigkeit, die Bedeutung und das Unrecht seiner Tat einzusehen. Für jede Straftat wurde überdies auch der Vorgesetzte mit zur Rechenschaft gezogen, zu dessen Gruppe der Täter im Rahmen des Dezimal-Verwaltungssystems im Inka-Reich gehörte.

Über Schuld und Unschuld des Täters und über das Strafmaß entschieden »Richter«, doch gab es bei den Inka – bis vielleicht auf eine Ausnahme – keine Gerichte in unserem Sinne. In den einzelnen Gemeinden und zur Aburteilung für den Staat weniger gefährlicher Vergehen waren die örtlichen Curaca als Richter zuständig. Schwerwiegendere Straftaten wurden von »staatlichen Inspektoren« geahndet, die regelmäßig alle Gemeinden des Staates besuchten. Bei Verbrechen gegen die Staatssicherheit jedoch, vor allem bei solchen, die Angehörige der Elite begangen hatten, war der Inka selbst der Gerichtsherr, der unter Mitwirkung einiger weiterer Mitglieder des obersten »Strafsenats« das Urteil fällte. Dieser »oberste Gerichtshof« des Reiches hielt selbstverständlich in der Hauptstadt Cuzco seine Beratungen ab.

Den Anstoß zur Eröffnung eines Strafverfahrens gab eine Anzeige, die entweder der Geschädigte selbst oder jeder andere bei dem zuständigen, mit der entsprechenden Jurisdiktion ausgestatteten Staatsbeamten erstattete. Der Delinquent wurde dann bis zum eigentlichen Gerichtsverfahren gefangengesetzt. Das Hauptverfahren mußte aber spätestens binnen fünf Tagen nach der Festnahme eröffnet werden.

Zum Schluß der Verhandlung verkündete das Gericht sein Urteil. Die Strafen, die die Richter im Inka-Reich fällten, waren in der Regel recht hart. In erster Linie schon deshalb, weil jede Straftat, sogar eine unbedeutende Übertretung (Ordnungswidrigkeit), in den Augen des Staates und seiner Herrscher, die seine einzigen Gesetzgeber waren, eine Verletzung jener heiligen und unantastbaren Ordnung darstellte, die im Reich herrschte.

Die üblichste Strafe war die überhaupt höchste – nämlich die Todesstrafe. Die Verurteilten wurden auf verschiedene Weise hingerichtet: durch Steinigen, Hängen, Herabstoßen von einem Felsen, indem man sie in eine Art »Todeszelle« warf, in der Giftschlangen und Raubtiere lebten. Von diesen »urwüchsigen«, grausamen Anstalten zur Liquidierung der Staatsfeinde des Sonnenreiches wird bald noch die Rede sein.

Eine Variante der Todesstrafe durch Steinigung war die »Hivaya«, mit der die (hohen) Reichsbeamten bestraft wurden, die ihr Amt schlecht oder nachlässig versehen hatten. Solchen Beamten wurde ein riesiger Stein aus einem Meter Höhe auf den Rücken geworfen. Wenn der Täter diese Tortur ausnahmsweise einmal überlebte, blieb er sein Leben lang ein Krüppel. Neben der Todesstrafe verhängten die Inka-Richter manchmal auch andere Strafen über die Verurteilten: wie Verbannung, Prügelstrafe, Folter oder auch nur einen öffentlichen Verweis.

Für die Tat eines Minderjährigen wurde dessen Vater bestraft. Für eine besonders gefährliche staatsfeindliche Straftat, die ein Angehöriger des Volkes begangen hatte, wurden auch alle übrigen Bewohner seiner Gemeinde bestraft. Ja, zuweilen wurde ein Dorf, in dem ein Hochverräter (oder mehrere) gelebt hatten, sogar dem Erdboden gleich gemacht, und alle seine Bewohner wurden mit dem eigentlichen Täter zusammen hingerichtet.

Gegen ein Urteil gab es nach dem Recht der Inka keine Berufung. Die Gerichtsverhandlung wurde zügig und fast immer öffentlich abgewickelt. Als Zeugen waren vor den Inka-Gerichten nur Männer zugelassen, nicht aber Frauen, von denen der Inka Tupac Yupanqui, um diese Bestimmung zu erläutern, erklärt hatte, sie seien »von Natur aus falsch und keines Vertrauens würdig«.

Unter den Strafen, die die Gerichte Tahuantinsuyus verhängten, fehlt aber eine, die in unserer heutigen Justiz üblichste: die Gefängnisstrafe. In Tahuantinsuyu gab es nur wenige Kerker. Und der Aufenthalt in einem solchen war für den Verurteilten vermutlich schlimmer als eine »schlichte« Hinrichtung. Diese Inka-Kerker hießen Sancay oder Zuacay. Darin tummelten sich allerlei Raubvögel, Raubtiere, giftige Insekten und Schlangen. Verbrecher, die sich gegen die Staatssicherheit besonders schwer vergangen hatten, wurden dort hineingeworfen. Huaman Poma hat in seiner Bilderchronik die Schrecken dieser gräßlichen Verließe eingehend dargestellt. Auf einer seiner Zeichnungen sehen wir z. B. einen Häftling im Sancay von Cuzco, der einen Kondor abzuwehren trachtet, der ihm die Augen auszupicken versucht. Wenn ein Gefangener es aber fertigbrachte, in dieser Hölle voller Giftschlangen und furchtbarer reißender Tiere ganze achtundvierzig Stunden zu überleben, wenn er während dieser für ihn gewiß »endlosen« Tage seinen Geist nicht aufgab, so war dies für die Inka ein Zeichen seiner Unschuld, und er wurde aus dem Sancay entlassen und überdies von dem Inka noch reich beschenkt. Schuld und Sühne – Verbrechen und seine Bestrafung – waren also das Hauptthema des inkaischen Rechts. Dem Teil des Rechts, den wir das bürgerliche nennen, widmeten die Sonnensöhne offensichtlich unvergleichlich weniger Aufmerksamkeit. Zur Zeit der höchsten Blüte des Imperiums empfanden die Herrscher des Reiches offenbar schon die Notwendigkeit, das Recht zu »kodifizieren«, eine echte, erschöpfende Zusammenfassung der allgemein geltenden Normen auszuarbeiten, richtige Gesetzbücher, vor allem ein Strafgesetzbuch. Sein Autor war der Inka Pachacuti.

Das Strafgesetzbuch Pachacutis – dessen Existenz wir vermuten – zählte alle wichtigen Straftaten auf und bestimmte auch für jede, unter Berücksichtigung ihrer gesellschaftlichen Gefährlichkeit, die entsprechende, genau festgelegte Strafe. Beginnen wir mit dem nach dem Strafgesetz verwerflichsten Staatsverbrechen, mit dem Hochverrat. Hatte sich ein Verräter mit anderen zusammen gegen die Macht der Inka verschworen, sollte er mit dem Tode bestraft werden. Aus seinem Leichnam sollte eine »Runatinya«, eine »menschliche Trommel«, gemacht und aus seinen Knochen sollten kleine Flöten (Querpfeifen) geschnitzt werden, sein Haus war dem Erdboden gleich zu machen und seine Felder mit Salz zu bestreuen, damit sie unfruchtbar würden. Ebenso grausam war auch zu bestrafen, wer es wagen sollte, in ein Kloster der Sonnenjungfrauen einzudringen und deren Keuschheit zu gefährden. Ein ebenso furchtbares Verbrechen in den Augen des Staates waren auch Gottlosigkeit und Blasphemie. Wer an den Göttern der Inka zweifeln sollte und daran, daß die Sonne der oberste Gott war, wurde ebenfalls vom Leben zum Tode gebracht.

In diesem imaginären »Gesetzbuch« der Inka folgten auf die schlimmsten Verbrechen gegen die Staatssicherheit und gegen die Staatsreligion eine Reihe weiterer schwerer Straftaten: allen voran Mord, und zwar in den verschiedensten Arten. Die an erster Stelle schlimmste Mordart, Mord an den eigenen Eltern oder Kindern, wurde mit Erhängen bestraft. Der Mörder fremder Kinder wurde gesteinigt, der eines Würdenträgers im Reiche, wie des Curaca seiner Gemeinde, wurde jedoch gevierteilt.

Auch Vergewaltigung von Frauen wurde in Tahuantinsuyu mit der Todesstrafe geahndet. Der Täter konnte der Strafe aber entgehen, wenn er die Vergewaltigte vor der Eröffnung des Hauptverfahrens zur Frau nahm. Mit dem Tode wurde freilich auch Ehebruch, Untreue zwischen den Vornehmen, bestraft. Das gleiche Vergehen, von Angehörigen des Volkes verübt, wurde mit Folterung für beide bestraft. Erwischte ein Ehemann seine Frau »in flagranti«, konnte er die Ungetreue straflos töten. Hatte er dagegen nur erfahren, daß seine Frau ihn betrügt, mußte er sich an den Staat wenden und von ihm ihre Bestrafung verlangen.

Das Recht der Inka verurteilte auch Abtreibungen scharf,

durch die Tahuantinsuyu um künftige Arbeitskräfte, also auch die Soldaten von morgen, gebracht wurde. Unter diesem Gesichtspunkt wurde auch die Strafe differenziert: War die Frucht, die die Mutter abgetrieben hatte, weiblichen Geschlechts, wurde sie nur zu zweihundert Peitschenhieben verurteilt, war das Ungeborene aber ein Knabe, wurde die unwürdige Mutter hingerichtet.

Bemerkenswert ist, daß das Strafgesetzbuch eines Reiches, an dessen Spitze stets ein ehelich verbundenes Geschwisterpaar stand, die Blutschande strengstens verurteilte, wurde sie von einem anderen Bürger des Staates begangen. Wenn eine Mutter ein Verhältnis zu ihrem Sohn unterhielt, wurden beide gehängt. Ebenso wurde auch eine Liebesbeziehung zwischen Bruder und Schwester und sogar zwischen Vetter und Kusine geahndet.

Natürlich suchte der Staat auch sein Eigentum durch gesetzliche Bestimmungen zu schützen. Diebstahl an Staatseigentum, also dem Besitz des Inka, wurde mit dem Tode bestraft. Besonders streng geahndet wurde auch Diebstahl in Tempeln, in öffentlichen Vorratshäusern und Kornkammern. Erwies sich aber, daß ein Angehöriger des Hatun Runa aus Not Mundraub begangen hatte, weil sein unmittelbarer Vorgesetzter ihn nicht mit dem zum Leben Nötigsten versorgt hatte, wurde der unwürdige Beamte anstelle des eigentlichen Täters bestraft.

Die Todesstrafe sah das Gesetz auch auf Brandstiftung an öffentlichen Gebäuden sowie auf vorsätzliche Beschädigung gemeinnütziger Bauten vor - auf die von Straßen und vor allem Brücken stand laut Gesetz ebenfalls die Todesstrafe. Neben anderen weniger schweren Straftaten kannte das Inka-Recht auch ein für die Anschauungen dieser Gesellschaft besonders typisches Verbrechen: Faulheit und Müßiggang wurden durch das Gesetz drakonisch geahndet, denn nach der inkaischen Rechtsauffassung wurde durch diese Tat der Herrscher, also das Reich, bestohlen, dem das volle, »natürliche« Recht auf die Arbeit all seiner Bürger zustand.

Der Strafkodex der Inka kann - zusammenfassend betrachtet (der andere Teil des Rechts, das Zivilrecht, entwickelte sich fast ganz außerhalb des legislativen Interesses des Reichsgesetzgebers) - als sehr streng, oft buchstäblich als drakonisch bezeichnet werden. Die ersten Chronisten Perus sind sich darüber einig, daß die Bestimmungen der Inka-Gesetze äußerst wirksam waren, daß sie durch ihre Strenge, ja, Grausamkeit jeden davor abschreckten, eine Straftat zu begehen, und daß dadurch die Kriminalität im Inka-Reich wirklich sehr niedrig war. Jene Rechtsordnung, die die Sonnensöhne durch ihre Gesetze aufrichteten, wurde in ihrem Land auch im wesentlichen eingehalten. Die Inka-Gesellschaft verstand es auch, sich jener wenigen Individuen, die die Gesetze doch einmal übertraten, - meist ein für allemal - zu entledigen.

VII.
DIE GRÖSSTE ARMEE DES ALTEN AMERIKA

Das Recht der Inka lenkte den Gang der Gesellschaft Tahuantinsuyus. Sofern aber ganze Gruppen Unzufriedener - Leute, die die in Tahuantinsuyu bestehende Gesellschaftsordnung anzutasten versuchten, oder etwa den Inka unterworfene, nichtquechuanische Stämme - zu rebellieren begannen, also ihre Unabhängigkeit wiederzuerringen wünschten, dann mußte zum Schutz dieser »Pax Incaica« die stärkste Kraft des staatlichen Machtapparates eingreifen - seine gewaltige Armee. Die Streitmacht Tahuantinsuyus sicherte die Pax Incaica auch nach außen, gegen Angriffe seiner äußeren Feinde (z. B. der paraguayischen Chirugana). Und die Truppen waren schließlich - und eigentlich in erster Linie - diejenigen, mit deren Hilfe das große Reich seine Expansion, die ständige, gewaltsame Ausdehnung seines Staatsgebiets verwirklichte.

Im Laufe der Zeit wurde die militärische Expansion eigentlich zum vornehmsten Ideal, zur fundamentalen Richtschnur des Staates und seiner Herrscher. Die Inka maßten sich das Recht und die Pflicht an, ihre heilige - einzig wahre - Ideologie, ihren Sonnenkult, über die ganze ihnen bekannte Welt zu verbreiten. Unter dem Aspekt dieser Weltanschauung – ihrer Überzeugung, daß sie berechtigt seien, jenen einzig wahren Glauben zu verbreiten – war jeder ihrer Eroberungszüge und -kriege in ihren eigenen Augen gerechtfertigt.

Die Sonnensöhne glaubten oder gaben zumindest vor, sie würden durch die militärische Eroberung fremden Ländern den Segen ihrer (in der Regel wirklich höher entwickelten) Kultur und Zivilisation bringen. Die Eroberungskriege der Inka nützten nach Ansicht der Inka allen Parteien. Brachten sie doch – auf den ersten Blick – seltsamerweise auch jenen Nutzen, die darin ihr Blut vergossen, die ihren Kopf hinhalten mußten, den Puricen, den Angehörigen des einfachen Volkes von Tahuantinsuyu. Denn diesen Männern bot sich außer ihrer Bewährung auf dem »Felde der Ehre« wirklich nirgendwo eine andere Möglichkeit, sich ein »besseres Leben« zu sichern, Verdienste zu erwerben, die dem einen oder anderen den Aufstieg in eine höhere Gesellschaftsschicht ermöglichen konnten.

Der Auca Runa – wie der gemeine Soldat im Inka-Heer genannt wurde – kämpfte also in den Kriegen seines Königs auch für sich selbst. Die Teilnahme an Feldzügen brachte freilich auch den Angehörigen der Reichselite viele Vorteile und Privilegien ein. Sogar der oberste Regent des Reiches – der Inka – war gleichsam daran interessiert, daß ständig irgendwo Krieg geführt wurde: Viele seiner nächsten Angehörigen – Brüder, Neffen und Onkel – beschäftigte er damit, sonst hätten sie womöglich – mangels einer anderen ihr Leben ausfüllenden Beschäftigung – dem herrschenden Inka den Hals umgedreht und sich auf seinen Thron zu Cuzco geschwungen.

Anfangs, zu Manco Capacs und der ersten Inka Zeiten, kämpften die Sonnensöhne um ihren Platz an der Sonne, um ein paar Quadratkilometer Boden im Tal von Cuzco, um ihre eigene Sicherheit. Doch etwa seit den Tagen jenes historischen Sieges über die Chanca führten die Herrscher Tahuantinsuyus fast ausschließlich Expansionskriege, denn bedroht wurden sie in keiner Weise. Diese Kriege beschäftigten nicht nur die Edlen des Reiches, sondern auch das Volk, und sie schienen dem Reich selbst größere Stabilität zu verleihen. Weil Fremde die Gegner waren, blieb keine Zeit mehr für Kämpfe im eigenen Haus. Diese Spielregel wurde erst ein paar Jahre vor der Ankunft der Europäer durch den Bruderkrieg zwischen Huascar und Atahualpa zum ersten Mal verletzt.

Etwa seit den dreißiger Jahren des 15. Jahrhunderts verloren die Inka (bis auf die historische Invasion der Spanier nach Peru) nie mehr einen Krieg. In späteren Zeiten verfügten die Sonnensöhne über die bei weitem größte Streitmacht, die in dem vorkolumbianischen Amerika je ein Land aufzustellen vermochte. Die militärischen Erfolge dieses riesigen Heeres gingen aber nicht nur auf das Konto seiner hohen Mannschaftsstärke, sondern waren vor allem das Ergebnis der präzise funktionierenden Organisation der Inka-Armee.

Indem die Sonnensöhne aufgrund des im Reich angewandten administrativen Dezimalsystems eigentlich jeden Bürger Tahuantinsuyus in die entsprechende Verwaltungseinheit eingliederten, war es nicht schwierig, im »Ernstfall« solch einen Puric – ja, Tausende und Abertausende von ihnen – zu mobilisieren und binnen verhältnismäßig kurzer Zeit in die Schlacht zu werfen.

Der Staat der Sonnensöhne sorgte auch hervorragend für seine Soldaten, für die kämpfende Truppe. Die Logistik der Inka war auf einem außergewöhnlich hohen Stand. Überall standen Magazine bereit, aus denen die Truppen mit allen nötigen Vorräten versehen wurden – vor allem mit Lebensmittel-»Konserven« wie »Chuño«-Dörrkartoffeln und getrocknetem Lamafleisch. Große Trupps von Wasser- und Proviantträgern marschierten mit der Armee in die fernsten Gebiete. Außerdem zogen auch tausendköpfige Lamakarawanen mit, die Proviantvorräte, Reserveausrüstung und Waffen trugen. Die geradezu perfekten Reichsstraßen garantierten den Inka-Heeren ein schnelles Operieren; eine dieser Heerstraßen war sogar über fünftausend Kilometer lang.

Ein Vorzug der Inka-Truppen war ihre hohe Disziplin. Aus einer Einheit, die über eine der Heerstraßen des Reiches marschierte, durfte keiner aus dem Glied treten, sonst drohte ihm die Todesstrafe. Die wohlverpflegten Soldaten durften von den Bewohnern der Gebiete, durch die sie zogen, keine Lebensmittel requirieren, ja, nicht einmal Wasser verlangen.

Sie schliefen auch nicht mit den Weibern in den Dörfern, durch die sie kamen, ja, sie schliefen nicht einmal in den Häusern der Dorfbewohner. Das Inka-Heer führte seine Unterkünfte - nämlich Leinenzelte - stets mit sich. Als die Inka in Cajamarca den Spaniern und ihren Soldaten zum ersten Mal begegneten, dehnte sich der »Zelt-Wald«, das Feldlager der Sonnensöhne, einige Kilometer weit.

Das Indianerreich, das die größte Militärmacht des alten Amerika schuf, hielt dabei nur ein verhältnismäßig kleines Kontingent von Berufssoldaten ständig unter Waffen. Die einzig wirklich »stehende« Heereseinheit aus Soldaten auf Lebenszeit war die Leibgarde des Inka. Ihre Truppenstärke betrug aber nur etwa zehntausend Mann. In Kriegszeiten mußte jeder erwachsene Mann in der Armee dienen, namentlich all jene Männer der Altersklasse, die der allgemeinen Wehrpflicht unterlagen; denn in Tahuantinsuyu bestand tatsächlich eine allgemeine Wehrpflicht im wahrsten Sinne des Wortes.

Gerade jene Pflicht, sofort zu der vorbestimmten Stammeinheit zu den Waffen zu eilen, sobald der Inka befahl, gestattete es den Sonnensöhnen, im »Ernstfall« im Laufe weniger Tage ein bis zu dreihunderttausend Mann starkes Heer aufzustellen.

Überdies zeichnete sich die Armee durch eine hohe Kampfmoral aus, die - dank jener gründlichen militärischen Ausbildung, die jeder künftige Soldat des Reiches absolvieren mußte - auch augenblicklich kampfbereit war.

VIII.
MIT DER WAFFE IN DER HAND

Die Inka brachten es fertig, die größte Militärmacht des alten Amerika aufzubauen, zumindest hinsichtlich ihrer zahlenmäßigen Stärke.

Da das Reich – vor allem unter der Herrschaft der letzten sechs Inka – eigentlich ständig Krieg führte, ging fast jeder erwachsene Mann durch die harte Schule des Krieges. Nebenbei gesagt: Erst nach der Heimkehr aus dem Felde, nach Ableistung des Wehrdienstes auf den Kriegsschauplätzen des alten Peru, konnte der Puric heiraten und eine Familie gründen.

Mit dem Kriegshandwerk wurde der Volksangehörige schon in recht jungen Jahren vertraut gemacht. Zu Beginn des 15. Jahrhunderts wurde im ganzen Reich eine pflichtmäßige vormilitärische Ausbildung für Jünglinge und heranwachsende junge Männer eingeführt, die alle Burschen zwischen zehn und achtzehn durchmachen mußten. Diese Ausbildung wurde von professionellen Instrukteuren, meist ausgedienten Unteroffizieren oder Offizieren »unteren Ranges«, geleistet. Den Kadetten wurde beigebracht, mit Angriffs- und Verteidigungswaffen umzugehen, sie lernten die Grundlagen des Nahkampfes Mann gegen Mann, ferner über Wasserläufe zu setzen, sie zu durchqueren, indianische Forts und Festungen zu erstürmen, mit Rauchsignalen Meldungen zu übermitteln usw.

Nach Abschluß ihrer langfristigen militärischen Vorbereitung legten die jungen Männer bei dem Kontrollbesuch des zuständigen »Staatsinspektors« in ihrem Ayllu eine Art militärischer Reifeprüfung ab. Erst nach erfolgreicher Absolvierung dieser militärischen Ausbildung wurden die Jünglinge als erwachsen angesehen. Kranke und invalide Jugendliche waren von der Wehrausbildung befreit. Ihr gesellschaftliches Ansehen war dadurch sehr gering.

Kam es zum Krieg, wurden aus jedem Dorf die Absolventen der langfristigen Wehrerziehung ins Feld geschickt, und zwar mit der Einheit, der sie nach dem Organisationsschema des Reiches und seiner Bevölkerung angehörten.

Die Militärorganisation entsprach der Organisation des Staates und der Gesellschaft. Die zehn Mann zählenden Züge oder Scharen sowie hundert Mann zählende Kompanien wurden von den einzelnen Gemeinden aufgestellt. Höhere Truppeneinheiten waren das Bataillon (tausend Mann), das Regiment (zweitausendfünfhundert Mann), die Brigade (die aus zwei Regimentern bestand und somit fünftausend Mann zählte), die Division (zehntausend Mann) und schließlich das Armeekorps, das von einer ganzen Provinz aufgestellt wurde und etwa vierzigtausend Soldaten zählte.

Oberster Befehlshaber der Armee Tahuantinsuyus war natürlich der Inka. Häufig betraute er – wie auch in dem Bruderkrieg zwischen Huascar und Atahualpa – einen seiner Brüder oder ein anderes vornehmes Mitglied seines Ayllu mit dem Oberbefehl und verlieh ihm den Rang eines »Apo Quisquay« (wie dieser auf quechua hieß). Die erwähnten Armeekorps wurden von einem »Aposquin Rantin«, die Regimenter von einem »Hatun Apos« kommandiert usw.

Hatten sich Soldaten im Kampf besonders bewährt, errangen sie nicht nur eine höhere Gesellschaftsstellung, sondern erhielten auch Auszeichnungen, in der Regel schildförmige Ehrenzeichen aus Metall oder zuweilen auch aus Gold. Im Gegensatz zu diesen Ehrenzeichen, die im ganzen Reich nach einheitlichen Vorschriften verliehen wurden, waren im Heer keine einheitlichen Uniformen üblich. Die Männer zogen im wesentlichen in dem gleichen Gewand in den Krieg, das sie auch im »Zivilleben«, in ihrem Ayllu, trugen. Lediglich als Kopfschutz trugen sie zusätzlich Helme aus Leder oder Korbgeflecht, häufig mit farbigen Federbüschen geschmückt. Ihre Füße waren durch gute Opanken geschützt, ihr Körper mitunter durch einen festen, wattierten und gesteppten Mantel.

Die Heereseinheiten der einzelnen Ayllu und zuweilen auch die Armeekorps der einzelnen Provinzen waren üblicherweise in einer bestimmten Waffenart ausgebildet. Angriffswaffen der Soldaten im Reichsheer waren vor allem Steinschleuder, Streithammer und Keule mit Stein- oder Metallknauf, Speer oder Lanze und in geringerem Maße – namentlich die Männer aus Antisuyu wußten damit umzugehen – Pfeil und Bogen. (Die Leute von Cuzco kannten letztere Waffen nicht.)

Die Steinschleudern der Krieger waren aus Wolle, Leder, manchmal auch aus Pflanzenfasern gefertigt. Die Soldaten schleuderten mit dieser überaus treffsicheren Waffe etwa hühnereigroße Steine und vermochten damit sogar auf geringe Entfernung die eiserne Sturmhaube eines Spaniers zu durchschlagen.

Im Nahkampf führten die Soldaten Tahuantinsuyus vor allem den Streithammer, die traditionelle Waffe aller indianischen Kulturen Perus. Der üblichste Typ eines Streithammers war die sog. Makana, ein Streitkolben mit sechskantigem, sternförmigem Knauf aus Stein (eine Art Morgenstern), zuweilen aber auch aus Bronze. Auch die meist etwa zwei Meter langen Speere der Inka hatten im Feuer gehärtete Metallspitzen. Den Bogen, eine im alten Amerika sonst weitverbreitete Waffe, benutzten die Inka-Truppen nur selten. Vor allem die Regimenter aus den Ostgebieten des Reiches, den Gegenden an der Grenze zu den endlosen Urwäldern am Amazonas, waren mit Pfeil und Bogen bewaffnet. Solch ein Bogen war bis zu anderthalb Meter lang. Die ostperuanischen Indianer schnitzten sie aus dem Holz des einheimischen Mituy- oder Chontabaums.

Die wichtigste Verteidigungswaffe war ein viereckiger oder kreisrunder Schild, mit Hirsch- oder Tapirleder bespannt. Der Schild des Inka-Kriegers war stets mit »Wappenfarben« geziert, die die Heereseinheit der Streiter anzeigten.

Derart bewaffnet und ausgerüstet, zogen die Soldaten des Inka-Reiches - die Auca Runa - in den Kampf.

Häufig fanden aber überhaupt keine Gefechte statt, denn in den letzten hundert Jahren der Geschichte der Sonnensöhne wurden nur Expansionskriege geführt. Deren Ziel war einzig die Eroberung und Annexion fremder Gebiete - merkwürdigerweise gelang es den Inka häufig, allein durch die Kraft des Wortes, durch diplomatische Mittel, ihre Ziele zu erreichen.

Hatten der Inka und die Staatsführung beschlossen, einen weiteren, Tahuantinsuyu bisher nicht unterworfenen Stamm oder ein ihm nicht unterworfenes Volk und deren Land zu annektieren, entsandten sie zuerst eine diplomatische Mission zu den Führern dieses Stammes oder Volkes. Solch ein »Cachasca« genannter, mit reichen Geschenken versehener Gesandter schlug seinen Gastgebern vor, sich in Frieden und guten Willens den Sonnensöhnen zu unterwerfen. Akzeptierten die örtlichen, bisher völlig unabhängigen Könige oder Häuptlinge also, freiwillig Vasallen des Inka von Cuzco zu werden, bestätigte sie der Herrscher Tahuantinsuyus in ihrem Amt und ernannte sie sogar zu Adligen des Inka-Reiches. In ihrem Gebiet wurde dann die Ordnung des Inka-Reiches mit all dem Guten und dem Bösen, was das ökonomische und soziale System Tahuantinsuyus mit sich brachte, eingeführt.

Weigerte sich der fremde Staat aber, ein Vasall(enland) der Inka und damit ein Teil jener großen, einheitlichen, das ganze Andengebiet umfassenden allamerikanischen Inka-Gemeinschaft zu werden, die zu schaffen die Inka so unermüdlich bestrebt waren, dann schwiegen die Sendboten der Inka, und ihre Waffen sprachen!

Der Herrscher ordnete die allgemeine Mobilmachung an.

Von dem Ort, wo der Inka seine Armeekorps sammelte, rückte das Heer über die erstklassigen Heerstraßen des Reiches vor, die nach allen Himmelsrichtungen führten. Da die mobilisierten Krieger in ihrem Ayllu auch für die Mühsal langer Märsche gut trainiert waren, bewegte sich die Truppe auf diesen Straßen sehr schnell vorwärts.

Hatten die feindlichen Heere sich einander genähert, griffen - von ferne - zuerst die Schleuderer des Inka-Heeres an. Ein Steinhagel verdunkelte den Himmel und prasselte, wie vom

Sturmwind getrieben, auf die Köpfe der Feinde der Sonnensöhne herab. Dann warfen die Speerträger ihre Speere, und schließlich hoben die Soldaten des Imperiums ihre Makanen, ihre sechseckigen steinernen und ehernen Streitkolben oder Streithämmer.

Die Schlacht wurde in der Regel erst in der Endphase - im Kampf Mann gegen Mann - entschieden. In diesem Augenblick war es mit der Disziplin meist vorbei. Da die Inka-Soldaten aber sehr gut und sehr lange und methodisch für den Kampf ausgebildet worden waren und zudem gegen ihre Feinde stets in erdrückender Übermacht standen, trugen die Heere der Sonnensöhne während der letzten hundert Jahre ihres Reiches am Ende immer den Sieg davon.

Zu dem Sieg der Inka auf dem Schlachtfeld trug stets auch ihre beliebte »psychologische Waffe« bei. Sobald sie sich dem Heerbann ihrer Feinde genähert hatten, brachen sie in ein fürchterliches Feldgeschrei aus, stießen die verschiedensten, grauenerregenden Laute aus, bliesen auf Muscheln und Pfeifen und schlugen ihre mächtigen Trommeln - insgesamt ein fürchterliches, schreckenerregendes Getöse. Und - es wirkte. War dann der Kampf vorüber, verstummte das Geschrei der Sieger, und zu hören war nur noch das Stöhnen und Wehklagen der Verwundeten.

Die Inka kämpften - im Unterschied zu den mexikanischen Azteken - nicht, um Menschen zu fangen, die sie hätten als Opfer darbringen können, sie lechzten nicht nach Blut für ihre nach diesem kostbaren Naß dürstenden Götter.

Die Sonnensöhne brachten nur die Gefangenen um, von denen sie meinten, sie könnten ihnen womöglich in Zukunft gefährlich werden, oder jene, die ihr besonderes Mißfallen erregt hatten. Derartige Feinde wurden vor dem Tod noch furchtbar gemartert und gedemütigt. Nachdem sie sie getötet hatten, machten sie sich Flöten aus ihren Knochen und aus ihren Schädeln Becher, aus denen sie Chicha tranken.

Die übrigen Gefangenen und auch jene Führer der Feinde, die nicht gleich nach ihrer Gefangennahme niedergemacht worden waren, wurden in feierlichem Triumphzug nach Cuzco geführt. Den Abschluß eines jeden Krieges der Sonnensöhne bildete - wie das gewaltige Finale einer großen Sinfonie - der triumphale Empfang, den die Metropole den heimkehrenden Siegern bereitete. Die Stadt war festlich »beflaggt«, die Wände der Häuser waren mit bunten Teppichen und Blumengirlanden geschmückt. So hießen die Menschen Cuzcos ihre »Helden« willkommen - und vor allem den Mann, dem dieser ganze, dem römischen so ähnliche, Triumph gebührte - ihren Inka.

In dem Zug schritten die gefangenen Krieger des Feindes, und in Käfigen - oder in anderer Weise erniedrigt, zumeist auch völlig entkleidet - wurden ihre besiegten Könige getragen. Auf die Besiegten folgten die stolzen Sieger - die tausendköpfigen Marschkolonnen der Speerwerfer und Schleuderer und schließlich - in einer goldenen Sänfte - jener, dem der Triumph galt, der göttliche Inka.

Das Volk überschüttete die Sänfte des Herrschers mit den roten Blüten der peruanischen »Nelke«. Vor der Coricancha, dem Nationaltempel der heiligen Sonne, stieg der Inka aus seiner Sänfte, um barfuß und demütig vor seinen göttlichen Vater zu treten und ihm für den Sieg zu danken, den er ihm auch diesmal geschenkt hatte.

Vor dem Sonnentempel Cuzcos mußten sich die Gefangenen mit dem Gesicht auf den Boden legen. Dann schritt der Inka über ihren gebeugten Rücken hinweg. Mit diesem Akt vollendete der Herrscher symbolisch den Sieg der Sonnensöhne und die Überwindung ihrer Feinde. Die einfachen Gefangenen wurden dann meist freigelassen und nach Hause geschickt. Den Königen und Fürsten der Besiegten aber war in der Regel ein anderes Schicksal beschieden: Aus ihren Schädeln wurden Becher für die Inka gefertigt, aus ihren Knochen Musikinstrumente.

Mit dem Ende des Krieges war das Inka-Reich nicht nur größer geworden, sondern auch mächtiger. Ein neuer Krieg konnte beginnen. Ja, es schien, als solle dieser Zyklus, Teufelskreis der Eroberungen, der militärischen Expansion, der ständigen Anwendung von Gewalt, in der letzten Epoche der Geschichte der Sonnensöhne kein Ende mehr nehmen.

IX.
AUF DEN STRASSEN TAHUANTINSUYUS

Eine der Bedingungen und Voraussetzungen für die kriegerischen Erfolge der Inka-Heere war, daß die Inka über ein Netz für ihre Zeit wirklich perfekter Straßen, echter indianischer Heer- oder Landstraßen, verfügten. Sie ermöglichten zudem das Verkehrs- und »Fernmelde«-Wesen im Reich, den vorzüglichen Postdienst der Inka, der über diese Routen lief, und dienten so in erster Linie der ständigen Expansion des Imperiums. Zugleich stellten sie aber auch die Verbindung zwischen den einzelnen Regionen des Staates her und trugen zur völligen Integration seines ausgedehnten Gebietes zu einem einzigen, monolithischen, administrativen und ökonomischen Ganzen bei.

Wir haben schon mehrmals erwähnt, das Inka-Reich sei ein Land, ein Staat vieler Wunder gewesen. Einen der ersten Ränge nahmen dabei die altperuanischen »Sonnen-Highways« ein, wie ein amerikanischer Schriftsteller sie nannte. Ein vergleichbares Straßennetz hatte das alte Amerika nicht aufzuweisen. Nur die Maya bauten Straßen – zwar kürzere, die aufgeschütteten »Sacbeob« –, in erster Linie aber für ihre religiösen Prozessionen zu den einzelnen Wallfahrtsorten. Die Inka dagegen schufen ein echtes, wohldurchdachtes System miteinander verknüpfter, erstklassiger und auch sehr ausgedehnter Verkehrswege, von denen der längste etwas über fünftausend Kilometer maß!

Ein ähnliches Straßensystem vermochten nicht einmal die bedeutenden antiken Kulturen der Alten Welt zu schaffen – mit Ausnahme des alten Roms –, wobei die römischen Straßen auch von Fuhrwerken befahren wurden. Im Gegensatz dazu hatte das vorkolumbianische Amerika weder Rad noch Wagen erfunden, so daß die Tausende von Kilometern langen Heerstraßen, »Fernstraßen« der Inka, nur für Läufer und Fußgänger und die Hufe der Lamas gebaut waren.

Das Straßennetz der Inka bestand aus zwei richtigen Fernstraßen, »Highways«, und Dutzenden, ja, Hunderten weiterer Wege, die diese beiden Hauptschlagadern des Reiches ergänzten. Der ältere dieser Hauptverkehrswege des Imperiums war der sog. »Königsweg«. Bis zu Anfang unseres Jahrhunderts war er übrigens die längste Landstraße der Welt! Er führte 5200 Kilometer weit von Nord nach Süd durch Tahuantinsuyu. (Zum Vergleich: Hätte diese Fernstraße in der Alten Welt existiert, hätte sie den ganzen europäischen Kontinent von seiner atlantischen Westküste bis zu seinem östlichsten Teil durchquert und erst irgendwo in Sibirien geendet.)

Der Königsweg begann im Norden – in Kolumbien – bei der Stadt Ancasmayo (also noch auf der nördlichen Erdhalbkugel), zog sich dann nach Süden durch die Berge Ekuadors, führte durch das gesamte Andengebiet Perus, durchquerte auch die Reichsmetropole Cuzco, verlief im heutigen Bolivien dicht an den Ufern des heiligen Titicacasees durch das Gebiet der heutigen Hauptstadt Boliviens, La Paz, und dann nach Argentinien. Bei der argentinischen Stadt Tucuman wand er sich nach Südwesten, überschritt neuerlich die Anden, erreichte Chile, um erst hier, tief im Herzen dieses Landes, seine über fünftausend Kilometer lange »Wanderung« an den Ufern des Rio Maule zu beenden. Hier errichteten die Inka dann ihre allerletzte »Station« an dieser Straße – die Station Purumauca.

Die zweite Hauptfernstraße des Imperiums – die Küstenstraße – wurde Huayna Capac Nan genannt, und zwar nach dem Inka, der sie kurz vor Ankunft der Weißen vollendete und ihre bereits früher vorhandenen Streckenabschnitte rekonstruieren ließ. Die Huayna-Capac-Heerstraße mißt viertausend Kilometer. Sie beginnt in der nördlichsten Hafenstadt Perus, dem denkwürdigen Tumbes, und durchquert das ganze Costa-Gebiet des Landes, eine Halbwüste, von Norden bis zum äußersten Süden, setzt sich längs der Pazifikküste nach Chile fort und vereinigt sich bei der heutigen Stadt Copiapo mit dem Königsweg, auf Quechua »Capac Nan« genannt. Dann laufen beide Fernstraßen »gemeinsam« bis zu dem gewaltigen chilenischen Rio Maule zusammen.

Die Huayna-Capac-Straße ist überall genau acht Meter breit. Sie war von beiden Seiten durch etwa einen Meter hohe Mauern umsäumt, die einerseits marschierende Soldaten daran hindern sollten, »aus der Reihe zu tanzen«, und andererseits den Wanderdünen der Küstenwüste Einheit gebieten sollten.

Selbst vor Überschwemmungen und Hochwasser schützten die altperuanischen Ingenieure die Straßen, indem sie diese in Sumpflandgegenden über das Bodenniveau anhoben, d.h. sie über einen – zuweilen recht mühsam errichteten – Deich oder Damm führten. So zieht sich der Damm bei der peruanischen Stadt Anta dreizehn Kilometer weit durch ein Moor. Für den Bau dieses einzigen, gewaltigen Straßendammes sollen die Straßenbauer der Inka achtzig Millionen Tonnen Baumaterial benötigt haben.

Die Bergstraßen der Inka und vor allem der berühmte Königsweg, »Capac Nan«, waren häufig in die Steilhänge der Cañons von Andenflüssen gehauen. In den Bergregionen Südamerikas überwinden diese Inka-Heerstraßen extrem jähe Steigungen und führen oft in gewaltige Höhen. Bei dem Berg Salcantay erreicht der Königsweg eine Höhe von 5150 Metern über dem Meer.

Außer den beiden Hauptmagistralen gab es wichtige »Staatsstraßen«, die von Cuzco – auch »Haupt-Verkehrsknotenpunkt« des Reiches – in alle vier Teile Tahuantinsuyus führten. Die beiden Hauptmagistralen des Reiches waren wie erwähnt auch durch eine Reihe von Nebenstraßen verbunden. Die Archäologen haben bereits die Reste von elf solchen Verbindungsstraßen zwischen der Küsten- und der Bergmagistrale entdeckt, obwohl es ursprünglich weitaus mehr gab.

Weitere Heerstraßen bauten die Inka, um sie bei ihren geplanten künftigen Eroberungszügen auch für militärische Aufmärsche zu nutzen oder um Gegenden zu erschließen, deren örtliche Nicht-Quechua-Bevölkerung selbst nach einem unfreiwilligen Anschluß an das Reich den Sonnensöhnen bedeutenden Widerstand leistete. Beispielsweise errichteten sie daher eine sechshundert Kilometer lange und völlig mit Steinplatten gepflasterte Heerstraße von Huanauco in das ständig von Rebellionen erschütterte Land der Chachapoya-Indianer. Derart angelegte Straßen waren bei den Inka keine Seltenheit, obwohl sie nur den Fuß des Läufers, des Wanderers oder den Huf eines Lamas tragen mußten.

Die meisten Straßen verliefen in himmelragenden Bergen, über Tausende von Metern durch tiefe Cañons, von wilden Andenströmen, unzähligen Bächen und Rinnsalen durchflossen.

Daher mußten die Inka-Ingenieure und -Straßenbauer lernen, auch diese Wasser zu überwinden, was teilweise durch die Anlage einfacher Seilbahnen, »Oroya« genannt, geschah.

Diese Oroya, sonst in Amerika völlig unbekannt, bauten die Inka-Techniker, indem sie an beiden Ufern des Wasserlaufes einen hohen Pfeiler aufrichteten, ein starkes, aus Agavenfasern geflochtenes Seil zwischen die Pfeiler spannten und einen »Fahr«-Korb an dieses Seil hingen. In solch einer einfachen Seilbahn schwebten dann die »Straßenpassanten« hoch in der Luft über den betreffenden Fluß.

Derart bemerkenswerte technische »Wunder«-Werke bauten die Inka über die peruanischen Flüsse Montaro, Vilcanota und einige andere. Viel häufiger überwanden die Ingenieure des alten Reiches die Wildwasser ihres Hochlandes aber durch Brükken, wobei sie sogar unterschiedliche Typen kannten. Straßen- und Brückenbau legen eines der hervorragendsten Zeugnisse des technischen Fortschritts im Sonnenreich ab.

Die bewundernswertesten der altperuanischen Brücken waren gewiß die Hängebrücken, die die Inka »geflochtene« Brükken und deren Erbauer sie »Brückenflechter« nannten. Aus Seilen, aus Fasern der amerikanischen Agave geflochten, wurden »Taue«, so dick wie der Leib einer Anakonda, hergestellt. Diese waren bleischwer und daher auch schwer zu befördern, folglich flochten die Indianer sie erst unmittelbar an der Baustelle der künftigen Brücke. Dann verankerten sie die Taue oder Trossen an beiden Ufern des Flusses tief im Boden. Je eins der Taue trug die Brücke, zwei zusammen bildeten die beiden Seitenwände und weitere drei den »Boden« der Brücke. Quer darüber wurden Holzstäbe oder -stangen gelegt, und der »Gehsteig« war fertig.

Die indianischen Hängebrücken bogen sich beim Überschreiten natürlich durch. Fußgänger und Hirten mit ihren Lamaherden konnten sie aber tragen.

Wenig vertrauenerweckend erschienen diese Brücken aber den spanischen Konquistadoren. Auch ihre Pferde, an derart schwankende Brücken nicht gewöhnt, »fühlten« sich auf den »schaukelnden« Überwegen »nicht sicher«.

Trag- und Bodentaue wechselten die Indianer Tahuantinsuyus praktisch jedes Jahr aus. Für die Instandhaltung der Brükken im eigenen Bezirk sorgten die Angehörigen der Gemeinde, und zwar im Rahmen der »Mita«.

Im Straßennetz der Inka gab es insgesamt mehrere hundert solcher Brücken. Doch keine war so berühmt wie die Brücke über den Bergfluß Apurimac, die sich achtzig Meter hoch überdem Strom wölbte, der durch einen tausend Meter tiefen Cañon floß. Bereits 1350 wurde sie auf Befehl des Inka Roca erbaut und erfüllte während der ganzen Ära des Inka-Reiches zur vollen Zufriedenheit ihre Funktion, überdauerte sogar noch die gesamte spanische Kolonialzeit und gab erst in hohem Alter von über 550 Jahren, im Jahre 1880, »ihren Geist auf«. Damals stürzte sie samt einigen Dutzend Menschen, die gerade die Brücke überqueren wollten, in die stürmischen Wasser des Apurimac.

Außerdem errichteten die Inka auch Brücken auf unechten Bögen, hatten sie doch echte Brückenbögen noch nicht erfunden. So bauten sie über schmale Wasser auch Klapp- oder Zugbrücken und sogar Pontonbrücken, die bekannteste von diesen wurde über den bolivianischen Fluß Desaguadero (die Inka nannten ihn Huachacaca) geschlagen, der die Wasser des Titicacasees abführt. Die Brücke bestand aus Booten, die aus dem örtlichen Totora-Schilfrohr geflochten, mit Tauen verbunden und mit einem Schilf-»Teppich« gedeckt waren.

Für die Erhaltung der Pontonbrücke über den Desaguadero,

die u.a. auch der Chronist Garcilaso de la Vega lobend erwähnt, hatten die Bewohner des nahen Dorfes Chacamarca im Rahmen ihrer Mita zu sorgen. Dieses bemerkenswerte technische Meisterwerk der Inka-Brückenbauer überstand unversehrt die spanische Kolonialzeit und wurde erst Ende des 19. Jahrhunderts »ausgemustert«.

Neben den zahlreichen Brücken und anderen Anlagen, von denen die indianischen Heerstraßen begleitet und durch die sie ergänzt wurden, verdienen die »Tambos«, die »Straßenstationen« der Inka, eine Art Rasthaus oder Karawanserei, unsere höchste Bewunderung. Diese Herbergen boten Reisenden, die eine peruanische Heerstraße entlangzogen, Aufenthalts- und auch Übernachtungsmöglichkeiten.

Manche Tambos waren »Gemeinschafts«-Rasthäuser, also für Adel und Volk gleichermaßen, doch blieben dem Inka und dem Adel der zentrale Teil der Herberge vorbehalten. Die Anlagen wurden übrigens in ganz Tahuantinsuyu nach einem normierten Standardmodell errichtet. Die Purice, die von ihren Herren auf Reisen geschickt worden waren, übernachteten dagegen in den Seitenflügeln des Tambos. Mancherorts war ein besonderes, ein sog. »Königs«-Tambo errichtet, wo die hohen Herren und Damen abstiegen, während ein anderes, weniger prächtiges und bescheidener ausgestattetes dem »kleinen Mann« diente. An das Tambo grenzte stets eine Art staatliches Lagerhaus, das ständig mit Vorräten gefüllt sein mußte. Aus diesen Magazinen versorgten sich die Reichsheere, wenn sie sich auf Befehl ihres Herrschers in Marsch setzten. Im Tambo rasteten auch die Läufer oder Kuriere des Reiches, »Chasqui« genannt, von denen später noch die Rede sein wird.

Für die Betriebsfähigkeit eines Tambos und des angrenzenden Staatsmagazins war der Ayllu des Dorfes zuständig, in dessen Bereich solch eine Raststätte lag.

Zusätzlich sorgten – und zwar nur mit eigenen Kräften – die Angehörigen des Ayllu auch für den Bau und die Instandhaltung des durch das Gebiet ihrer Gemeinde führenden Straßenabschnitts. Eine Inka-Heerstraße zu bauen war daher eigentlich eine relativ einfache Sache. Es genügte, wenn die »Ingenieure« die günstigste Trasse dafür bestimmten und der Inka Order gab, mit dem Bau der Straße zu beginnen. Aufgrund dieses »Ukas«

des Inka bauten die Bewohner eines jeden Dorfes, das an der Trasse lag, im Rahmen ihrer auf das laufende Jahr entfallenden Arbeitspflicht den entsprechenden Streckenabschnitt. Sogar das Material für den Straßenbau mußten sich die Ayllu-Angehörigen in der Regel selbst beschaffen.

Das Reich, also der Inka, brauchte zum Bau dieser phantastischen altperuanischen Landstraßen nur eines zu tun: den Befehl zum Baubeginn zu geben. Häufig ließ er es aber dabei nicht bewenden: Die durch die Hände Hunderttausender seiner Purice erbaute Magistrale oder Straße weihte er nach ihrer Fertigstellung feierlich ein und verlieh ihr seinen Namen wie z. B. der elfte Inka Huayna Capac, der der Küstenmagistrale ohne Gewissensbisse den Namen »Huayna Capac Nan« gab.

X.
DIE POST LÄUFT . . .

Über die Straßen der Inka wanderten die Menschen zu Fuß, gab es doch als einziges Verkehrsmittel nur die bereits erwähnte Sänfte, in der zu reisen aber in Tahuantinsuyu nur der Inka, die Angehörigen der Königs-Ayllu und eine »Handvoll« Vornehmer und höchster Staatsbeamter privilegiert waren. Andere Verkehrsmittel gab es offenbar nicht, denn ein Lama eignete sich nicht als Reittier, und ein anderes stärkeres Tier kannten die Indianer nicht.

Soviel über den Personenverkehr. Das peruanische Lama diente auch zur Beförderung von Lasten. Das Reich soll bis zu 25 000 Lamas auf einmal für Transportzwecke eingesetzt haben! Der größte Teil des Frachtverkehrs über die Reichsstraßen mußte also vom Menschen bewältigt werden – d.h., der peruanische Indianer schleppte die Waren auf seinem Rücken.

Die Bewohner des Inka-Reiches benutzten die Wasserwege weder für ihre Reisen noch für die Beförderung der Frachtgüter; die wilden Bergseen eigneten sich keineswegs für Bootsfahrten. Ein »Wassertransport« fand nur auf den Seen, vor allem auf dem größten, dem heiligen Titicacasee, statt. Dort wurden aber aus dem am Ufer wachsenden Totora-Schilfrohr (Scirpus totora) traditionell geflochtene Boote gebaut, die vielleicht einst die Uru-Indianer, ein geheimnisvolles, sehr altes Seevolk, erfunden hatten. Diese Schilfrohrboote verwenden die am Titicacasee und auf dessen schwimmenden Inseln lebenden Indianer bis auf den heutigen Tag, doch sind sie jetzt mit ebenfalls aus Schilf geflochtenen Segeln ausgerüstet.

An die Küste des Meeres, das die Inka »großer See« nannten, stiegen die Sonnensöhne erst in den letzten hundert Jahren ihrer Geschichte hinab. Trotzdem entwickelten sie für die Seefahrt – offensichtlich von den Traditionen älterer peruanischer Kulturen ausgehend – ein hervorragendes Wasserfahrzeug, eigentlich das älteste »Seeschiff« des alten Amerika, das bereits erwähnte Balsa-Floß. Gebaut wurde es aus den Stämmen mächtiger Bäume, die im ekuadorianischen Teil des Amazonasurwalds wachsen und sich durch federleichtes Holz auszeichnen.

Ein derartiges Inka-Floß hatte einen einfachen Kiel und wurde vom Wind getrieben, der sich in sein viereckiges Segel stemmte. An Bord des Floßes war eine »Kajüte« für die Passagiere und die Mannschaft aufgestellt; eine Feuerstelle war vorhanden. Solch ein Balsa-Floß hatte Pizarros Steuermann Bartolomé Ruiz auf den Wellen des weiten Ozeans erblickt: Dieses Huampu – wie es auf Quechua hieß – war also das erste Zeugnis der materiellen Kultur der Inka, das die Europäer kennenlernten.

Doch kehren wir nun von den unsichtbaren Wegen über den Ozean zu jenen sichtbaren, großartigen Straßen der Inka zurück. Diese wohl zwanzig- oder dreißigtausend Kilometer Straßen des Reiches waren von außerordentlicher Bedeutung für die Beförderung der Staatspost, d.h. für die Kuriere des Inka. Dieser Postdienst hat wohl in keiner Zivilisation des Altertums seinesgleichen aufzuweisen. Der Chronist Cieza de León schreibt wörtlich: »Die Inka erfanden einen Postdienst, wie man sich einen besseren gar nicht vorstellen kann.«

Berichte, Meldungen und andere Mitteilungen, die entweder mündlich oder in Form von »Briefen« in der »Knotenschrift« Quipu zu überbringen waren, besorgten Chasqui genannte Läufer oder Kuriere. Der Inka-Postdienst arbeitete wie eine Stafette, die einen »Marathon«-Lauf über gewaltige Entfernungen hinter sich bringt. Längs der Reichsstraßen waren in jeweils etwa zwei Kilometer Abstand Chucla genannte Poststationen eingerichtet, wie sie sich teils auch bei den Tambos befanden. In jeder Chucla mußten stets zwei Kuriere in Bereitschaft sein, der eine schlief oder rastete, der andere beobachtete sorgfältig den seiner Station anvertrauten Straßenabschnitt.

Wenn der diensthabende Chasqui einen Kurier erspähte, der, um schon von weitem gesehen zu werden, ein weißes Stirnband aus Vogelfedern trug, lief er ihm entgegen und übernahm von ihm die »per Post« beförderte Nachricht. Handelte es sich um eine mündliche Mitteilung mußte der Ankömmling sie dem nächsten Läufer mehrmals sorgfältig wiederholen, damit die Nachricht nicht etwa verballhornt ankam. Hatte der neue Chasqui sich den Wortlaut der Nachricht fest eingeprägt, lief er zur nächsten Station.

Weil die Läuferstafette der Inka-Post bei jedem Wetter vollkommen verläßlich funktionierte und weil die Strecken zwischen den einzelnen Poststationen – meist etwa zwei Kilometer – verhältnismäßig kurz waren, wurden die Nachrichten mit unglaublicher Geschwindigkeit übermittelt. Eine Mitteilung zwischen der Hauptstadt Cuzco und der zweiten inoffiziellen Metropole des Reiches, Quito – beide Orte liegen etwa zweitausend Kilometer voneinander entfernt –, erreichte etwa in fünf Tagen ihren Empfänger. Da dieser Postdienst so vorzüglich funktionierte, übernahmen ihn auch die neuen spanischen Herren Perus. Die Jesuiten beispielsweise konnnten daher innerhalb von drei Tagen eine Nachricht aus Lima, der Hauptstadt des spanischen Vizekönigreichs Peru, nach Cuzco, hoch in den Bergen Perus, senden.

Die Arbeit der Inka-Kuriere war furchtbar anstrengend, so daß nur körperlich besonders leistungsstarke junge Männer – und zwar die tüchtigsten und gesündesten Jünglinge aus jeder Gemeinde im Alter zwischen achtzehn und zwanzig Jahren – dafür ausgewählt wurden. Mit diesem staatlichen Dienst erfüllten sie ihre Mita, die Arbeitsdienstpflicht.

Hervorragende Kuriere – mochten sie auch von schlichtester Herkunft sein – konnten ebenso wie hervorragende Soldaten das Lob höchster Würdenträger des Reiches erringen. Ja, zuweilen verlieh der Inka selbst einem besonders flinken und tüchtigen Kurier den Titel »Aya Huaman« oder »Aya Poma«, im Anklang an die Namen flinker Tiere, mit denen er diese Kuriere »verglich«.

Gefährdete dagegen ein Chasqui aufgrund seiner »Trägheit« das ordentliche Funktionieren der Inka-Reichspost, wurde er meist noch strenger als jeder andere Bürger des Staates, der sich Faulheit zuschulden kommen ließ, von der Inka-Justiz bestraft. Weil der Postdienst für den Staat von größter Bedeutung war, wurde ein pflichtvergessener Kurier durch fünfzig Keulenschläge auf den Kopf hingerichtet! Dem Leichnam eines faulen Boten wurden nach seinem Tod noch beide Beine abgehackt, hatte der Delinquent doch seine Staatspflicht als Postbote so mangelhaft erfüllt.

Vorbild für den Postdienst des Inka-Reiches waren wohl vergleichbare Institutionen älterer peruanischer Kulturen, und zwar der Kurierdienst der Mochica und der des Chimu-Reiches. Mit ihrem nachweislich hervorragenden Organisationstalent bauten die Inka aber den Postdienst ihrer südamerikanischen Vorgänger aus und vervollkommneten ihn. Über das ganze Reich, vom Süden des heutigen Kolumbien bis zur Mitte der heutigen Republik Chile, überzogen sie das Reichsgebiet mit einem dichten Netz von Poststationen. Einen großen Vorteil barg diese Einrichtung noch zusätzlich: So wie andere gemeinnützige Dienste und öffentliche Arbeiten besonders Bauten, kostete auch der Postdienst das Inka-Reich eigentlich nichts. Für den Betrieb jeder Poststation mußten die Bewohner des Ayllu sorgen, in dessen Bereich sich die betreffende Chucla befand, und als Chasqui leisteten die achtzehn- bis zwanzigjährigen Burschen aus dem Dorf ihre Arbeitsdienstpflicht ab.

Wie anstrengend der Dienst des Läufers der Inka-Post war, ersieht man aus folgendem: Während die anderen zur Mita herangezogenen Männer, z. B. als Arbeiter in einem Bergwerk, alljährlich drei Monate Arbeitsdienst leisten mußten, brauchte ein Chasqui nur einen Monat im Jahr zu dienen. Ihre Tätigkeit wurde folglich als dreimal so anstrengend angesehen wie die anderen im Rahmen der Mita absolvierten Leistungen.

Der Postdienst Tahuantinsuyus beförderte aus den Provinzen »Depeschen« verschiedener Art nach Cuzco, z. B. Berichte über die dortigen Vorkommnisse, über die Arbeitsleistungen und auch statistische Erhebungen über die Erfüllung der Steuerpflicht der Bürger gegenüber dem Staat. Dagegen wurden diverse Verwaltungs- und Wirtschaftsinstruktionen aus Cuzco in die einzelnen Provinzen gesandt.

Die Nachrichtenübermittlung für den administrativen und wirtschaftlichen Bereich war nur ein - zudem geringer - Teil der Aufgaben des Postdienstes. So wie die Heerstraßen, über die die schnellfüßigen Chasqui ihre Depeschen trugen, hauptsächlich für die Truppenbewegungen des Imperiums gebaut worden waren, so wurde der Kurierdienst im Reich in erster Linie auch für militärische Zwecke eingesetzt.

Binnen weniger Tage - und in Orte nahe Cuzcos sogar binnen weniger Stunden - stellten die Läufer aus der Hauptstadt kommende Mobilmachungsordern mit der Weisung zu, wohin die mobilisierten Einheiten marschieren sollten. Die Grenzposten und die Kommandeure der Grenzschutzeinheiten sandten dagegen durch Kuriere höchst eilige Meldungen über fremde Truppenmassierungen an der Grenze des Reiches nach Cuzco oder informierten den Inka und seinen Stab im Ernstfall über den Einfall feindlicher Krieger in das Gebiet Tahuantinsuyus.

Durch die Postkuriere unterrichteten auch die Inka-»Statthalter« der erst unlängst dem Reich der Sonnensöhne unterworfenen Nicht-Quechua-Territorien Cuzco von eventuellen Aufständen und Erhebungen und anderen ähnlichen Kundgebungen der Unzufriedenheit. So war das Reich in der Lage, aufflammenden Widerstand gegen seine Macht durch augenblicklich entsandte Truppen schon im Keime zu ersticken.

Die Inka-Post - eine von vielen trefflichen Einrichtungen dieses hochentwickelten Staates - leistete wirklich vorzügliche Arbeit, und ein Verdienst geht vor allem auf ihr Konto: die Sicherheit, die Verteidigung und vor allem - in den letzten hundert Jahren des Reiches - die ständige militärische Expansion des Reiches.

XI.
BEGEGNUNG MIT DEN GÖTTERN

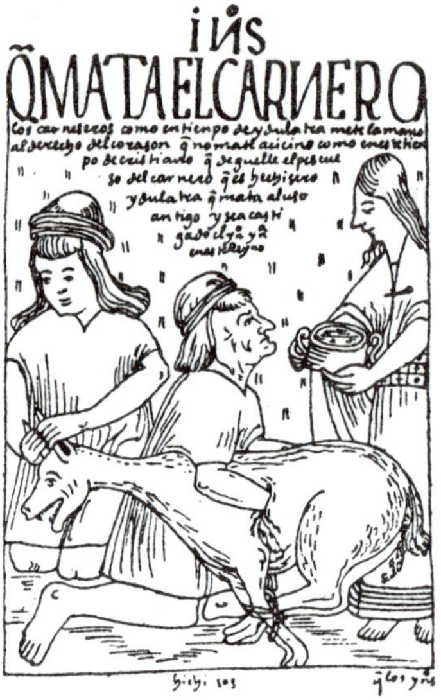

Die Armee und alles, was ihr diente, einschließlich der Heerstraßen und der Post der Inka, sowie die Gesetze, das Recht der Inka, das waren zwei Säulen, auf denen die Macht der Inka ruhte. Die dritte dieser Säulen war die Inka-Religion. Sie sowie die diesbezüglichen Vorstellungen Tahuantinsuyus sind freilich nicht von den Inka geschaffen worden. Auch die Anbetung der Sonne und alles, was damit zusammenhing, war in Peru – zumindest in einigen Teilen davon – sicherlich schon vor den Inka bekannt. Doch paßten die Inka diese religiösen Vorstellungen ganz offensichtlich ihren praktischen Bedürfnissen an. So wie die Sonne – als Herrscherin der Götter – die übrigen Götter lenkt, ihre ganze überirdische Welt, so sind die Söhne dieser heiligen Sonne – die Könige von Cuzco – mit der gleichen Selbstverständlichkeit berufen, den Gang des Lebens auf dieser Erde zu lenken.

Die durch die Söhne der heiligen Sonne aufgerichtete Ordnung mußte demnach logischerweise auch heilig sein. Schon deshalb, weil sie durch den göttlichen Ursprung dieser Herrscher des »Reiches der vier Teile« geheiligt war. Die Funktion der Inka-Religion und auch der Sonnenkult selbst, seine religiösen Vorstellungen wirken auf den ersten Blick ganz klar, verständlich und einfach. Doch tatsächlich nur auf den ersten Blick. In Wirklichkeit existierten, besser gesagt, koexistierten in Tahuantinsuyu mindestens drei verschiedene Religionssysteme, die einander gegenseitig beeinflußten und befruchteten und eng miteinander verwoben waren.

Das erste Religionssystem im alten Peru der Inka, die bekannteste, offizielle Staatsreligion, kann man als »heliozentrisch« bezeichnen. Im Mittelpunkt dieses Kults stand die Anbetung der Sonne. Neben dieser vom Staat bevorzugten und geförderten Sonnenanbetung lebten aber im Volk noch ältere, primitivere religiöse Vorstellungen, denen zufolge noch keine großen, mächtigen Götter und Himmelsgestirne verehrt wurden, sondern sog. Huaca – heilige Orte und Gegenstände, Hügel, Bäche, Felsen, Quellen, Bäume, Höhlen, aber auch Ahnenmumien, vor allem aber »heilige« Steine. Diese mit übernatürlicher, heiliger Macht begabten Gegenstände oder Orte, ebenfalls Huaca genannt, waren in Tahuantinsuyu sehr verbreitet. Vor diesen Heiligtümern und ihnen zu Ehren verrichteten die Bewohner des im Zeichen des Sonnenkults lebenden Landes erstaunlicherweise die meisten ihrer religiösen Handlungen. Auch beteten die Indianer zu den Huaca, opferten ihnen und begossen sie in der Regel mit ihrem Nationalgetränk Chicha.

Der zweite – volkstümliche – Religionskult, die devote Verehrung heiliger Orte und Objekte – der Huaca –, war, was uns heute wundern mag, selbst in Cuzco, der Reichshauptstadt des Sonnengottes, allgemein verbreitet. Wie einer der Chronisten berichtet, gab es im Gebiet von Cuzco dreihundertfünfzig solcher Huaca, anderen Berichten zufolge sogar über fünfhundert. Diese Huaca waren im Bezirk Cuzco nach einem besonderen, Ceque genannten System in Kategorien eingeteilt. Die Ceque waren vier unsichtbare, geheimnisvolle Linien, die vom Stadtzentrum ausgehend in die vier Teile der Stadt führten, in die ganz Cuzco gegliedert war. Diese geheimnisvollen Linien hatten offensichtlich auch symbolische Bedeutung und bezogen sich auf jeden Tag der einzelnen Monate des Inka-Jahres. Jedem dieser Tage war, je nachdem, wie er in dieses System eingeordnet war, eine eigene Huaca geweiht.

Die einzelnen Huaca wurden in Cuzco von den Bewohnern des betreffenden Stadtviertels gepflegt und betreut.

Die ländlichen Ayllu und die einzelnen Familien hatten überdies noch eigene, nur ihnen gehörende »Conopa«, eine Art Schutzgeister. Diese wurden häufig durch kleine, menschenähnliche Steinfiguren dargestellt, eine Art Fetisch, von den Indianern Huaqui (»Brüder«) genannt. Solche Huaqui begleiteten auch den Herrscher des Reiches auf all seinen Reisen.

Für jene, die vor allem auf dem Lande die Huaca und ihre Sippen- und Gemeinde-Conopa verehrten, war auch die Anbetung der Mutter Erde schon in Vor-Inka-Zeiten von großer Bedeutung. Für den indianischen Bauern war diese traditionelle, »Pachacama« genannte, Gottheit, die für reiche Ernte sorgen sollte, der wichtigste Gott überhaupt. Dargestellt wurde die Mutter Erde häufig als nackte Frau mit üppigen Formen. Ihr zu Ehren wurden meist einige Tropfen Chicha geopfert. In gleicher Weise vergötterten die peruanischen Indianer, die an der Pazifikküste lebten, oder, wie sie sagten, am Ufer des großen Salzsees, die »Mamachocha« – die »Mutter See«.

Wie Mutter Erde und Mutter See wurde in den Vor-Inka-Zeiten gewiß auch die Sonne da und dort in Peru angebetet – und mit ihr zusammen, eventuell in anderen Kulturen, noch weitere Himmelskörper, z. B. die Luna als oberste Gottheit der Mochica und Chimu. Anderswo wurde der Planet Venus, wurden die Plejaden und noch andere Gestirne verehrt. Zu jenen, die im alten Peru die Sonne verehrten, gehörten in grauer Vorzeit sicherlich auch jene, uns noch immer unbekannten, namenlosen Vorfahren und Vorgänger der Inka.

Die eigentlichen Inka, die Nachfahren ihrer namenlosen Ahnen, formulierten in den Jahrhunderten ihrer Herrschaft die religiösen Vorstellungen der Gebirgsvölker Perus aber teilweise um und erhoben Inti, den Sonnengott ihrer Vorfahren, zu ihrem obersten Gott, der die überirdische Welt lenkt und durch dessen Willen seine Söhne, die Inka, die Welt der Menschen regieren.

Die hochentwickelte heliozentrische Religion der Inka wurde zum offiziellen Glauben und zur offiziellen religiösen Weltanschauung, zur »Ideologie« ihres Reiches. Sie wurde aber auch ein wirksames Instrument zur Unterwerfung und geistigen Unterjochung anderer südamerikanischer Völker.

Weil sie die Sonne noch nicht anbeteten, wurden sie von den Inka als Barbaren angesehen. Aus dem gleichen Grunde klassifizierten die ersten Christen, die nach Peru kamen, die indianischen Bewohner ihrerseits als Barbaren, Heiden, Ungläubige, weil sie nicht Jesus Christus anbeteten und keine blasse Ahnung von der Heiligen Dreifaltigkeit hatten.

Obwohl die heliozentrische Religion der Inka im Leben des Reiches eine fundamentale Rolle spielte, wissen wir erstaunlicherweise nicht sehr viel über sie. Sicher ist nur, daß die durch die ganze Macht des Staates überall, auch gewaltsam, geförderte innige Verehrung von Inti – der Sonnengottheit – im Mittelpunkt des Sonnenkults stand. Der göttliche Inti wurde in der Regel als goldene Scheibe dargestellt, von der nach allen Seiten lichte Strahlen ausgingen. Die eigentliche Sonnenscheibe war von einem männlichen Antlitz bedeckt. Diese Scheibe wurde stets aus purem Gold – dem »Erz, das der Sonne zusteht« – gefertigt. Daher gehörten die goldenen Sonnenbildnisse auch zu den Objekten, nach denen die Spanier in jeder neu eroberten peruanischen Stadt als erstes fahndeten. Das berühmteste Inti-Bildnis, die goldene Sonnenscheibe im Tempel des Sonnengotts zu Cuzco, ist auch in die peruanische Sage und in das peruanische Volkslied eigegangen; bis heute erinnert die spanische Redewendung »jugar sol antes que amenazca« (»die Sonne verspielen, bevor der Morgen graut«) an sie.

Die riesige goldene Sonnenscheibe im größten Tempel Tahuantinsuyus eignete sich anläßlich der Plünderung Cuzcos ein spanischer Soldat namens Sierra de Lequizamo an. Noch in derselben Nacht, ehe der Morgen graute, verspielte er sie bis zur letzten Unze Goldes im Kartenspiel. Diese kleine, aber bezeichnende Episode in der dramatischen Geschichte der Eroberung des Inka-Reiches wurde so bekannt, daß sie in Lateinamerika – auch in allen anderen spanischsprechenden Ländern – bis auf den heutigen Tag noch als Redewendung an dieses Histörchen erinnert.

Wie Inti, der erste unter den Göttern der Staatsreligion Tahuantinsuyus, waren auch die übrigen Götter des Pantheons der Inka »Himmelsgestirne«. Intis »Frau« und zugleich Mutter der Inka war die Mondgöttin Quilla, von den Indianern oft Mama Quilla, Mutter Luna, genannt.

In dem Nationaltempel der Inka, der Coricancha, war der Luna eine Kapelle geweiht. Wie der Chronist Garcilaso de la Vega berichtet, waren die Wände dieser Kapelle ganz mit Silberplatten bedeckt. Die Kapelle war zudem mit einem aus Silber gearbeiteten Bildnis der Luna geschmückt, einer silbernen Mondscheibe mit einem Frauenantlitz.

Neben dem Bild der Luna waren die Mumien der verstorbenen offiziellen Gattinnen der Herrscher des Reiches aufgestellt.

Die Bewohner Tahuantinsuyus brachten wohl der Sonne, nicht aber der Luna Opfer dar. Die himmlische Mutter der Inka, die Mondgöttin Quilla, war in Tahuantinsuyu auch die Patronin alles Weiblichen. So schützte sie die Gebärenden, und deshalb beteten unfruchtbare Mädchen um Kindersegen zu ihr.

Der dritte im Inka-Reich verehrte »Himmelsbewohner« war Illapa, ein peruanischer Donar (Thor), der Gott des Donners, des Blitzes und des Sturms. So wie nach jedem Gewitter – meist – Regen fällt, der den indianischen Bauern das ersehnte Naß bringt, so sorgte Illapa – ähnlich wie früher die Mutter Erde, die Pachacama – für die Fruchtbarkeit der peruanischen Felder. Die Sonnensöhne stellten sich Illapa als einen stattlichen Krieger in goldener Rüstung vor, mit einer Keule in der Hand. Der Regen, den Illapa über die Erde ausgießt, sollte aus dem »himmlischen Strom« kommen, wie die Peruaner die Milchstraße nannten.

Auch dem mächtigen Gebieter über Donner und Blitz, dem Regenspender Illapa, war in der Coricancha eine eigene Kapelle geweiht. Zwei weitere waren der Venus und dem Sternbild der Plejaden gewidmet. Das Allerheiligste der Coricancha war aber dem Gott Inti vorbehalten, und hier glänzte sein goldenes, gen Osten gewandtes Bildnis, so daß die ersten Strahlen der aufgehenden Sonne es berührten.

Neben dem Bildnis des Sonnengottes – und den ovalen Bildern weiterer Götter – saßen in dem Heiligtum der Coricancha die Mumien der verstorbenen Inka auf Schemeln aus purem Gold. Auch für den herrschenden Inka stand ein steinerner Thron bereit, getragen von vier starken Säulen. Hier saß der Gebieter von Tahuantinsuyu, wenn in dem Tempel eine »Messe« zu Ehren Intis zelebriert wurde.

Die Coricancha – der Sonnentempel in Cuzco –, bereits zu

Beginn unseres Berichtes über Tahuantinsuyu eingehend als eines der größten Wunderwerke Cuzcos geschildert, grenzte auch an das »achte« Weltwunder des Reiches, den berühmten goldenen Garten der Inka. Sie war zudem selbst ein Abbild der Sonne, und vor allem ein Bild all dessen, was die Sonne und die Religion, die aus der Anbetung der Sonne erwuchs, für das Inka-Reich bedeutete. Ein Bild dessen, wie dieser Sonnenglaube, diese Sonnenideologie, die Macht der Inka aufrichtete, mehrte und auch stützte, ja, buchstäblich diesen ganzen Staat trug.

XII.
DIENER DER SONNE – DIE SONNENJUNGFRAUEN

Die Coricancha, das wichtigste Zentrum des Sonnenkults, war natürlich auch Sitz und vornehmste Wirkungsstätte des Huillac Umu, des Hohenpriesters des Sonnenkults.

Der Hohepriester, der würdige Pontifex maximus oder »Papst« Tahuantinsuyus, wirkte schon auf den ersten Blick höchst würdevoll: Er trug stets eine prächtige ärmellose Tunika. Als Zeichen seines hohen Amtes zierte seinen Kopf eine nicht sehr große, Vilachuco genannte »Tiara«, auf der natürlich das Bild der Sonne prangte. Der Huillac Umu schmückte sich zusätzlich mit einem Figürchen der Mondgöttin Quilla und bedeckte seine Wangen zu gewissen Anlässen mit dem bunten Gefieder von Amazonaspapageien.

Der Huillac Umu lebte überwiegend in der Coricancha, durfte nicht heiraten und mußte jeden Geschlechtsverkehr meiden. Auch durfte er kein Fleisch essen und nur Wasser trinken. Oft fastete er auch und führte überhaupt ein recht asketisches, ja, geradezu mönchisch strenges Leben.

Der Huillac Umu von Tahuantinsuyu wurde auf Lebenszeit in sein Amt berufen. Hauptsächlich mußte er dafür sorgen, daß der Sonnenkult genau eingehalten und dauernd gepflegt wurde. Er war oberster Vorgesetzter aller übrigen der Sonne dienenden Priester. Zugleich war er mit Aufgaben in bezug auf den Herrscher und seine Familie betraut. Er krönte den neuen Herrscher des Reiches, nahm auch die Trauung des Inka vor.

Außer dem Huillac Umu wirkten noch zehn »Bischöfe«, Hatun Huillac genannt, im Reich, die das religiöse Leben in den einzelnen, recht ausgedehnten »Diözesen« Tahuantinsuyus leiteten. Bemerkenswert ist, daß alle diese »Bischöfe« der Inka aus einem Ayllu, einer Sippe namens Tarpuntay, stammen mußten (ähnlich wie nach der Bibel alle Priester des alten Israel fast immer aus dem Stamme Levi kamen).

Sehr wichtige kirchliche Würdenträger des Reiches waren neben dem Hohenpriester und den erwähnten zehn Bischöfen auch die geistlichen Verwalter der einzelnen Provinzen von Tahuantinsuyu - die Hauptpriester, zugleich Vorsteher der örtlichen Sonnentempel. Solche Heiligtümer des Inti mußten nämlich - und ich betone das Wort mußten - in der Hauptstadt jeder Provinz, jedes von den Inka neu gewonnenen Gebiets, errichtet werden.

Der Inka-Patriarch, der Huillac Umu, die Bischöfe und Provinzverwalter des Sonnenkultes gehörten alle zur gesellschaftlichen Oberschicht des Staates, lebten von dem der Sonne zustehenden Drittel aller Einnahmen des Imperiums und erfreuten sich auch einer ganzen Reihe anderer besonderer Privilegien. Neben ihnen wirkte in Tahuantinsuyu auch ein Heer von niederen Priestern. Diese Geistlichen dienten oft nicht allein dem offiziellen Gott des Staates, der Sonne, sondern eigentlich der bereits erwähnten, zweiten, volkstümlichen Religion, die sich auf die Verehrung heiliger Orte und Kultgegenstände - der Huaca - gründete. Darum nannten die Peruaner diese Priester auch Huacarimachic. Zu der niederen Priesterschaft gehörten im Inka-Reich auch die Ayartapuc, die mit den Toten zu reden verstanden, ferner die Hellseher, die aus den Körnern des Maises die Zukunft zu deuten verstanden, und außerdem noch der Callparicus, der aus den Innereien geopferter Vögel, mitunter auch aus den Eingeweiden anderer Tiere, die künftigen Dinge prophezeite.

Die Priester zelebrierten natürlich auch alle Gottesdienste

und nahmen alle religiösen Zeremonien vor. Diese fanden - soweit sie für das Volk bestimmt waren - fast immer auf öffentlichen Plätzen und nicht in den Tempeln statt. Die Geistlichen leiteten auch die gemeinsam gefeierten Andachten. Im übrigen betete aber jeder Bürger des Staates allein und stets leise - »im Geiste«.

Zu den fundamentalen Pflichten vieler Priester gehörte es zugleich, den Volksangehörigen, die gesündigt hatten, die Beichte abzunehmen. Die Elite und namentlich der Inka beichteten unmittelbar der Sonne selbst. Nach solch einer Sonnenbeichte badeten die Vornehmen in dem Wildwasser eines Bergbachs, damit der Strom die Schuld und Sünden des Beichtenden mit sich fort spüle. In der Inka-Religion war also, ebenso wie im Christentum, der Begriff der »Sünde« bekannt, von der sich der Sünder aber durch die Beichte reinwaschen konnte.

Hatten Sünder ihre schweren Vergehen nicht bekannt, kamen sie nach dem Tod in eine Art Unterwelt, in eine Höhle, tief im Innern der Erde, wo sie sich nur von Steinen nähren und überhaupt große Qualen erdulden mußten. Jene aber, die in ihrem irdischen Leben nicht gesündigt hatten, erwartete nach dem Tod das Inka-Paradies, ein Ort, gleich neben der Sonne, wo eitel Freude und ewige Heiterkeit herrschten. Das Inka-Paradies stand jedermann offen - nur Angehörige des gemeinen Volkes konnten eigentlich in die Hölle kommen. Die Vornehmen gelangten nämlich nach dem Tode quasi ganz von selbst ins Paradies - und zwar aufgrund ihrer herausragenden sozialen Stellung zu Lebzeiten.

Außer die Beichte abzunehmen und die mannigfaltigsten religiösen Zeremonien zu zelebrieren, hatten die Priester allerlei Opfer darzubringen. Lebensmittel und vor allem die beliebte Chicha wurde den Huaca geopfert, häufig auch Kokablätter, die bei den religiösen Riten feierlich verbrannt wurden. Ein armer Indianer, der weder Nahrung noch Chica oder Kokablätter hatte, brachte wenigstens ein paar seiner Wimpern(-Haare) dar, die er gen Osten oder Westen von sich warf. Solch ein Wimpern-Opfer war zugleich auch eine Geste der Demut des Indianers. Priester opferten der Sonne meist weiße Lamas; derartige Zeremonien fanden fast täglich in der Reichshauptstadt Cuzco statt. Die Leiber der rituell geschlachteten Tiere wurden auf einem aus künstlerisch geschnitzten Scheiten gebildeten Holzstoß, einem Scheiterhaufen, verbrannt!

Menschenopfer waren bei den Inka viel seltener als bei ihren berühmt-berüchtigten mexikanischen Zeitgenossen - den Azteken. Lebende Menschen wurden in Tahuantinsuyu vor allem geopfert, um die Genesung des Inka oder den Sieg für einen Kriegszug herabzuflehen - oder aber um eine Seuche, die das Land heimsuchte, abzuwenden. Bevorzugt wurden meist Jungen und Mädchen im Alter von etwa zehn Jahren; doch ehe sie rituell getötet wurden, berauschte man sie oft durch Chicha, damit sie glücklich und fröhlich vor das Angesicht des Gottes traten, dem man sie geweiht hatte. Die »Opfer« wurden stets besonders sorgfältig ausgewählt, denn den Göttern durften nur außergewöhnlich hübsche und gut gewachsene Kinder dargebracht werden. Für die Opferzeremonien waren ausschließlich Gegenstände aus purem Gold zugelassen - ausgenommen das steinerne Opfermesser.

Für Opferriten, vor allem im Zusammenhang mit Menschen und Lamas, waren stets nur Angehörige der obersten Priesterkaste zuständig. Diese höheren Geistlichen Tahuantinsuyus wohnten stets in unmittelbarer Nähe des Sonnentempels der Stadt. Diese Tempel, in denen die hohen Priester als Diener des offiziellen Hauptgottes - Inti - ihr Amt versahen, grenzten stets an die Klöster der Sonnenjungfrauen, Acclahuasi genannt.

Eben diesen, dem Inti geweihten Frauen galt später gleich das Interesse der nicht nur nach Gold, sondern auch nach Frauen gierenden Spanier. Noch bevor die Eroberer den Inka gefangen, ehe sie noch ihre erste Schlacht gegen die peruanischen Indianer geschlagen hatten, bemächtigten sich Pizarros Soldaten in der Stadt Cajas schon fünfhundert dieser - wie sie sie damals nannten - »Indianer-Nonnen«. Die diesen Damen auferlegte Pflicht zur absoluten Keuschheit schreckte die Konquistadoren allerdings von ihrer ruchlosen Tat nicht ab.

In Wirklichkeit lassen sich freilich bei weitem nicht alle Mädchen und Frauen, die in den Acclahuasi lebten, ohne weiteres mit den Nonnen katholischer Klöster vergleichen. In den Inka-Klöstern lebten nämlich außer den echten Sonnenjungfrauen auch weitere Frauen, die man Accla oder Acclacuna nannte. Das Verbum »accla« heißt in Quechua soviel wie »auswählen, aussuchen«. Damit wird präzise ausgedrückt, wie die jungen Mädchen, mitunter noch echte Kinder, in die Acclahuasi gelangten. Das Reich hatte - wie für alle möglichen anderen Aufgaben - auch Beamte mit besonderer Qualifikation, um geeignete weibliche Wesen für die Klöster auszuwählen; diese Herren trugen den Titel Apo Panac oder »Herr der Schwestern«.

Der »Herr der Schwestern« besuchte Jahr für Jahr jeden Ayllu seiner Provinz und bestimmte unter den meist vier- oder fünfjährigen Mädchen diejenigen für die Acclahuasi, die schon in diesem Alter weibliche Anmut ausstrahlten, zugleich aber auch intelligent zu sein schienen. Die Übergabe dieser Kinder gehörte zu jenen Pflichten, die jede Gemeinde dem Staat gegenüber erfüllen mußte. Der Apo Panac begleitete die Mädchen dann in eines der Frauenklöster und vertraute sie der Fürsorge seiner »Äbtissin« an.

In einem Acclahuasi lernten die Zöglinge dann in vielen Jahren, den Haushalt zu führen, Speisen zuzubereiten, Getränke zu brauen, außerdem Singen und Musizieren sowie verschiedene Handfertigkeiten und vor allem die große peruanische Kunst des Stoffwebens. Die Mädchen wurden dann, zuerst nach ihrem zehnten und dann nach ihrem dreizehnten Lebensjahr, ein zweites Mal »beurteilt«.

Hatten sich einige Accla nicht bewährt, wurden sie nach der »Prüfung« ihren Eltern zurückgegeben, anderen ließ das Reich in seinen Klöstern eine noch gediegenere Erziehung und Ausbildung angedeihen, vor allem in handwerklichen Fertigkeiten und in Haushaltsführung. In diesen Jahren lernten die Mädchen aber zugleich auch die Kunst, dem Sonnengott zu dienen, d. h., die entsprechenden Sonnenriten zu zelebrieren - und wie und mit welchen Gebeten man die Sonne verehrte.

Waren die auf Geheiß des Inka im Kloster versammelten Jungfrauen geschlechtsreif, wurden sie ihrer endgültigen Bestimmung zugeführt. Die meisten von ihnen mußten nun dem Staat, d.h. seinen vornehmen Repräsentanten, dienen, und zwar sowohl durch ihre weibliche Anmut als auch durch den Einsatz ihrer hausfraulichen und handwerklichen Fähigkeiten.

Diese Accla gab der Inka den Edlen und Würdenträgern des Reiches, aber auch seinen Ingenieuren, Amautu und verdienten Kriegern zur (Neben-)Frau.

Andere Accla dagegen beschlossen, auf alle weltlichen Sinnesfreuden zu verzichten und, statt Mätresse eines hohen Herrn zu werden, sich als Braut der Sonne hinfort zu völliger Keuschheit zu verpflichten. Diese Mädchen, nun wirkliche Sonnenjungfrauen, assistierten fortan bei allen religiösen Zeremonien, die zu Ehren des Inti stattfanden. Die Intip Chinan, wie man sie nannte, empfingen nun ein weißes Ordensgewand und verhüllten ihr Haupt auch durch einen Pampacune genannten, für sie typischen, weißen Schleier. Zum Zeichen ihres Dienstes an der Sonne sowie ihrer Treue zur goldenen Himmelsregentin schmückten sich die Intip Chinan auch mit einem besonderen, aus dem Sonnenerz Gold geschmiedeten Kleinod, der Corivincha.

Wesentliches Merkmal und auch unverletzliche Pflicht der berühmten Sonnenjungfrauen der Inka war aber ihr lebenslange Jungfräulichkeit. Ein Mann, der versucht hätte, ihre Keuschheit zu verletzen oder der es sogar gewagt hätte, in ein Kloster der Intip Chinan einzudringen, mußte mit furchtbarster Bestrafung rechnen. Eine Sonnenjungfrau, die – aus eigenem Willen – mit einem Mann »gesündigt« hätte, wäre ebenso streng bestraft worden; entweder wäre sie bei lebendigem Leibe auf einem hohen Scheiterhaufen (buchstäblich) geröstet oder – natürlich samt ihrem Verführer – bei lebendigem Leibe in die Erde eingegraben worden.

Die Verletzung der Keuschheit einer Sonnenjungfrau wurde im Inka-Reich als eine so ruchlose Missetat angesehen, daß nicht nur der Verführer und die Verführte, sondern auch alle Verwandten des Mädchens und sogar ihre ganze Heimatgemeinde bestraft wurden. Für das Heimatdorf bedeutete das, dem Erdboden gleich gemacht zu werden; und für alle seine Bewohner samt dem Curaca die Todesstrafe. (Nebst ihnen wären in einem solchen Fall sogar auch alle übrigen Lebewesen in dem Dorf einer solchen Sünderin, also alle Tiere und sogar Pflanzen, zum Tode verurteilt und »hingerichtet« worden!)

Ein Mann in Tahuantinsuyu durfte aber stets das Kloster der Sonnenjungfrauen betreten, ja, er durfte sogar, wann immer er Lust dazu hatte, eine dieser Jungfrauen »minnen« – und zwar der Inka selbst. Weil der Herrscher den religiösen Vorstellungen des Reiches zufolge ein Sohn der Sonne war, schlief er mit diesen der Sonne geweihten Jungfrauen als ihr Stellvertreter und beging also keinen Frevel gegen die Gesetze und die Religion seines Staates.

Viele Autoren glauben, die Klöster der Jungfrauen wären eigentlich nur eine Art urwüchsiger südamerikanischer Harems, Serails der Herrscher Perus, gewesen. Ja, diese - allen anderen Männern des Reiches unter Androhung der fürchterlichsten Strafen verbotenen - Jungfrauen wären in Wirklichkeit nur weitere Buhlerinnen, Konkubinen des Inka gewesen, eine Art Reservearmee, die nur die schon so recht große »Gemeinde« von Nebenfrauen des Inka ergänzen sollte.

XIII.
VIRACOCHA KEHRT ZURÜCK

Neben der ersten traditionellen Volksreligion der vorkolumbianischen Indianer in Peru, dem Kult der Huaca, und der zweiten in Tahuantinsuyu »offiziellen« »Haupt«-Religion, in deren Mittelpunkt die Anbetung des obersten Gottes Inti – der Sonne – stand, gab es im Inka-Reich noch ein drittes religiöses System, durch die große theologische Reform Pachacutis den übrigen »amtlich« übergeordnet. Im Mittelpunkt dieses Kultes stand die Anbetung des Gott-Schöpfers Viracocha.

Der von Pachacuti geförderte Viracocha-Kult breitete sich unter der Herrschaft der letzten Inka von Tahuantinsuyu in Peru wieder aus. Anklang fand er aber nur bei einer schmalen Oberschicht der Reichselite, bei jener Gruppe von Gebildeten, denen die einfachen, zuweilen recht naiven religiösen Vorstellungen des Sonnenkultes mit den Bildern solcher Götter, wie beispielsweise des donnergewaltigen Illapa, natürlich nicht mehr zu genügen vermochten. Die Schicht der Gebildeten im Reich verlangte nach tieferen, buchstäblich mehr philosophischen und abstrakteren religiösen Ideen und wandte sich also dem Gott-Schöpfer Viracocha zu. Der große Philosoph und religiöse Reformator Nezahualcoyotl hatte im vorkolumbianischen Mexiko die »gewöhnlichen«, sich nur allzu irdisch gebärdenden Gottheiten durch die Vorstellung eines abstrakten, allgegenwärtigen höchsten Wesens ersetzt, eine Idee, die er »In Tolque Nahuaque« nannte; und solch ein höchstes Wesen sollte in Peru eben Viracocha sein.

Während Nezahualcoyotl seinen »In Tolque Nahuaque« selbst entwickelt hatte, kehrten die Inka eigentlich nur zu Viracocha zurück. Unter diesem Namen (der aber möglicherweise nur einer seiner offiziellen Bezeichnungen war) wurde überall in Peru schon zu Vor-Inka-Zeiten ein Schöpfer der Welt und aller Menschen und Lebewesen verehrt. Von diesem Viracocha berichtet ein umfangreicher, ganz selbständiger Band des Autors über die indianischen Kulturen des vorkolumbianischen Peru, das Buch »Die Sternanbeter«. In der Folge soll nur noch das Wesentliche dieses Themas wiederholt werden.

Viracocha, demnach schon in Vor-Inka-Zeiten als Schöpfer der Welt und der Menschen verehrt, wurde jedoch nicht von allen spanischen Chronisten Perus – z. B. Molina, Betanzos, Sarmiento – als Gott der indianischen Bewohner des untergegangenen Staates gleich dargestellt.

Die Schöpfungslegenden stimmten aber zumindest darin überein, am Anfang der Zeiten habe es nichts und keinen gegeben als jenen allmächtigen, selbst nicht erschaffenen, seit ewigen Zeiten existierenden Viracocha. Das große, finstere Nichts, das Viracocha bewohnte, habe ihm dann aber mißfallen, und darum habe er zuerst das Licht erschaffen – den hellen Tag. Dann schuf er auch die Erde. Und um diese nicht nur öd und leer, ohne jegliches Leben zu lassen, schuf er ein besonderes Menschengeschlecht, die Riesen. Mit seinem ersten Schöpfungswerk sei der Gott aber nicht zufrieden gewesen. »Seine« Menschen schienen ihm zu groß, zu grobschlächtig und ohne Anmut. Zudem mißachteten sie die Gebote, die der weise Weltenschöpfer ihnen gegeben hatte. Darum vertilgte Viracocha dies mißratene erste Menschengeschlecht vom Antlitz der Erde, indem er die Riesen in Steine verwandelte. Über die versteinerten Giganten ließ Viracocha dann eine gewaltige Sintflut hereinbrechen. Die amerikanische Sintflut – von einer solchen berichtet nicht nur die Bibel, sondern sie ist auch in der Religion der peruanischen Indianer überliefert – habe ganze sechzig Tage gedauert. In dieser Zeit versanken fast alle Spuren der von Viracocha geschaffenen, von ihm später aber verworfenen und ausgetilgten ersten Menschen in den Fluten.

Nachdem die Sintflut zurückgegangen und der Boden wieder trocken geworden war, setzte Viracocha sein Schöpfungswerk fort. Er ließ sich an einem Tiahuanaco genannten Ort am Ufer des Titicacasees nieder (und lebte – so die Sage – auf der Insel Titicaca inmitten des gleichnamigen Sees). In Tahuantinsuyu habe der Schöpfer dann die Sonne und nach ihr weitere Gestirne hervorgebracht – die Luna, die Venus und auch alle anderen Planeten, Sterne und Sternbilder. Und schließlich habe er nochmals versucht, auch ein neues Menschengeschlecht zu erschaffen.

Und mit diesem neuen Menschenschlag – dessen Nachkommen dann auch die indianischen Bewohner des inkaischen Peru waren – war sein Schöpfer endlich zufrieden. Dann schied Viracocha die von ihm geschaffenen Männer und Frauen in Stämme und Völker und bestimmte jedem, wo und an welchem Ort er sich niederlassen solle. Ebenso habe er damals auch – so erzählt der Chronist Molina – am Titicacasee alle Tiere geschaffen und bestimmt, wo sie künftig leben sollten.

Den Menschen gab Viracocha aber – so geht die Sage – nicht nur eine Heimat, ein Land, sondern auch Gesetze, des Inhalts, wie sie leben und ihn, Viracocha, anbeten sollten.

Dann habe Viracocha Tiahuanaco und den Titicacasee verlassen und sei nach Norden gezogen. Er wanderte durch die Anden und lernte das Land kennen, das »seine« Menschen bevölkerten.

Er selbst verwandelte sich vom Schöpfer zum Lehrer des Volkes: »Seinen« Männern und Frauen brachte er allerlei nützliche Künste und Handfertigkeiten bei. Zufrieden mit seinem Werk, habe er Peru verlassen und sei am Ufer des Pazifik in die Tiefen des Meeres entschwunden. Doch habe er versprochen, einst zu den Indianern Perus zurückzukehren. Weil manche Bewohner Tahuantinsuyus sich Viracocha als würdigen Mann von hoher Gestalt, mit weißem Teint und mächtigem (bei den Indianern kaum vorkommendem) Vollbart geschmückt vorstellten, glaubten später viele Peruaner, in Pizarro und seinen bärtigen weißen

Soldaten den wiederkehrenden Viracocha zu erkennen. Ebenso sahen die mexikanischen Indianer den blutigen Cortéz als zurückkehrenden Gott Quetzalcoatl an.

Viracocha oder – wie er auch hieß – Con Ticci Viracocha wurde nicht nur im Inka-Reich seit Pachacutis Reformen verehrt, sondern schon viel früher, ehe der Staat der Sonnensöhne geboren wurde. Mittelpunkt des innigen Viracocha-Kults im Peru der Vor-Inka-Zeit war höchstwahrscheinlich die Stadt Tiahuanaco, einer der bemerkenswertesten Orte des indianischen Amerika, eine großartige (und für uns bis auf den heutigen Tag höchst geheimnisumwitterte) Stadt, die sich viertausend Meter hoch auf einer der Hochebenen Boliviens dehnt. Hier in Tiahuanaco schuf – nach der indianischen Sage – Viracocha auch die Sonne, die später der offiziellen Version der Inka-Religion zufolge zum Vater ihrer Herrscher wurde.

In Tiahuanaco steht auch eines der berühmtesten Denkmäler der indianischen Kultur ganz Amerikas, das sog. »Sonnentor«. Aus einem einzigen gewaltigen Andesitblock gehauen, mit einem ausgedehnten Fries geschmückt, inmitten dessen ein Gott dargestellt ist. Viele Forscher vermuten darin ein Bildnis Viracochas. Das Bild dieses Gottes auf dem Sonnentor Tiahuanacos schmückt aber auch viele peruanische Stoffe aus der Vor-Inka-Zeit und zahlreiche keramische Gefäße, die an den verschiedensten Orten des Andengebiets gefunden wurden.

Dieser im ganzen Andengebiet verehrte Schöpfer des Weltalls war in Tahuantinsuyu lange Zeit in den Hintergrund gedrängt worden. Der große Reformator Pachacuti aber gab auf dem von ihm einberufenen denkwürdigen theologischen »Konzil« in der Coricancha Viracocha die Stellung in der altperuanischen Götterhierachie zurück, die ihm – so glaubte der Inka – zu Recht gebührte.

In Wirklichkeit ist aber das Bild dieses »neuen Viracocha«, so wie Pachacuti es auf dem theologischen Kongreß in der Coricancha gezeichnet hat, nicht sehr konkret (wie das des alten Andengottes), sondern eher philosophischer konzipiert. Nach Auffassung dieses Inka wurde Viracocha zu einer den übrigen Göttern und dem Volk entrückten »Idee« vom Anfang aller Dinge. Er ist der höchste, souveräne Gott, selbst nicht geschaffen, der aber alle und alles geschaffen hat. Er lebt allein, schafft und zeugt allein, und zwar ohne weibliche Partnerin, also anders als alle anderen Wesen. Er thront irgendwo in der Unendlichkeit, in urfernen Tiefen des Kosmos. Trotzdem kommen gerade durch diesen den Menschen so fernen Schöpfer Segen, Gesundheit und Frieden zu den Menschen Perus.

In jener Epoche wurde in Tahuantinsuyu zu Ehren Viracochas ein erster und später auch ein zweiter Tempel errichtet, der eine in Cuzco, der andere in Cacha. Der Viracocha-Tempel in Cacha war übrigens eines der größten Heiligtümer des ganzen Reiches. Einige seiner Teile – wie die neunzig Meter lange Mauer des Hauptgebäudes – sind bis auf den heutigen Tag erhalten geblieben. Ein ovales Bild Viracochas wurde unter der Regierung Pachacutis im Zentrum des nationalen Sonnentempels in Cuzco aufgestellt.

Pachacuti führte Viracocha nicht nur dem Pantheon des Sonnenreiches wieder zu, sondern soll ihm zu Ehren auch zahlreiche Hymnen gedichtet haben. Einige dieser großartigen Hymnen haben sich – im Unterschied zu den meisten anderen »literarischen Werken« der Inka – erhalten. Freilich ist nicht gesichert, daß Pachacuti all diese Lobgesänge auf und an Viracocha selbst gedichtet hat. Keinesfalls ist dieser Punkt so wichtig wie die Tatsache, daß die eigene Stimme der vorkolumbianischen Indianer Perus – und zwar aus der Vor-Inka-Ära – zu uns dringt und unser Herz zu rühren vermag. Denn diese Botschaft gibt uns nicht nur Einblick in die literarische Meisterschaft jener Menschen, sondern auch in die damaligen religiösen und philosophischen Anschauungen und darüber hinaus Aufschluß über das Wesen der damaligen Welt, wie jene die Gottheit sahen, die – allein – diese Welt mit ihren Menschen geschaffen hatte.

Aus den folgenden, uns gewiß seltsam anmutenden Versen hören wir die Stimme Pachacutis, die von ihm entwickelte Vorstellung von Viracocha und seine Wandlung aus einem konkreten Gott-Schöpfer in ein abstraktes, allmächtiges, den Menschen aber weltenfernes, von ihnen so gesuchtes, doch selten von ihnen gefundenes höchstes Wesen.

Pachacuti, der einzige namentlich bekannte Dichter unter all den unzähligen namenlosen literarischen Schöpfern des inkaischen Peru, war möglicherweise auch der Dichter folgender Hymne:

»Oh, Viracocha, Herrscher der Welt,
seist du Mann,
oder seist du Weib.
Oh, du, durch den die Menschheit sich vermehret.
Seist du, wer du seist.
Du, König,
wo thronest du?
Vielleicht über mir?
Vielleicht unter mir?
Oder ist dein Thron überall um mich her?
Und auch deine Keule, dein Zepter,
sind auch sie überall um mich?
Erhöre mich?
Schöpfer der Welt!
Erhöre mich droben am Himmel.
(Erhöre mich,) wo immer du seist.
Aus den finstersten Tiefen des Ozeans – erhöre mich!
Auch dort könntest du weilen.
Oh, König der Könige.
Wie wünschte ich mir, dich zu schauen.
Doch meine Augen sehen dich nicht.
Ach, dürft' ich dich doch gewahren,
und dürfte ich dir ins Antlitz sehn.
Ach, verstünde ich dich!
Oh, schaue auf mich von deinen Himmeln.
Denn du sorgst für mich.
Nicht vergebens schufest du,
Viracocha,
Sonne und Mond,
die Nacht und den Tag,
den Herbst und den Frühling.
Und all das
bewegt sich dahin, wohin du bestimmt hast,
an den vorbezeichneten Ort.
Ja – es nähert sich seinem Ziele,
aus deinem Willen, auf deinen Befehl.
Ach, erhöre mich.
Gib, daß auch ich zu deinen (Auserwählten) gehöre.
Und laß mich nicht

schwach werden,
laß mich nicht sterben!«

Nebst diesem im Geiste Pachacutis konzipierten und vielleicht auch von dem Inka Pachacuti persönlich gedichteten Hymnus zu Ehren des Gott-Schöpfers hier wenigstens noch die ersten Verse eines poetischen Gebets, mit dem sich die Menschen Tahuantinsuyus um die »Mehrung des Menschengeschlechts« flehend an Viracocha wandten:

»Oh, Viracocha, der du Wunder vollbringst
und nie gesehene Dinge.
Gütiger Viracocha, groß und unvergleichlich.
Gib, daß die Menschen sich (ver)mehren.
Gib, daß Kinder geboren werden!
Und daß unsere Äcker, unsere Gemeinden
frei seien von aller Gefahr.
Du, der du das Leben gibst, sorge für sie.
Halte deine schützende Hand über sie.
In alle Ewigkeit (oh Viracocha) . . .«

XIV.
RUNA SIMI, DIE SPRACHE DES VOLKES

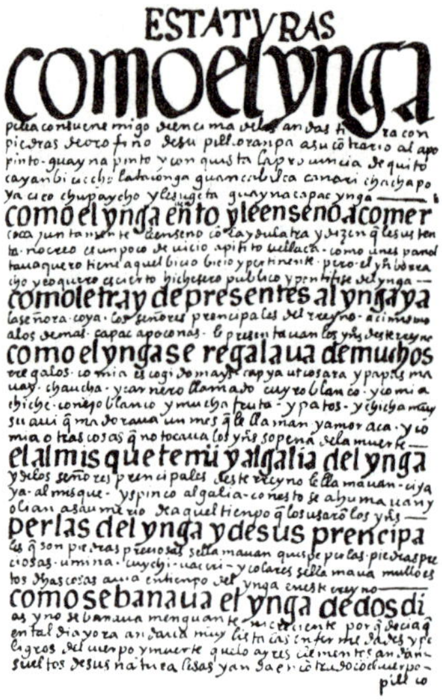

Viracochan
apocochan
tiosi ciracochan
hualpay huana
viracochan
tocapo acnupo
ciracochan.
Runa aychachaum
huarmay acha chuchun
mirachum
Ilacta.
Pacha.
Casilla quispilla
cachun.
Camasayqui
tahua caycha yatali imay Pachacamac haycay Pachacamac.

So lautet das im vorigen Kapitel zitierte Gebet an Viracocha um die Mehrung des Menschengeschlechts im »Original«, d.h. in der »Inka-Sprache« - genauer gesagt: in Quechua, der Staatssprache Tahuantinsuyus, die in dieser Sprache Runa Simi - wörtlich »Sprache des Volkes«, »Volkssprache« oder auch »Volksmund« - hieß.

Die Quechua-Sprache ist ein klangvolles, melodisches Idiom, in dem stets die vorletzte Wortsilbe betont wird. Diese Indianersprache zeichnet sich überdies durch einen reichen Wortschatz aus. (So umfaßt ein quechua-spanisches Wörterbuch, das der Autor am liebsten benützt, 1200 große Druckseiten.)

Das Runa Simi verfügt überdies über die Fähigkeit, eine große Anzahl neuer Begriffe und Worte durch Nachsilben oder Suffixe zu schöpfen, von denen das Quechua ebenfalls eine große Zahl kennt. All das führte dazu, daß schon der geniale tschechische Pädagoge und Sprachwissenschaftler Jan Amos Komenský (Comenius) in seinem Werk »Linguarum methodus novissima«- aufgrund eines Berichtes von Acosta - das Quechua lobend erwähnte.

Die überreichen Ausdrucksmittel und -möglichkeiten der einstigen Staatssprache der Inka demonstriert einer der besten Kenner des Quechua, der Bolivianer Jesus Lara (er selbst schreibt Romane in dieser Sprache) am Beispiel einer unter Menschen höchst geläufigen Aufforderung: »Liebe mich!«, »Hab mich lieb!« Die zweite Muttersprache seines Heimatlandes, das Spanische, weiß dies nur durch das einzige Wort »Amame« auszudrücken. Auf Quechua kann man aber »munahusay« sagen, was eine genaue Übersetzung unseres »Liebe mich!« ist. Will ein Quechua sprechender Amant aber seinem Wunsch mehr Dringlichkeit verleihen, kann er »mamakuhuay« sagen, und will er »süß« geliebt werden, fleht er »munarihuay!« Will er dagegen die Tiefe seiner eigenen Gefühle ausdrücken, die in der Bitte, sie zu erwidern, mitschwingen, sagt er »munurikuhuay«. Will er seinem Liebeswunsch Nachdruck verleihen, sagt er »munallahuay«, wer aber um Liebe flehen, betteln muß, der sagt nicht einfach »liebe mich«, sondern »munakullahuay«. Weiter kann man auch »munarikallahuay« oder »munaririkullahuay« sagen. Und auch mit diesen Formulierungen sind alle Möglichkeiten, diese eine Situation in der Inka-Sprache auszudrücken, noch bei weitem nicht erschöpft.

Wollten wir die Laute der Quechua-Sprache phonetisch

schreiben, würden wir feststellen, daß folgende Vokale vorkommen: a, e, i, o, u; außerdem kennt sie viele Konsonanten, und zwar zum einen solche, deren Aussprache Konsonanten in europäischen Sprachen ähnelt, wie h, ch, k, m, n, ň, p, r, s, t, v = w sowie Hauchkonsonanten, zu denen č = tsch, ǩ = kh, p̌ = ph, ť = th gehören. In Quechua gibt es drittens zudem noch eine Anzahl für die Ohren eines Europäers ganz ungewohnter Mitlaute wie k', p', t', l – ein weiches L, ähnlich wie z. B. im Slowakischen –, kk, q und schließlich hu, das heute oft als w oder v transkribiert wird, ein Laut, der so klingt wie englisch w.

Die Sprache der Inka umfaßt ähnlich wie andere Sprachen zehn Arten von Wörtern: Eigenschaftswörter, Fürwörter, Umstandswörter, Zahlwörter, Zeitwörter (Verben), Artikel, Bindewörter, Empfindungswörter (Ausrufewörter), Partikel und schließlich Hauptwörter (Substantive). Die Hauptwörter werden dabei in belebte und unbelebte eingeteilt, und von diesen gibt es jeweils Wörter weiblichen und männlichen Geschlechts, die wiederum in neun Fällen (!) dekliniert werden.

Die Sprache des Inka-Staates, der Wert auf Organisation und Statistik legte und in dem demzufolge auch ständig gerechnet wurde, mußte natürlich über ein hochentwickeltes Zahlensystem verfügen. Dabei waren fünf Arten von Zahlwörtern bekannt – die Grundzahlen, die Ordnungszahlen, die Teilzahlen, die Multiplikationszahlen und die Wiederholungszahlen.

Im Quechua gibt es sowohl einfache als auch zusammengesetzte Verben. Zusammengesetzte, die entweder durch die Verbindung von Silben, die Verdoppelung eines Verbs oder die auch onomatopoetisch aus Empfindungswörtern gebildet werden, gibt es in Quechua unvergleichlich mehr als einfache Verben. Das Runa Simi kennt nur drei Zeiten: Gegenwart, Vergangenheit und Zukunft. Durch den Einfluß des Spanischen wurden in das moderne Quechua auch die sog. historischen Zeiten eingeführt – die Vorvergangenheit, die Vorvorvergangenheit und das Futurum II. Diese Zeiten werden von den Indianern aber nur ganz selten verwendet.

Soviel wenigstens zur knappsten Information, um eine nur ganz skizzenhafte Vorstellung von Gepräge und Aufbau der Staatssprache der Inka zu vermitteln.

Als – knapp vier Jahrhunderte vor der Ankunft der ersten Europäer in Peru - Manco Capac das Reich Tahuantinsuyu gründete, wurden - wie der Chronist Bernabé Cobo berichtet - auf dem Gebiet des künftigen großen Staates seiner Nachfolger etwa zweitausend verschiedene Indianersprachen gesprochen. Ein anderer Chronist - de Acosta -, der sich ebenfalls mit dieser Frage befaßt, behauptet, die peruanischen Indianer hätten zur Zeit, da das Reich der vier Weltgegenden entstand, »nur« siebenhundert verschiedene Sprachen gesprochen. Damals hätten die Indianer in jedem Tal eine andere Muttersprache gehabt. Und in manchen Tälern, z. B. im Jauja-Tal, hätten die Bewohner sogar in mehreren verschiedenen Sprachen geredet!

Die Inka, die ihr Reich einigen wollten, die dessen unzählige Völker zu einem einzigen zu verschmelzen wünschten, mußten ihrem Lande notwendigerweise nicht nur eine einheitliche und alle (ver)einigende Religion geben, nicht nur eine feste, einheitliche Regierung, sondern vor allem natürlich auch eine einheitliche, gemeinsame Sprache. Sie wählten dafür das Quechua - und ihre Wahl war gut.

Dank dieser durch die Sonnensöhne den peruanischen Indianern aufgezwungenen sprachlichen Unifizierung der meisten Bewohner Tahuantinsuyus sprechen auch heute noch mehr Leute Quechua als alle anderen Indianersprachen Amerikas zusammen! Auf dem von den Inka beherrschten Gebiet überlebten eigentlich nur drei wichtige Sprachen die »Quechuanisierung«: das Aymarasche in Bolivien, das altertümliche, altehrwürdige Uruio auf den schwimmenden Inseln des Titicacasees und - in gewissem Maße - auch das Mochica, die Muttersprache der Bewohner der Nordküste Perus. Heutzutage wird in Peru außer Spanisch (und eigentlich mehr als Spanisch) nur noch Quechua gesprochen. Runa Simi, »die Sprache des Volkes«, ist daher eines der zahlreichen Vermächtnisse des untergegangenen Inka-Reiches, das sich in den Köpfen von Millionen Andenindianern bis auf den heutigen Tag bewahrt hat.

XV.
DAS GEHEIMNIS DER INKA-SCHRIFT

Das Runa Simi – die Volkssprache der Inka – wurde und wird auch heute, fünf Jahrhunderte nach der Vernichtung des Inka-Reiches, immer noch von den Massen gesprochen. War aber in dem Staat der Sonnensöhne auch eine Schrift verbreitet?

Die Schrift als solche war ja fast allen bedeutenden antiken Kulturen bekannt. Von einer Schrift der Sonnensöhne wird zwar recht häufig gesprochen, doch muß man fast hinter jede solche Erwägung über die Existenz und gegebenenfalls auch die Art der Schrift im alten Peru stets ein Fragezeichen setzen. Vielfach wird, vor allem unter Laien, behauptet, die Inka hätten eine »Knotenschrift« gehabt. Das stimmt aber nicht. Genauer gesagt: was als »Knotenschrift« bezeichnet wird – die Sonnensöhne nannten es Quipu oder quipu –, hatte eine andere Funktion als die Schrift.

Was war Quipu eigentlich, wie sah es aus, und wozu diente es, wenn es keine »Schrift« war? Quipu war ein hervorragendes System für mathematische, vor allem statistische Aufzeichnungen. Durch die »Quipu-Eintragungen« verzeichneten die Quipucamayoc, für diese Tätigkeit besonders ausgebildete Fachleute, die zu den hochgeachteten Funktionären des Reiches gehörten, alle Daten, die evidiert oder dem Inka nach Cuzco mitgeteilt werden sollten oder mußten.

In »Knotenschrift« wurden die Bestände der Herden, der Lamas, die Ernteerträge in den einzelnen Verwaltungsbezirken des Staates, der Ertrag von Kartoffeln, Mais, Quinoa, die Anzahl der hergestellten Stoffe oder Gewänder, die Ausbeute an Edelmetallen, vor allem an Gold, aufgezeichnet. Solch ein Quipucamayoc verstand es auch, durch seine Aufzeichnungen in »Knotenschrift« eine Bevölkerungsstatistik aufzustellen und zu führen, eine Übersicht über die Steuerpflichten der Landesbewohner und deren Erfüllung. Vor allem aber konnten durch die Quipu-Knoten auch Informationen über den Stand der Streitkräfte ermittelt werden. Denn im Reich der Sonnensöhne stand wirklich vieles im Dienst der Armee.

Das System der »Knotenschrift« war auf den ersten Blick einfach: Ein Quipu bestand aus mehreren Schnüren, einer stärkeren Hauptschnur, an die dann im rechten Winkel zahlreiche dünnere Schnüre in verschiedenen Farben geknüpft waren. Diese Schnürchen dienten als eigentlicher »Datenträger«, vor allem für Zahlenangaben. Die Aufzeichnungen gingen von dem Dezimalsystem der Inka aus, wobei der Wert der durch einen Knoten in eine Schnur geknüpften Ziffer von ihrer Lage auf der Schnur abhing. Es war entweder ein Einer, Zehner, Hunderter, Tausender oder Zehntausender. Ein einfacher Knoten bedeutete dabei eins, ein doppelter zwei, ein dreifacher drei usw.

Der Schlüssel, nach dem die Knoten zu lesen waren, hing aber nicht nur von der Position des Knotens auf der Schnur, sondern auch von der Farbe der betreffenden Schnur ab. So bedeutete eine rote Schnur, daß die Aufzeichnung die Armee betraf, eine weiße stand für Silber, eine gelbe natürlich für Gold. Die Schreiber dieser Knoten-»Briefe« verstanden es, aus der Farbe dieser »Eintragungen« auch abstraktere, »nicht statistische« Begriffe herauszulesen. Weiß kennzeichnete nicht nur Silber, sondern im übertragenen Sinne auch Frieden, Schwarz dagegen Krankheit (aber auch die Zeit) usw.

Die »Knotenschrift« der Sonnensöhne hat offensichtlich ursprünglich auch irgendwie der Festlegung des Inka-Kalenders gedient. Dafür spricht auch die zweite Bezeichnung der »Knotenschrift-Schreiber«, Quillaquipoc. Das Wort Quilla kennen wir schon aus den religiösen Vorstellungen der Inka. So nannten die Bewohner von Tahuantinsuyu ja ihre Mondgöttin. Quilla bedeutet aber auch das »Mondjahr« des Inka-Kalenders.

Die »Knotenschrift« soll von dem Amautu, dem Gelehrten, Illa unter der Herrschaft Mayta Capacs erfunden worden sein. Später breitete sich die Verwendung dieses trefflichen Verständigungs-Hilfsmittels in Tahuantinsuyu stark aus. Einer der spanischen Chronisten schreibt geradezu, das »ganze Reich der Inka wurde mit Hilfe des Quipu verwaltet«.

Von den Quipu der Inka haben sich ziemlich viele bis auf den heutigen Tag erhalten. Sie sind verschieden groß. Das bisher größte bekannte Quipu ist 1,65 Meter lang und sechzig Zentimeter breit. Sehr häufig wurde solch ein Quipu gewissen Toten, anscheinend verstorbenen Quipu-Schreibern und Lesern, mit ins Grab gegeben, um sie auf ihrem Weg ins Jenseits zu begleiten.

Das altperuanische Quipu war, wie schon angedeutet, ein hervorragender Datenträger, ein Mittel für Rechnungsführung und Statistik. Es diente der Volkswirtschaft, der Verwaltung und dem Heerwesen des Reiches. Es war auch ein treffliches, höchst originelles memotechnisches Hilfsmittel. Doch es war keinesfalls eine echte Schrift. Darum ist es eigentlich falsch, das Quechua-Wort Quipu – wie es oft geschieht – mit »Knotenschrift« zu übersetzen.

An dieser Stelle müssen wir uns aber logischerweise eine weitere Frage stellen: Kannten und verwendeten die Inka überhaupt eine andere Schrift? Auf diese fundamentale Frage kann man drei verschiedene Antworten geben. Entweder strikt ja oder nein – oder als dritte, nicht eindeutige Version: Die Inka kannten zwar eine Schrift, doch unterschied sich diese derart von europäischen Vorstellungen, daß die Konquistadoren diese bei den peruanischen Indianern vorhandene Schrift gar nicht als solche erkannten. Lange Zeit, eigentlich bis in die allerjüngste Vergangenheit, neigten die meisten Forscher und Gelehrten zu der zweiten Antwort, wonach die Inka und andere altperuanischen Kulturen vor ihnen keine Schrift kannten. Und dies, obwohl schon die ersten Chronisten gewisse Dinge erwähnten, die auf die Existenz einer Schrift hindeuten könnten. So erzählt u.a. der zweifellos glaubwürdige und glaubhafte Sarmiento de Gamboa, der Inka Pachacuti habe in der Coricancha, dem Nationaltempel des Reiches, große Leinwände in goldenen Rahmen aufhängen lassen, auf denen alles aus der Geschichte der Inka aufgezeichnet war, was der Nachwelt überliefert werden sollte. Derselbe Sarmiento erwähnt, die Gesandten des Inka hätten ihrem Herrscher auf Stoffe gezeichnete Berichte über die fremden Länder gesandt, in denen sie wirkten oder die sie besucht hatten.

Die auf Weisung Pachacutis »gezeichnete« Geschichte der Inka wurde in einer Art »Reichsarchiv« aufbewahrt, in der an den eigentlichen Sonnentempel angrenzenden Puquincancha. Zutritt hatten aber nur der Inka selbst und die Gelehrten (so nannte Sarmiento die »Doktoren«, die im Staatsarchiv aufbewahrte Bilddarstellungen zu deuten, zu »lesen«, verstanden).

Neben dem geheimnisumwitterten – bei der Eroberung Perus völlig zerstörten – historischen Staatsarchiv, der Puquincancha mit ihren »beschriebenen Leinwänden«, hatte aber auch das Quechua selbst, obwohl es angeblich keine Schrift besaß, für »Schrift« als Begriff ein eigenes Wort: »quillca«. Dieses findet sich schon in den ältesten Wörterbüchern des Quechua, die gleich nach der Eroberung Perus von den Spaniern zusammengestellt wurden. Wir finden es z. B. im Sprachlexikon des Mönches Domingo de Santa Tomás, der außer dem Wort »quillca« noch eine ganze Reihe weiterer, von diesem abgeleiteter Ausdrücke anführt.

So bedeuteten die Quechua-Worte »quillcangui« »schreiben«, »quillascuni« »lesen«, ein Schreiber hieß auf Runa Simi »quilcamayoc« usw. Auch das Wörterbuch des Jesuiten Diego Gonzáles Holguin vom Jahre 1608 übersetzt das Quechua-Wort »quellca« (wie er schreibt) mit dem spanischen Wort für »Brief« oder »schreiben« bzw. »Schrift«. Sogar ein Mitglied der Inka-Dynastie, der Inka Titu Cusi Yupanqui – von ihm wird noch die Rede sein –, schreibt einige Jahre nach der Eroberung Perus in Erinnerung an die Ereignisse von Cajamarca, der Mönch Valverde habe eine »Quilla der Weißen« in der Hand gehalten.

All das scheint darauf hinzuweisen, daß die Inka, genauer gesagt: eine kleine Schicht von Amautu und der obersten Adelselite des Reiches, die als einzige in ihr Geheimnis eingeweiht waren, so etwas wie eine Bilderschrift kannten: Diese dürfte sich gewiß im alten Peru ähnlich entwickelt haben wie alle anderen auf der Welt bekannten vergleichbaren Systeme, z. B. das Chinesische, nämlich von einem ursprünglich ganz konkreten Bild des Gegenstands, den das entsprechende Wort (oder die entsprechende Silbe) bezeichnete, zu einer immer stilisierteren, freieren und schließlich sogar phonetischen, sprachlichen Darstellung des betreffenden Begriffs.

Anhänger einer positiven Antwort auf die Frage nach einer Schrift im alten Peru vertreten die Meinung, die Sonnensöhne kannten zwar eine Schrift, doch habe diese keineswegs den Vorstellungen der Europäer von einer Schrift entsprochen. Diese Theorie ist in den letzten Jahren durch konkrete, äußerst interessante Thesen oder Hypothesen gestützt worden, die zwei bedeutende Forscher entwickelt haben. Demnach bildeten jene eigenartigen vier- oder rechteckigen (d. h. geometrische Formen darstellenden) Bilder, die als Dekoration auf altperuanischen Textilien oder Kero genannten Tongefäßen zu finden sind, eine Schrift der Inka. Diese Bilderschrift benutzten – sofern es wirklich eine Schrift war – auch die Vor-Inka-Kulturen des alten Peru. Diese geometrischen Zeichnungen wurden erstmals von der peruanischen Archäologin Victoria de la Jarra als Schriftzeichen »definiert«, die aufgrund ihres ausgedehnten Studiums von Stoffen, die sich in Grabstätten der uralten Küstenkultur der Paraca erhalten hatten, zu dem Schluß kam, es handele sich hier um Zeichen einer Bilderschrift. Victoria de la Jarra konnte auf diesen südamerikanischen Textildenkmälern sechzehn sich am häufigsten wiederholende Grundzeichen bestimmen.

Durch die bemerkenswerten Feststellungen der peruanischen Forscherin angeregt, befaßte sich dann der hervorragende deutsche Gelehrte und verdiente »Dechiffreur« bisher nicht entschlüsselter Schriften – Dr. Thomas Barthel, Professor an der Universität Tübingen – mit dem Geheimnis dieser Tocapu genannten Zeichen. Außerdem hat er wohl u. a. den Schlüssel zum Verständnis der uns so lange unverständlichen, geheimnisvollen Schrift auf den »sprechenden Tafeln« der Osterinsel(n) gefunden.

Auf dem XXXVIII. Kongreß der Alt-Amerika-Forscher in Stuttgart (an dem auch der Autor teilnahm) machte Professor

Barthel die dort versammelten Fachleute und Kenner der Geschichte und Volkskunde der (südamerikanischen) Indianer sowie die ganze Weltöffentlichkeit mit den Ergebnissen seiner Untersuchungen bekannt und rief eine echte Sensation hervor. Zur großen Überraschung aller war es ihm nämlich gelungen, an die vierhundert verschiedene Zeichen, die auf den Stoffen und Gefäßen des alten Peru abgebildet waren, zu bestimmen. Diese waren scheinbar überall völlig gleich »geschrieben«, stellten aber offensichtlich nicht nur ein bloßes Ornament dar.

Dr. Barthel unternahm auch den Versuch, einige dieser altperuanischen Tocapu ihrer Form entsprechend zu »übersetzen«. Außerdem wagte er es sogar, ganze aus diesen Zeichen zusammengesetzte Inschriften »zu lesen«, die - wie er meinte - aus mehreren solcher Graphemen (so der Fachjargon) zusammengestellt waren, in ihrer lexikalischen Zusammenfassung aber gegenüber den einzelnen Zeichen einen neuen Sinn ergaben.

Der Autor hat in seinem ersten Werk über die Kulturen des alten Peru - nachdem Prof. Barthel die Ergebnisse seiner Bemühungen um die Dechiffrierung der indianischen Schrift Perus veröffentlicht hatte - auch die »Übersetzung« eines kurzen Briefes aufgenommen, die Prof. Barthel von dem »Text« einer solchen altperuanischen Textilie, eines »Uncu« genannten Hemdes, das heute im Museum von Dumbarton Oaks (USA) aufbewahrt wird, anfertigte. Dieses Beispiel sollte zeigen, wie man diese Schrift hypothetisch lesen, welchen Sinn man den angenommenen Texten aus der Vor-Inka- oder Inka-Zeit beilegen kann bzw. könnte. Auf diesem Hemd entdeckte Prof. Barthel in der entsprechenden Anordnung Grapheme, die er mit den Worten »Eon« für Feuer, »Ficci« für eine Stufenpyramide, »Vira« oder »Huira« für Fett und »Cocha« für Wellen, Meer oder See übersetzte.

So hintereinander gelesen, ergeben dann die Tocapu auf dem Uncu von Dumbarton Oaks die Inschrift »Con Ticci Vira Cocha«, also den Namen des großen Schöpfers von Erde und Weltall, des in ganz Peru verehrten Gottes Viracocha.

Das Hemd, von dem Prof. Barthel - nach seiner Methode - den Namen des Gott-Schöpfers ablas, ist mit vierundzwanzig Graphemen geschmückt, die sich nach einer strengen Regel in einer bestimmten Reihenfolge wiederholen, die vermutlich einen für uns bislang noch nicht (ganz) verständlichen Sinn hatte. Ebenso kommen diese Tocapu, in einer von uns bisher nicht zu deutenden genauen Reihenfolge, auch auf anderen altperuanischen Textilien vor. Und wir sehen diese Zeichen auch auf den Gewändern der Würdenträger Tahuantinsuyus, so wie sie einst Huaman Poma de Ayla in seiner erwähnten Bilderchronik abgebildet hat.

Die Art, wie diese Zeichen der angenommenen altperuanischen Bilderschrift auf Stoffen und Gefäßen angeordnet waren, stand offensichtlich in enger Beziehung zu dem Kalender der Inka. Diese »Inschriften« stellen wahrscheinlich astronomische Angaben, Daten über die Mondmonate und Mondjahre dar usw.

Thomas Barthel beschritt auf der Suche nach der Inka-Schrift den von der peruanischen Forscherin Victoria de la Jarra gewiesenen Weg und hat die ersten Ergebnisse seiner Forschungen erst unlängst veröffentlicht. Sollte es ihm aber gelingen, eindeutig nachzuweisen, daß diese Tocapu-Zeichen wirklich eine Schrift der Inka (bzw. auch die Schrift ihrer Vorgänger in Peru) waren, sollte ihm gelingen, auch die Inschriften auf anderen alten Stoffen, Gewändern und Gefäßen der Sonnensöhne zu »lesen« und zudem das höchst komplizierte, offensichtlich mit der Astronomie zusammenhängende System zu dechiffrieren, in dem die Tocapu angeordnet sind, dann wird er allen, die sich für die Inka interessieren, eine ganz neue, unsäglich reiche und bis zum heutigen Tag völlig unentdeckte Quelle der Erkenntnis über das alte Peru – über seine große und eigenartige Zivilisation – erschließen.

XVI.
UND DAS WORT WARD ZUM GEDICHT

Die Inka sprachen eine reiche und schöne Sprache. Auf die Frage, ob sie in dieser Sprache aber auch schrieben, suchen die Erforscher der alten Schriften – gerade in unseren Tagen – eine wissenschaftlich fundierte Antwort. Wie auch immer das Ergebnis ausfallen mag, die Sonnensöhne hatten jedenfalls eine blühende »Literatur«, eine Sprachkunst. Möglicherweise handelte es sich im engen Sinne des Wortes nicht um ein Schrifttum, sondern um eine mündliche Tradition. Die »literarischen« Werke wurden durch mündliche Überlieferung bewahrt, indem ihre Schöpfer sie erzählten, die Leute sie im Gedächtnis bewahrten und andere »Vortragskünstler« sie weitergaben, bis sie später – freilich nur zum geringen Teil – von spanischen »Ethnologen« und Chronisten (bald nach der Eroberung Perus) in lateinischer Schrift zu Papier gebracht wurden.

Im Unterschied zu den anderen beiden »Stars« im Dreigestirn der meistbewunderten Kulturen des indianischen Amerika – die der Azteken und der Maya – ging das Schrifttum der Inka, die Quechua-»Literatur«, mit dem Reich der Sonnensöhne nicht unter. Vielmehr trat das Gegenteil ein: Die europäischen Priester und Ordensbrüder, die nach Südamerika gekommen waren, begannen gleich von Anfang an, das Quechua, um all seiner unstreitigen Vorzüge willen, bei ihrer Missionstätigkeit zu verwenden und zu nutzen.

In der präkolumbianischen Epoche entwickelte sich das Quechua rasch zu einer Literatursprache. Und von der Wende vom 18. zum 19. Jahrhundert an begannen Dichter, später auch Dramatiker, in Quechua zu schreiben.

Der Begründer der modernen Quechua-Literatur ist gewiß Wallparimachi Mayta, im bolivianischen Potosi geboren. Sein großes Talent erlosch leider schon in seinem einundzwanzigsten Lebensjahr durch die Kugel eines der spanischen Soldaten, gegen die dieser Andenindianer auf seiten der südamerikanischen Kreolen kämpfte. Zuvor war der Dichter Mariano Melgar, der zweite Gründer der modernen Quechua-Literatur, hingerichtet worden, und zwar wegen Teilnahme an einem von dem Häuptling Pumacahuo geführten Volksbefreiungsaufstand.

Im heutigen Peru ist das Quechua nicht nur eine literarische, sondern neben dem Spanischen auch eine der beiden Amtssprachen des Landes. Ehe aber das Quechua zur zweiten Staatssprache avancierte, wurde dem Dichter Kilko Waiaka, mit spanischem Namen Alencastre Gutierrez, für das große Quechua-Poem »Illimani« der peruanische Staatspreis für Literatur verliehen. In Quechua erscheinen heute Romane, Novellen, Erzählungen, Zeitungsartikel und sogar Comics, die vom tapferen Superman erzählen.

Das Quechua – die am meisten gesprochene Indianersprache Amerikas – hat sich also seine Bedeutung für das moderne literarische Schaffen bewahrt, und diese Bedeutung wird immer größer. Dabei knüpft die heutige, in Quechua verfaßte Literatur bewußt an die Traditionen des »Inka-Schrifttums« an.

Diese Kontinuität der Quechua-Literatur, ihr unmittelbarer Zusammenhang mit dem »Schrifttum« der Sonnensöhne, ist die größte Besonderheit, durch die sich das literarische Schaffen der Inka und ihrer Nachfolger von der Literatur der beiden anderen bekanntesten Hochkulturen des alten Amerika, der der Maya und der Azteken, unterscheidet.

Das gesamte Schrifttum in Quechua war während der Inka-Zeit in Peru offensichtlich reich und weit verbreitet.

Aufgrund der wohl nur mündlichen Überlieferung haben sich von der vorkolumbianischen Literatur nur jene Fragmente - vorwiegend Poesie - erhalten, die uns die ersten spanischen Chronisten Perus aufgezeichnet haben.

Die Autoren dieser Poesie waren in Tahuantinsuyu professionelle Dichter, die Arahuitsa (das Wort kommt von dem Verb »arahuiy«, wörtlich »reimen« oder »in Verse setzen«).

Sie lebten vorwiegend am Hofe des Inka oder eines anderen hohen Würdenträgers im Reiche. Vortragskünstler lernten die Verse auswendig und trugen die Gedichte dann bei verschiedenen Anlässen vor, vor allem an bedeutenden religiösen und weltlichen Festen und Feiertagen.

Oft wurden die Texte der Lieder und Dichtungen von mehreren Rezitatoren mit verteilten Rollen vorgetragen. Von der Poesie Tahuantinsuyus führte auch ein gerader Weg zu der allmählich entstehenden dramatischen Kunst.

Neben der Poesie, die von professionellen Dichtern an den Höfen des Inka und des Hochadels gepflegt wurde, entstand auch eine Volksdichtung. Die Dichter aus dem Volk verherrlichten in ihren Werken natürlich nicht nur die Heldentaten der Herrscher, sondern sie besangen auch die Feldarbeit, die Geschicklichkeit der Handwerker, brachten auch ihre Empfindungen und Stimmungen zum Ausdruck, schilderten die Reize und Anmut ihrer Landschaft sowie die Pflanzen und Tiere ihrer Heimat.

Trugen die Rezitatoren öffentlich Gedichte vor, wurden sie häufig begleitet von der Musik eines oder mehrerer Instrumente, wie der Panflöte (Antara), der Trommel oder den typischen kleinen Längs- oder Querflöten der Anden, die früher aus Knochen geschnitzt, später aus Schilfrohr gefertigt wurden.

Beschäftigen wir uns mit der Poesie der Inka, vernehmen wir auch die Musik der Sonnensöhne. Sie war pentatonisch, eine Fünf-Ton-Musik, ihre Tonleiter kannte nur die fünf Töne - re, fa, so, la und do.

Musikalische Darbietungen fanden in Tahuantinsuyu sowohl am Hofe des Inka als auch in den Palästen des Adels statt, wobei neben professionellen Dichtern auch Berufsmusiker wirkten. Zusätzlich wurden manchmal Tänze aufgeführt, von den Inka Taqui genannt. Im Reich waren die unterschiedlichsten

Genres bekannt: Kriegertänze, Bauerntänze, Hirtentänze und – nach unserem Vokabular – Gesellschaftstänze, »Freuden«-Tänze, die hauptsächlich für Feste bestimmt waren.

Die Kriegertänze wurden ausschließlich von Männern vorgeführt. Der bekannteste davon war der Huari, bei dem die Krieger mit der Waffe in der Hand tanzten. An den Bauerntänzen nahmen Männer und Frauen gemeinsam teil, und die Tänzer hielten Ackerbaugeräte in den Händen. Die Hirtentänze wurden vor allem zu Ehren des Lamas, aber auch des Vikunjas vorgeführt; nach diesen Tieren wurden sie auch benannt, z. B. der bekannte Llama-llama oder der Llamalla-Tanz usw.

Es gab eine Vielzahl von Volkstänzen, an denen sowohl Männer als auch Frauen teilnahmen; doch waren es keine Paartänze, sondern die Teilnehmer bildeten einen großen Reigen – ähnlich wie bei den Slawen des Balkans. Die alten Peruaner kannten auch Maskentänze wie den Huacones, zu dem nur Männer zugelassen waren, die allerlei Tiere darstellten. Viele ihrer Tänze führten die Indios des Inka-Reiches in genau vorgeschriebenen Kostümen auf, z. B. den Regentanz der Bauern, den Chapayguanlo, übrigens eine Kreation des Inka Pachacuti. Bei diesem Tanz wurden auch prächtige Stirnbänder mit Federschmuck auf dem Kopf getragen.

Bei Tanzvergnügen und öffentlichen Festlichkeiten wirkten auch die Dichter mit, die ihre Verse oft singend vortrugen. Die Poesie dieser Indiodichter war sehr vielfältig. In erster Linie gehörten dazu jene großartigen Hymnen, die aber nach der Eroberung Perus – als angebliches Teufelswerk – von den christlichen Priestern oft hart »verfolgt« wurden.

Manche Chronisten – und zwar häufig katholische Missionare – haben aber einige dieser Hymnen ganz oder zum Teil aufgezeichnet. Einer dieser verdienten Sammler war Cristobal de Molina, der in Cuzco mehrere Hymnen auf den Gott-Schöpfer Viracocha notierte. Andere hat uns der indianische Chronist Juan de Santa Cruz Pachacuti Yamvi Salcamawaya, weitere der Autor der so wertvollen Bilderchronik des alten Peru, Huaman Poma de Ayala, überliefert. Aus seiner Feder stammt z. B. die Aufzeichnung des folgenden kurzen Hymnus', mit dem der peruanische Indio die Gattin der göttlichen Sonne, die Mondgöttin Mamaquilla, anflehte:

»Königin und Mutter Luna,
schenke uns deine Wasser
und gib uns die Liebe deines Regens.
Hei, höre, wie wir dich anflehen,
hei, erhöre unsere Bitten!«

Ähnlich hymnisch klangen häufig auch die Haylli-Verse und die im Chor gesungenen Lieder –, die bei der Feldbestellung, vor allem beim Umbrechen der Scholle, gesungen wurden. Denn diese ganze Tätigkeit wurde von den Inka als eine Art heiligen, mythisch-mystischen Kampfes mit dem Boden angesehen, als ein Ringen, in dem der Mensch freilich siegen mußte, um – von dem Ertrag seiner Feldarbeit – überhaupt leben zu können. Hier der Text eines dieser Sieges-Haylli der Bauern (der Text ist, wie bei diesem Genre der Inka-Poesie meist üblich, in Männer- und in Frauenstimmen aufgeteilt):

Männer: »Die Sonne weint Gold,
der Mond weint Silber.«
Frauen: »Hei, schon haben wir gesiegt.«
Männer: »Um die Stirn des Inka, unseres Herrn,
um das edle Herz unseres Inka.«
Frauen: »Hei, wir haben schon gewonnen!«

Die peruanischen Indios kannten auch Tierfabeln, vergleichbar kurzen Gedichten, in denen – meist komisch dargestellte – Tiere, z.B. Affen oder Pumas, auftraten. Die alten Peruaner nannten sie Aranhuay. Sehr verbreitet waren vor allem Haravi genannte, oft recht elegisch gestimmte Liebesgedichte.

Mehr als viele Worte über die Literatur der Inka dürften uns aber einige Beispiele sagen. Vorab zwei Strophen aus einem Gedicht, das der große Bewunderer des Reiches seiner Vorfahren, Garcilaso de la Vega, aufgezeichnet hat. Das Gedicht heißt »Die schöne Prinzessin«.

»Schöne Prinzessin,
dein eigener Bruder war's,
der deinen Becher einst
in Stücke brach.
Drum donnert es,

der Donner grollt,
und Blitze zucken vom Himmel . . .«

Und schließlich noch eine Probe aus einem sehr schönen elegischen Haravi, »Im Kerker« genannt. Sein Text ist während der Kolonialzeit durch die Quechua-Rezitatoren vielleicht aktualisiert worden.

Dieses Inka-Gedicht deutet überdies durch seinen Text an, daß in dem Reich, in dem man sich so sehr darum bemühte, den inneren sozialen Frieden zu erhalten, offensichtlich nicht immer alles zum besten bestellt war:

»Vater Kondor, nimm mich!
Bruder Geier, trag mich!
Und sag meiner teuren Mutter,
schon seit fünf Tagen gab man mir
nichts zu trinken, nichts zu essen.
Oh, Vater der Sendboten,
Herr der Lüfte und Wolken,
gib, daß meine Mutter,
daß meinen Vater
die Kunde von meinem traurigen Schicksal
erreiche
(und auch)
die Stimme meines bangen Herzens . . .«

XVII.
EIN MÄDCHEN NAMENS »EILEIN«

Der Name macht den Menschen, sagt man! Dementsprechend wählten die Leute von Tahuantinsuyu in der Regel Namen von Dingen und Gegenständen, die sie umgaben.

Für die Männer der Oberschicht, die angeblich sehr eitel waren, wurden Namen ausgesucht, die – in Quechua – auf eine besonders hervorragende Charaktereigenschaft hinwiesen (z. B. »Capac« – »der Reiche«, »der Vornehme«; »Sinchi« – »der Mächtige«; »Titu« – »der Freie«; »Yupanqui« – »der Angesehene«).

Auch die Namen von Tieren, denen die alten Peruaner entsprechende hervorragende Eigenschaften zusprachen, waren beliebt; beispielsweise »Huaman« (so hieß der Chronist Huaman Poma) – »Habicht«, zuweilen im übertragenen Sinne auch »Raubvogel«. »Contor« – »Kondor«, »Amaru« – »Schlange«, aber auch »Drachen« etc.

Die Vornehmen des Reiches führten zuweilen einen aus zwei Begriffen zusammengesetzten Namen, z. B. »Sinchi Amaru« – »starke Schlange«. Die Angehörigen des einfachen Volkes, der »kleine Mann«, trugen dagegen meist nur einen Namen. Eine

Frau hingegen konnte etwa »Koka-Blatt«, d.h. »Koka«, oder (wie die erwähnte Prinzessin) »Coyllur« - »Stern« oder »Sternlein« - heißen oder aber auch »Ronto«, was zu deutsch »Ei« (oder »kleines Ei«, »Eilein«, »Eierlein«) heißt.

Am Beispiel des Mädchennamens »Eilein« wollen wir kurz demonstrieren, wie und wann dieses Kind zu seinem Namen, besser gesagt, zu seinen mehreren Namen kam. Die so bezeichnete »Ronto« durchlief, wie alle Bewohner Tahuantinsuyus, in ihrem Leben drei Altersstufen: eine Zeit der Namenlosigkeit, die Zeit des ersten Namens und die Zeit des endgültigen Namens.

Die »namenlose« Phase erstreckte sich etwa über zwei Jahre: von der Geburt des Kindes bis zu der inkaischen »Taufe«, »Rutuchicoy« - wörtlich »(erste) Haarschur« - genannt. Diese wichtige Zeremonie fand im Beisein der nahen und entfernteren Verwandten der Familie statt. Während der Rutuchicoy tranken die Familienmitglieder Chicha in vollen Zügen und tanzten viele Stunden. Der älteste Onkel hatte die - wohl ehrenvolle - Aufgabe, dem »Täufling« die Fingernägel zu kürzen und ihm eine Haarlocke abzuschneiden. Deshalb hieß diese Zeremonie »Haarschneiden«. Die bei diesem großen Familienfest abgeschnittenen Nägel und Haare wurden dann ein Leben lang mit größter Sorgfalt als kostbare Reliquien aufbewahrt - wie eine Fotografie oder Kerze von einer europäischen Taufe.

Der Pate, der dem Kind Haupt und Hand »beschnitten« hatte, schenkte ihm, gewissermaßen für das Stillhalten, wertvolle Gaben wie Schmuck und Wolle. Hauptsächlich aber gab er ihm noch etwas, und zwar, was ihm bisher am meisten gefehlt hatte - seinen ersten richtigen Namen. Unser Mädchen mit dem künftigen Namen »Ronto« konnte nun z.B. »Occlo« - die »Reine« oder die »Keusche« - heißen.

Ihren ersten Namen sollte aber Occlo nicht ihr Leben lang führen. Der Wendepunkt, an dem sie einen neuen Namen erhielt, war ihre erste Menstruation. Dann fand eine weitere Familienzeremonie statt, die des Reifwerdens, in Quechua »Quicuchicoy« genannt.

Während der ersten zwei Tage ihrer Menarche mußte Occlo fasten und durfte weder Speise noch Trank zu sich nehmen. Am dritten Tag durfte sie nur ein bißchen Mais essen. Am vierten

Tag begann für sie ein Fest. Ihre Mutter wusch sie, kämmte sie, kleidete sie in ein neues Gewand, zog ihr neue Sandalen an und begleitete sie dann zu den übrigen schon versammelten Familienangehörigen. Wieder trank man Chicha und tanzte fröhlich. Und – zum Abschluß des Festes – widmete der älteste bzw. wichtigste Onkel der Jungfrau neuerlich Silber, Wolle und verlieh ihr einen neuen, nun endgültigen Namen, mit dem sie ins Leben trat. Der alte Name wurde »abgelegt« und war bald ganz vergessen.

Wie die Mädchen durchliefen auch die Knaben drei solche Lebensabschnitte. Auch sie lebten während der ersten zwei Jahre ihres Erdendaseins ohne Namen, führten dann bis zum »Reifefest« einen ersten Namen und bekamen, wenn sie »zum Mann« gereift waren, einen neuen, endgültigen. Männer trugen freilich oft auch Spitznamen. Beispielsweise war auch der Name des letzten legalen Inka vor dem Einfall Pizarros – Huascar – eigentlich nur ein (angenommener) Spitzname, denn in Wirklichkeit hatte er anläßlich des Reifefestes einen ganz anderen Namen erhalten.

Die – sagen wir – zweite »Taufe« eines Jünglings wurde mit weitaus größerem Pomp und mehr in der Öffentlichkeit gefeiert als das vergleichbare Fest der Mädchen, das überwiegend im Haus der Eltern im Familienkreis stattfand. Vor allem Söhne aus vornehmen Familien traten auf besonders feierliche Weise ins Leben. Die Zeremonie für die zweite Namensgebung des Mannes nannten die Leute im Inka-Reich »Huarachicoy«. Das Fest wurde öffentlich und in der (Dorf-)Gemeinschaft begangen. Außerdem war es mit der Sonnenreligion, mit den Legenden über den Ursprung der Sonnensöhne, verknüpft. Der Schutzpatron der Huarichicoy-Zeremonie war kein geringerer als der jüngere Bruder des legendären Reichsgründers Manco Capac – der Ayar Uchu. Der Sage nach habe Manco Capac in einem Gespräch auf dem Berg Huanacuari – unweit von Cuzco – seinen Bruder mit der Aufsicht über die heranreifenden Jünglinge betraut. Und der Berg Huanacuari, von Legenden über den Gründer des Inka-Reiches umwoben, wurde, wie alle heiligen Orte, von den Bewohnern Tahuantinsuyus natürlich mit Inbrunst verehrt.

Die lange Reihe der Zeremonien des Huarichicoy begann,

vor allem für die vornehmen Jünglinge Cuzcos, mit einer Wallfahrt zum Berg Huanacuari. Hier baten die »Reifekandidaten« an einer Huaca, einem heiligen Stein, in den sich der Ayar Uchu verwandelt haben soll, an der Zeremonie teilnehmen zu dürfen, indem sie den Priestern ein junges Lama übergaben. Die Priester schlachteten es und malten dann – als Zeichen ihrer Zustimmung – einen roten Strich auf die Stirn des Knaben.

Nach ihrer ersten Wallfahrt auf den Huanacuari kehrten die Jünglinge von Cuzco für einige Tage nach Hause zurück. Sie halfen nun ihren Müttern bei der Zubereitung der Speisen und vor allem der Chicha für die geplante Feier. Einige Zeit später gingen die Jünglinge, die in jenem Jahr ihren endgültigen Namen bekommen sollten, nochmals zum Berg Huanacuari. Wieder opferten sie den Priestern ein Lama und wurden mit seinem Blut gezeichnet. Nach der Heimkehr von dem zweiten Pilgerzug auf den Huanacuari begann für die Kandidaten wohl die am wenigsten angenehme Zeit, sie mußten nämlich »Spießruten laufen«, ihre Verwandten, zu beiden Seiten des Weges aufgestellt, schlugen mit Stöcken auf sie ein. So sollten die Burschen beweisen, daß sie würdig waren, Männer zu werden. Dabei durften sie sich den Schmerz nicht anmerken lassen.

Nach einigen Ruhetagen, in denen sie von den rituell bezogenen Schlägen genesen konnten, wanderten die Knaben zum dritten Mal auf einen heiligen Berg; diesmal nicht auf den Huanacuari, sondern auf den Nachbargipfel Anahuarque. Hier wiederholten sich die uns schon bekannten Zeremonien. Die Jünglinge opferten ein Lama und wurden von ihren Verwandten noch einmal grausam ausgepeitscht. Zum Abschluß dieser dritten »Wallfahrt« mußte der »Kandidat« einen Wettlauf bestreiten. Die dazu auserkorene Rennstrecke sollte die Jungen ins Mannesalter führen; sie begann auf dem Gipfel des Berges und endete an seinem Fuße, wobei der Höhenunterschied siebenhundert Meter betrug.

Die Piste dieses Rennens war so abgesteckt, daß die Jünglinge schwere körperliche Strapazen auf sich nehmen mußten, um es zu meistern. Es war eine Art Hindernisrennen, bei dem die Läufer zahlreiche Unebenheiten des Geländes überwinden, durch schluchtenartige Hohlwege »sprinten« und viele gefährliche Stellen durchlaufen mußten. Daher ereigneten sich bei diesem eigenartigen Wettlauf alljährlich zahlreiche, zuweilen recht ernste Unfälle. Am Ziel wartete aber auf jeden Läufer nur eitel Freude. Zuerst kredenzten ihm die Edelfräulein, die sich dort versammelt hatten, einen Becher Chicha. Bei einer vierten Wallfahrt auf den dritten heiligen Berg, den Hahuarahuara, erhielten die Jünglinge ein neues Gewand, bei einer weiteren auf den Berg Yahuira neue Sandalen und schließlich bei der sechsten und letzten Reifewanderung zu der heiligen Quelle in Callispuquic auch Waffen. Und ganz zum Schluß wurde den jungen Männern auch ihr neuer Name auf Lebenszeit verliehen, der aus dem Sprachschatz des Quechua für sie ausgewählt worden war. Wie man sagt: Der Name macht den Mann. Das galt auch im Reich der Inka.

XVIII. EIN BLICK ZU DEN STERNEN

Das Mädchen namens »Eilein« hatte im Inka-Reich keine besonders großen Chancen, sich eine höhere Bildung anzueignen. Es wuchs in seiner Familie auf, lernte dort von ihrer Mutter gutes Benehmen sowie alle Hausarbeiten, Fertigkeiten und Künste. Manche Mädchen wurden aber in den Acclahuasi – den »Klöstern« – Tahuantinsuyus erzogen und konnten sich so weiterbilden. Dieser Unterricht war methodischer, dauerte auch länger und war sehr intensiv.

Konnte also ein Mädchen namens »Eilein« auf seinem Weg zur höheren Bildung bestenfalls ins Kloster kommen, so hatte ein Jüngling – nennen wir ihn Huaman – durchaus die Möglichkeit, eine vollständige Bildung oder Ausbildung zu erhalten, und zwar in allen Künsten und »Wissenschaften«, die die Inka pflegten; zudem auf einem Niveau, das die inkaische Wissenschaft damals schon erreicht hatte. Ihnen stand das staatliche Bildungsinstitut offen, eigentlich die Universität Tahuantinsuyus, in Quechua »Yachgayhuasi« – »Haus des Wissens« – genannt.

Die Yachayhuasi war jedoch nicht allen jungen Männern zugänglich, sondern nur den Söhnen aus vornehmer Familie. Hier sollte die junge Generation der Elite im Imperium auf ihre künftigen Aufgaben vorbereitet werden.

Die Yachgayhuasi von Cuzco hatte – dem Chronisten Garcilaso de la Vega zufolge – der Inka Roca gegründet. Auf seine Weisung hin sollten dort die Amautu – die traditionellen Gelehrten und Weisen des Sonnenstaates – lehren. Auf den Inka Roca soll auch der Ausspruch, einer der »goldenen Gedanken«, die, vergleichbar den Maximen des Inka Pachacuti, in Peru bis in unsere Tage mündlich überliefert worden sind, zurückgehen: »Sollte ich jemand verehren und hochschätzen (außer den Göttern), so würde ich einen gebildeten Menschen schätzen und verehren.« Und zur Erläuterung soll er noch hinzugefügt haben: »Denn Bildung und Wissenschaft bringen allen und jedem Nutzen.«

Das Studium an der Inka-Universität dauerte vier Jahre und umfaßte vier Hauptstudienfächer. Das erste Fach war die Staatssprache des Reiches – das Runa Simi oder Quechua –, das zweite die Sonnenreligion des Landes, das dritte die Beherrschung der »Knotenschrift« Quipu und das vierte die Kriegskunst mit dem »Nebenfach« Geschichte, das ebenfalls an dieser »Fakultät« gelehrt wurde. Die Geschichtswissenschaft sollte offenbar die militärischen Erfolge der früheren Inka dokumentieren und bezeugen und auch zugleich – zusammen mit der Religion – die »wissenschaftliche Begründung« für die künftigen Eroberungszüge der Sonnensöhne liefern.

An den vier »Fakultäten« der Yachayhuasi wurden zusätzlich noch andere Wissenschaftsdisziplinen gelehrt. Zur »Kriegskunst« gehörte außer Geschichte natürlich auch Erdkunde, die Kenntnis von den geographischen Verhältnissen der Welt, über die die Zöglinge dieser Adelsschule einmal herrschen und die sie einst regieren sollten. Zum Unterricht in »Quipu« gehörte logischerweise auch das Studium der Mathematik und der Grundlagen der Statistik. Im Rahmen der »Theologie« wurden die Grundlagen der (nicht besonders entwickelten) inkaischen Philosophie gelehrt. Zur Religion gehörte aber auch – in einer Welt, die von Himmelsgestirnen als Gottheiten gelenkt wurde – verständlicherweise das wichtige Fach Astronomie und das damit verbundene Kalendersystem der Inka.

Die »Professoren« der Yachgayhuasi hatten zum Teil außergewöhnliche »Assistenten«, nämlich Dichter und Sänger, die den Lehrstoff zum besseren Verständnis für die Studenten in Verse setzten. Diese in Form von Gedichten und Gesängen gekleideten »Vorlesungen« über wissenschaftliche Erkenntnisse sangen sie den Hörern der Yachayhuasi vor. Außer dem Studium der Theologie und der mit ihr verbundenen Philosophie sowie der Poesie und der dramatischen Kunst (Sprache) wurde in Tahuantinsuyu auch die Medizin gefördert. Obwohl das Spektrum der wissenschaftlichen Disziplinen weit gefächert war, erreichten aber nicht alle Fachrichtungen ein besonders hohes Niveau.

Die Bedeutung der Astronomie im Inka-Reich hing gewiß auch mit dem Umstand zusammen, daß die Sonne, der Mond, die Venus usw., also Himmelsgestirne, Hauptgottheit bzw. Nebengötter der Sonnensöhne waren. Überdies knüpften die Inka auch bei ihrer ausdauernden Beobachtung der Sonne und des Sternenhimmels an die Tradition der früheren Kulturen des alten Peru an – an das Erbe der Träger dieser Kulturen, die wir mit Fug und Recht als Sternenanbeter bezeichnen können. Die gewaltigen Figuren, die die Indianer Südperus in die Wüste von Nazca gezeichnet hatten, standen offenbar in Zusammenhang mit ihren astronomischen Beobachtungen; ebenso richtete sich an der Nordküste alles nach dem Kult des Mondes, dem auch das letzte der Küstenreiche – das ruhmreiche Chimu – geweiht war.

Im Unterschied zu den Chimu beteten die Inka als Hauptgottheit nicht den Mond, sondern die Sonne an. Darum widmete ihre astronomische Wissenschaft ihr Hauptaugenmerk diesem Gestirn und vor allem – gleich den Schöpfern mancher älterer peruanischer Kulturen – der Sonnenwende und den Sonnen-Äquinoktien, den Tagundnachtgleichen.

Um das genaue Datum der Sonnenwenden und Äquinoktien, der vier wichtigsten »Sternstunden« des Sonnenjahres, zu ermitteln, errichteten die Astronomen des Reiches an vielen Orten Perus besondere »Observatorien«, wennschon diese Bezeichnung vielleicht für diese durchweg ziemlich einfachen Bauwerke etwas übertrieben klingen mag. Das wichtigste dieser Sonnenobservatorien war natürlich jenes, das sich in der Metropole des Reiches, in Cuzco, befand. Es soll aus acht oder ursprünglich sogar aus zwölf oder sechzehn Pfeilern bestanden haben; die Hälfte dieser Pylone stand am Westrand, die andere am Ostrand der Stadt.

Ein zweiter Typ einfacher inkaischer Sternwarten waren die »Intihuatana«, wörtlich: die »Orte, an denen die Sonne gefesselt ist«. Sie waren stets in den Felsen gehauen, in ihrer Mitte stand ein kleiner steinerner Pylon, ein Gnomon, der durch seinen Schatten u.a. die »Uhrzeit« anzeigte. Am (genauen) Mittag warf der Gnomon keinen Schatten, am Vormittag wurde der Schatten kürzer, am Nachmittag dagegen länger. Diese in ganz Peru verbreiteten, einfachen Sternwarten – oder besser: Sonnenwarten – weisen schon von ihrer Konstruktion her darauf hin, daß die Astronomen in dieser von Himmelskörpern, vor allem der Sonne, so beeinflußten und erfüllten Kultur bei weitem nicht das Niveau erreichten, dessen sich ihre mittelamerikanischen Zeitgenossen, vor allem die höchst präzisen Beobachter der Maya, rühmen konnten.

Die Inka-Astronomen observierten in erster Linie die Bahn der heiligen Sonne am Firmament, daneben aber auch andere Himmelskörper wie den Mond (mittels eines »Quillarmi« – »Mondfels« – genannten Observatoriums, das auf den Hügeln über Cuzco stand,) die Venus und einige weitere Planeten wie Mars, Merkur und Saturn. Ihr Interesse bezog sich aber auch auf Sternbilder, namentlich die Plejaden, darüber hinaus auf das der Waage, der Fische, der Zwillinge, der Jungfrau und natürlich das Kreuz des Südens.

Der Kalender der Inka richtete sich vor allem nach der Sonne. Die Bewohner Tahuantinsuyus kannten ein »Huata« genanntes Sonnenjahr von 365 Tagen, das sich in zwölf Monate zu dreißig Tagen gliederte, auf sie folgten noch fünf, im Schaltjahr sechs Jahresendtage, die auf quechua »Allca conquis« – »arbeitsfreie Tage« – hießen.

Die Einteilung des Jahres in Monate spielte im Leben des Reiches eine große Rolle. Die straffe Organisation des Reiches erwies sich auch hier, gab es doch genaue Bestimmungen darüber, welche Landarbeiten in dem betreffenden Monat auszuführen seien. Ihr Kalender war – falls man es so sagen kann – der Arbeit des Bauern angepaßt, zog den Anbau der wichtigsten Kulturpflanzen ins Kalkül. Viele der Monate erinnern schon durch ihren Namen daran. Die Sonnensöhne waren freilich auch klug genug, um ein bißchen Abwechslung in das eintönige Leben der Bewohner ihres Landes zu bringen; so schrieben sie gesetzlich vor, daß beinahe in jedem der zwölf Monate des Jahres ein Fest stattfinde oder ein Feiertag begangen werde. (Darum kommt auch das Quechua-Wort für Feier oder Fest, »Raymi«, in vielen Monatsnamen vor.) So hieß z.B. gleich der erste Monat des Inka-Jahres »Capac Raymi« - »großes Fest«. In diesem Monat des großen Festes, in dem u.a. Kartoffeln gesetzt und Quinoa gesät wurde, fand auch das schon erwähnte feierliche »Reifefest« der jungen Männer statt.

Im zweiten Monat des Jahres, im »Monat der Reife«, wurden bei einem Fest Lamas rituell geschlachtet und der Sonne - Inti - geopfert. Die Knochen der dem Inti geopferten Tiere wurden mit »heiligen Kräutern« vermischt und in die Fluten der Flüsse des Reiches geworfen. Der dritte Monat (unser Februar) hieß im Reich Monat der »großen Reife«. In ihm wurde ein feierliches Opfer von Meerschweinchen zu Ehren der Sonne veranstaltet. Der vierte Monat (unser März) hieß nach dem Inka-Kalender Monat der »Blütenreife«. Sein Name erinnert daran, daß sich zu dieser Zeit die Bergwiesen von den zahllosen blühenden Blumen bunt färben. Auch in diesem Monat wurde ein entsprechendes Fest begangen.

Der Kreislauf der Monate im Inka-Jahr setzte sich weiter fort. Der fünfte Monat (unser Mai) wurde vermutlich Monat der »Haupternte« genannt, der siebte »Sonnenfest«. In diesem Monat, in den die Sonnenwende fällt, wurde eines der größten Feste des Reiches gefeiert, das Inti geweiht war. Den achten Monat ihres Jahres (den Juni) nannten die peruanischen Indios »Zeit der Rast«, den neunten, unseren August, nannten sie »Zeit der großen Reinigung«. Der zehnte Monat (der September) hieß »Coaya Raymi« - »Fest der Königinnen« -, der elfte (der Oktober) hieß »Zeit der Wasser« oder häufiger »Fest des Regenhimmels«. Und der Name des letzten - »Aya marca raymi« -, unseres Novembers, ließe sich frei mit »Totenfest« übersetzen.

So vergingen die zwölf Monate des Inka-Jahres. Wenn die Astronomen nach dem Stand der Sonne über den Pfeilern jener seltsamen Stern- und Sonnenwarte bei Cuzco festgestellt hatten, ein Jahr sei zu Ende, begann alles wieder von vorn. Wieder spulte sich ein Monat nach dem anderen ab vom Knäuel der Zeit, und in jedem erwarteten den Bewohner des Reiches ein oder zwei Feste und viele Tage schwerer Fron und Plage.

XIX.
KLISTIERE UND SCHÄDELTREPANATIONEN

Die Astronomie war eine der beiden wichtigsten wissenschaftlichen Disziplinen im Inka-Reich. In Tahuantinsuyu mußte die Wissenschaft vorrangig den Erfordernissen des Staats und der Gesellschaft dienen. Und die Wissenschaftler, die durch ihre astronomischen Beobachtungen u.a. auch die günstigste Zeit für den Beginn oder die Vornahme der einzelnen Landarbeiten bestimmten, brachten dem Staat und eigentlich all seinen Bürgern zweifellos Nutzen.

Die zweite der höchstentwickelten Wissenschaften im Inka-Reich war die Medizin, die ärztliche »Kunst« der Sonnensöhne. Jeder Mensch, und lebte er auch in einer noch so primitiven Gesellschaft, pflegt natürlich seine Gesundheit, versucht, von den Folgen eines Unfalls zu genesen, bemüht sich, Krankheiten zu kurieren, die ihn plagen.

In Tahuantinsuyu war das Interesse an der guten Gesundheit all seiner Bürger nicht allein Privatangelegenheit jedes einzelnen, sondern auch Sache des Reiches; war dieses doch darauf bedacht, daß seine Purice, die Bauern und Steuerzahler von heute und seine Soldaten von morgen, ihrem Staat so gut wie möglich dienen konnten. Und die Gewähr dafür boten natürlich nur kerngesunde Menschen.

Die ärztliche Wissenschaft wurde in Tahuantinsuyu also stark gefördert. Die Methoden waren freilich recht eigenartig. Einerseits wurden geradezu phantastische und dem »Patienten« wirklich nützliche Eingriffe vorgenommen, darunter auch komplizierte Schädeloperationen, andererseits wandten die Inka-Mediziner häufig noch – aus älteren Zeiten übernommene – »Heil«-Verfahren an, die mit (der) Wissenschaft überhaupt nichts gemein hatten und eher in den Bereich der Magie gehörten. Trotz dieser Überbleibsel älterer – magischer – medizinischer Vorstellungen verdient jedoch die ärztliche Kunst der Inka, ihre Pharmakologie, die ganze reiche Palette von Methoden und Mitteln, die die altperuanischen Ärzte und Pharmazeuten kannten und anwandten, große Aufmerksamkeit.

Betrachten wir zuerst einmal die indianischen Heilverfahren. Als der Autor sich mit diesen intensiv zu befassen begann, fand er in der ihnen gewidmeten Literatur auch ein Werk, das er kaum erwartet hatte, unter den Schriften über die amerikanischen Indianer zu entdecken. Es heißt »Das Klistier im alten Peru« (El clistir en el entiquo Peru); sein Autor ist Professor Velez Lopez.

Erstaunlicherweise verstanden es schon die Inka, einem an Verdauungsstörungen leidenden Patienten ein Klistier zu verabreichen. Solch ein Klistier bestand aus einem mit Flüssigkeit gefüllten Schlauch, in den der Arzt vom einen Ende hineinblies – so wie die Indianer der Urwaldregionen in ihre Blasrohre.

Die »Klistierspritze« ist eines der wenigen erhaltenen Instrumente der inkaischen »Internisten«. Wesentlich mehr solcher ärztlichen Geräte haben uns die altperuanischen Chirurgen hinterlassen. Zu diesen chirurgischen Bestecken gehörten u.a. bronzene Skalpelle verschiedener Größe, Pinzetten, Nadeln, Zwingen, die wichtigen, »Tumi« genannten Bronzemesser, in der Form an ein Küchenhackbeil erinnernd, weiter »Turnikettes«, mit denen die altperuanischen Ärzte die Adern abklemmten, damit sie nicht bluteten, und vor allem eine Art Stichel aus Obsidian (Feuerstein), mit dem die altamerikanischen Chirurgen ihre berühmtesten Operationen – die erwähnten Schädeltrepanationen – vornahmen.

Bei solch einer Trepanation handelte es sich nicht um einen Eingriff, den ein besonders begabter Chirurg etwa ausnahmsweise einmal vorgenommen hätte. Bis zum heutigen Tage wurden in Peru bereits über zehntausend von indianischen Ärzten trepanierte Menschenschädel gefunden. Schon die erste Untersuchung eines solchen von den ersten Archäologen aufgefundenen trepanierten Schädels eines »Altperuaners«, die der französische Anthropologe Pierre Paul Broca im vorigen Jahrhundert vornahm, bewies, daß der Patient diese äußerst schwierige Operation überlebt hatte. An den Rändern der Schädelöffnung fand Broca nämlich Spuren regenerativer Veränderungen des Schädelknochens. Viele »Löcher« in den trepanierten Schädeln der alten Peruaner wurden überdies nach der Operation mit einem Silberplättchen oder einer Kürbisschale verschlossen.

Die Inka-Doktoren öffneten den Schädel entweder so, daß sie mit den erwähnten Obsidiansticheln eine Anzahl millimeterkleiner Einstiche in den Schädel vornahmen, oder sie öffneten den verletzten Teil der Schädeldecke durch vier lange Schnitte und »bohrten« so an der bezeichneten Stelle ein größeres viereckiges oder rechteckiges Loch in den Schädelknochen.

Noch phantastischer mutet aber eine weitere Feststellung der Archäologen an, die Skelettreste operierter Altperuaner studierten. Es zeigte sich nämlich: Bei manchen Patienten waren zu ihren Lebzeiten mehrere Trepanationen vorgenommen worden.

Warum nahmen die Ärzte der Inka so viele Schädeloperationen vor, die auch heute – im 20. Jahrhundert – zu den schwierigsten chirurgischen Eingriffen gehören? Vermutlich, weil bei den Feldzügen der Sonnensöhne die Entscheidung auf dem Schlachtfeld stets im Kampf Mann gegen Mann fiel. In diesem Nahkampf war die Makana, der mit einem sternförmigen Steinknauf bewehrte Streitkolben – dem Streitkolben der Hussiten ähnlich –, die entscheidende Waffe. Durch den Schlag mit solch einer »Keule« mußte das Gehirn des getroffenen Kriegers unweigerlich schwer verletzt werden.

Die Inka-Chirurgen wußten offensichtlich, daß Lähmungen, die ein derartiger Schlag häufig verursachte, durch den Druck von Knochensplittern auf das Hirngewebe bewirkt wurden. Infolgedessen versuchten sie, die Reste der zermalmten Schädeldecke bei ihren Patienten zu beseitigen.

Neben Kopfoperationen führten die altperuanischen Ärzte – sowohl die der Inka wie auch jene älterer Zeiten – auch viele andere chirurgische Eingriffe durch. Auf keramischen Gefäßen, vornehmlich aus den Gebieten von der Nordküste Perus, finden wir häufig Abbildungen von Menschen, denen man die unteren Gliedmaßen amputiert hatte. Die Füße oder Beine wurden den hiesigen Indianern, vor allem den Bewohnern des Tieflandes, hauptsächlich der Küstenebene, abgenommen, weil sie von dem dort verbreiteten Wurmparasiten »Eremita analoga« befallen waren. Dieser Wurm bohrt sich entweder in die Sohle oder unter die Zehennägel und legt hier seine Eier. Die ausgeschlüpften Maden fügten den von ihnen befallenen altperuanischen Indios zuweilen so furchtbare, ja, unerträgliche Schmerzen in den Füßen und Beinen zu, daß den Ärzten nichts anderes übrig blieb, als den leidenden Patienten das wurmbefallene Bein abzuschneiden.

Die Inka-Chirurgen nahmen auch eine ganze Reihe kleinerer Operationen vor. Kleinere Wunden nach weniger schweren Operationen »vernähten« die altperuanischen Ärzte auf originelle Weise: Sie legten zwei Exemplare einer besonders großen Ameisenart, die in Peru lebt, auf die Wunde, drückten die beiden Ameisen gegeneinander, worauf sich die Tiere mit ihren »riesigen« Beißzangen ineinander verbissen. Dann rissen die Ärzte den ineinander »verkeilten« Ameisen die Köpfe ab und verklebten die Wunde damit. Die Hampicamayoc genannten Ärzte der Inka applizierten übrigens auch den Aderlaß, verstanden es, ausgekugelte Gelenke wieder einzurenken, öffneten Geschwüre usw.

Damit die Inka-Doktoren ihre – zuweilen fast unglaublich anmutenden – Eingriffe vornehmen konnten, mußten sie ihre Patienten natürlich irgendwie »berauschen« oder eine Lokalanästhesie vornehmen. Welche Mittel dabei verwendet wurden, wissen wir nicht – wohl aber, welche Narkotika sie kannten, die sie ihren Patienten gewiß auch verabreichten.

Zu den den Inka-Ärzten bekannten Rauschgiften gehörten der Stechapfel (Datura stramonium), aus dem der ebenfalls in unserer Medizin verwendete Atropin gewonnen wurde, die Pflanze Aya Huacac (Banisteria caapi), die aus dem Amazonasbecken kam und aus der drei Alkaloide gewonnen wurden, sowie die wichtige Huilca oder Vilca (Piphtadenia colubrina), deren Same, zu Staub zermahlen, als eine Art »Schnupftabak« Verwendung fand.

Unter den Rauschmitteln der Inka nahm gewiß auch die schon erwähnte Koka einen wichtigen Platz ein, deren Blätter das bekannte Alkaloid Kokain enthalten. Die erste wissenschaftliche Studie über den Kokastrauch, die den europäischen Ärzten die Koka der Inka vorstellte, schrieb der Schöpfer der Psychoanalyse, Prof. Sigmund Freud, der in seiner Jugend dem damals noch nicht verbotenen Kokawein mit Begeisterung zusprach.

XX.
KRANKHEITEN DES HOCHLANDS – UND KRANKHEITEN DES TIEFLANDS

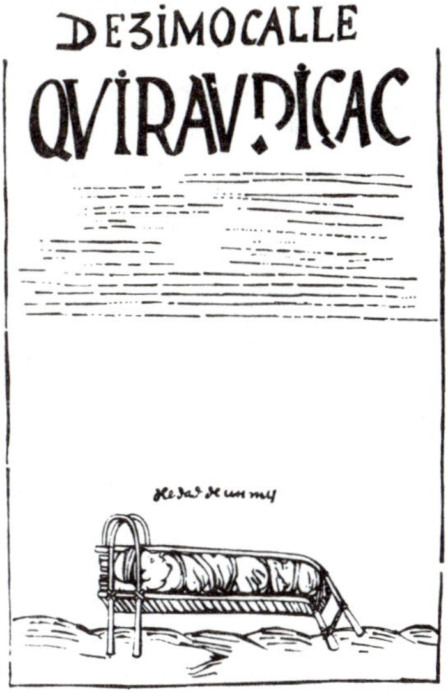

Die Inka kannten nicht nur die Kokablätter, die das berüchtigte Alkaloid Kokain enthalten, sondern zusätzlich noch eine Vielzahl weiterer Heilpflanzen. Davon profitierte die internationale Medizin, und ihr besonderes Interesse galt dem bekannten, aus dem örtlichen Quina-Quina-Baum oder Balsambaum gewonnenen Peru-Balsam.

Der peruanische Balsambaum gehört zu der Gattung der Färberwurzeln wie auch die wertvollste Gabe der Inka-Medizin, der Fieberrindenbaum oder Chininbaum. Aus diesem werden an die dreißig Alkaloide gewonnen, darunter das Chinin – die wichtigste Arznei gegen Malaria. Ein weiteres Alkaloid des Fieberrindenbaums, das Chinydin, ist ein bekanntes Mittel zur Behandlung von Herzrhythmusstörungen.

Das Chinin erhielt zwar seinen heute verwendeten Namen nach der Gräfin von Chinon, der Gemahlin eines peruanischen Vizekönigs, die dieses indianische Heilmittel zum ersten Mal nach Europa brachte. Doch steht wohl fest, daß auch die Inka dieses Mittel schon einnahmen, demnach auch schon an Malaria gelitten haben.

Die Bewohner des Sonnenreiches wurden aber nicht nur – wie wir annehmen – von Malaria befallen, sondern sie litten auch an einer Reihe weiterer Krankheiten. Diejenigen, die in den einzelnen Monaten vorkamen, listete Huaman Puma in der urwüchsigen Bilderchronik, seinem Bericht über das Jahr der Inka, auf.

Viele der Leiden, die der peruanische Chronist anführt, sind auch in Europa bekannt, z. B. Gicht, verschiedene Durchfallerkrankungen, Augenleiden u. a. Manche dieser Krankheiten erwähnt Huaman Poma mit ihrem ursprünglichen Quechua-Namen. Diese Bezeichnungen sind meist recht bildhaft: So hieß Epilepsie auf quechua: »Er windet sich und schlägt um sich«; Nierenbeschwerden bzw. Harnleiden: »Die Quelle ist versiegt«; Malaria (vermutlich): »Wechselkrankheit« usw.

Andere Beschwerden der Inka kennt die Alte Welt – Gott sei Dank – nicht. Eine davon ist z. B. die furchtbare südamerikanische »Leischmaniose«, in Peru heutzutage »Uta« genannt. Die Inka selbst gaben ihr den poetischen Namen »rotes Wölkchen«. Ihr äußeres Erscheinungsbild erinnert an den Aussatz (Lepra), denn es bilden sich an Nase und Lippen des Kranken häßliche Geschwüre, deren Ränder sich rot färben (daher die Bezeichnung »rotes Wölkchen«). Die Geschwüre hinterlassen, wenn sie abgeheilt sind, garstige Narben.

Während die Uta eine Seuche des peruanischen Tieflands ist, war und ist die Verruga – manchmal auch Carionsche Krankheit genannt – eine der Bergbewohner. Auf der Haut der an Verruga leidenden Indianer bilden sich Geschwüre, die ständig bluten, so daß der Kranke schließlich an den Folgen des hohen Blutverlustes und allgemeiner Erschöpfung stirbt.

Mit einer in Peru »geborenen« Krankheit steckten die Inka die ungebetenen weißen Eindringlinge sofort an: mit der Syphilis, Lues venerea, d. h. »Geißel der Menschheit«. Wir haben sie bereits im Zusammenhang mit den peruanischen Lamas und ihren Hirten erwähnt.

Die Inka lebten in der Vorstellung, Ansteckung gehe auf das Konto von Eigenverschulden; und zwar hätte der Kranke gesündigt, indem er die vorgeschriebenen religiösen Zeremonien, Gebete und Opfer nicht (ge)treulich vorgenommen hatte. Eine Krankheit konnte aber auch – so meinten die Indianer des alten

Peru – durch schwarze Magie, durch das Wirken von Hexern hervorgerufen werden. Und schließlich glaubten sie auch, Dämonen, böse, unsichtbare Geister, könnten den Menschen mit einer Krankheit schlagen.

Die fundamentale »Ursache«, der »Grund« für eine Erkrankung, wurde aber eindeutig in der Sünde gesehen, die der Sieche begangen hatte.

Im Inka-Reich beschäftigten sich daher vor allem jene mit der Bekämpfung und Heilung von Krankheiten (mit der Medizin), die überirdische Dinge zu ergründen und gegen die Sünde zu kämpfen hatten – nämlich die Priester. Für die Gesundheit des Inka und der Adligen sorgten besonders ausgebildete Priester, Ärzte aus den Reihen der Amautu; die ärztliche Betreuung des Volkes oblag dagegen den Angehörigen des niederen Klerus, Kräuterdoktoren, Feldschern und Medizinmännern.

Die »Feldscher« der Inka bedienten sich dabei einer – auch aus anderen Gegenden Amerikas bekannten – Methode. So saugten sie z. B. so lange am Körper des Patienten, bis es ihnen gelang, das »Odium«, das die Krankheit verursacht hatte, aus seinem Leib zu saugen, z. B. eine Schlange, allerlei Würmer, Spinnen, kleine Eidechsen, einen Stein von auffälliger Farbe und dergleichen.

Neben den Ärzten, Feldschern, Kräuterdoktoren, Medizinmännern, Zauberern und Hexern wirkten auch Hebammen im Inka-Reich; ihnen wurden alle »gynäkologischen Angelegenheiten« anvertraut. Denn nur Frauen durften sich mit diesem speziellen Zweig der Medizin in Tahuantinsuyu befassen. Ihre Befähigung zur Hebamme – auf quechua: Huachachicoc – erlangten sie nicht aufgrund einer speziellen Ausbildung, sondern infolge von Träumen, Visionen, oder aber sie hatten durch Mehrlingsgeburten die Aufmerksamkeit ihrer Umwelt auf sich gelenkt. Mit zu ihren Hauptaufgaben am Hofe der Inka gehörte die Massage der weiblichen Organe der Frauen bzw. Gefährtinnen des Herrschers.

In Tahuantinsuyu, in dem der Inka – mit weit größerer Berechtigung als Ludwig XIV. in Frankreich – stolz verkünden konnte: »Der Staat bin ich«, war die Gesundheit des Herrschers sowie die seiner Frauen, vor allem seiner offiziellen Gemahlin, der Coya, buchstäblich Sache des ganzen Volkes. Erkrankte der

Inka wirklich einmal, zweifelte niemand daran, daß dies keineswegs aufgrund seiner eigenen Sünden, sondern vielmehr um der Sünden der Bürger seines Landes willen geschehen war. Da eine Erkrankung des Sonnensohns unweigerlich auch Gefahr für Gesundheit und Glück eines jeden Bürgers im Staate bedeutete, betete das ganze Land für die baldige Genesung des Herrschers. Blieben die Fürbitten unerhört, versuchte man, die Krankheit abzuwenden, indem Menschen, vorwiegend Kinder, für das Leben und die Gesundheit des Herrschers geopfert wurden.

Einer der höchsten Feiertage und eine der wichtigsten Zeremonien des ganzen Jahres war übrigens das berühmte Situa-Fest, anläßlich dessen für die Gesundheit aller Bewohner im Inka-Land gebetet wurde sowie auch für das Reich, damit es von allen Seuchen verschont bleibe. Stets wurde es im Frühjahr gefeiert – auf der südlichen Hemisphäre, also zur Zeit der Tagundnachtgleiche im September.

Das Situa-Fest beging man natürlich in der Hauptstadt des Reiches – in Cuzco. Durch die festlichen Reinigungszeremonien sollte auch die Gesundheit der Bewohner im ganzen Land, und sei es die der Menschen im fernsten Inka-Dorf, geschützt werden. Daher wurden vor dem Beginn der Situa-Riten erst einmal alle Hunde und auch alle »unreinen« Menschen – dazu zählten unheilbar Kranke wie auch Krüppel, Blinde und andere Körperbehinderte – aus Cuzco gejagt.

Das Fest begann zur Neumondzeit vor dem Sonnentempel, in dessen Räumen der Inka längere Zeit gefastet hatte. Wenn die silberne Mondsichel am Himmel erschien, trat auch der Inka aus der goldenen Coricancha, und ihm zu Ehren waren vier Hundertschaften Soldaten auf dem Platz vor dem Tempel angetreten, jede in eine der vier Himmelsrichtungen gewandt.

Zeigte sich der Inka dann dem Volk und ging der Mond auf, brachen die Soldaten und mit ihnen die ganze versammelte Menge in den brausenden Ruf aus: »Fort, ihr Krankheiten und Seuchen, hebt euch fort aus unserem Land! Fort mit euch, fort mit euch! Fort mit euch!«

Dann überreichten vier Angehörige der Königsfamilie den vier vor dem Tempel aufgestellten Kompanien eine mit goldenen Schnüren und Papageienfedern verzierte Lanze. Diese als

Banner vor sich hertragend, liefen die Soldaten von den Toren des Sonnentempels in alle vier Himmelsrichtungen, symbolisch also in die vier Reichsländer, die gemeinsam Tahuantinsuyu bildeten. Nach etlichen hundert Metern übergab der jeweils erste Läufer die Lanze einem weiteren Soldaten, und so wurde diese eigenartige »Gesundheitsstafette« bis zu dem nächsten großen Fluß fortgesetzt.

In den vier Strömen wuschen die letzten Läufer der Stafette nicht nur sich, sondern auch ihre Waffen. Ebenso mußte an jenem Festtag auch alles Volk im Reiche baden. Zudem wurden auch alle Speisekammern, Brunnen und sogar die Mumien Verstorbener mit einem besonderen Maisbrei bestrichen.

Durch diese Situa-Zeremonien wurde das Inka-Reich rituell gereinigt und dadurch - so glaubten seine Bewohner - für das ganze kommende Jahr von allen Seuchen und anderen Gefahren für das Land befreit. Nach dieser Prozedur konnten die Menschen von Tahuantinsuyu also wieder ruhig leben.

XXI.
AUF DEN INSELN IM HEILIGEN SEE

Das Reich der Inka wurde nicht durch Seuchen zugrunde gerichtet, sondern von den ungebetenen spanischen Invasoren, die es – im Namen ihrer vorgeblich höheren Zivilisation – zu erobern und unter ihr Joch zu zwingen trachteten und ausgezogen waren, seine unermeßlichen Schätze zu rauben.

Pizarro, dem Beispiel Cortez' nacheifernd, und seine Nachfolger haben den Inka fast alles genommen. Was sie jedoch nicht zu rauben vermochten, waren die grandiosen Bauwerke der Sonnensöhne, ihre Städte. Cuzco selbst wurde nach der Eroberung von den Europäern zwar umgebaut – auf den Fundamenten der Inka-Paläste und -Tempel, ja, nicht selten unmittelbar auf ihren Grundmauern errichteten die Spanier ihre Häuser und Kirchen –, zum Glück haben uns aber viele der ersten europäischen Besucher des inkaischen Cuzco eine Schilderung seines ursprünglichen, vorkolonialen Antlitzes hinterlassen. Andere Inka-Städte, andere bedeutende Bauwerke oder wesentliche Teile davon haben sich aber in Peru in ihrer ursprünglichen indianischen Gestalt erhalten. So können wir uns beim Anblick der Reste und Ruinen von Palästen, Tempeln und Festungen der einst großartigen Inka-Städte von der Architektur der Sonnensöhne eine gute Vorstellung und ein anschauliches Bild machen.

Im Unterschied zu den Bauwerken anderer Völker Amerikas, z. B. der Maya, die – in Mittelamerika – ebenfalls Dutzende ihrer mit prächtigen Fassaden, Friesen und zuweilen mit herrlichen Gemälden dekorierten Pyramiden und Paläste hinterließen, wirken die Werke der Inka-Architekten zwar monumentaler, aber viel eintöniger. Zuallererst fällt dem Besucher beim Anblick der Inka-Bauwerke auf, daß sie keine Dekorationen aufweisen und viele von ihnen – z. B. die berühmte Feste Sacsayhuaman – aus gewaltigen, nicht mit Mörtel verbundenen Steinquadern erbaut sind, sich aber so vollkommen, so dicht und so präzise aneinander fügen, daß man auch heute – ein halbes Jahrtausend nach ihrer Errichtung – nicht einmal eines Messers Schneide, ja, nicht einmal eine Rasierklinge zwischen sie schieben kann. Die oft recht ausgedehnten Inka-Bauten, die ganze inkaische Architektur, entwickelten sich aus den ursprünglich schlichten Bauwerken der Andenindianer, die nur aus einem Raum bestanden. Aus der Anordnung dieser um einen viereckigen Innenhof gruppierten Häuser, er hieß auf quechua »Cancha« (dieses Wort kommt in einer ganzen Reihe von Gebäudenamen vor, z. B. bei Bauten in Cuzco), hat sich im Laufe der Zeit offensichtlich der Grundriß aller Inka-Städte entwickelt. Er wies in der Regel eine Reihe solcher vier- oder rechteckigen Canchas auf.

Von den einfachen Bauernhütten gelangten die Sonnensöhne im Lauf der drei bis vier Jahrhunderte ihrer Macht bis zur Errichtung gewaltiger, atemberaubender Bauwerke, vor allem der berühmten »Kyklopenwälle«, stets aus geglätteten Steinblöcken gefügt. Ihre prunklose Monumentalität wie auch die gewaltigen Massen vollendet bearbeiteten Baumaterials machen auf den heutigen Besucher der alten Inka-Städte einen ungeheuren Eindruck und erwecken bei ihm oftmals ein Gefühl größter Hochachtung.

Die Inka-Bauwerke sind überdies ein weiterer Beweis der großen organisatorischen Fähigkeiten der Staatsführung im Inka-Reich. Die Sonnensöhne verstanden ihre ausgedehnten Bauwerke verhältnismäßig rasch »hochzuziehen«. Für den Umbau Cuzcos und die Errichtung seines Schutzschilds, der Feste Sacsayhuaman, beriefen die Herrscher Tahuantinsuyus, wie schon erwähnt, einige zigtausend Menschen und setzten sie hier alle auf einmal als Bauleute, Handwerker und Hilfskräfte ein.

Außer dem grandiosen Eindruck, den die erhaltenen Werke der Inka-Architektur auch auf den heutigen Besucher der Inka-Städte machen, sei noch an einige weitere wesentliche Merkmale der Baukunst der Sonnensöhne erinnert. Alle öffentlichen Bauten - Paläste, Heiligtümer, Badeanstalten, Speicher, Festungen wie auch Straßen, Brücken, Tambos, Terrassen-Felder, Poststationen - wurden, dies sei vorab betont, auf Befehl des Reiches erbaut.

Die Objekte in den einzelnen Städten, die jeweils dem gleichen Zweck dienten, glichen einander auffallend. Im Inka-Reich wurden diese Bauten eigentlich allerorts nach einheitlichem Muster errichtet. In jeder Inka-Stadt lief das Netz der Straßen und Gassen auf einem zentralen Platz zusammen, den die wichtigsten Gebäude der Stadt säumten; in Cuzco waren es die Residenz der Herrscher, andernorts die Residenz des oder der obersten örtlichen Würdenträger (wie des Gouverneurs der betreffenden Provinz), der Sonnentempel, das Kloster usw. Eigentlich waren alle Städte ähnlich wie Cuzco gebaut, sozusagen eine »Kopie« der Hauptstadt. (Ähnlich wie die Römer in ihrem ganzen Imperium die Städte nach dem Plan ihrer Hauptstadt am Tiber errichteten.)

Die Bauvorhaben wurden in Tahuantinsuyu durch professionelle, vom Staat berufene Architekten geleitet. Diese errichteten ihre Werke nach vorgefertigten Tonmodellen, wobei sie sich auch einer Art Rechenschieber bedienten. Die Inka erfanden auch das Bleilot, Huapaici genannt.

Die Inka-Architekten verstanden aber nur ebenerdige, überwiegend einstöckige, ausnahmsweise auch zweistöckige Gebäude zu bauen; sie hatten durchwegs trapezförmige Fenster und Eingänge. In die Wände waren - ebenfalls trapezförmige - Nischen eingelassen, die den Inka als »Schränke« dienten. Die Dächer der Gebäude waren meist mit Stroh, seltener mit Holz gedeckt, die der Inka-Paläste und des Sonnentempels aber häufig mit einem Geflecht aus Golddraht oder mit Gold- oder Silberplatten.

Einziges Baumaterial der Inka waren Stein oder ungebrannte Ziegel, Adobe genannt. Der Stein, Grundmaterial für alle öffentlichen Bauten der Sonnensöhne, wurde nur mit dem Steinmeißel bearbeitet. Dieser Umstand mag die heutigen Besucher der noch erhaltenen alten Städte in Peru verblüffen, vor allem, wenn sie die vollendet behauenen, tonnenschweren Steinblöcke sehen. Doch auch der Transport dieses Baumaterials verdient Bewunderung. Die gewaltigen Andesit- oder Porphyrblöcke - und zwar nicht nur einer, sondern Tausende, ja, Hunderttausende - wurden häufig aus bedeutender Entfernung an die Baustelle gebracht.

Inkaische Steinbrüche sind uns an vielen Orten Perus bekannt. Für den Bau der Metropole wurde entweder der Stein - vermutlich schwarzes Andesit - in Huacota, etwa fünfzehn Kilometer von Cuzco, gewonnen - oder an einem noch entfernteren Ort, ein sehr feinkörniger Stein, der für besonders wichtige Repräsentationsbauten, z. B. zur Errichtung der Inkapalais von Cuzco, verwendet wurde. Cuzco und die sich hoch über ihm erhebende Feste Sacsayhuaman, das Kenko oder Quenquo, das sog. Inka-Bad, und andere erhaltene Orte und Bauwerke in der näheren und weiteren Umgebung der Metropole haben wir schon früher kennengelernt. Werfen wir nun noch einen Blick auf die anderen, häufig ebenso gewaltigen steinernen Zeugen der Macht des Inka-Reiches: auf ihre Paläste und Tempel, die auch Pizarro und seinesgleichen nicht ganz vom Erdboden zu tilgen vermochten.

Den ersten der erwähnten steinernen Zeugen Tahuantinsuyus begegnen wir - so erzählt die Legende -, wo sich einst die ersten Inka, Manco Capac und seine Frau Mama Occlo, nach Cuzco aufmachten: an den Ufern des heiligen Titicacasees. In dieser Landschaft, so berichtet eine andere Sage, soll der große Con Ticci Viracocha sogar die Sonne selbst geschaffen haben.

Die altperuanischen Legenden - sowohl von der Erschaffung der Sonne und der Himmelsgestirne, also auch von der der Menschen -, erzählen meist von der Stadt Tiahuanaco, die unweit des Ufers des Titicacasees liegt.

Die Küstenstadt Tiahuanaco entstand aber lange vor der »Geburt« der Inka. Inmitten des herrlichen Bergsees »schwimmen« hier zwei Inseln, die nicht nur von den Sonnensöhnen mit einer Reihe prächtiger Bauwerke geschmückt wurden, sondern darüber hinaus zusätzlich von den sie umgebenden Bergriesen und endlosen Wasserspiegeln »behütet« und geschützt wurden, so daß sie sich bis heute in verhältnismäßig gutem Zustand erhalten haben.

Die erste dieser zwei durch ihre Architektur interessanten Inseln im heiligen See ist die »Sonneninsel«. So heißt sie freilich erst heute. In vorkolumbianischer Zeit nannten die örtlichen Indios die Insel Titicaca. In Aymara – der Sprache, die von der Mehrheit der hiesigen Bevölkerung gesprochen wird – bedeutet das Wort »Titi« soviel wie Puma und »Caca« Fels. Der Name der Insel, die dem ganzen See seinen Namen gab, heißt also zu deutsch »Pumafelsen« oder »Pumariff«. Später bezeichneten die Inka den großen Andensee – er ist zweihundert Kilometer lang und fünfundsechzig Kilometer breit –, in dessen Wellen das Pumariff »schwimmt«, nach der ihnen heiligen Insel.

Das eigentliche »Pumariff« der Sonneninsel war in inkaischen Zeiten wohl ein Felsen, der am Nordwestzipfel der Insel »atemberaubend« zum Himmel ragt. Diesen heiligen Ort durften unter der Herrschaft der Sonnensöhne nur die Angehörigen der Königs-Ayllu betreten. Und damit der Fels keinen Schaden nahm, wurde er von den Inka in einen gewaltigen »Mantel« aus feinster Vikunjawolle gehüllt, aus der sonst nur die Gewänder des Inka und der Vornehmsten im Reiche gewebt wurden.

Im Inneren des in den Vikunjamantel gehüllten heiligen Felsens gab es eine Höhle, besser gesagt: ein System miteinander verbundener kleiner Höhlen, in denen der Inka die heiligsten Riten zelebrierte und seinem göttlichen Vater Inti auch die vorgeschriebenen Opfer darbrachte. Die Wände sämtlicher Höhlenhallen des Pumafelsens waren ganz mit Goldplatten bedeckt.

Außer dem Pumariff, dem heiligsten, nur dem Herrscher und seiner Familie zugänglichen Ort der Insel, gab es dort noch weitere Meisterwerke der Inka-Architektur: zuerst den Sonnentempel, dann ein Kloster der Sonnenjungfrauen und schließlich noch einen von Tupac Yupanqui erbauten Palast. Dieser Inka ließ auf der Insel auch einen Tempel errichten, den er der Frau und Schwester des Sonnengottes – der himmlischen Coya – weihen ließ. Deshalb wird dieser zweite hier noch erhaltene Tempel »Inticoya« – »Coya des Sonnengotts« – genannt.

Das Gebäude des Tempels ist zweigeschossig. Zu ebener Erde gibt es zwölf unterschiedliche kleine Räume. Das zweite Geschoß ist mit dem ersten nicht unmittelbar - durch eine Treppe - verbunden, sondern über eine Terrasse von außen her.

Auf dieser heiligen Insel in dem ebenso heiligen See auf der Sonneninsel, wie die heutigen Indios sie nennen, soll nach einer altperuanischen Legende Viracocha Sonne und Mond geschaffen haben. Dem Mond ist übrigens die zweite heilige Insel im Titicacasee, Coati, geweiht. (Der Name kommt von dem Aymara-Wort »Coyata«, d.h. »Ort der Coya«.)

Coati - die Königinneninsel - ist wesentlich kleiner als die Sonneninsel. Trotzdem haben sich auch dort - und zwar bis in unsere Tage - Ruinen bedeutender und interessanter Inka-Baudenkmäler erhalten. Gleich neben dem heutigen kleinen Hafen Coati, an einer Stelle, wo einst zu Inka-Zeiten die Pilger den Boden der Insel betraten, erhebt sich eine Reihe kleinerer Gebäude. Darin nahmen die Gläubigen bei ihrer Pilgerfahrt zu den heiligen Inseln wohl ein rituelles Bad. Darum werden diese Häuser - vermutlich zu Recht - »Tore der Reinigung« genannt.

Am Nordufer der Insel Coati erhebt sich ihr prächtigstes Bauwerk - das im Halbkreis gebaute Kloster der Sonnenjungfrauen. Um die Heiligkeit dieses legendären Ortes zu betonen, war keine Geringere als eine Schwester des herrschenden Inka die Vorsteherin, »Äbtissin«, dieses Klosters. Der Herrscher des Reiches, der die Sonnenjungfrauen nach Coati entsandt hatte, betraute sie dort auch mit einer weit alltäglicheren Aufgabe: Sie mußten hier aus dem örtlichen Mais und Quinoa die feinste Chicha für den Inka brauen.

Auch das großartige Kloster der Sonnenjungfrauen auf der Insel Coati ist, wie der Mondtempel Inticoya, zweistöckig gebaut. Das Erdgeschoß im Kloster der Sonnenjungfrauen besteht aus fünfunddreißig Zimmern. Das hiesige »Stift« war allem Anschein nach - wie in der Inka-Architektur sonst ganz unüblich - mit Stuck verziert und vielleicht sogar mit Malereien geschmückt.

Der weite See und die frühere Weltabgeschiedenheit dieser Orte inmitten der Berge Perus haben wohl dazu beigetragen, daß die Baudenkmäler der Sonneninsel wie auch die Ruinen ihrer Paläste und Tempel vor der Zerstörung bewahrt blieben. So hat dieses heilige Gewässer, dessen Wellen einst die goldene Sonne der Inka entstiegen sein soll, die Schätze der Meisterarchitektur der Inka auch uns bezauberten Zeitgenossen bewahrt.

XXII.
EINE PERLENKETTE AM RIO VILCANOTA

Die heiligen Inseln, geschmückt mit Inka-Palästen und Tempeln, schwimmen im heiligen Titicacasee fern von Cuzco – in dem nach Ansicht der »Magister« der inkaischen Erdkunde nicht nur »Nabel«, sondern wirklichen Mittelpunkt der Welt. Südlich vom Zentrum der Hauptstadt finden wir freilich noch andere Werke der inkaischen Architektur, z. B. die Stadt Cacha mit dem schon erwähnten großen Tempel des Gott-Schöpfers Viracocha.

Wahre Schätze der Inka-Baukunst – eine ganze Kette alter Inka-Städte – haben sich im Norden Cuzcos am Flußlauf eines wichtigen peruanischen Stroms erhalten, den die hiesigen Einwohner an seinen verschiedenen Abschnitten einmal Yucay, ein andermal Urubamba und schließlich – an seinem Oberlauf in der Nähe Cuzcos – Vilcanota nennen.

Der Name Vilcanota oder Huilcanota – vor allem der erste Teil des Namens, – ist bemerkenswert, denn Vilca oder Huilca ist der Quechua-Name eines Baumes, aus dessen Samen die Sonnensöhne ein wertvolles Rauschgift gleichen Namens gewannen, das sie in Pulverform schnupften.

Die von den Inka so begehrten Vilcabestände findet man in Peru u.a. am Flußlauf des nach dem Baum benannten Vilcanota. Und hier, wohl flußabwärts, stand eine nicht nur legendäre, sondern einst wirkliche Stadt, nach Pizarros Erscheinen sogar die Hauptstadt der Inka.

Diese im Urwald verborgene, von den Eroberern nie besiegte, niemals entdeckte Stadt, der Ausgangspunkt der Sonnensöhne für einen langjährigen Widerstandskampf gegen die neuen Herren ihres Landes, trug den Namen dieses bei den Inka so beliebten Narkotikums: Sie hieß Vilcabamba.

Dieses geheimnisumwitterte Vilcabamba, die verschollene Urwaldmetropole der Inka, hatte das Massaker von Cajamarca sowie Gefangennahme, Gefangenschaft und Tod des Inka Atahualpa überlebt. Die Suche nach dieser sowie anderen verschollenen Städten der Sonnensöhne gehört zu den aufregendsten Kapiteln der »Fahndung« nach den Zeugnissen und herrlichen Schätzen der altperuanischen Kultur.

Das Vilcabamba der nachkolumbianischen Inka liegt - allerdings nur nach Ansicht mancher Wissenschaftler - weiter im Norden an den Ufern dieses historischen Flusses, an dessen Lauf, wie kostbare Perlen an einem silbernen Faden, die Städte der Sonnensöhne »aufgereiht« sind, jede mit unzähligen bemerkenswerten Werken der inkaischen Baukunst geschmückt. Auch der Autor hatte das Glück, die meisten dieser archäologischen Fundstätten - und zwar mehrmals - besuchen (und dort arbeiten) zu können. Als die wohl wichtigsten Brennpunkte im Leben der Hochkulturen von Altamerika betrachtet er diese Kette von Inka-Städten am Vilcanota oder Urubamba, dem markantesten Zeugnis der architektonischen Meisterschaft der alten Indianer Amerikas (obwohl sich diese Kette nur über einen verhältnismäßig kurzen Abschnitt des Vilcanota hinzieht).

Manche dieser Städte sind klein, genauer gesagt, von den Archäologen bisher nur zum Teil aufgedeckt - so Inti Pata, das sich mit einer Reihe kunstvoll angelegter Terrassen an den Hängen des Flußtals bis zu einigen hundert Metern hoch dehnt.

Andere von ihnen prunken mit bislang noch nie gesehenen Neuerungen der Inka-Architektur, wie Runcu Raccay, das mit einem kleinen Palais von kreisförmigem Grundriß und rundem Vorhof geschmückt ist.

Eine wahre Perle in der Kette der Inka-Städte am Vilcanota ist schon der erste, Cuzco am nächsten liegende Ort: Pisac – hoch über den Wassern des rauschenden Vilcanota. Obwohl Pisac verhältnismäßig nah bei Cuzco liegt, kommen kaum Touristen hierher, denn die einstige Stadt der Sonnensöhne liegt am Berghang über einem gleichnamigen Dorf der heutigen Quechua-Indios.

Auf einer nur zu Fuß erreichbaren Hochebene, rund dreitausend Meter hoch – das heilige Zentrum der Stadt, die Sonnenwarte Intihuatana, liegt genau 3018 Meter über dem Meer –, sind hier auf einem verhältnismäßig großen Areal die Ruinen der alten Stadt verstreut. Pisac bedeckte nämlich eine fast gleichgroße Fläche wie Cuzco, und – nach dem peruanischen Vogel Pisaccu benannt – es prunkte, der Feste Sacsayhuaman bei Cuzco vergleichbar, mit seinen gewaltigen Kyklopenmauern aus riesigen Steinblöcken und den großen – für die Inka so typischen – trapezförmigen Toren sowie auch einem in den Felsen gehauenen Tunnel, dessen Zweck und Bedeutung bisher nicht völlig geklärt sind.

Das Zentrum Pisacs war sein »heiliger« Bezirk, in dessen Mitte die Erbauer der Stadt eine Intihuatana, eine der bekannten inkaischen Sternwarten, in den Fels gehauen hatten. Umgeben von Palästen und Tempeln der Stadt, stand hier vor allem der Tempel des Inti, der göttlichen Sonne, ein Mondtempel und schließlich ein Tempel des Regenbogens. Weiter erhebt sich in diesem heiligen Sprengel eine Plattform, deren Bedeutung uns nicht ganz klar ist, und daneben die Residenz des Hohepriesters des Reiches, des Huillac Umu.

Zu den berühmten Sehenswürdigkeiten Pisacs gehören seine gewaltigen, ausgedehnten Gräberfelder, Nekropolen, und zwar Tantamarca, die »Stadt der Klage«, und vor allem Antachaca, »die Kupferbrücke«, der größte bekannte Friedhof aus der Inka-Zeit. Er ist über vierzig Meter breit und über tausend Meter lang, und man findet hier Dutzende Mausoleen, Kavernen und andere Grabmäler. Allein das schon zeugt davon, welch eine große Stadt Pisac gewesen sein muß.

Nur schade – vielleicht aber auch ein Glück –, daß Pisac so schwer zugänglich und beschwerlich zu erreichen ist, so daß – außer einer Handvoll Archäologen (auch die arbeiten hier in den letzten Jahren keineswegs systematisch) und einem indianischen Lamahirten, der sich zufällig hierher verirrt – der Wanderer, der den anstrengenden Aufstieg in die Einsamkeit der hiesigen Bergwelt wagt, in Pisac nur selten einer Menschenseele begegnet.

XXIII.
STÄDTE UND LEGENDEN

Pisac – so wirkte es auf mich – erscheint einem gleich den heiligen Inseln im Titicacasee wie von einer anderen Welt; als wäre es eine Stadt aus der Welt der Legende. Von der Geburt dieses Ortes berichtet übrigens eine alte Sage, eine der poetischsten des alten Peru, demzufolge ein Liebespaar, der Jüngling Asto Rimac und die Prinzessin Incill Chumbi, die Erbauer waren. Sie war die Tochter des Königs »Huallapuma«, der einst vor der Eroberung durch die Sonnensöhne über Pisac und sein Umland herrschte.

Dem König Huallapuma fehlte aber eine Brücke, über die er und seine Getreuen in Pisac hätten über den Fluß setzen können, wann immer dies erforderlich war. Als dem König von Pisac eine Tochter namens Incill Chumbi geboren ward, weissagten die Priester der örtlichen Huaca: Wenn die Prinzessin herangewachsen sei, werde sie einzig und allein den zum Manne nehmen, dem es gelänge, den Vilcanota zu bändigen, ihn unter das Joch einer an einem einzigen Tag erbauten, steinernen Brücke zu zwingen.

Incill Chumbi wuchs zu einem schönen Mädchen heran. Vornehme junge Herren von nah und fern baten um ihre Hand, doch ihr gefiel nur einer – der Jüngling Asto Rimac. Die Liebenden gaben einander ihr Wort, und Asto Rimac hielt bei Huallapuma um die Hand der Prinzessin an. Der König war einverstanden, doch nur unter der Bedingung, daß Asto Rimac die Weissagung erfülle.

Der Freier der Prinzessin sollte also an einem einzigen Tag eine Brücke über den Vilcanota schlagen, während dieser Zeit sollte Incill Chumbi bis zum Gipfel des Berges über Pisac emporsteigen, wo noch heute die Ruinen der Paläste und Tempel der einst blühenden Inka-Stadt stehen. Doch die Prinzessin durfte sich bei ihrem Aufstieg kein einziges Mal umwenden, um die Arbeit ihres Liebsten zu betrachten.

Das waren die Bedingungen für die Prüfungen der Liebenden von Pisac. Der Tag der Bewährung war gekommen: Asto Rimac schleppte gewaltige Steinblöcke herbei und schichtete sie in dem Strom auf, und die Prinzessin klomm immer höher und höher über die steilen Hänge zum fernen Gipfel des Pisac-Bergs empor. Ihr Bangen um den Geliebten, um das Gelingen seines Werkes, wurde mit jedem Augenblick größer. Fast hatte sie den Gipfel erreicht, da konnte sie nicht widerstehen und wandte sich um, die alte Weissagung erfüllte sich: Von den umliegenden Bergen stürzten Steinblöcke auf die Prinzessin herab, und sie erstarrte zu Stein. Auch Asto Rimac ereilte – gewissermaßen als Strafe für die Schuld seiner Geliebten – das gleiche Schicksal.

Das unvollendete Werk des Freiers – die Brücke über den Vilcanota – riß der reißende Strom später wieder hinweg und verstreute die Steinblöcke nah und fern. Doch aus den Steinen, die die Berge auf die Prinzessin geworfen hatten, entstand – so erzählt die Legende – später eine herrliche Stadt, das prächtige Pisac, hoch in den Wolken über dem schicksalsträchtigen Fluß, über der nie vollendeten und dann von den Wassern des Stroms wieder fortgeschwemmten steinernen Brücke Asto Rimacs.

Einer inkaischen Legende scheinen auch die anderen Städte der Sonnensöhne zu entstammen, von denen Teile noch in dieser Gegend Perus erhalten sind, z. B. das alte Moray, dreieinhalbtausend Meter hoch und von den Archäologen bisher nicht eingehender erforscht, das erst im Jahre 1930 vom Flugzeug aus entdeckt wurde. Es war die erste archäologische Luftexpedition in Südamerika; an ihr nahmen überwiegend begeisterte Amateure unter Führung der Amerikaner Shippe und Johnson teil. Moray besteht aus vier konzentrischen Kreisen und erinnert an ein gewaltiges, doch nicht - wie in Rom - von Menschenhand, sondern durch die Natur Perus erbautes, einhundertfünfzig Meter hohes Kolosseum.

Reiche Zeugnisse der inkaischen Architektur findet man auch in einer weiteren Indianerstadt dieser Gegend - in Chinchero, der beliebten Sommerfrische des Inka Tupac Yupanqui. Chinchero hat aber eine Besonderheit, die Forscher an einer eingehenderen archäologischen Untersuchung dieser alten Inka-Siedlung hindert: seine heutigen Bewohner - Quechua-Indianer - leben vielfach noch in den Häusern ihrer Vorväter. Außer mit diesen Wohnhäusern prunkt Chinchero auch mit einer Reihe von Heiligtümern und Opferstätten, unmittelbar in den Fels gehauen. Das bekannteste Heiligtum ist die Tetecaca, errichtet aus in den Felsen gehauenen Freitreppen, Bänken und Sitzen und teilweise sogar mit in den Fels gehauenen Bildern von Schlangen und Jaguaren geschmückt.

Der Name dieser lange Zeit bekanntesten Siedlung in der Reihe größerer und kleinerer Inka-Städte und -Orte am Vilcanota oder Urubamba wurde bereits erwähnt: Ollantaytambo. Er ist mit einer anderen Legende, der rührenden Geschichte von der treuen Liebe des Generals Ollantay zur königlichen Prinzessin Cusi Coyllur verknüpft, die das Sujet des berühmten, schon erwähnten Quechua-Dramas bildet. Ja, gerade hier soll einst der Held dieser berühmten inkaischen Tragödie, nachdem er aus Cuzco fortgegangen war, ansässig geworden sein. Und von der Feste über der Stadt, die heute seinen Namen trägt, erhob Ollantay einst die Fackel des Aufruhrs gegen den Inka, und hier wurde er angeblich durch die rebellierenden Untertanen des Sonnensohnes zum neuen Herrscher des Reiches erkoren (!).

Während heute viele Forscher die Existenz des tapferen Feldherrn in Frage stellen, so doch keineswegs die von Ollantaytambo. Wie vor fünfhundert Jahren ragt es über dem reißenden Strom des Vilcanota (hier schon öfter Urubamba genannt) himmelwärts, spiegelt sich in den Fluten des Stroms und gedenkt der vergangenen Zeiten des Ruhms.

Ollantaytambo war, so scheint es, die Hauptstadt dieser ganzen Gegend am Strom – mit all ihren wichtigen Siedlungen und Zitadellen. Hier, wo sich der Weg zu den tropischen Urwäldern auftut – in einer Landschaft, zur Inka-Zeit von nichtquechuanischen, jedoch dem Reich untertanen Stämmen bewohnt, die durch zahlreiche Produkte ihres warmen Heimatlandes ihren Tribut an Cuzco entrichteten – an diesem für die Wirtschaft und für die militärischen Belange des Reiches äußerst wichtigen Ort, wuchs um das Jahr 1450 eine ausgedehnte Stadt empor. Ihr Kern bestand aus achtzehn Wohnblöcken mit jeweils zwei Wohngebäuden; darin leben die Indios von Ollantaytambo – so wie in Chichera – noch heute. Hoch über der eigentlichen Stadt, dicht am Ufer des Urubamba, erhebt sich – von den Wohnquartieren durch eine Reihe kunstvoll angelegter »Andenes«-Terrassen getrennt – die zum großen Teil in den Fels gehauene Zitadelle von Ollantaytambo.

Die weit verstreut umherliegenden Porphyrblöcke zeugen davon, daß beim Eintreffen der ersten Spanier – und das war erst vier Jahre nach der denkwürdigen Schlacht von Cajamarca und der Gefangennahme des Inka Atahualpa – der Bau der Festung bei weitem noch nicht vollendet war.

Auf dem Gipfel, den obersten Stufen einer großen »Treppe« vollendet angelegter Terrassen, die auf den ersten Blick an mexikanische Stufenpyramiden erinnern, stehen die Tempel Ollantaytambos, darunter die Ruinen des unvollendet gebliebenen Haupttempels der Stadt. Sechs Steinsäulen aus herrlichem rosa Porphyr geben uns aber das größte Rätsel auf. Da jeder dieser Monolithe rund fünfzig Tonnen wiegt, bleibt auch die Frage offen, wie die damaligen Indios es fertigbrachten, die gewaltigen Steinblöcke aus einem am anderen Ufer des Stromes liegenden Steinbruch in diese schwindelnde Höhe zu befördern.

Außerdem wäre noch zu klären, wozu diese superschweren rosa Steinmonolithe dienten. Offensichtlich waren sie nicht Teil eines einfachen Inka-Observatoriums, wie die berühmte Sonnenwarte von Cuzco eins war.

Vielleicht sollten die gigantischen Porphyrsäulen Ollantaytambos das Dach vom unvollendeten Sonnentempel der Stadt tragen. Möglicherweise stammen sie aber noch aus Vor-Inka-Zeiten, und Ollantaytambo mag schon damals ein besonderes, aus altperuanischen Dolmen oder Menhiren bestehendes megalithisches Heiligtum gewesen sein. Oder waren die großen Steinblöcke – wie der peruanische Forscher Luis Pardo meint – nur eine Art gewaltiger rosafarbener Spiegel (vier Meter hoch und anderthalb Meter breit), die, sobald die von den gleißenden Gletschern der Anden reflektierten Sonnenstrahlen in ihnen erglühten, die versammelten Gläubigen in ihren magischen Bann schlugen?

Neben den sechs »rosa Spiegeln« prangten in dieser Stadt einst auch hundert goldene Statuen, unter der Regierung des Inka Pachacuti aufgestellt. Als das Reich damals von einer großen Dürre heimgesucht wurde, wollte er mit Hilfe der goldenen Figuren, die, wie man glaubte, mit überirdischen Kräften begabt waren und der Kaiser auf dem zentralen Platz Ollantaytambos hatte aufstellen lassen, Regen herbeiflehen.

Damals »befahl« der Inka den goldenen Statuen, binnen drei Tagen müsse es regnen. Als aber nach drei Tagen kein Regen gefallen war, ließ der Inka die Statuen auf dem Marktplatz von Ollantaytambo enthaupten.

Die Stadt der sechs rosafarbenen Spiegel und der hundert goldenen Statuen zeichnet sich noch durch einige andere Sehenswürdigkeiten aus. Zum einen durch ihr perfektes Kanalnetz, durch das Wasser in alle Viertel der Stadt floß. In diesem Zusammenhang sei auch der Stolz der Stadt erwähnt, ihre heilige Quelle, die in einen prächtig gearbeiteten inkaischen Steinbrunnen fließt, heute wird sie, gewiß zu Unrecht, »Prinzessinnenbad« genannt.

In Ollantaytambo gibt es aber noch etwas, was mehr als alles andere seine Heiligkeit, seine Außergewöhnlichkeit, beweist: eine Grabstätte für die Herzen der Könige. Während die Leiber der Inka und ihrer Coyas einbalsamiert und als Mumien auch nach ihrem Tode in der Hauptstadt des Reiches residierten, wurden jedoch die Herzen der Könige und Königinnen von Tahuantinsuyu, und zwar hier im Land der Legenden, in der ruhmreichen Stadt Ollantaytambo, zur ewigen Ruhe gebettet. Im Boden des denkwürdigen Ollantaytambo ruhen also nicht nur die steinernen Säulen seiner unvollendeten Tempel, sondern auch die Herzen der Könige und Königinnen des inkaischen Peru.

XXIV.
EIN VERBORGENER SCHATZ

Hinter Ollantaytambo – der Grabstätte der königlichen Herzen – bildet der Vilcanota oder Urubamba ein immer tieferes Tal; seine himmelragenden Hänge sind überall von dichtem, fast undurchdringlichem Urwald bestanden. Und hier, so glaubten die Forscher (heute wird diese Ansicht nicht mehr von allen geteilt), könnte die Hauptstadt der unbesiegten Inka der Nach-Pizzaro-Zeit noch verborgen sein. Hier sollen auch jene unzähligen Goldschätze dieses Goldlandes verborgen sein, die – glücklicherweise – nicht alle in die Hände der Konquistadoren fielen.

Einem Bericht zufolge, der die Sucher nach den verlorenen indianischen Schätzen natürlich sehr erregte, soll beispielsweise in den Tagen, als die Spanier den Inka Atahualpa wortbrüchig in Bande schlugen, eine Karawane von siebentausend Lamas, alle mit goldenen Gegenständen und Kleinodien beladen, nach Cajamarca unterwegs gewesen sein. Als die Indios von der Gefangennahme ihres Herrschers erfuhren, hätten sie die Karawane an einen anderen Ort geführt – angeblich irgendwo am Urubamba; dort hätten sie den Goldschatz vergraben.

Wesentlich glaubwürdiger erscheint die zweite der unzähligen »Goldschatzlegenden« des alten Peru:

Manco Capac II., der Bruder Atahualpas, der zuerst mit den Spaniern scheinbar zusammenarbeitete, habe diesen Goldschatz in jene geheimnisvolle, verschollene, doch zweifellos einst blühende Stadt Vilcabamba gebracht, als er mit einem großen Haufen seiner Männer plötzlich aus der Hauptstadt Cuzco verschwand und einen großen »vaterländischen« Befreiungskrieg gegen die Eroberer seines Landes begann.

Die Sage von den Goldschätzen der Inka motivierte auch den jungen amerikanischen Historiker Hiram Bingham, einen wissenschaftlichen Mitarbeiter der berühmten Yale-Universität, kurz vor dem I. Weltkrieg, in die urwaldbestandenen Berge am Urubamba aufzubrechen, obwohl er sich an seiner Hochschule mit ganz anderen Epochen der Geschichte Südamerikas, vor allem mit der Kolonialgeschichte der Kreolen und mit dem antispanischen Freiheitskampf ihres ruhmreichen Führers Simon Bolivar, beschäftigt hatte.

Dieser Hiram Bingham und sein Schicksal haben auch mich, den Autor dieses Buches, stark beeindruckt. Seltsamerweise begegnete ich hier nicht zum ersten Mal einem Mann dieses Namens. Als ich mein vierbändiges Werk über die Geschichte und die Kulturen der Länder Ozeaniens und ihrer Bewohner schrieb, stieß ich beim Quellenstudium zur Geschichte der Hawaii-Inseln auf die Arbeiten des Großvaters Hiram Binghams gleichen Namens. Hiram Bingham senior kam – Anfang des 19. Jahrhunderts – als erster christlicher Missionar auf die herrlichen Südseeinseln. Durch seinen religiösen Fanatismus, seinen unbändigen Ehrgeiz, den Seelen der Polynesier den teuflischen Aberglauben und die heidnischen Riten auszutreiben, hat sich dieser Hiram Bingham aber auf Hawaii einen recht üblen Ruf erworben.

Der fanatische Missionar Bingham kam damals aus seinem heimischen Neuengland nach Hawaii. Einige Jahrzehnte später kehrte sein auf Hawaii geborener Enkel, Hiram Bingham junior, in die Heimat seines Großvaters zurück. Der gleichnamige Enkel des »Evangelisten« der schönsten Insel der Welt begann, in Neuengland an dessen berühmtester Hochschule, der Yale-Universität, zu wirken. Anfangs galten seine Studien der Kolonialgeschichte der Neuen Welt, später, nachdem er bei der Erforschung der vorkolumbianischen Vergangenheit Nordamerikas eine so wichtige Rolle gespielt hatte, anderen neuen Lebensbereichen, und in jedem davon leistete er Hervorragendes.

Als die USA in den I. Weltkrieg eintraten, wurde Hiram Bingham ein hervorragender Flieger und schließlich sogar zum Kommandeur der größten Pilotenschule der Entente in Frankreich ernannt. Nach Kriegsende stürzte er sich – und wieder von allem Anfang an mit Erfolg – in die Politik. Schließlich wurde er Gouverneur von Connecticut und sogar in den Senat der Vereinigten Staaten gewählt.

Hiram Bingham, ein fast zwei Meter hoher Riese, berühmter Wissenschaftler, Flieger, Gouverneur, Mitglied des amerikanischen Senats, ein guter Soldat und hervorragender Bergsteiger, erreichte das biblische Alter von fast hundert Jahren.

In seinem ursprünglichen Beruf – dem Studium der Geschichte des kolonialen Südamerika – erhielt er im Jahre 1909, als er an einem Historikerkongreß in Santiago de Chile teilnahm, zum ersten Mal die Gelegenheit, diesen Teil der Welt zu besuchen. Er nutzte diese Reise sogleich, um die benachbarten Republiken Südamerikas zu besuchen.

Zufällig gelangte der junge Historiker in die schwer zugänglichen Berge am Lauf des Urubamba und Apurimac. Dem Präfekten dieser peruanischen Provinz gelang es, Bingham zu überzeugen, daß er als Historiker sich auch in die schwer zugängliche, aber bereits bekannte Stadt Choquequira aufmachen solle, die, wie der Präfekt glaubte, vielleicht die verschollene Metropole der freien Inka – das sagenumwobene Vilcabamba – sein könne.

An Ort und Stelle erkannte Bingham, daß vor ihm schon andere dagewesen waren, namenlose Schatzsucher nach dem Indianergold hatten sogar die Mauern der Inka-Bauten von Choquequira mit Dynamit gesprengt. Für Bingham stand jedoch fest, diese Indianerstadt konnte schon wegen ihrer verhältnismäßig geringen Ausdehnung keinesfalls das verlorene Vilcabamba der nachpizarrianischen Sonnensöhne sein.

Das Geheimnis von Vilcabamba, das zu entdecken der kurze Besuch in Choqequira den jungen Forscher angeregt hatte, raubte Bingham hinfort den Schlaf. Von dem Verlangen, die verschollenen Schätze der Inka, die steinernen wie auch die goldenen, zu finden, war er so besessen, daß er eine größere Expedition aus Fachleuten zusammenstellte, die nötigen finanziellen Mittel beschaffte und sich 1911 ins Tal des wilden Urubamba aufmachte, in eine schier endlose, von allen Seiten durch dichten Urwald umsäumte Tiefebene.

Der Forscher hatte Glück: Der Boden des Urubamba-Cañons war einige Jahre zuvor gesäubert, sogar ein primitiver Maultierpfad angelegt worden. Früher war dieser Teil des ursprünglichen Flußlaufs Fremden völlig unzugänglich gewesen. An einigen Orten im Tal lebten einzelne Indianersippen, bei ihnen erkundigte sich Bingham nach möglicherweise vorhandenen Ruinen steinerner Städte ihrer Vorfahren.

Allerlei Antworten, diverse »Tips«, wurden ihm gegeben, doch alle waren falsch. Pardon, nicht alle. Einmal begegnete er einem elfjährigen Indianerjungen, der sich – für ein entsprechendes Entgelt – bereit erklärte, die Weißen zu einer solchen Stadt zu führen. So verließ die Maultierkarawane den sicheren Grund des Urubamba-Cañons und stieg geführt von diesem Knaben, dem schon seines jugendlichen Alters wegen keiner der Expeditionsteilnehmer besonders traute, die dschungelbedeckten Hänge empor. Mehr als fünfhundert Meter über dem Rio Urubamba, der aus dieser Höhe nur wie eine dünne silberne Schlange aussah, in einem Sattel zwischen zwei Bergriesen – einen davon nannte der junge Reiseführer auf quechua »Machu« (der Alte) und den anderen »Huayna« (der Junge) –, erblickten Bingham und seine Gefährten vor dem Hintergrund des gewaltigen Massivs eines sechstausend Meter hohen Berges und einer langen Kette weiterer Gipfel etwas ganz Unglaubliches: Aus dem unberührten Grün tauchten – wie das Schloß Dornröschens – nicht nur ein »Schloß«, ein Palast, auf, sondern Dutzende, ja, Aberdutzende von steinernen Gebäuden und dazwischen die in die Felsen gehauene Treppe einer Sternwarte sowie Tempel, Festungsmauern und Wohnhäuser.

Hiram Bingham gewann bald die Überzeugung, daß diese gewiß phantastischste Indianerstadt Südamerikas, die seit den Tagen der Entdeckung der Neuen Welt kein einziger Weißer betreten hatte, die nicht beschädigt, nicht erobert worden war, an der nur der sprichwörtliche »Zahn der Zeit« genagt, dem Stein aber auch nicht allzuviel anzuhaben vermocht hatte, keineswegs das von ihm ursprünglich gesuchte Vilcabamba sei. Darum gab er ihr, die Namen variierend, mit denen sein elfjähriger »Guide« die einzelnen Orte, vor allem die umliegenden Gipfel, bezeichnet hatte, den Namen Machu Picchu. Unter diesem Namen hielt die Entdeckung dieses unversehrten »indianischen Pompeji« nicht nur in die Fachliteratur Einzug, sondern auch in das Bewußtsein der Menschheit.

Heute ist Machu Picchu gewiß die sehenswürdigste Touristenattraktion nicht nur Perus, sondern ganz Südamerikas. Zu seinem weltweiten Ruhm trägt seine außergewöhnlich schöne, ja, atemberaubende Lage bei. Machu Picchu erhebt sich hoch über dem Silberfluß inmitten einer wuchernden Vegetation und vor dem Hintergrund eines Gebirgspanoramas, wie es selbst ein hochtalentierter Künstler nicht zu ersinnen vermöchte.

XXV.
MACHU PICCHU – WUNDER AUS STEIN

Den goldenen Schatz der Inka fand Hiram Bingham nicht, dafür aber einen ebenso herrlichen, der zudem in klarer, jedem verständlicher Sprache von der gediegenen Architektur und Städtebaukunst der Inka kündet, auch von ihrem Organisationstalent, dank dessen sie ihre große Stadt gerade an diesem schon damals weltabgeschiedenen Ort errichteten.

Die phantastische Entdeckung der ersten völlig unversehrten Indianerstadt des präkolumbianischen Amerika rief gleich gewaltige Aufmerksamkeit hervor. Daher konnte Bingham bereits knapp zwei Jahre später mit finanzieller Unterstützung seiner Heimatuniversität und mit Hilfe einer ausgiebigen Dotation der bekannten amerikanischen National Geographic Society mit der systematischen Erforschung Machu Picchus beginnen.

Wie bietet sich diese von dem dichten Pflanzenwuchs, der sie verbarg, befreite Stadt heute dar? Dem Besucher Machu Picchus springt außer der herrlichen Lage das äußerst ungeeignete Gelände, das sich die Sonnensöhne für ihre Stadt ausgesucht haben, buchstäblich ins Auge. Ungeeignet bedeutet hier in erster Linie »uneben«. Jedes Gebäude der Stadt liegt eigentlich in anderer Höhe. Deshalb mußten die Häuser durch Treppen verbunden werden. Bis auf den heutigen Tag haben sich mehr als hundert solcher Freitreppen in Machu Picchu erhalten. Wer die ganze Stadt durchstreifen will, muß ingesamt über dreitausend Stufen hinauf- und hinuntersteigen!

»Herzstück« dieser alten Inka-Stadt ist sein heiliger Tempelbezirk, oft als »Akropolis von Machu Picchu« bezeichnet, dessen Mittelpunkt sodann - ähnlich wie in Pisac - eine in den Felsen gehauene Intihuatana - Sonnenwarte - von Machu Picchu ist.

Neben der Intihuatana steht natürlich der eigentliche Sonnentempel, der übrigens als einziges bekanntes Heiligtum des Nationalgottes der Inka von den europäischen Eroberern Perus nicht völlig zerstört wurde. Im Ostteil des heiligen Sprengels von Machu Picchu, seiner »Akropolis«, erhebt sich der berühmte »Tempel der drei Fenster«, aus außergewöhnlich großen Steinblöcken gefügt und heute nach seinen drei trapezförmigen Fenstern (den größten von ganz Peru) benannt. Neben dem Drei-Fenster-Tempel, von dem wir freilich nicht wissen, wem er geweiht war, steht ein Palast des Hohenpriesters, des Huillac Umu.

Die drei mit der Religion der Inka verbundenen Bauwerke Machu Picchus - Sonnentempel, Tempel der drei Fenster und Palast des Hohenpriesters - säumen den Zentralplatz des heiligen Sprengels der Stadt, von ihren Architekten - wie der Kenner der altperuanischen Kulturen Hermann Buse es ausdrückt - zur Meditation und zum Bewundern geschaffen. Ein anderer peruanischer Autor, Angels Vargas, fügt hinzu, hier seien große religiöse Feiern zelebriert worden, vor allem zu Ehren von Con Ticci Viracocha.

Der heilige Bezirk - die »Akropolis Machu Picchus« - ist der erste der drei fundamentalen Stadtteile in diesem großartigen Adlernest der Inka. Der zweite ist das sog. Königsquartier oder Königsviertel, auf quechua Incahuasi genannt, ganz in dem architektonischen Stil der Hochblüte der Inka-Kultur erbaut, die mit dem Inka Pachacuti begann. Es besteht aus einer Reihe bedeutender Bauwerke, vor allem dem »Torreon«, einer Art Festungsturm mit halbkreisförmigem Grundriß, der sich markant von anderen inkaischen Festungsbauten unterscheidet. Der Torreon von Machu Picchu wächst unmittelbar aus dem Felsen empor, auf dem er errichtet ist, der – ebenso wie der heilige Fels auf der Sonneninsel im Titicacasee – von den Bewohnern des Reiches offenbar innig verehrt wurde. In den Felsen, der den Torreon trägt, sind zahlreiche kleine Opferstätten gehauen.

Südlich des Torreon – einst wohl Feste und Heiligtum zugleich – erhebt sich der sog. »Prinzessinnenpalast« (so zumindest sein heutiger Name). Zu Zeiten der Inka war dieser Palast vielleicht wirklich die Residenz der Coya – der »Königin von Tahuantinsuyu« –, zumindest einer der Lieblingstöchter des Inka. Er selbst bewohnte – so meinen die Forscher – das eigentlich aus zwei Gebäuden bestehende »Königspalais«, das rechts von der Haupttreppe, die durch diesen Teil Machu Picchus führt, steht.

Neben dem ersten, dem sog. »Königsviertel«, und dem zweiten Quartier, dem heiligen Bezirk Machu Picchus, gehört noch ein recht ausgedehnter Bezirk schlichterer Wohnhäuser zu der Stadt. Hier lebten offensichtlich die einfachen »Bürger« Machu Picchus, die Diener der Herrscher und Herren und auch andere Leute, die das Leben dieser steinernen Stadt in Gang zu halten hatten.

An vielen Stellen ist Machu Picchu von mächtigen Mauern umgeben, denen ein selbständiges Handwerkerviertel vorgelagert war. Das »Quartier vor den Mauern« war nach dem traditionellen Prinzip der Inka-Architektur um einen großen Platz herum gebaut.

»Vor der eigentlichen Stadt«, südlich des Handwerkerquartiers, lag ein düsterer »Ort der Schande« – so zumindest die Bezeichnung des Archäologen Hermann Buse. In einem der weitläufigen Gebäude, auf einem hohen Felsen, residierten offenbar die Richter, Kerkermeister und Henker Machu Picchus. Die unterhalb dieses inkaischen »Justizpalastes« entdeckten Räume erinnern an die Zellen eines Gefängnisses, vor allem durch zahlreiche in den Felsen gehauene Kerben, die darauf schließen lassen, daß hier einst Gefangene mit Ketten angeschmiedet wurden.

Aus dem Kerker führte durch noch unerforschte Eingänge vom Rande des Felsens ein Weg in die »Unterwelt« Machu Picchus. Neben den prächtigen Gebäuden der Stadt gab es offensichtlich noch einen unterirdischen Teil. Schon der Entdecker Machu Picchus, Hiram Bingham, und sein Begleiter, Dr. Eaton, fanden in Machu Picchu eine Anzahl unterirdischer Grabräume, deren Wände von inkaischen Steinmetzen prächtig geschmückt worden waren. Ihre Forschungsergebnisse lassen vermuten, daß hier – zumindest vorübergehend – die Mumien der verstorbenen Herrscher über das Sonnenreich in ihrem prächtigen Gewand, mit Gold und kolumbianischen Smaragden geschmückt, geruht haben.

Seit den Tagen Hiram Binghams wurden im Bereich von Machu Picchu nach und nach mehrere unterirdische Mausoleen entdeckt. Viele Forscher gehen davon aus, daß solche unterirdischen Wunderwerke der Inka hier noch ihrer künftigen Entdekker harren. Die kühneren von ihnen hoffen, ja, sind sogar felsenfest davon überzeugt, daß gerade irgendwo hier – unter dem Boden Perus – ein »indianischer Tutanchamun« noch auf seinen glücklichen Finder wartet. Im Jahre 1970 äußerte der in Lima lebende Autor Chavez Ballon die Überzeugung, »ein ganzes Drittel Machu Picchus verbirgt sich noch unter der Erde«.

Dieser Teil Machu Picchus gehört jedoch vorläufig noch in das Land der Träume, der geheimen Wünsche von Suchern nach den Schätzen der Inka. Demgegenüber sind die bereits entdeckten Teile Machu Picchus zweifellos das grandioseste bekannte Werk der inkaischen und überhaupt der südamerikanischen Indianerarchitektur: Sie präsentiert sich uns – und darin liegt ihre Einmaligkeit – als einzige völlig unversehrt und unberührt, so wie die Sonnensöhne sie einst schufen. Einzigartig deshalb, weil sie nicht nur durch die Schönheit ihrer Lage alle anderen, bereits entdeckten Indianerstädte des alten Amerika übertrifft, sondern auch alle ähnlichen archäologischen Wunderwerke anderer Erdteile unseres Planeten.

Vielfach wird Machu Picchu heute als »achtes Weltwunder« oder als »das größte Wunder des alten Amerika« bezeichnet – andere schmückende Beiworte wären ebenfalls berechtigt. Wahr ist jedenfalls: Machu Picchu ist wirklich einmalig und hat nirgendwo seinesgleichen. Als ich vor vielen Jahren Machu Picchu zum ersten Mal erblickte, als ich von den Wassern des Urubamba in die Wolkenhöhen der Sierra emporstieg und dann plötzlich diese steinerne Insel im grünen Ozean des Urwalds entdeckte, dem fliegenden Teppich aus Tausendundeiner Nacht gleichend, von den dramatisch zum Himmel strebenden Gipfeln der umliegenden Berge gerahmt und vom Gipfel des Huayna Picchu gekrönt, und der seltsamen Stille dieser menschenleeren Landschaft lauschte, da raubte es mir fast die Sinne.

Hier in Machu Picchu – so schien mir damals – ist die Seele glücklich, singt sie! Nun erfaßte ich die Worte des peruanischen Staatsmannes Fernando Belaunde Terry beim Anblick dieser Stadt: »Die alten Peruaner begriffen, daß die Seele des Menschen mehr Raum braucht als sein Körper.«

XXVI.
DAS GEHEIMNIS DER VERSCHOLLENEN INKAISCHEN STÄDTE

Ein Gedicht aus Stein, ein Märchen aus Stein und ein Wunder aus Stein, eingerahmt von dem grünen Kranz der umliegenden Berge und dem schneeweißen Panorama der Andengletscher – dieses unglaublich großartige Machu Picchu haben uns die Inka hinterlassen. Die Antwort auf die Frage, wozu sie eine derartige Stadt erbauten, blieben sie uns schuldig.

Zudem erscheint uns heute unverständlich, warum sie in Zeiten, da ihr Vaterland keineswegs von fremden Eindringlingen bedroht war, dieses schwer zugängliche Gebiet auswählten.

Diese »fundamentale« Frage nach der Sendung Machu Picchus läßt mehrere Antworten zu, z. B. folgende: In dieser weltabgeschiedenen Hochgebirgslandschaft waren die Herrscher und Priester des Sonnenreiches ihren am Himmel thronenden Göttern näher als irgendwo sonst. Diese Stadt wurde vor allem erbaut, um den Mumien der früheren Herrscher ein perfektes Versteck zu bieten, die, ich meine ihre Mumien, sich hier auch wirklich sehr oft aufhielten.

Auch diese Schlußfolgerung erscheint logisch: Machu Picchu wurde erst nach der Ankunft der Spanier in dieser Gestalt erbaut, weil die Inka an diesem ebenso unzugänglichen wie vollkommen verborgenen Ort so wie früher leben konnten. Hier beteten sie auch weiterhin die goldene Sonne an, feierten auf dem Hauptplatz der Stadt ihre rituellen Feste zu Ehren des Gott-Schöpfers Con Ticci Viracocha, und dem Sonnengott und seinem irdischen Sohn dienten hier - in Keuschheit und Demut - die unbefleckten Sonnenjungfrauen, deren Kloster in Machu Picchu anscheinend der - von Bingham so benannte - »Private Gardens Ground« war.

Beim Anblick dieses uneinnehmbaren, den Blicken fast von allen Seiten verborgenen Adlernestes drängt sich einem der Gedanke auf, daß von hier die Krieger der Inka in der Zeit nach Pizarro gegen die spanischen Eroberer ihrer Heimat in den Kampf zogen, um nach den Überfällen auf die »Okkupanten« hinter den Mauern Machu Picchus Zuflucht zu nehmen. Glaubwürdig erscheint diese Ansicht auch dadurch, daß Bingham und seine Gefährten in Machu Picchu an die hundertfünfzig gut erhaltene Menschenskelette fanden, davon waren aber neun Zehntel weiblich. Die Krieger kamen (falls wir die unbekannte Geschichte der steinernen Metropole wirklich in diesem Licht sehen wollen) wohl fern von Machu Picchu im »Partisanenkampf« um, die Sonnenjungfrauen brachten natürlich (in aller Regel) keine Kinder zur Welt, und so starb die Stadt eines Tages - ohne äußeren Einfluß - von selbst aus.

Der Charakter dieser seltsamen Stadt, ihr gewaltloser Untergang, läßt sich - wie gesagt - auf verschiedene Weise erklären. All das sind aber wirklich nur »mögliche« Erklärungen, Hypothesen.

Zweifellos haben sich aber die Inka nach dem Einfall Pizarros, nach der Eroberung des größten Teils ihres Reiches, in die unzugänglichen Berge Perus zurückgezogen, und zwar - zumindest ein Teil von ihnen - in das Gebiet am Urubamba.

Tatsache ist auch, daß die Sonnensöhne der Nach-Pizarro-Zeit an jenen unzugänglichen Orten am Urubamba und vielleicht auch anderswo einige neue Städte und Festungen erbauten. Die Geschichte hat den Nachgeborenen wenigstens die Namen der bislang verschollenen Orte bewahrt. Einer davon ist »Paititi« (eine Bezeichnung für das ganze Gebiet des freien indianischen Peru nach Pizarro, dessen Grenzen wir heute schwerlich eindeutig bestimmen können). Der zweite Name ist »Vitcos«, der Ort, wo Manco Capac II. lebte und starb. Als dritter und gewiß am meisten gesuchter Ort ist auch das ruhmreiche Vilcabamba bekannt (das manche Spanier, z. B. der Augustinermönch Marcos Garcia im Jahre 1566, besucht haben wollen und in das für eine Zeitlang eine spanische Strafexpedition einzog), das aber auch für die heutigen Forscher nach den steinernen Schätzen der Inka stets ein gesuchtes, aber nie gefundenes Ziel bleibt.

Bingham, fast sprachlos über seine so völlig unerwartet gemachte Entdeckung, stellte sich zuerst die Frage, um welche Stadt es sich eigentlich handele. Spontan kam ihm die Idee: das geheimnisvolle Vilcabamba. Heute überwiegt aber eindeutig die Ansicht, Machu Picchu sei nicht Vilcabamba, das Vilcabamba der freien Inka nach Pizarro liege »irgendwo anders«, und seine Ruinen harrten noch immer ihres Entdeckers.

Vilcabamba, die Peruaner nennen es häufig »Vilcabamba la Vieja« (das alte Vilcabamba), mußte – will man den Berichten der Spanier, die das Glück hatten, es mit eigenen Augen zu sehen, glauben – eine grandiose Stadt gewesen sein. Die Sonnensöhne hatten in der Zeit nach Pizarro aus diesem Vilcabamba wirklich ein »neues Cuzco« gemacht. Was auch immer die Eroberer in Cuzco zerstört und geraubt hatten, hier war es wieder zu finden. Schon heute ist der wissenschaftliche Forscher und Laienprospektor zu beneiden, dem es einmal gelingen wird, in den Einöden des peruanischen Berglandes die Reste dieser bislang verschollenen, »versunkenen« Hauptstadt der Sonnensöhne der Nach-Pizarro-Epoche zu entdecken.

Nach und nach hat man übrigens in den Anden und an ihren urwaldbestandenen Hängen andere, ebenfalls schon vier Jahrhunderte verschollene Inka-Städte aufgefunden, einige – vielleicht ein Ring altperuanischer »Satellitenstädte« – in der näheren oder ferneren Umgebung von Machu Picchu.

Ebenfalls bis ins 20. Jahrhundert unbekannte Inka-Städte und -Festen hat der unermüdliche Hiram Bingham anläßlich einer seiner Expeditionen in dieser Gegend entdeckt. Anderen kam der in seinem Schicksal und durch seine Ausdauer Bingham sehr ähnliche ungarische Forscher Paul Fejos auf die Spur und studierte sie eingehend. Fejos' Vita erinnert uns an hervorragende Forschungsreisende, die sich entweder auf die Suche nach den verlorenen Indianerstädten des alten Amerika machten oder die präkolumbianische Vergangenheit der Neuen Welt und deren Kulturen zu ergründen suchten.

Viele der bedeutendsten Entdecker von indianischen Zivilisationen der Neuen Welt waren keine wissenschaftlich geschulten Fachleute – im Gegenteil. Sehr oft hatten sie ihre Bildung in anderen Bereichen gewonnen oder sich – und zwar recht häufig – im Laufe ihres Lebens den unterschiedlichsten Tätigkeiten gewidmet. Ihre Interessen waren also meist vielfältig und von der Archäologie, Ethnologie und den damit verwandten Wissenschaftsdisziplinen oft meilenweit entfernt.

Dr. Kossok, der als erster die heute weltberühmten monumentalen Steinzeichnungen in der Nazca-Wüste Südperus aufspürte und wissenschaftlich untersuchte, war beispielsweise ursprünglich Komponist und hervorragender Musikwissenschaftler. Viele wertvolle Entdeckungen altamerikanischer Städte haben Juristen und Diplomaten gemacht; die erste wirklich wissenschaftlich aufgebaute Sammlung peruanischer Keramik stellte ein deutscher Augenarzt zusammen usw.

Das sind nur einige Beispiele aus der Geschichte der Erforschung des Landes der Sonnensöhne. (Machen wir einen Sprung von den Forschern nach den Kulturschätzen des alten Peru zu denen des berühmten Troja, so zeigt sich, daß auch Troja keineswegs von einem Archäologen, sondern von dem deutschen Kaufmann Heinrich Schliemann ausgegraben wurde.)

XXVII. BILDNIS DES SUCHERS – BILDNISSE DER GESUCHTEN

Statt all der Forscher nach verschollenen Inka-Schätzen wollen wir einen vorstellen, der in seiner Arbeit unmittelbar an die Entdeckungen Hiram Binghams anknüpfte, dem zumindest die erste Untersuchung mehrerer der verschollenen peruanischen Städte zu verdanken ist, die überwiegend an der goldenen Ader der südamerikanischen Archäologie liegen – in der Gegend um und »hinter« Machu Picchu.

Der Ungar Paul Fejos, Ende des vorigen Jahrhunderts in Budapest geboren und Sproß einer alten ungarischen Familie, entdeckte in der Umgebung Machu Picchus Reste von verschollenen Städten der Sonnensöhne bzw. erforschte sie als erster – und dies ein Vierteljahrhundert nach den denkwürdigen Expeditionen Hiram Binghams. Fejos war einer von jenen Menschen mit vielen Berufen und unzähligen Interessen, die sich der Entdeckung und Erforschung der alten Inka-Städte widmeten.

Der junge Pál – wie er sich damals noch nannte – hatte von seinen Eltern weder Titel noch Vermögen geerbt, zudem starb sein Vater, als der Knabe kaum zwei Jahre alt war. Als er mit seinem Medizinstudium begann, brach der I. Weltkrieg aus; die

Habsburger Monarchie brauchte jeden Mann, und so wurde der Medizinstudent Fejos Honvéd Husar. Nachdem die österreichisch-ungarische Monarchie ihren letzten Krieg mit Pauken und Trompeten verloren hatte, kehrte Paul Fejos in die Hörsäle der Budapester Universität zurück. Er tat es aber mit ganz und gar »unmedizinischen« Vorstellungen von seinem künftigen Leben: Fast magisch zogen ihn das Theater und noch mehr die Filmkunst an, die gerade das Licht der Leinwand erblickte.

Der »unvollendete« Mediziner und gerade aus dem Krieg heimgekehrte königlich-ungarische Husar führte - kaum zwanzigjährig - Regie, drehte seinen ersten Film »Pan« und noch weitere teils gute, teils weniger gute Spielfilme wie »Egri Csillagok« (»Die Sterne von Eger«) - Adaption einer berühmten ungarischen Novelle über die türkische Okkupation Ungarns.

Während er in Budapest eine atemberaubend schnelle Filmkarriere machte - die kaum drei Jahre währte -, fand Paul Fejos noch Zeit, sein Medizinstudium zu absolvieren, zu heiraten, sich wieder scheiden zu lassen, auch einige Opern zu inszenieren und einen Abstecher nach Paris zu machen, wo er - in dieser Metropole der europäischen Kunst - auch einige Theaterstücke herausbrachte. Eine Zeitlang arbeitete er sogar an der Seite eines der größten Theatermacher unseres Jahrhunderts - des berühmten Max Reinhardt - und leitete in seiner Heimat Ungarn traditionelle Passionsspiele. Schließlich faßte er den Entschluß, sein Glück in der Neuen Welt zu versuchen.

Der fünfundzwanzigjährige Arzt, ausgediente Husar, Film- und Theaterregisseur und Inszenator ungarischer Passionsspiele trieb sich nun wochenlang arbeitslos in New York herum und schlug sich mit Müh und Not durchs Leben. Per Zufall lernte er schließlich Dr. Simon Flexner kennen, einen hervorragenden Wissenschaftler, Entdecker des Bazillus Flexneri und Autor zahlreicher wissenschaftlicher Arbeiten über Dysenterie und andere Krankheiten. Und Flexner bot dem arbeitslosen Ungarn seinen ersten amerikanischen Job an. So kam es, daß Fejos sich wieder für längere Zeit mit der Wissenschaft beschäftigte, die er seinerzeit studiert hatte. Neben der eigentlichen Medizin widmete er sich intensiv auch der Bakteriologie.

Fejos' Herz gehörte indes weiterhin vor allem dem Film und dem Theater. Weil es in Amerika nicht nur New York gibt, sondern fern am »anderen« Ufer Amerikas auch das legendäre Hollywood, beendete er seine glänzende wissenschaftliche Karriere und ging nach Kalifornien. Auch hier suchte er anfangs vergeblich Arbeit. Schließlich gelang es ihm, die Bekanntschaft einiger bedeutender Persönlichkeiten zu machen: darunter Charlie Chaplins, mit dem er Freundschaft schloß. Aufgrund seiner kalifornischen Beziehungen konnte Paul Fejos nun auch seinen ersten amerikanischen Film – »Der letzte Augenblick« – drehen, der von der Kritik mit ganz außergewöhnlicher Begeisterung aufgenommen wurde. Dann lief alles wieder wie am Schnürchen. Der ungarische Emigrant drehte für die »Universal« mehrere Filme wie »Broadway«, »Erik der Große« und andere. Dann arbeitete er wieder in Europa, in Österreich und in Dänemark. Und hier – in Skandinavien – erhielt er das Angebot, in »exotischen Ländern« zu drehen.

Den ersten seiner, wie man sie damals nannte, »exotischen« Filme machte Paul Fejos auf Madagaskar, wo der ungarische Globetrotter fast sieben Monate verbrachte. Während dieser Zeit gewann er eine wichtige Erkenntnis: Die Welt besteht nicht nur aus Europa und Amerika mit ihren Menschen und Kulturen, sondern auch aus anderen Kulturen anderer Völker und Kontinente, Kulturen also, die es wert sind, studiert zu werden.

Dynamisch widmete sich Fejos fortan dem Studium dieser Kulturen – der früheren wie der heutigen. Er lernte Afrika kennen, den Fernen Osten und machte sich sogar ins tropische Binnenland Südamerikas auf. Hier arbeitete er zuerst lange unter den primitiven Eingeborenen eines Urwaldindianerstammes an den Quellen des peruanischen Flusses Madre de Dios.

Peru – das Land der indianischen Legende, in dem Fejos auch das von Bingham entdeckte Machu Picchu kennenlernte – nahm den nun zum Archäologen und Ethnologen »avancierten« einstigen Arzt und Filmregisseur derart gefangen, daß er beschloß, Binghams Forschungsarbeiten fortzusetzen. Den unmittelbaren Anstoß dazu gab ihm die Nachricht von anderen – Machu Picchu ähnlichen – verschollenen Indiostädten.

Im Franziskanerkloster von Lima, der Hauptstadt Perus, entdeckte Fejos das einzige erhaltene Exemplar eines 1848 erschienenen Buches über das Schicksal eines peruanischen Mönches, der – obwohl schon todkrank – von einer missionarischen Expedition in die Urwaldgebiete Perus zurückkehrte. In seinem Bericht beschreibt er mehrere den heutigen Bewohnern der Republik Peru völlig unbekannte Inka-Städte.

Die Aufzeichnungen des Mönches und der von Bingham erbrachte Beweis, in Peru gebe es wirklich verschollene Inka-Städte, waren fortan richtungweisend für Fejos' weitere Forschungsarbeiten. Folglich war sein Ziel zum ersten Mal 1913 und dann später noch ein zweites Mal für lange Wochen das Gebiet »hinter« Machu Picchu, die Berglandschaft zwischen dem Urubamba und dessen Zufluß, dem Rio Aobamba. Nach und nach erforschte Paul Fejos nicht weniger als fünf der hiesigen alten Städte; er fand auch die Wege, die sie miteinander verbanden, und untersuchte u.a. das System der bekannten Andenes – der hängenden Terrassen der Inka-Bauern.

Als erste Stadt durchforschte Fejos Puyupatamarca, die »Stadt über den Wolken«, die 3700 Meter über dem Meer liegt. Ein Zentrum der Inka, das sich u.a. mehrerer sehenswürdiger und architektonisch gelungener großer und kleinerer Plätze rühmen kann.

Nachdem er Puyupatamarca verlassen hatte, arbeitete Paul Fejos in Sayamarca, das von einer gewaltigen Schutzmauer umgeben ist. Unweit dieser Indianerstadt haben sich in 4200 Metern Höhe, am Hange des sechstausend Meter hohen Bergriesen Salcantay, an dem Kreuzweg zweier Inka-Straßen, die Ruinen eines weiteren ebenfalls bekannten Zentrums der Sonnensöhne – Huyallabamba – erhalten.

Der ausgedehnteste der im 20. Jahrhundert wiederentdeckten Orte der Inka in dem Gebiet »hinter Machu Picchu« ist zweifellos Patallacta. Unter der Herrschaft der Sonnensöhne war Patallacta offensichtlich eine Art Bezirksstadt. Hier erheben sich die Reste des großen Pulpituoyoc-Tempels, der auf einem Felsen stand, sowie ein ausgedehnter Komplex von Gebäuden, in denen offensichtlich der Adel Patallactas residierte.

Von den im 20. Jahrhundert neu entdeckten Inka-Städten liegt das anmutige Huaiñay Huayna Machu Picchu am nächsten. Die Ruinenstadt erhielt ihren Namen von der Quechua-Bezeichnung einer beliebten, in dieser Landschaft wachsenden Pflanze. Von den erhaltenen Werken der altperuanischen Baukunst ist in Huaiñay Huayna vor allem der »Torreon« bemerkenswert, ein rundförmiger »Festungs«-Turm mit vielen Fenstern und Nischen, die auf den großen Platz hinausgehen. Huaiñay Huayna ist aber vor allem eine »Stadt des Wassers«. So finden wir hier nicht weniger als zehn, gewiß mit dem religiösen Kult verbundene, von den inkaischen Baumeistern in Bekken eingefaßte Quellen und kleine Bassins.

Von Huaiñay Huayna sagen manche Archäologen, es sei »die kleinere Schwester« Machu Picchus. Sie ist aber auch später erforscht worden, also »jünger«. Erst Paul Fejos hat sich mit dieser Stadt eingehender beschäftigt. Nach ihm wirkte hier der Begründer der modernen peruanischen Archäologie – Julio César Tello –, der den bislang namenlosen Ruinen der Stadt, einer weiteren in der Kette der verschollenen und früher völlig unbekannten Inka-Städte, ihren heute gebräuchlichen und wohlklingenden Namen gab.

So wurden im 20. Jahrhundert durch Hiram Bingham, Paul Fejos, Julio César Tello und die ersten »Luft-Archäologen«, die Laienforscher Shippe und Johnson, nach und nach mehrere bis zu jener Zeit völlig unbekannte, verschollene Städte der Sonnensöhne entdeckt. Wir können hoffen, ja, erwarten: So wie einst das phantastische Machu Picchu, wie Huaiñay Huayna, Patallacta, Puyupatamarca, Sayamarca, das Adlernest Huyallabamba gefunden wurden, werde man einst auch die Reste anderer ebenso bemerkenswerter Städte entdecken. Vielleicht werden auch die meistgesuchten steinernen »Schätze« der Inka einmal aufgespürt: Vilcabamba, Vitcos und Paititi. Ihre bislang unseren Blicken verborgenen architektonischen Meisterwerke werden dann Zeugnis ablegen von der Größe ihrer längst dahingegangenen Schöpfer.

EPILOG: DER TOD DES »GOLDENEN REICHES«

Machu Picchu sowie die anderen prächtigen Inkastädte Perus kann man zu Recht als »steinerne Schätze« der Sonnensöhne bezeichnen. Die ersten Eroberer des Landes - Pizarro und seine Spießgesellen - suchten hier andere Schätze, und zwar einzig und allein das Symbol echten Reichtums, das Gold.

Der kubanische Indianerhäuptling Hathuey war fest davon überzeugt, das Gold sei »der einzige und wirkliche Gott der Spanier«, denn mit ungewöhnlicher Ausdauer suchten sie danach.

Ehe sie eingehender das indianische Südamerika zu erforschen begannen, hatten sie sich aufgrund ihrer Träume und unbelegter falscher Berichte die Vision eines Landes des goldenen Mannes, spanisch »Eldorado«, gesponnen. Demzufolge schritt auch der König in einem goldenen Gewand umher. Bis auf den heutigen Tag wird das Reich der Inka nicht nur »Sonnenreich«, sondern auch »Reich des Goldes« oder »Goldreich« genannt (beide Namen gehören in Wirklichkeit auch zueinander). Gold war die Farbe der göttlichen Sonne und folglich auch das Wahrzeichen ihrer irdischen Söhne, der Herrscher des Reiches. Nach den Vorstellungen der peruanischen Indios bestand eine besondere, geradezu mystische Verbindung zwischen dem Gold und den Sonnensöhnen. Schon seit Urzeiten - seit den Tagen, als Manco Capac an der Spitze seiner vier Ayar-Brüder auf der Suche nach seinem gelobten Land durch die Berge Perus zog, führten die Inka zum Zeichen ihrer Auserwähltheit und zum Unterschied gegenüber den »gemeinen« örtlichen Indios eine Menge goldener Gegenstände mit sich. Sie waren mit Waffen aus purem Gold versehen. Ihre Frauen trugen mit goldenem Zierrat bestickte Gewänder. Und die Auquillas, die Ehefrauen der vier Ayaren, hielten Goldgefäße in Händen, aus denen die vornehmen Wanderer Chicha tranken.

Das Gold galt sozusagen als »Wappen« der Herrscher Tahuantinsuyus, darum erklärten es die Inka zu ihrem ausschließlichen Eigentum, ferner zählten sie auch das Erz in der Erde, das geförderte Metall und auch alles Silber dazu.

Gold schmückte alle Sonnentempel des himmlischen Vaters der Inka - des Inti - sowie alle Residenzpaläste der Herrscher des Reiches. Mit der Zeit gierten die Inka selbst derart nach Gold wie jene, die ihnen später die Herrschaft über ihr erzreiches Land abjagten. Deshalb verlangten die Sonnensöhne auch, daß die von ihnen unterworfenen Länder, wie das argentinische Tucuman oder Collasuyu, ihre Tribute in Gold entrichteten.

Das meiste Gold »ernteten« die Sonnensöhne nach der Eroberung des peruanischen Chimu-Reiches. Diese Beute aus den Städten und Tempeln des letzten großen Gegners der Inka wurde durch eine Fügung des Schicksals von den Siegern gerade an den Ort zusammengetragen und aufbewahrt, wo ein paar Jahrzehnte später Pizarro die Schätze der Inka in seinen »Kammern« anhäufen sollte - in der Stadt Cajamarca.

Nach ihrem Triumph über das Reich Chimor und nachdem die Chimu-Schätze in die Hauptstadt Tahuantinsuyus verbracht worden waren, erließen die Inka ein Gesetz, durch das sie - unter Todesstrafe - verboten, einmal in Cuzco aufbewahrtes Gold wieder abzutransportieren. Alles Gold Südamerikas wurde in Cuzco buchstäblich »thesauriert«, so wie z. B. in unseren Tagen das Gold in den Panzerschränken von Fort Knox, USA.

Gold und Silber strömten mit geradezu erschreckender Regelmäßigkeit in die Hauptstadt der Sonnensöhne. Alljährlich kamen fünfzehntausend Arrobas Gold nach Cuzco (eine spanische Arroba entspricht etwa 11¼ Kilo Gold) und nicht weniger als fünfzigtausend Arrobas Silber. Schätzungsweise wurden während der Herrschaft der Inka fünfzig- bis hunderttausend Tonnen Gold und fast eine Viertelmillion Tonnen Silber in die Hauptstadt des Reiches geliefert. Eine wahrhaft unvorstellbare Menge.

Im inkaischen Peru wurde das Gold vor allem aus den Alluvial-Böden am Hang der Anden gefördert und vielleicht noch häufiger aus dem Flußsand gewaschen. Silber dagegen wurde in Minen gefördert, die ausnahmslos dem Staat gehörten. Viele dieser Inka-Minen blieben während der Kolonialzeit in Betrieb, wie z. B. die reichen Minen im bolivianischen Potosi, im peruanischen Choclococha, Cailloma und an anderen Orten.

In den Staatsminen der Inka schufteten die Purice, doch jeweils höchstens drei Monate im Jahr. Das geförderte Erz wurde in kleinen, mit Kupferrohren versehenen Öfen und Öfchen geschmolzen. Die Festigkeit eherner Gebrauchsgegenstände wurde durch »Härten« erhöht. Kult- und Dekorationsgegenstände aus Gold und Silber wurden oft aus dünnen Plättchen oder »Blättern« dieser Metalle gefertigt und die gewünschten Ornamente eingepreßt oder eingehämmert. Andere Gegenstände wurden durch Intarsienarbeit, Gravuren und dergleichen verziert.

Die Inka wie auch ihre Vorgänger verstanden meisterhaft die Metallverarbeitung. Außer Gold, das allein dem Inka und führenden Würdenträgern sowie deren Sippen vorbehalten war, und Silber verwendeten die Bewohner Tahuantinsuyus als Werkstoff vor allem Kupfer (auf Quechua Anta genannt). Geräte sowie Gerätschaften, aber auch Waffen wurden daraus gefertigt. Selbst Zinn wurde damals schon gefördert sowie auch Bronze gegossen; im alten Peru enthielt Zinn etwa 10 Prozent davon.

Die Inka kannten neben diesen Metallen sogar das seltene und kostbare Platin, von ihnen »weißes Gold« genannt. Doch wurde Platin nur an einer einzigen Stelle des Imperiums gewonnen, am Flußlauf des Rio Esmeraldes im Nordwesten des heuti gen Ekuador. Der amerikanische Professor Alden Mason entdeckte u. a. in Peru auch Platinschmuckstücke, die zwar gegossen, nicht aber gehämmert waren. Im Nationaltempel der Inka, der Coricancha, stand ein aus Platin gefertigtes Bild der Luna mit einem Durchmesser von 10 Metern und einem Gewicht von 80 spanischen Arrobas (über 900 Kilo).

Blei (Titi) und Quecksilber förderten die Inka im Gebiet von Huancavelica. Zur Vergoldung von Bronzegegenständen und Schmuckstücken diente den Goldschmieden das Quecksilber.

Eisen kannten die Sonnensöhne zwar, hatten auch einen speziellen Namen dafür, aber sie verwendeten es nicht. Möglicherweise handelte es sich um Eisen aus Meteoriten. Die präkolumbianischen Indianer Perus nutzten alle ursprünglichen Techniken für ihre Metallverarbeitung: Metall wurde gegossen, geschmiedet, gelötet und gehämmert. Eines der beliebtesten Verfahren in der Bearbeitung von Edelmetallen in Tahuantinsuyu war das mit dem französischen Namen »á circe perdu« bezeichnete. Zuerst fertigte der Inka-Künstler aus hartem Harz ein Modell des goldenen oder silbernen Objekts an, das er herstellen wollte, und bedeckte dieses mit einem Mantel aus gewöhnlichem Töpferton. Während des Brennens lief das geschmolzene Harz allmählich aus, und der Goldschmied goß das Erz in die so entstandene hohle Tonform und ließ diese abkühlen. Danach wurde der tönerne Mantel zerschlagen und das goldene oder silberne Schmuckstück war fertig. Die Geschmeide der Inka wie auch ihr goldenes Gerät wurden auf diese Weise hergestellt.

Das Gold – anfangs sowohl mystisches Zeichen der Auserwähltheit des Inka als auch Symbol ihrer übernatürlichen Verbindung zu ihrem himmlischen Vater – wurde insbesondere in den letzten hundert Jahren des Inkareiches Abbild und Beweis des ungewöhnlichen Luxus, also Reichtums der Inka. Als Herrscher der Welt von eigenen Gnaden wollten die Sonnensöhne mittels ihrer Goldbestände nicht nur ihre Macht demonstrieren, sondern auch mit diesem immensen Reichtum prahlen. Folglich glänzten nicht nur ihre Tempel und Paläste von Gold, sondern auch ihre Kleidungsstücke (z. B. die goldbestickten Hemden – Pura Pura genannt), Sandalen, Fransenkrone u. dgl.).

Nicht nur die Lebenden, sondern auch die Toten waren von diesem Edelmetall stets umgeben. Stand doch in jedem der Paläste der bereits verblichenen Herrscher eine massive, aus Gold gegossene Büste, Quaoqui genannt. Und die Mumien erhielten stets neue, goldene Gaben in derart reichem Ausmaß, daß schon Pedro Pizarro zu dem Schluß kam: »In Peru gehört der größte Teil der Schätze den Toten.«

Dieses Gold war auch der Grund für die ersten Spanier, in dieses Land zu kommen, um es zu erobern. Ursprünglich plante Pizarro, seinen Eroberungszug durch Peru in Cuzco zu beenden, dem Ort, an dem das meiste Gold aufbewahrt wurde. Bekanntermaßen war es in vielfältigster Weise dort anzutreffen: in Gestalt von Goldplatten für die Wände der Paläste, verarbeitet zu religiösen Kultobjekten, zu goldenen Büsten der Götter, wobei als berühmtestes Abbild Intis die gewaltige Sonnenscheibe im Nationaltempel Coricancha gilt. Die gesamte Außenwand dieses Sonnentempels war mit 10 Zentimeter dicken Goldplatten verkleidet, die sich strahlend vom Hintergrund seiner dunkelblauen Trachytwände abhoben.

In Cuzco war nicht nur das Bild des Gottes aus Gold, dem der nationale Sonnentempel geweiht war, sondern auch das Bild des Gott-Schöpfers Viracocha, das Bild des Donnergottes sowie die eigenartigen Lama-Statuen in der Coricancha, die an die Wanderung Manco Capacs und seiner Ayaren-Brüder erinnern sollten. Aus Gold hergestellt waren auch zahlreiche Musikinstrumente, die bei verschiedenen rituellen Zeremonien im Sonnentempel verwendet wurden, z. B. auch noch mit Edelsteinen besetzte Kult-Trommeln. An die eigentliche Coricancha schloß sich der goldene Garten von Cuzco an, das schon zu Beginn meines Buches erwähnte achte Weltwunder der Inka.

Der Goldreichtum Cuzcos erreicht zu Beginn des 16. Jahrhunderts unter der Herrschaft Huayna Capacs seinen Höhepunkt, als die Sonnensöhne von einer wahrhaft manischen Goldgier besessen waren. Dieser Inka schmückte nicht nur die Wände seiner Paläste und der Tempel seines göttlichen Vaters mit Gold, sondern vergoldete im wahrsten Sinne des Wortes die ganze Stadt Cuzco, wo die Haustüren nun von goldenen Rahmen eingefaßt waren. (Überdies waren sie häufig auch mit Jaspis oder farbigem Marmor versehen.) Die Wände der Palastresidenz Huayna Capacs sowie der goldene Garten waren überdies von goldenen Schlangen, Schildkröten und Eidechsen und kleinen goldenen Faltern »bevölkert«, die an den Wänden des märchenhaften Inka-Schlosses »umherflatterten«.

Die fünfzigtausend Mann der Leibgarde Huayna Capacs trugen nun bei Staatsfeiern Waffen aus purem Gold, und sich selbst – und auch der Sonne – ließ dieser Herrscher vor seinem Palast auf dem Zentralplatz in Cuzco eine Art »Himmelsthron« aus Edelerz errichten mit einem Baldachin aus Papageienfedern.

Für den Festplatz befahl Huayna Capac sodann den größten Gold-Gegenstand zu schmieden, den es in der Weltgeschichte je gab: Die Juweliere des Reiches mußten auf Anweisung des Königs eine an die 250 Meter lange und mehrere Tonnen schwere Kette aus purem Gold »flechten«, die den ganzen Platz umspannen sollte.

Bei Feiern zu Ehren der Heldentaten des Inka auf dem Freudenplatz Cuzcos mußten die Menschen dieses Gold-»Kettchen«, das tatsächlich geschmiedet worden war, wirklich tragen.

Die goldene Kette Huayna Capacs – der größte je existierende Goldgegenstand in der Geschichte der Menschheit – ging nach der Eroberung Perus verloren. Die Spanier aber raubten, nachdem sie Cuzco eingenommen hatten, in Windeseile alle erreichbaren Goldobjekte. Nachdem Pizarro in Cajamarca Atahualpa in seine Gewalt gebracht hatte, sandte er vorab drei seiner Männer als Kundschafter nach Cuzco; diese brachten es fertig, bereits am ersten Tag ihres Aufenthalts sechshundert Goldplatten von den Wänden der Tempel zu »schälen«, die fast zehn Tonnen wogen.

Als Pizarro mit seinem Gefolge in die Hauptstadt Tahuantinsuyus einzog, konnten alle an dieser Expedition Beteiligten die »goldene Ernte« einfahren, von der sie jahrelang geträumt hatten. Aufzeichnungen über die Teilung der Beute zufolge bestand der »Gesamtertrag« der »Aktion Plünderung Cuzcos« aus 588226 Pesos Gold und 164558 Marcos Silber. (Pesos und Marcos sind Recheneinheiten, die die Spanier einführten, um das Gewicht der Gold- und Silbergegenstände genau zu bestimmen. Ein Peso entsprach 46 Gramm Gold. Z.Z. der Eroberung Perus entsprach ein Peso Gold in Spanien einem Wert von 450 Maravedi, wie die dort übliche Währungseinheit hieß. Eine Marca Silber war sodann um ein mehrfaches schwerer als ein Peso Gold.)

Die in Cuzco erzielte Beute mußte Pizarro mit seinem König wie auch mit seinen vierhundertachtzig Männern teilen. Wie ein Chronist vermerkte, erhielt der König von Spanien damals außer dem eingeschmolzenen Gold und Silber eine goldene Frauenfigur von 29 Kilo, die 26 Kilo schwere Statue eines Lamas in Lebensgröße usw. Jeder an diesem Feldzug in Peru beteiligte gemeine Soldat erhielt dagegen »nur« etwa 4000 Pesos Gold und 70 Marcos Silber.

Damit die in Cuzco erbeuteten Schätze gleichmäßig verteilt werden konnten, wurden bis auf einige Ausnahmen die unzähligen Kunstwerke der Inka eingeschmolzen – zuweilen ein sehr schwieriges Unterfangen. Beispielsweise konnte einer der geraubten Gegenstände – die große Mondscheibe –, so berichtet jedenfalls der spanische Expeditionsteilnehmer Laredo, auf keiner von den Eroberern mitgebrachten Waagen gewogen werden.

Zweifellos war die zwar unermeßliche Ausbeute der Spanier nur ein Bruchteil der wirklichen Reichtümer Cuzcos. Seit Pizarros Zeiten hält daher die unermüdliche Suche nach dem fehlenden (größeren) Teil des Goldes von Cuzco an, das damals zum Glück nicht in die Schmelzöfen der Spanier ging.

Doch ist es mehr als wahrscheinlich, daß die Indios, nachdem die ersten Sendboten Pizarros ihre Plünderungsaktionen unternommen hatten, alle ihre Schätze aus Gold, Silber und Platin – soweit sie zu transportieren waren – in sichere Verstecke brachten. Daher konnten sich die Konquistadoren weder der Schätze bemächtigen, die den Inkas persönlich gehörten, noch derjenigen, die nicht in Cuzco, sondern an anderen Orten des Reiches aufbewahrt wurden. Wie bereits erwähnt, lagerte der große Schatz Pachacutis in dem unzugänglichen Gebirgsort Pisac, und zwar in drei großen Höhlen unweit des Gipfels des Pisac-Berges. Der Schatz Huayna Capacs – er war ein besonders passionierter »Goldsammler« – wurde in der peruanischen Stadt Yucay bewacht, während sich in der bereits erwähnten Inkastadt Chinchero erwiesenermaßen der Schatz Tupac Yupanquis befand.

Was jedoch aus dem Gold der für immer verschollenen Städte der Sonnensöhne wurde, bleibt im Dunkeln. Gewiß ist, das großartige Machu Picchu konnte sich in seiner Blütezeit nicht nur seiner steinernen Schätze rühmen, sondern auch der aus dem »Erz der Inka« gefertigten Kunstwerke. Gewiß gab es im Sonnentempel von Machu Picchu, in seinem Kloster der Sonnenjungfrauen sowie im Königspalast unzählige goldene Gegenstände, Goldgefäße, goldenen Schmuck. Doch all dieses konnte nicht Beute der Weißen werden, da Machu Picchu zu jenen Indianerstädten zählt, die etwa ein halbes Jahrtausend verschollen waren und z.T. noch sind; infolgedessen gelangte bis zum 20. Jahrhundert zumindest kein Weißer dorthin.

In Peru schlummern unter dem undurchdringlichen grünen Schleier des Urwalds noch unentdeckte Städte – das ruhmreiche Vilcabamba, das ausgedehnte Vitcos, das legendäre Paititi. Außer den Siedlungen, die zumindest namentlich überliefert sind, harren gewiß noch viele weitere, für uns namenlose versunkene Städte ihres Entdeckers. Auch in diesen uns bisher unbekannten Zentren der Sonnensöhne muß es Gold- und Silberschätze gegeben haben, und auch sie sind gewiß bis auf den heutigen Tag irgendwo in Peru verborgen.

Die beutegierigen Abenteurer hatten den letzten wahren Herrscher Tahuantinsuyus, Atahualpa, hingerichtet. Damit war die Sonne der Inka in Peru untergegangen. Denn wie der letzte wahre Inka durch die Hand der Conquistadoren umgekommen war, so starb auch unter der Herrschaft der Conquistadoren fast das ganze, unter ihre Botmäßigkeit geratene Reich der Sonne – vor allem der damals wichtigste Landstrich Perus um Cuzco.

Im Schatten der Spanier »herrschte« dann als erster Inka nach dem Sieg Pizarros Manco Capac II. Anläßlich eines Zusammentreffens mit dem spanischen Gesandten Ruiz Diaz schüttete der Inka vor seinem Gast einen Becher voll Maiskörner auf den Tisch. Eins davon nahm er in die Hand und sagte: »Das ist alles, was ihr von dem Gold der Inka zu rauben vermochtet.« Da zeigte er auf all die übrigen Körner und sprach: »Und all dies Gold ist uns geblieben.«

Weil Manco Capac II. die unersättliche Goldgier, diese furchtbare Seuche, gut kannte, an der ausnahmslos alle Spanier litten, bot er dem Gesandten alles Gold seines Landes, und zwar bis zum letzten Körnchen, an, unter der Bedingung, daß die Weißen sich verpflichteten, sein Land für immer zu verlassen.

Das phantastische Angebot Manco Capac II. – den wohl

grandiosesten Vorschlag für einen Handel in der Geschichte –, den ihnen der Inka der Nach-Pizarro-Zeit anbot, lehnten sie jedoch ab. Zwar eroberten die Spanier nicht gleich das ganze Gebiet Perus, ebensowenig wie sie sich nicht gleich all seiner Goldschätze bemächtigten.

So liegen diese, den Indianern nicht geraubten Schätze, noch heute irgendwo in Peru verborgen. Die ungebetenen Gäste und Eroberer sind jedoch in dem glorreichen Andenland geblieben. Der Ruhm der Sonnensöhne erlischt also in der Tat. Peru hat neue Herren und neue Götter. Die Indios, die Ketchua, die allen Glanz dieses alten Reiches auf ihren Schultern getragen hatten, sie bleiben freilich in Peru. Sie bilden die überwiegende Mehrheit seiner Bevölkerung in der Kolonialzeit und später in den Tagen der Republik.

Doch das ist ein anderes Kapitel in der Geschichte Perus.

ANHANG

ÜBER DIE ZEICHNUNGEN UND IHREN AUTOR

Autor der Zeichnungen auf den Titelseiten der einzelnen Kapitel dieses Buches ist ein peruanischer Indianer, der den Namen *Huaman* (er selbst schrieb sich in alter Schreibweise Guaman) *Poma de Ayala* führte. Er stammte aus vornehmer Familie, seine Mutter war die Tochter des Inka Tupac Yupanqui, der Chronist selbst bekannte sich aber vor allem zu seinem Großvater väterlicherseits (oder, wie er anderswo schreibt, seinem Urgroßvater väterlicherseits) namens Guaman Chava Allauca Huánuco, der zu der Zeit, als dies Land den Inka noch nicht untertan war, König von Chinchasuyu (später einer der vier Reichsteile) gewesen sein soll. Doch auch nachdem sein Land von Tahuantinsuyu annektiert worden war, habe der Urvater des Chronisten seinen Einfluß behalten und sei sogar einer der engsten Freunde des Herrschers des Inka-Reiches geworden und gewesen.

Als Sproß einer vornehmen Indianerfamilie erblickte Felipe Guaman Poma de Ayala (richtiger sollte er eigentlich Huaman Poma Curi Occlo, nach seiner Mutter, heißen) 1632 das Licht der Welt, also just in jenem Jahr, als die Spanier den Inka Atahualpa in Cajamarca gefangennahmen und so mit der Eroberung Perus begannen. Die Eroberung des Inka-Reiches, vor allem aber Leben und Kultur in diesem Staat und sogar die vorinkaische Geschichte Perus versuchte Huaman Poma in seiner großartigen Chronik festzuhalten, für die er jahrzehntelang in ganz Peru Material, vor allem Berichte, sammelte, einer Chronik, in der er auch all das niederlegte, was ihm sein Vater und vor allem seine Mutter von den vergangenen vorkolumbianischen Zeiten erzählt hatten.

Seinem Werk gab er den Titel »NUEVA CRONICA BUEN GOBIERNO«. An dieser einmaligen Sammlung von Informationen über das alte Peru arbeitete Huaman mindestens dreißig Jahre lang. Es handelt sich auch um eine äußerst umfangreiche Arbeit, die – in der Handschrift Huamans – 1179 Seiten aufwies.

Den ausgedehnten eigentlichen Text seiner Chronik hat Huaman überdies durch einige hundert Zeichnungen illustriert. Die Grundlagen der Zeichenkunst hatte er von den neuen Herren Perus erlernt. Seine Fertigkeit nutzte er dann, um sein ganz einmaliges, phantastisches »Bildwerk« zu schaffen, eine Folge von Zeichnungen, in denen er alle wichtigen Szenen und Ereignisse aus dem Leben der Herrscher und des Volkes von Tahuantinsuyu festhielt, sowie auch die Historie der Eroberung des Landes durch die Spanier.

Die Zeichnungen Huaman Pomas sind höchst anschaulich. Damals wie heute sprechen sie noch für tausende Worte, und das war auch sein Anliegen. Huaman Poma wollte mittels dieser Zeichnungen dem spanischen König vor Augen führen, welches Leid die Europäer über die Indianer Perus gebracht hatten; er meinte nicht alle Europäer, sondern vor allem gewisse Beamte der spanischen Kolonialverwaltung und auch manche Geistliche.

Dieses Lebenswerk des passionierten peruanischen Chronisten sollte - so Huaman Poma - damals an das Gewissen der Welt appellieren. Über dreihundert Jahre blieb das Werk zum Schweigen verurteilt, blieb stumm, denn in der Tat blieben die Chronik wie auch ihr Autor jahrhundertelang völlig unbekannt. Erst 1908 entdeckte der deutsche Gelehrte Dr. Richard Pietschmann, Direktor einer Universitätsbibliothek, das Manuskript in der Königlichen Bibliothek zu Kopenhagen. Das in der dänischen Hauptstadt unter der Bibliotheksnummer 2232 geführte Manuskript war aber auch nach seiner Entdeckung nur einem engen Kreis von Fachleuten bekannt. Einige Jahre später berichtete Dr. Pietschmann in dem Bulletin der Göttinger »Königlichen gelehrten Gesellschaft« über seinen Fund und setzte so die Welt der Wissenschaft von seiner Entdeckung in Kenntnis. Schließlich wurde dieser »peruanische illustrierte Kodex« 1936 durch das französische Institut für Ethnologie im Druck herausgegeben; und zwar zum ersten - und in Europa auch letzten - Mal. Herausgeber des Werkes war Professor Paul Rivet, Wissenschaftler und Direktor des Pariser »Museums des Menschen« (Museé d'homme). Diese Ausgabe war allerdings ausschließlich für wissenschaftliche Fachleute, Kenner der altamerikanischen Kulturen bestimmt. Dies ist zu bedauern, denn diese phantastische, wenn schon auf den ersten Blick stellenweise etwas naiv wirkende »Bildreportage« über das alte Peru, und somit über die bereits vernichtete vorkolumbianische Kultur, hat nicht nur in Peru, sondern in ganz Südamerika kein Gegenstück. Ihr dokumentarischer Wert ist geradezu unschätzbar. (Auszüge aus dieser Chronik bringt der Autor im 1. Teil, und zwar im II. Kapitel dieses Buches.)

Da die Zeichnungen Huaman Pomas eigentlich keinen Kommentar benötigen und in ihrer Allgemeinverständlichkeit alle Aspekte des Lebens im Inkareich darstellen und auch seinen dramatischen Untergang schildern, hat der Autor sie als Illustration seines Buches gewählt. Als bildliche und bildhafte »Untermalung« und Ergänzung seiner Erzählung über den Ruhm und Untergang der Sonnensöhne sind sie in einer Zeit entstanden, da vieles von der Kultur der Inka noch lebte.

ZUR AUSSPRACHE UND SCHREIBUNG (TRANSKRIPTION) DER INKAISCHEN UND ANDEREN EIGENNAMEN UND GEOGRAPHISCHEN BEZEICHNUNGEN

Die Worte und Namen, denen der Leser in diesem Buch begegnet, stammen durchwegs alle aus der Sprache der Inka, dem Quechua (auch Ketschua) oder »Runa Simi«. Über diese Sprache wird im 3. Teil, Kapitel XIV. des Buches eingehend berichtet.

Da die deutsche Transkription der Quechua- oder Ketschua-Worte nicht einheitlich ist, haben die Herausgeber der deutschen Ausgabe sich entschlossen – mit einigen wenigen Ausnahmen –, konsequent die spanische Schreibweise, die am meisten verbreitet ist, einheitlich anzuwenden. Die Aussprache der spanischen Buchstaben und Buchstabenverbindungen kann leicht jedem spanisch-deutschen Wörterbuch oder jedem Lehrbuch der spanischen Sprache entnommen werden. (Die Aussprache von »qu-« ist z. B. »k«, von »ch« = »tsch«, »ca« = »ka« etc.)

Die Regeln der Transkription wurden auch in dem früheren Werk des Autors »Ahnen der Sonnensöhne« dargestellt.

Nur in einigen sehr häufig vorkommenden (und weitgehend eingedeutschten) Worten bedienen wir uns der eingebürgerten deutschen Schreibweise wie z. B. bei Inka (statt Inca), Kokain u. ä.

Die Herrscher der Inka

Manco Capac	(Inka I.)
Sinchi Roca	(Inka II.)
Lloque Yupanqui	(Inka III.)
Mayta Capac	(Inka IV.)
Capac Yupanqui	(Inka V.)
Inca Roca	(Inka VI.)
Yahuar Huacac	(Inka VII.)
Viracocha	(Inka VIII.)
Pachacuti	(Inka IX.)
Tupac Yupanqui	(Inka X.)
Huayna Capac	(Inka XI.)
Huascar	(Inka XII.)
Atahualpa	(Inka XIII.)

Nach diesen 13 Herrschern kamen zwar noch weitere Inka, die aber unter der Vorherrschaft der Spanier regierten.

LITERATURVERZEICHNIS

Anton, F. Peru, Indianerkunst aus präkolumbischer Zeit, München 1958.

Barthel, T. S. Gab es eine Schrift im Alten Peru? in: Verhandlungen des XXVIII. Amerikanistenkongresses, Bd. II, Stuttgart 1968.

Bennett, Bird, J. Andean Cultures History, New York 1949.

Bergsö, P. The metallurgy and technology of gold and platin among the Precolumbian Indians. Kopenhagen 1938.

Bingham, H. Lost city of the Incas, New York 1948.

Baessler, A. Ancient Peruvien Art., t. 1–4, Berlin – New York 1902–1903. a) Altperuanische Metallgeräte, Berlin 1906. b) Peruanische Mumien, Berlin 1906.

Bandelier, A. F. The Islands of Titicaca and Koati, New York 1910.

Bastian, A. Die Culturländer des alten America, t. 1–3, Berlin 1878–1889.

Baudin, L. L'Empire socialiste des Inka, Institut d'Ethnologie, Travaux et Memoires, Paris 1928.

Bennet, W. D. The Andean Highlands; An Introduction, »Bull. Bur. Am. Ethnol.«, nr. 143 – 1946.

Bennet, W. C. i. Bird J. B. Andean culture history, American Museum of Natural History, Handbook Series, Nr. 15 – 1949.

Bertonio, L. Vocabulario de la lengua Aymars . . ., 1–2., Leipzig 1879.

Bingham, H. The story of Machu Picchu, »Nat. Geogr. Mag.«, t. 27, nr. 2, – 1915. Further explorations in the Land of the Incas, »Nat. Geogr. Mag.«, t. 29, Nr. 5 – 1916. Machu Picchu, a citadel of the Incas, New York 1930.

Bram, J. An analysis of Inca militarism, Monographs of the American Ethnological Society, Nr. 4, New York 1941.

Busto, J. A. »Perú Incaico«, Lima 1976.

Brundage, B. C. »Empire of the Inca«, Norman 1963.

Baŝilov, V. A. Nekotoryje voprosy etniceskoj istorii Bolivijskogo altiplano »Sovetskaja etnografija« 5, Moskva 1966.

Collier, D. El desarrollo de la civilización Peruana. Bogotá 1934.

Castro Pozo, H. Nuestra comunidad indigana, Lima 1924.

Cook, Or. F. El Perú como centro de domesticación de plantas y animales, Servicio de Traducciones del Museo Nacional, Nr. 1, Lima 1937.

Cunow, H. Die soziale Verfassung des Inkareiches, Stuttgart 1896.

Disselhoff, M. D. »Gott muß Peruaner sein«, Wiesbaden 1957. »Die Hochkulturen der Neuen Welt«, Baden-Baden 1940. »Kunst der Andenländer«, Baden-Baden 1960. »Oasenstädte und Zaubersteine im Land der Inka«, Berlin 1963.

Draeger, L. »Das Alte Peru«, Leipzig 1964.
Eisleß, D. Altperuanische Kulturen, Berlin 1975.
Engel, F. Historia elemental del Perú Antiguo, Lima 1965.
Farfán, J. M. B. El Drama Quechua »Apu Ollantay«, Lima 1852.
Fejos, P. Archeological explorations in the Cordillera Vilcabamba, Southeastern Peru. Viking Fund Publications in Anthropology, Nr. 3, New York.
Friederici, G. Die Schiffahrt der Indianer, Stuttgart 1907.
Gybbon, Spisbury, J. H. El Quichua, Gramática y Crestomatia seguido de la traducción de un manuscrito inédito del drama titulado Ollantay. Buenos Aires 1897.
Grigulevič, I. R. Indejci Latinskoj Ameriki i ich nacionalnoosvoboditelnaja borba, Moskva 1964.
Haberland, W. Gold in Alt-Amerika. Wegweiser zur Völkerkunde, Heft 4, Hamburg 1960.
Horkheimer, H. Nahrung und Nahrungsgewinn im vorspanischen Peru, Berlin 1960.
Harcourt, Marie + d'R. d' La Céramique sociens du Pérou, Paris 1924.
Hagen, V. W. »Realm of the Incas«, New York 1957.
Huber, S. »Pizarro und seine Brüder«, Olten 1962.
Haberland, H. »Die Kunst des indianischen Amerikas«, Zürich 1971.
Helfritz, H. »Südamerika – präkolumbianische Hochkulturen«, Köln 1973.
Charroux, R. Poklady světa (Schätze der Welt), Praha 1973
Izikowitz, K. G. Musical and other sound instruments of the South American Indians: a comparative ethnographical study, Göteborg 1935.
Jijón y Caamaño, J. La religión del imperio de las Incas, Quito 1919. Los origenes del Cuzco, Annales de la Universidad Central, Quito Ecuador 1934.
Johnson, G. R. Peru from the air, American Geographical Society, Special Publications, Nr. 12, New York 1930.
Kaufmann Doig, F. Arquelogia Peruana. Vision Integral. Lima 1970.
Krickeberg, W. Altamerikanische Goldschmiedekunst. Jahrgang I: Hamburg 1948.
Karsten, S. R. Inkariket och dess kultur i det forna Peru, Helsingfors 1938.
Kroeber, A. L. Cultural sratifications in Peru, »Am. Anthr.«, t. 28. Nr. 2, Menasha 1926.
Kubler, G. A Peruvian Chief of State: Manco Inca, 1515–1545, »Hispanic American Historical, Review«, t. 24, 1944. »Ketschua-Lyrik«, Leipzig 1976.
Kutscher, G. »Chimu – eine indianische Hochkultur«, Berlin 1950.
Kelm, H. – Münzel, M. »Herrscher und Untertanen – Indianer in Peru 1000 v. Chr. – heute«, Frankfurt 1973.

Linné, S. The technique of South American ceramica, Göteborg 1923.
Lunbreras, L. Guillermo De los pueblos, los culturas y los artes del Antiquo Peru. Lima 1969.
Larco Hoyle, R. Cronologia arquelogica del Norte del Peru, Trujillo 1948.
Latcham, R. E. Los animales domésticos de la América procolombiana, Publicaciones del Museo de Ethnologia de Chile, Santiago de Chile, t. 3, 1922.
Lehmann-Nitsche, R. Arqueologia peruana; Coricancha, el Templo del Sol en el Cuzco y la imágenes de su alter mayor, Museo de la Plata, Revista, t. 31, 1928.
Locke, L. Leland The ancienb quipu, al Peruvian knot-record, New York 1923.
Lothrop, S. Kirkland Aboriginal navigation of the West Coast of South America, »Journ. Roy. Anthr. Inst.«, t. 62, 1932. Inca tressure as depicted by Spanish historians, Publ. Frederick Webb Hodgs Anniversary Publication Fond, t. 2, Los Angeles 1938.
Lipschutz, A. »La comunídad Indígena en América«, Santiago 1956.
Lara, J. »El Tawantinsuyu«, Cochabamba 1974.
Cumbreras, L. G. Panorama histórico de la Arquelogía Peruana«,
Mason, J. Alden The ancient civilizations of Peru, Hammonsworth 1957.
Means, Ph. Ainsworth Ancient Civilizations of the Andes. New York und London 1931.
Middensdorf, E. W. Das Muchik oder die Chimu-Sprache. Leipzig 1892. Wörterbuch des Runa Simi oder der Ketschua-Sprache, Leipzig 1890.
Mujica Gallo, M. Gold in Peru. Meisterwerke der Goldschmiedekunst.
Mariátegui, J. C. Siets ensayos de interpretación de la realidad peruana. Lima 1943.
Mariátegui Oliva, R. Arquitectura peruana precolombina. Lima 1949.
Montesinos Miranda, M. Ollantaytambo, Cuzco 1940.
Markham, Clements R. Cuzco: A journey to the Ancient Capital of Peru; with an account of the history, language, literature, and antiquities of the Incas, and Lima: A visit to the capital and provinces of modern Peru; with a sketch of the Viceregal Covernment, history of the Republic, and a rewiew of the literature and society of Peru, London 1856. On the geographical positions of the tribes which formed the Empire of the Yncas, »Journal of the Royal Geographical Society«, t. 41, 1871.
Mead, Cha. W. Prehistoric bronze in South America, »Anthr. Pap.« Am. Mus. Nat. Hist., t. 12, 1915.
Means, Ph. Ainsworth A study of ancient Andean social institutions, Conn. AC, Arts Sci. Trans., t. 27, 1925. Pre-Spanish navigation of the Andean Coast, American Neptune, t. 2, Salem 1942.

Métraux, A. »Les Incas«, Paris 1962.
Nachtigall, H. Indianische Fischer, Feldbauern und Viehzüchter. Beiträge zur peruanischen Völkerkunde. Berlin 1966.
Nordenskiöld, E. The copper and bronze ages in South America. Göteborg 1921. »Narody Ameriki - T. II. Moskva 1965«.
Pardo, L. A. Maquetas arquitectónicas en el antiguo Perú, »Revista del Instituto Arqueológico« del Cuzco, ano 1, Nr. 1, 1936.
Prescott, W. Hickling History of the Conquest of Peru, London, New York 1908.
Preuss, K. T. Monumentale vorgeschichtliche Kunst, Göttingen 1929.
Porras Barrenchea, R. »Los Cronistas del Perú«, Lima 1962.
Rowe, J. Howland An introduction to the Archeology of Cuzco. Cambridge 1944.
Regal, Al. Los caminos del Inca on el antique Perú. Lima 1936.
Rouma, G. Les Indiens Quitchouas et Aymaras des Hauts-Plateaux de la Bolivie, Resultats de la Mission anthropologique de 1911. Bruxelles 1913.
Rowe, J. Howland An introduction to the archeology of Cuzco, »Pap. Peab. Mus. Arch. Ethnol.«, Harv. Univ. t. 27, Nr. 2, 1944. Absolute chronology in the Andean Area, »American Antiquity«, t. 10, Nr. 3, 1945. Inca culture et the time of the Spanish Conquest, »Bull. Am. Ethnol.«, Nr. 143, 1946.
Schaedel, R. Highlights of Andean Archaeology 1954–56, inst. Archaeology. Vol. 10. Brattlebore 1957.
Schuler-Schömig, I. Werke indianischer Goldschmiedekunst. Berlin 1971.
Schmidt, M. Kunst und Kultur von Peru. Berlin 1929.
Seler, E. Peruanische Altertümer, Berlin 1893.
Stübel, A.; Reiss, W.; Koppel, B.; Uhle, M. Kultur und Industrie Südamerikanischer Völker, Berlin 1889.
Squier, E. G. »Peru«, Leipzig 1883.
Schaedel, R. »Visión Panoramica de la Litoescultura en la Regioa Andiana«, Trujillo 1948.
Stingl, M. »Indianer vor Kolumbus« - Stuttgart 1976.
Stingl, M. »Indianer ohne Tomahawks«, Hanau 1980.
Stingl, M. »Ahnen der Sonnensöhne«, Düsseldorf 1978.
Stingl, M. »Das indianische Feuer«, Berlin 1979.
Šulgovskij, A. F. »Indejci Peru i sowremennaja civilizacija«, Moskva 1964.
Trimborn, M. Der Kollektivismus der Inkas in Peru, in Anthropos XVIII-XX. Mödling 1923–1925.
Tello, J. C. La civilización de los Inkas, Letras, Nr. 6, 1937, Arte antiguo Peruano, Inca, t. 2, 1938.
Troll, von C. Die geographischen Grundlagen der andinen Kulturen und des Inkareiches. Ibero-Amerikanisches Archiv, t. 5, 1931–1932.

Ubbelohde-Doering, H. Auf den Königsstraßen der Inka. Berlin 1941.
Uhle, M. Las antiguas civilizaciones del Perú frente a la arqueologia e historia del Continente Americano. Revista del Museo Nacional XIV, Lima 1936.
Uhle, M. Los origenes de los Incas, Congr. Int. Am. ses. 17, Buenos Aires 1910, t. 1, 1912
Uhle, M. Die alten Kulturen Perus im Hinblick auf die Archäologie und Geschichte des amerikanischen Kontinents, Berlin 1935.
Valcárcal, L. E. Sajaswumen redescobierto, »Rev. Mus. Nac.«, t. 3, Nr. 1, Lima 1934. a Cuzco archeology, »Bull. Bur. Am. Ethnol.«, Nr. 143, 1946. a Indian markets and fairs in Peru, »Bull. Bur. Am Ethnol.«, Nr. 143, 1946.
Valcárcel, L. E. Del Ayllu al Imperio. Lima 1925.
Vargas Angles, V. »Pisac«, Lima 1970.
Wiener, Ch. Pérou et Bolivie, Paris 1880.
Waisbard, S. »La vie splendide des momies Péruuiennes«, Paris 1960.
Yacovleff, E. i Herrera, Fortinato L. El mundo vegetal de los antiguos peruanos, »Rev. Mus. Nac.«, Lima, t. 3, Nr. e t. 4, Nr. 1 1934–1935.
Zubriekij, J. A. »Inki-Kečua«, Moskva 1975.

CHRONIKEN UND BERICHTE VON TEILNEHMERN UND ZEITGENOSSEN DER EROBERUNG DES INKA-REICHES

Betanzos, Juan de Suma y narración de los Incas. Madrid 1880
Cieza de León, P. La Crónuca del Perú Primera Parte. Madrid 1853
Cobo, Bernabé Historia del Nuevo Mundo. Sevilla 1890–1895
Garcilaso de la Vega, Inca Comentarios Reales de los Inca. Buenos Aires 1943
Huamán Poma de Ayala, Felipe Nueva Crónica y Buen Gobierno. Paris 1936
Montesinos, Fernando de Memorias antiguas historiales y politicales del Perú. Madrid 1882
Polo de Ondegardo, Juan Relación del linaje de los Ingas y como extendieron ellos sus conquistas ... Lima o. J.
Sarmiento de Gambos, Pedro Historia de los Incas. Buenos Aires 1942
Valera, Blas Las costumbres antigua del Perú y »La Historia de los Incas«. Lima 1945

PERSONENREGISTER

ORTS- UND SACHREGISTER